中国职业技术教育学会科研项目优秀成果

The Excellent Achievements in Scientific Research Project of Chinese Society of Technical and Vocational Education

高等职业教育汽车专业"双证课程"培养方案规划教材

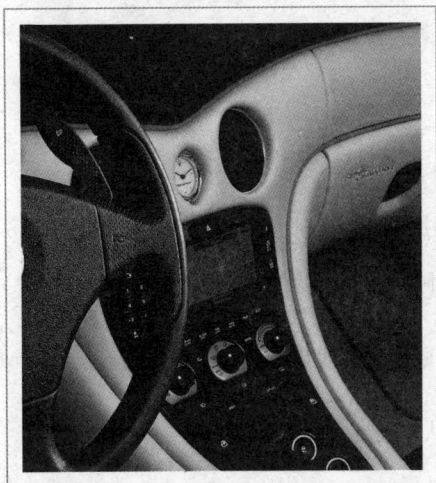

汽车电气设备的构造与检修

李俊玲 周旭 主编

金祥宇 石未华 高川 副主编

The Structure and Overhaul of Automobile Electrical Device

人民邮电出版社

北京

图书在版编目（ＣＩＰ）数据

汽车电气设备的构造与检修 / 李俊玲，周旭主编
— 北京：人民邮电出版社，2010.10（2016.8 重印）
中国职业技术教育学会科研项目优秀成果　高等职业
教育汽车专业"双证课程"培养方案规划教材
ISBN 978-7-115-23729-3

Ⅰ．①汽… Ⅱ．①李… ②周… Ⅲ．①汽车—电气设
备—构造—高等学校：技术学校—教材②汽车—电气设备
—车辆修理—高等学校：技术学校—教材 Ⅳ．
①U472.41

中国版本图书馆CIP数据核字(2010)第179017号

内 容 提 要

本书主要介绍汽车电源系统、起动系统、点火系统、照明信号与仪表显示系统、附属电器设备、空调系统等的作用、组成、工作原理、工作特性、使用、检修、故障诊断与排除的方法，汽车电气线路的特点及典型汽车电路的分析。

本书内容新颖、图文并茂、思路清晰、文笔流畅，把深奥的原理通过浅显易懂的文字与图形及电路相结合的方式表述出来，深入浅出。

本书可以作为高职高专院校汽车类专业的教材，也可供相关从业人员参考使用。

中国职业技术教育学会科研项目优秀成果

高等职业教育汽车专业"双证课程"培养方案规划教材

汽车电气设备的构造与检修

◆ 主　　编　李俊玲　周　旭
　　副主编　金祥宇　石未华　高　川
　　责任编辑　赵慧君

◆ 人民邮电出版社出版发行　　北京市丰台区成寿寺路 11 号
　　邮编　100164　　电子邮件　315@ptpress.com.cn
　　网址　http://www.ptpress.com.cn
　　大厂聚鑫印刷有限责任公司印刷

◆ 开本：787×1092　1/16
　　印张：18.25　　　　　　　　　2010 年 10 月第 1 版
　　字数：453 千字　　　　　　　2016 年 8 月河北第 5 次印刷

ISBN 978-7-115-23729-3

定价：34.00 元

读者服务热线：**(010)81055256**　印装质量热线：**(010)81055316**
反盗版热线：**(010)81055315**

职业教育与职业资格证书推进策略与"双证课程"的研究与实践课题组

组　长：

俞克新

副组长：

李维利　张宝忠　许　远　潘春燕

成　员：

林　平　周　虹　钟　健　赵　宇　李秀忠　冯建东　散晓燕　安宗权

黄军辉　赵　波　邓晓阳　牛宝林　吴新佳　韩志国　周明虎　顾　晔

吴晓苏　赵慧君　潘新文　李育民

课题鉴定专家：

李怀康　邓泽民　吕景泉　陈　敏　于洪文

职业教育是现代国民教育体系的重要组成部分，在实施科教兴国战略和人才强国战略中具有特殊的重要地位。党中央、国务院高度重视发展职业教育，提出要全面贯彻党的教育方针，以服务为宗旨，以就业为导向，走产学结合的发展道路，为社会主义现代化建设培养千百万高素质技能型专门人才。因此，以就业为导向是我国职业教育今后发展的主旋律。推行"双证制度"是落实职业教育"就业导向"的一个重要措施，教育部《关于全面提高高等职业教育教学质量的若干意见》（教高［2006］16号）中也明确提出，要推行"双证书"制度，强化学生职业能力的培养，使有职业资格证书专业的毕业生取得"双证书"。但是，由于基于双证书的专业解决方案、课程资源匮乏，双证书课程不能融入教学计划，或者现有的教学计划还不能按照职业能力形成系统化的课程，因此，"双证书"制度的推行遇到了一定的困难。

为配合各高职院校积极实施双证书制度工作，推进示范校建设，中国高等职业技术教育研究会和人民邮电出版社在广泛调研的基础上，联合向中国职业技术教育学会申报了《职业教育与职业资格证书推进策略与"双证课程"的研究与实践》课题（中国职业技术教育学会科研规划项目，立项编号225753）。此课题拟将职业教育的专业人才培养方案与职业资格认证紧密结合起来，使每个专业课程设置嵌入一个对应的证书，拟为一般高职院校提供一个可以参照的"双证课程"专业人才培养方案。该课题研究的对象包括数控加工操作、数控设备维修、模具设计与制造、机电一体化技术、汽车制造与装配技术、汽车检测与维修技术等多个专业。

该课题由教育部的权威专家牵头，邀请了中国职教界、人力资源和社会保障部及有关行业的专家，以及全国50多所高职高专机电类专业教学改革领先的学校，一起进行课题研究，目前已召开多次研讨会，将课题涉及的每个专业的人才培养方案按照"专业人才定位—对应职业资格证书—职业标准解读与工作过程分析—专业核心技能—专业人才培养方案—课程开发方案"的过程开发。即首先对各专业的工作岗位进行分析和分类，按照相应岗位职业资格证书的要求提取典型工作任务、典型产品或服务，进而分析得出专业核心技能、岗位核心技能，再将这些核心技能进行分解，进而推出各专业的专业核心课程与双证课程，最后开发出各专业的人才培养方案。

根据以上研究成果，课题组对专业课程对应的教材也做了全面系统的研究，拟开发的教材具有以下鲜明特色。

1. 注重专业整体策划。本套教材是根据课题的研究成果——专业人才培养方案开发的，每个专业各门课程的教材内容既相互独立又有机衔接，整套教材具有一定的系统性与完整性。

2. 融通学历证书与职业资格证书。本套教材将各专业对应的职业资格证书的知识和能力要求都嵌入到各双证教材中，使学生在获得学历文凭的同时获得相关的国家职业资格证书。

3. 紧密结合当前教学改革趋势。本套教材紧扣教学改革的最新趋势，专业核心课程、双证课程按照工作过程导向及项目教学的思路编写，较好地满足了当前各高职高专院校的需求。

为方便教学，我们免费为选用本套教材的老师提供相关专业的整体教学方案及相关教学资源。

经过近两年的课题研究与探索，本套教材终于正式出版了，我们希望通过本套教材，为各高职高专院校提供一个可实施的基于双证书的专业教学方案。我们也热切盼望各位关心高等职业教育的读者能够对本套教材的不当之处给予批评指正，提出修改意见，并积极与我们联系，共同探讨教学改革和教材编写等相关问题。来信请发至 panchunyan@ptpress.com.cn。

前　言

汽车从 100 多年前诞生以来，从结构到性能发生了很大的变化，而近半个世纪以来，汽车在已经成熟的机械结构的基础上向电子化、智能化的方向发展，其电气系统的应用程度和电气系统的技术发展越来越成为汽车的主要研究方向。目前我国高职高专的汽车相关专业都把汽车电气系统的构造与检修作为一门重要的专业课。为了使相关院校的学生能够学到一门更专业、更能与实践发展紧密联系的汽车电气设备的相关知识，我们几位长期从事汽车专业理论及实践研究的教师编写了这本《汽车电气设备的构造与检修》。

本书主要介绍两个电源及用电设备的作用、组成、工作原理、工作特性、使用、检修及故障诊断与排除方法，汽车电气线路的特点及实例分析。汽车的两个电源分别是蓄电池和发电机。用电设备主要包括起动系统、点火系统、照明信号仪表显示系统、附属电器设备和空调系统。本书的参考学时为 96 学时，其中讲授学时为 62 学时，实践环节为 34 学时，各章的参考学时参见下面的学时分配表。

章　　节	课 程 内 容	学 时 分 配	
		讲　授	实　践
	绪论	2	0
第 1 章	蓄电池	8	4
第 2 章	交流发电机	12	4
第 3 章	起动系统	8	6
第 4 章	点火系统	10	6
第 5 章	照明信号与仪表显示系统	6	4
第 6 章	汽车附属电气设备	12	8
第 7 章	汽车电路分析	4	2
	课 时 总 计	62	34

本书由沈阳职业技术学院汽车分院的李俊玲、周旭任主编，金祥宇、石未华、高川任副主编。沈阳职业技术学院汽车分院汽车工程系的主任杜弘任主审。其中，绪论、第 3 章、第 4 章由李俊玲编写，第 1 章、第 2 章、第 7 章由周旭编写，第 5 章由高川编写，第 6 章的空调部分由石未华编写，第 6 章其他部分由金祥宇编写。参加本书编写工作的还有沈阳职业技术学院汽车分院的王伟峰、孙宝明，沈阳理工大学应用技术学院的王彦光。全书由李俊玲统稿。

本书在编写过程中得到了许多专家及同行的热情支持，并参考和借鉴了许多国内外公开出版和发表的文献、出版物，在此表示诚挚的谢意。

由于编者水平有限，书中难免存在错误和不足之处，恳请广大读者批评指正。

编　者

2010 年 8 月

目 录

绪论 ……………………………………… 1
    思考题 ………………………………… 5

第1章　蓄电池 ……………………… 6

1.1　蓄电池的结构与型号 …………… 6
    1.1.1　蓄电池的作用 ……………… 6
    1.1.2　蓄电池的基本构造 ………… 7
    1.1.3　蓄电池的型号 …………… 11
1.2　蓄电池的工作原理 …………… 16
    1.2.1　蓄电池的放电过程 ……… 16
    1.2.2　蓄电池的充电过程 ……… 16
1.3　蓄电池的工作特性 …………… 17
    1.3.1　蓄电池的基本电气特性 … 17
    1.3.2　蓄电池的充电特性 ……… 17
    1.3.3　蓄电池的放电特性 ……… 18
1.4　蓄电池的容量及其影响 ……… 20
    1.4.1　蓄电池的容量 …………… 20
    1.4.2　影响蓄电池容量的主要因素 … 21
1.5　蓄电池使用维护及故障排除 … 23
    1.5.1　蓄电池的充电 …………… 23
    1.5.2　蓄电池的充电设备 ……… 28
    1.5.3　蓄电池的使用与维护 …… 30
    1.5.4　蓄电池常见故障及排除 … 34
1.6　免维护蓄电池 ………………… 36
    1.6.1　免维护蓄电池的结构 …… 37
    1.6.2　免维护蓄电池的使用特性 … 40
1.7　干荷电和湿荷电蓄电池 ……… 40
    1.7.1　干荷电蓄电池 …………… 40
    1.7.2　湿荷电蓄电池 …………… 41
1.8　蓄电池新技术 ………………… 41
    1.8.1　宝马车用蓄电池 ………… 41

    1.8.2　双蓄电池技术 …………… 43
    1.8.3　新型蓄电池 ……………… 46
    思考题 ………………………………… 48

第2章　交流发电机 …………… 49

2.1　概述 …………………………… 50
    2.1.1　汽车用发电机的作用 …… 50
    2.1.2　汽车用发电机的分类 …… 50
2.2　交流发电机的构造与工作原理 … 51
    2.2.1　交流发电机的构造 ……… 51
    2.2.2　交流发电机的工作原理 … 56
    2.2.3　交流发电机的特性 ……… 58
2.3　新型交流发电机的结构特点 … 60
    2.3.1　八管交流发电机 ………… 61
    2.3.2　九管交流发电机 ………… 63
    2.3.3　十一管交流发电机 ……… 63
    2.3.4　无刷交流发电机 ………… 64
    2.3.5　带泵交流发电机 ………… 67
2.4　交流发电机的调节器 …………… 68
    2.4.1　交流发电机调节器的功用 … 68
    2.4.2　电压调节原理 …………… 68
    2.4.3　交流发电机调节器的分类 … 68
    2.4.4　交流发电机电压调节器的
            型号 ……………………… 69
    2.4.5　触点式电压调节器 ……… 70
    2.4.6　晶体管电压调节器 ……… 70
    2.4.7　集成电路电压调节器 …… 72
2.5　电源系统电路 ………………… 77
    2.5.1　充电指示灯控制电路 …… 77
    2.5.2　几种车型电源系统电路 … 80
2.6　汽车电源系统的保护电路 …… 82

2.6.1 汽车电源系统过压的产生 ···· 82
2.6.2 汽车电源系统过压保护电路···· 83
2.7 交流发电机与电压调节器的
使用及检修 ············· 85
2.7.1 交流发电机与电压调节器的
使用 ················· 85
2.7.2 交流发电机与电压调节器的
检修 ················· 86
思考题 ···················· 97

第3章 起动系统 ··············· 98
3.1 概述 ·················· 98
3.1.1 发动机常用的起动方式 ····· 99
3.1.2 起动机的作用 ·········· 99
3.1.3 起动机的分类 ·········· 99
3.1.4 起动机的规格型号 ······· 100
3.1.5 起动机安装位置 ········· 100
3.2 起动机的组成及结构 ········ 100
3.2.1 直流串励式电动机 ······· 100
3.2.2 传动机构 ············ 105
3.2.3 控制装置 ············ 109
3.3 典型起动机的工作过程 ······ 111
3.3.1 电磁操纵强制啮合式
起动机 ·············· 111
3.3.2 减速式起动机 ·········· 113
3.3.3 永磁式起动机 ·········· 115
3.3.4 电枢移动式起动机 ······· 116
3.4 起动机的使用、试验、拆装、
检修 ················· 117
3.4.1 起动机的正确使用 ······· 117
3.4.2 起动机的试验 ·········· 118
3.4.3 起动机的拆装 ·········· 119
3.4.4 起动机的检修 ·········· 121
3.5 起动机的故障诊断与排除 ····· 122
思考题 ··················· 123

第4章 点火系统 ·············· 124
4.1 概述 ················· 125
4.1.1 点火系统的作用 ········· 125

4.1.2 发动机对点火系统的要求 ··125
4.2 传统点火系统 ············ 126
4.2.1 传统点火系统的组成 ······ 126
4.2.2 传统点火系统的主要元件 ··· 127
4.2.3 传统点火系统的工作原理 ··· 136
4.2.4 传统点火系统的工作特性 ··· 137
4.2.5 传统点火系统的试验、检修、
维护 ················ 139
4.2.6 传统点火系统常见故障
分析 ················ 141
4.3 电子点火系统 ············ 142
4.3.1 电子点火系统的优点 ······ 142
4.3.2 电子点火系统的分类 ······ 142
4.3.3 触点式电子点火系统 ······ 143
4.3.4 无触点式电子点火系统 ···· 145
4.3.5 计算机控制电子点火系统 ··· 149
4.3.6 电子点火系统的检修 ······ 162
4.3.7 电子点火系统常见故障
分析 ················ 163
4.3.8 点火系统的使用注意事项 ··· 166
思考题 ··················· 167

第5章 照明信号与仪表显示系统···· 168
5.1 照明与信号系统 ··········· 169
5.1.1 灯光系统的组成 ········· 169
5.1.2 前照灯 ·············· 170
5.1.3 智能化汽车照明系统 ······ 181
5.1.4 信号系统 ············ 184
5.2 仪表与显示系统 ··········· 193
5.2.1 常规仪表 ············ 194
5.2.2 报警指示装置 ·········· 203
5.2.3 电子显示仪表与驾驶员信息
系统 ················ 208
思考题 ··················· 218

第6章 汽车附属电气设备 ········ 219
6.1 电动刮水器与清洁装置 ······· 219
6.1.1 电动刮水器 ··········· 219
6.1.2 清洁装置 ············· 221

6.2 柴油机预热装置·········224
 6.2.1 电热塞·········224
 6.2.2 进气预热器·········225
6.3 电动车窗·········226
 6.3.1 电动车窗·········226
 6.3.2 电动天窗·········227
6.4 电动后视镜·········228
 6.4.1 电动后视镜的组成·········229
 6.4.2 电动后视镜的工作原理·········229
6.5 电动座椅·········231
 6.5.1 电动机·········231
 6.5.2 传动机构·········232
 6.5.3 电动座椅的控制电路·······232
 6.5.4 带存储功能电动座椅·······233
6.6 电动中央门锁·········234
 6.6.1 中央门锁的功能·········234
 6.6.2 中央门锁的构造·········234
 6.6.3 中央门锁的工作原理······235
6.7 遥控防盗系统·········236
6.8 全球卫星定位系统·········238
 6.8.1 导航系统的现状与发展·····238
 6.8.2 导航系统的组成及工作
   过程·········239
6.9 巡航系统（CCS）·········240
 6.9.1 巡航系统的组成与工作
   原理·········240
 6.9.2 巡航系统其他功能·······243
 6.9.3 巡航控制系统的使用·······243

6.10 空调系统·········244
 6.10.1 空调系统概述·········244
 6.10.2 空调系统总体构造及制
    冷循环过程·········246
 6.10.3 空调系统主要部件·······247
 6.10.4 空调系统控制系统·······251
 6.10.5 空调系统基本电路·······253
 6.10.6 典型手动空调电路·······255
 6.10.7 具备新型总线技术的自动
    空调·········257
 6.10.8 空调系统日常维护·······258
思考题·········262

第 7 章 汽车电路分析·········263
7.1 全车线路常见器材及标识·····263
 7.1.1 汽车导线·········263
 7.1.2 汽车电气装置的图形、符号及
   其接线端子的标记·······266
7.2 全车电路的识图·········271
 7.2.1 汽车电气线束的分布······271
 7.2.2 汽车线路图的表达方法····272
 7.2.3 全车电路图的识图·······273
 7.2.4 汽车电路原理图的全面
   分析·········274
思考题·········281

参考文献·········282

绪 论

1. 汽车电气设备的发展概况

汽车自问世以来，在很长一段时间内其技术发展主要表现在机械方面。20 世纪 50 年代后，随着电子技术的进步，电子技术在汽车上的应用和发展代表了汽车技术发展的主流和趋势。

20 世纪 60 年代以前，限于电子技术的进步，汽车上也开始采用电子设备，主要标志是交流发电动机，采用二极管整流技术，将交流电变为直流电，减小了发电动机的质量和体积，提高了发电动机的可靠性。之后又用电子调节器代替了传统的触点式电压调节器，使发电动机输出的电压更加稳定，并大大减少了维护工作量。

20 世纪 70 年代，电子技术也应用在点火系统中，出现了电子控制高能点火系统。点火提前的电子控制系统，使点火能量大大提高，点火提前的控制更加精确，提高了汽车的动力性，降低了汽车的排放污染。为进一步降低汽车的排放污染和提高汽车的整体性能，随之又出现了电子控制燃油喷射系统、电子控制自动变速器、制动防抱死系统等。

20 世纪 80 年代以后，汽车用的电子装置越来越多，诸如驾驶辅助装置，安全报警装置，通信、娱乐装置等。特别是微机技术的发展，给汽车电子技术控制技术带来了一场技术革命，电子控制技术深入到汽车的各个部件，使汽车的整体性能得到了大幅度的提高。

21 世纪后，随着电子技术、微机技术和网络技术的发展，人们对汽车的要求越来越高，汽车电子控制发展到了一个新阶段，电子控制系统已在汽车上普遍应用，并且向着网络化、智能化的方向快速发展，使得汽车的性能得到了大幅度的提高。

2. 汽车电气设备的课程内容

汽车电气设备这门专业课是以电工学、电子学、电化学、电磁学为基础，研究汽车电气设备的作用、组成、工作原理、工作特性、使用及在使用的过程中出现故障能够进行诊断排除的一门专业基础课。

3. 汽车电气设备的组成

汽车用电设备包括两部分：电源和用电设备。

（1）电源

汽车上的电源包括蓄电池和发电动机。蓄电池主要是在起动时向车上的用电设备供电，以及在汽车运行时发电动机出现故障时能够在一定的时间内代替发电动机来向车上的用电设备供电。发电动机是在汽车起动后自己能发电的时候来代替蓄电池供电。

（2）用电设备

随着现代汽车向电子化、智能化的发展，汽车上的用电设备越来越多，现在把他们归结为以下几大方面。

① 起动装置：起动装置用来起动发动机，主要由起动机、控制继电器、点火开关组成。

② 点火装置：点火装置将电源供给的 12V 低电压变为 17～30kV 的高电压，并根据发动机的工作顺序与点火时间的要求，适时地、准确地将高压电送到各缸的火花塞，产生电火花，点燃混合气，使发动机工作。点火装置主要由点火线圈、火花塞、分电器、点火开关、高压导线、电源等组成。

③ 照明、信号、仪表显示装置：3 个系统主要用于汽车行驶状况的监测和车内外各种照明，主要由灯和仪表来完成任务。

④ 舒乐系统：舒乐系统主要是使司乘人员感觉舒服，心情愉快，包括空调、音响视听等装置。

⑤ 微机控制系统：包括电喷发动机、自动变速器、防抱死系统（ABS）、安全气囊等。

⑥ 辅助电器：辅助电器主要是能辅助人的工作，使司乘人员能够更方便、更安全、更舒服。辅助电器包括电动刮水器、挡风玻璃、洗涤设备、电动玻璃、电动座椅、防无线电干扰设备、电动车窗、电动后视镜、中央门锁系统等。

4. 汽车电气系统的特点

汽车电气设备与其他日常的电气系统有所不同，它有以下特点。

（1）两个电源

在汽车电系中，采用蓄电池和交流发电动机两个电源，两者互相配合，协调工作。即使是在发电动机损坏、不发电的极端条件下，只靠蓄电池供电，汽车也能行驶一定里程。

（2）低压直流

汽车电系的额定电压有 6V、12V、24V 3 种。汽油发动机汽车普遍采用 12V 电源，柴油发动机汽车多采用 24V 电源（由两个 12V 蓄电池串联而成），摩托车采用 6V 电源。汽车运行中的电压，一般 12V 系统为 14V 左右，24V 系统为 28V 左右。

现代汽车发动机是靠电力起动机起动的，起动机由蓄电池供电，而向蓄电池充电又必须用直流电源，所以汽车电系为直流系统。虽然交流发电动机发出的是交流电，但经过整流器，变成直流电后可以供给全车用电。

（3）单线制

单线连接是汽车线路的特殊性，它是指汽车上所有电器设备的正极均采用导线相互连接，而所有的负极则直接或间接通过导线与车架或车身金属部分相连，即搭铁，亦称接地。任何一个电路中的电流都是从电源的正极出发经导线流入用电设备后，再由电器设备自身或负极导线搭铁，通过车架或车身流回电源负极而形成回路。

由于单线制导线用量少，线路清晰，接线方便，因此广为现代汽车所采用。

（4）并联连接

各用电设备均采用并联，汽车上的蓄电池与发电动机两个电源之间以及所有用电设备之间，都是正极接正极，负极接负极，并联连接。

由于采用并联连接，所以汽车在使用中，当某一支路用电设备损坏时，并不影响其他支路用电设备的正常工作。

（5）负极搭铁

采用单线制时蓄电池的一个电极需要接至车架或车身上，俗称"搭铁"。蓄电池的负极接车架或车身称为负极搭铁。蓄电池的正极接车架或车身称为正极搭铁。

如果单纯从构成电流回路来说，汽车既可以采用负极搭铁，也可以采用正极搭铁，而且，在早期汽车上也曾广泛采用正极搭铁。

但经研究表明，采用负极搭铁对车架或车身金属的化学腐蚀较轻，对无线电干扰小，且对点火系统的点火电压要求也低，更有利于火花塞跳火。因此，目前包括我国在内的所有国家都已经规定汽车线路统一采用负极搭铁。

（6）汽车线路有颜色和编号特征

为了便于区别各线路的连接，汽车所有低压导线必须选用不同颜色的单色或双色线，并在每根导线上编号。编号由生产厂家统一编定。

（7）由相对独立的分支系统组成

汽车电路由相对独立的系统组成，全车电路一般包括电源电路、起动电路、点火电路、照明信号仪表显示电路、微机控制电路、辅助装置电路等。

5. 汽车电气系统的发展前景

（1）电源电压升级

随着人们对汽车乘坐舒适性、燃油经济性、排放环保性要求的日益提高，汽车上的新装置、新技术不断增多，能耗量不断增加。由于电能具有传输简便、转换容易、控制灵活等一系列优点，采用电磁或电动执行器取代液压传动和气压传动执行器已成为一种趋势。

一些带电的机械装置逐步转变为带机械的电子装置，大大增加了电气系统的负荷。在以节能、环保和安全为中心的现代汽车中，电气设备越来越多，电气负荷越来越大，这就要求汽车电气提供更高的电能，传统的 14V 电压供电系统已经捉襟见肘，电压升级已经成为汽车电气系统的发展趋势，可能会有 36V、42V、48V。

目前，学术界 42V 的汽车电压升级方案有两种，一种是全车 42V 单电压方案，另一种是14V/42V 双电压方案。

简单地说，全车 42V 单电压方案是将目前汽车上采用的 14V 电源改为42V（发电动机输出电压 14V 的 3 倍）。从理论上讲，电压提高 3 倍，电流会减少 65%。除了能减小线束截面积、减小发电动机体积外，还能趁机将车上的电器来一场革命，例如，取消目前使用的机械式继电器，进入固态开关模式，采用电子模块代替目前的分立元件等。目前的豪华轿车使用 1～3kW 的功率，而将来高级轿车的使用功率将达到 10～20kW，如果汽车性能要提高，装置要增多，唯有采用电压升级才能解决问题。

但电压改动将涉及整个汽车电气系统的技术改造，还涉及配件供应商、配套商的利益问题。例如，现在的蓄电池都是 6V 或 12V，实施升压要研制生产 24V 或 48V 的新型蓄电池。汽车上的发电动机、起动机、雨刮电动机、微型电动机、灯泡、仪表、继电器等器件都要改，会对目前汽车零配件制造行业产生重大冲击。另外，提高电压对采用灯丝型灯光系统有不利影响。

由于直接采用 42V 单电压方案对现有的汽车及零部件行业冲击过大，作为由 14V 向 42V平稳过渡的措施，又有学者提出了 14V/42V 双电压方案。

简单地说，14V/42V 双电压方案是指在车上根据用电设备的特点，采用 14V 与 42V 并存的方法，有针对性地对电气设备提供不同电压的电源。

但双电路供电系统需要安装 14V 及 42V 蓄电池组，因而增加了车辆附加承载，占用更大的空间并增加造价。而且尚待解决的问题不少，例如，DC/DC 变换器产生的电磁干扰；高电压瞬态现象及抑制控制方法；双电压电器系统在车辆运行时的功率流向及分配问题等。尤其是安全问题，电线绝缘和电路保险设置的标准等都要重新制定。

14V/42V 及 42V 电气系统已得到国际汽车工业界的广泛认可，电压升级已经是大势所趋。因此，可以相信，这一新的汽车电气系统进入实用化的时间已为期不远。由于该电气系统的固有特点，以功率半导体元器件同微电子器件相结合的控制装置将在新的电气系统中获得大量应用，这将对传统的汽车电器带来较大的冲击，并对汽车电子、电器零部件的产业结构产生深远影响。

（2）数据总线技术将在汽车上应用并逐渐普及

所谓的数据总线，就是在一条数据线上传递的信息可以被多个系统共享，从而最大限度地提高系统整体的效率，充分利用有限资源。数据总线技术也经常被称为汽车网络技术。

众多国际知名汽车公司早在 20 世纪 80 年代就积极致力于汽车网络技术的研究及应用。迄今已有多种网络标准，如专门用于货车和客车上的 SAE 的 J1939、德国大众的 ABUS、博世的 CAN、美国商用机器的 AutoCAN、ISO 的 VAN、马自达的 PALMNET 等。数据总线技术如今在一些高档的轿车上被陆续使用。

在我国的轿车中已基本具有电子控制和网络功能，排放和其他指标达到了一定的要求。但货车和客车在这方面却远未能满足排放法规的要求。为了满足日益严格的排放法规，载货车和客车中也必须引入计算机及控制技术。采用控制器局域网和国际公认标准协议 J1939 来搭建网络，并完成数据传输，实现汽车内部电子单元的网络化是一种迫切的需要，也是必然的发展趋势。

控制器局域网络（CAN）是德国 Robert bosch 公司在 20 世纪 80 年代初为汽车业开发的一种串行数据通信总线。CAN 是一种很高保密性，有效支持分布式控制或实时控制的串行通信网络。CAN 的应用范围遍及从高速网络到低成本多线路网络。在自动化电子领域、发动机控制部件、传感器、抗滑系统等应用中，CAN 的位速率可高达 1Mbit/s。同时，它可以廉价地用于交通运载工具电气系统中，如灯光聚束、电气窗口等，可以替代所需要的硬件连接。它采用线性总线结构，每个子系统对总线有相同的权利，即为多主工作方式。CAN 网络上任意一个结点可在任何时候向网络上的其他结点发送信息而不分主从。网络上的结点可分为不同优先级，满足不同的实时要求。采用非破坏性总线裁决技术，当两个结点（即子系统）同时向网络上传递信息时，优先级低的停止数据发送，而优先级高的结点可不受影响地继续传送数据。具有点对点、一点对多点及全局广播接收传送数据的功能。

随着 CAN 在各种领域的应用和推广，对其通信格式的标准化提出了要求。1991 年 9 月 Philips Semiconductors 制定并发布了 CAN 技术规范（Versio 2.0）。该技术包括 A 和 B 两部分。2.0A 给出了 CAN 报文标准格式，而 2.0B 给出了标准的和扩展的两种格式。1993 年 11 月 ISO 颁布了道路交通运输工具—数据信息交换—高速通信局域网（CAN）国际标准 ISO11898，为控制局域网的标准化和规范化铺平了道路。美国的汽车工程学会 SAE 于 2000 年提出的 J1939，成为货车和客车中控制器局域网的通用标准。

（3）用电设备向电子化、智能化发展

现代汽车已经逐渐将汽车上完全机械的部件电子化。而且人们对电子化的要求还在不断升级，希望汽车在行驶的过程中可以不用人的手脚发出指令，只要人们大脑能想到不能及时办到，或者是人脑还没及时发现的情况下，电子装置就能自己来工作，正是所谓的智能化发展。例如，现在的自动刮水器，会在雨天自动开起，汽车前照灯的远光灯及近光灯会自动转换，汽车空调会根据环境及驾驶室内的温度自动进行控制，汽车前方发生意外的时候，制动系统会在短时间内自动制动，停车场汽车可以自动地、不用人手控制方向盘而停车等智能化的控制，只要加装了足够的传感器来代替人的感官，只要研究好他们的工作状态而编制精确的程序，只要根据前两者的需要安装符合要求的执行原件，汽车在不久的将来会完成智能化控制，真的可以实现无人驾驶，或者是不用人手动驾驶，从而更加提高它的实用性、安全性等。

6. 本课程的学习方法和考核方法

在本课程的学习中，应本着理论与实践并重的原则，要加强实践环节，尽可能参加动手操作。在实践操作中，还要加强操作技能的训练，掌握正确的操作方法。

对于结构复杂及实践性较强的内容，要充分利用实物及多媒体效果，采取边学习、边实践的学习方式，加强对所学内容的理解。

对于理论部分的教学内容，应加强预习和复习，即所谓的温故而知新，以提高学习效果。本课程的考核建议采用理论考试与实践考试相结合的方法。理论考核的知识点主要是电气设备的作用、组成、工作原理、工作特性。考试时，应采用笔试和口试相结合的方法，以增加可信度。实践考核组要考核学生的拆装及故障排除情况。

7. 本课程的性质、任务、主要性

本课程是汽车专业的一门专业课，是一门实践性很强的专业课程，同时也是学好汽车专业其他相关专业课程的基础。通过本课程的学习，应使学生掌握汽车电气设备的结构、基本工作原理、使用和维修、检测和调试、故障判断与排除等基本知识和基本技能。在学习完本课程后能够读懂汽车电路图，学会用电路图分析汽车电路的基本工作状况；能够根据具体电路进行故障判断和排除；对日常的电气设备能够独立地完成拆装和检修；并能正确使用汽车电气设备维修中日常的工具、设备、仪器和仪表。

只有在掌握了上述的基本知识和基本技能之后，才能比较顺利地完成汽车各个电控系统内容的学习，因此在学习过程中要意识到汽车电气设备课程的重要性。

思 考 题

1. 简述汽车电气设备的发展状况。
2. 简述汽车电气设备组成。
3. 汽车上有几个电源？都是什么？它们分别在什么情况下工作？
4. 简述汽车电气系统的特点。
5. 简述汽车电气系统的发展趋势。

第1章

蓄电池

【学习提示】

蓄电池是汽车上的两个电源之一，它是一种直流电源，在汽车上与发电机协同工作，向汽车上的用电设备供电。起动用的铅酸蓄电池在汽车上应用极为广泛。近年来，免维护蓄电池和新型蓄电池的使用也将日益广泛。

【学习目录】

- 掌握起动用铅酸蓄电池的作用及组成
- 掌握起动用铅酸蓄电池的工作特性
- 了解起动用铅酸蓄电池的工作原理
- 掌握起动用铅酸蓄电池的使用维护及故障排除
- 掌握免维护蓄电池的结构和使用特性
- 了解蓄电池的充电方法
- 了解蓄电池的新技术

【考核标准】

- 能够熟练地叙述起动用蓄电池的组成、工作原理
- 能够熟练地叙述起动用蓄电池的充电方法
- 能够熟练掌握蓄电池的使用特性及常见故障

1.1 蓄电池的结构与型号

1.1.1 蓄电池的作用

蓄电池是一种可逆的低压直流电源，既能将化学能转换为电能，又能将电能转换为化学能。

蓄电池的种类很多,汽车上所使用的蓄电池必须能满足起动发动机的要求,即短时间内(5~10s)可供给起动机强大的电流(一般为 200~600A,有的柴油机可达 1 000A),这种蓄电池通常称为起动型蓄电池。目前汽车上使用的最为广泛的是起动用铅酸蓄电池。该蓄电池与其他蓄电池相比,具有造价低、内阻小、起动性能好,能在短时间内供给起动机所需要的大电流等优点,其作用如下。

① 发动机起动时,向起动机和点火系统供电。

② 发电机不发电或电压较低的情况下向用电设备供电。

③ 当用电设备同时接入较多,发电机超载时,协助发电机供电。

④ 蓄电池存电不足,而发电机负载又较少时,它可将发电机的电能转变为化学能储存起来(即充电)。

⑤ 当发电机转速和用电负载发生较大变化时,可保持电路电压的相对稳定,同时吸收电路中随时出现的瞬间过电压,以保护用电设备不被损坏尤其是电子元件不被击穿。

1.1.2　蓄电池的基本构造

铅酸蓄电池的构造如图 1.1 所示,它主要由极板、隔板、壳体和电解液等部分组成。壳体内部分为互不相通的 6 个格,每格内的电解液、正负极板组及其间所夹的隔板,组成为单格电池。每单格电池标称电压为 2V,6 个单格串联成一个 12V 的蓄电池供汽车使用。

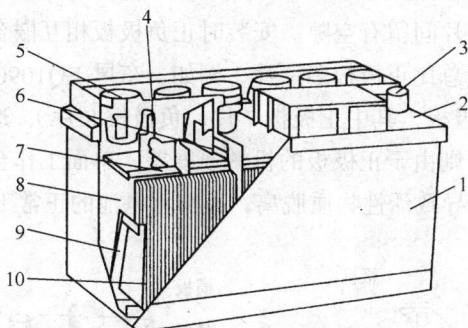

图 1.1　蓄电池的结构

1—外壳　2—电池盖　3—正极柱　4—负极柱　5—加液孔螺塞　6—串壁连接条
7—汇流条　8—负极板　9—隔板　10—正极板

1. 极板

极板是蓄电池的核心,分为正极板和负极板两种,均由栅架和填充在其上的活性物质构成。在蓄电池充放电过程中,电能与化学能的相互转换,就是依靠极板上的活性物质与电解液中的硫酸产生化学反应来实现。正极板上的活性物质是呈深棕色的二氧化铅(PbO_2)。负极板上的活性物质是呈青灰色海绵状的纯铅(Pb)。

栅架的作用是容纳活性物质并使极板成形,如图 1.2 所示,一般由铅锑合金浇铸而成。铅锑合金中,铅占 94%,锑占 6%。加入锑是为了提高栅架的机械强度并改善浇铸性能。但是,铅锑合金耐电化学腐蚀性能较差,在要求高倍率放电和提高比能量(极板单位体积所提供的容量）而采用薄形极板时，高锑含量栅架势必导致使用寿命的降低。因此，采用低锑合金就十分重要了，目前极板栅架含锑量为 2%～3%。在极板栅架合金中加入 0.1%～0.2%的砷，可以减缓腐蚀速度，提高硬度与机械强度，增强其抗变形能力，延长蓄电池的使用寿命。目前，国内外已使用铅锑砷合金做板栅。

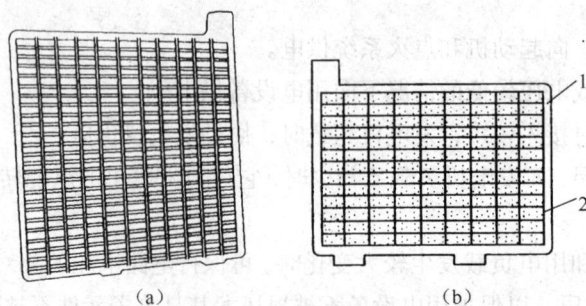

图 1.2 栅架与极板
1—栅架 2—活性物质

正极板活性物质的脱落和板栅腐蚀是决定蓄电池使用寿命的主要原因。因此，正极板栅要厚一些，负极板栅厚度一般为正极板栅厚度的 70%～80%。国产蓄电池负极板厚度为 1.6～1.8mm，也有薄至 1.2～1.4mm 的；正极板厚度为 2.2～2.4mm，也有薄至 1.6～1.8mm 的。薄形极板的使用能改善汽车的起动性能，提高蓄电池的比能量。

为了增大蓄电池的容量，将多片正、负极板分别用横板焊接，组成正、负极板组，如图 1.3 所示。横板上连有极柱，各片间留有空隙。安装时正负极板相互嵌合，中间插入隔板。在每个单体电池中，负极板的数量总比正极板多一片（例如，东风 EQ1090 汽车所用的 6-Q-105 型蓄电池，单格电池组共 15 片极板，其中正极板 7 片，负极板 8 片），这样正极板都处于负极板之间，使其两侧放电均匀，否则由于正极板的机械强度差，单面工作会使两侧活性物质体积变化不一致，而造成极板拱曲，导致活性物质脱离，影响蓄电池的正常工作。

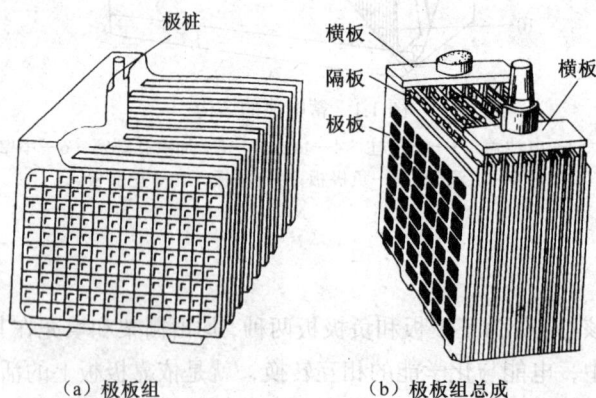

（a）极板组　　（b）极板组总成
图 1.3 极板组

将一片正极板和一片负极板浸入电解液中，便可得到 2V 左右的电动势。现代汽车用蓄电池由 6 个单格电池串联成 12V 供汽车选用，如图 1.4 所示。12V 电系汽车选用一只电池，24V 电系汽车选用两只电池。

2. 隔板

为了减小蓄电池的内阻和尺寸，蓄电池内部正负极板应尽可能地靠近，但为了避免彼此接触而短路，正负极板之间要用隔板隔开，如图 1.5 所示。隔板材料应具有多孔性，以便电解液渗透，且化学性能要稳定，即具有良好的耐酸性和抗氧化性。

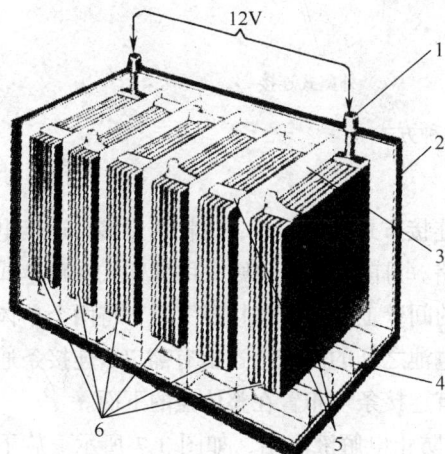

图 1.4　单格电池串联连接

1—极柱　2—电池槽　3—隔壁　4—沉淀池壁
5—汇流条　6—极板组

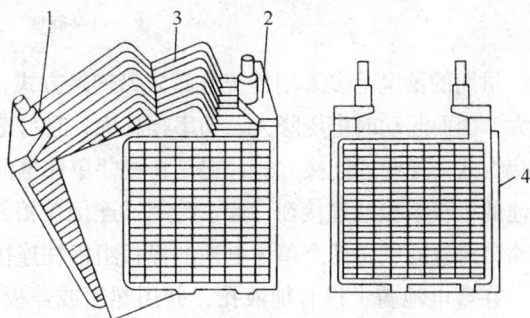

图 1.5　单格电池内极板组的构造

1—正极板　2—负极板　3、4—隔板

隔板的材料有木质、微孔橡胶、微孔塑料、玻璃纤维和纸板等。

木质隔板价格低，但耐酸性差，在硫酸作用下易碳化变脆。微孔塑料（聚氯乙烯、酚醛树脂）隔板耐酸、耐高温性好、寿命长，且成本低，因此使用广泛。玻璃纤维隔板常和木质、微孔塑料等隔板组合使用。使用时应将玻璃纤维隔板靠近正极板以防止活性物质脱落，提高蓄电池的使用寿命，但由于操作工艺复杂而使用较少。

安装时隔板上带沟槽的一面应面向正极板，这是为了使正极板的活性物质得到更多的电解液而反应充分。同时，使充电时产生的气体沿槽容易上升，脱落的活性物质沿槽容易下降。在现代新型蓄电池中，还将微孔塑料隔板制成袋状包在正极板外部，可进一步防止活性物质脱落，避免极板内部短路并使组装工艺简化。

3. 壳体

蓄电池壳体（也称容器）多为整体式，内用间壁分隔成几个单格，每个单格放入极板组，成为一个单格电池。

壳体材料要求耐酸、耐热、耐振动性能好。以前的蓄电池外壳多用硬橡胶制成，目前则采用 ABS 工程塑料或聚丙烯塑料制成，其制造工艺简单、坚固、美观、重量轻、耐腐蚀性好。

壳内由间壁分成 6 个互不相通的单格，底部制有凸起的筋条，以便放置极板组。筋条与极板底部组成的空间可以积存极板脱落的活性物质，防止正、负极板短路。

蓄电池各单体电池之间采用铅质链条串联起来，一般有传统外露式铅连接、内部穿壁式连接和跨越式连接 3 种方式，如图 1.6 所示。

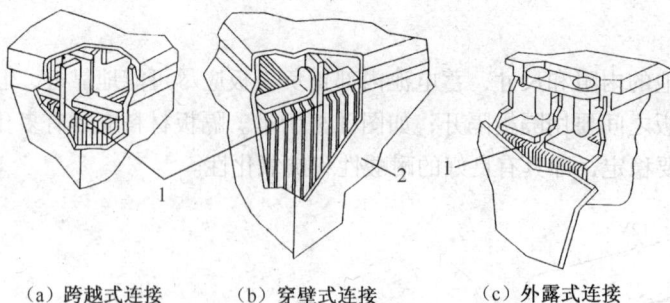

（a）跨越式连接　　（b）穿壁式连接　　（c）外露式连接

图 1.6　连接单格电池的 3 种方式

1—间壁　2—容器

　　早期的蓄电池多采用传统外露式铅连接方式，这种连接方式工艺简单，但耗铅量多，连接电阻大，因而起动时电压降大、功率损耗大，且易造成短路。目前，蓄电池则采用穿壁式或跨越式连接方式。穿壁式连接方式，它是在相邻单体电池之间的间壁上打孔使连接条穿过，将两个单体电池的极板组极柱连接在一起。跨越式连接在相邻单体电池之间的间壁上边留有豁口，连接条通过豁口跨越间壁将两个单体电池的极板组极柱连接，所有连接条均布置在整体盖的下面。

　　在蓄电池盖上设有加液孔，并用螺塞或盖板密封，防止电解液溢出，如图 1.7 所示。旋下加液孔螺塞或打开加液孔盖板，即可加注电解液和检测电解液密度。在加液孔螺塞和盖板上设有通气孔，以便排出化学反应放出的氢气和氧气。该通气孔在使用过程中必须保持通畅，防止壳体胀裂或发生爆炸事故。蓄电池的装配过程如图 1.8 所示。

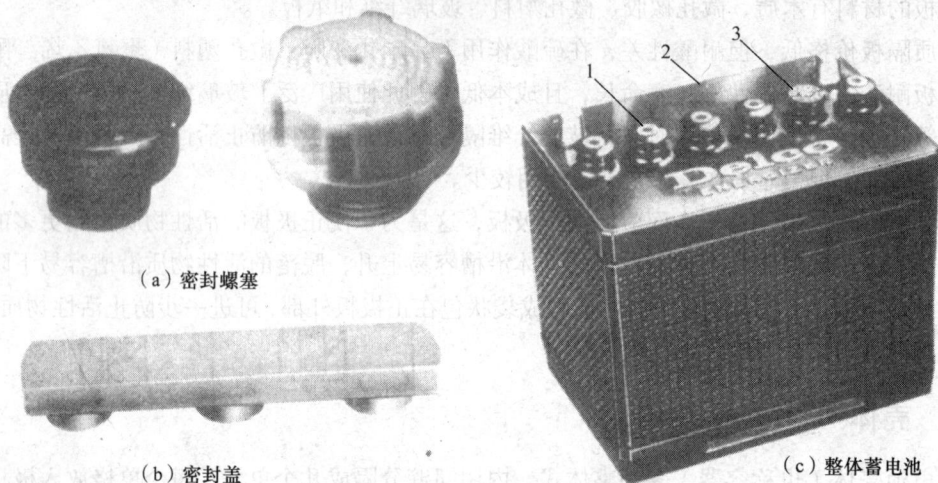

（a）密封螺塞

（b）密封盖

（c）整体蓄电池

图 1.7　密封螺塞与密封盖的结构

1—密封螺塞　2—电池盖　3—技术状态指示器

4. 电解液

　　铅酸蓄电池的电解液是由相对密度为 1.84 的纯硫酸和蒸馏水按一定的比例配制而成，密度一般在 $1.24 \sim 1.30 \text{g/cm}^3$ 的范围内。电解液的纯度是影响蓄电池的电气性能和使用寿命的重要因素，一般工业用硫酸和普通水中，因含有铁、铜等有害杂质，绝对不能加入到蓄电池中，否则容易自行放电，并且容易损坏极板。因此，蓄电池电解液要用纯硫酸和蒸馏水按一定比例配制而成，硫酸标准见 GB 4554—84 规定，蒸馏水标准见 ZBK 84004—89 的规定。

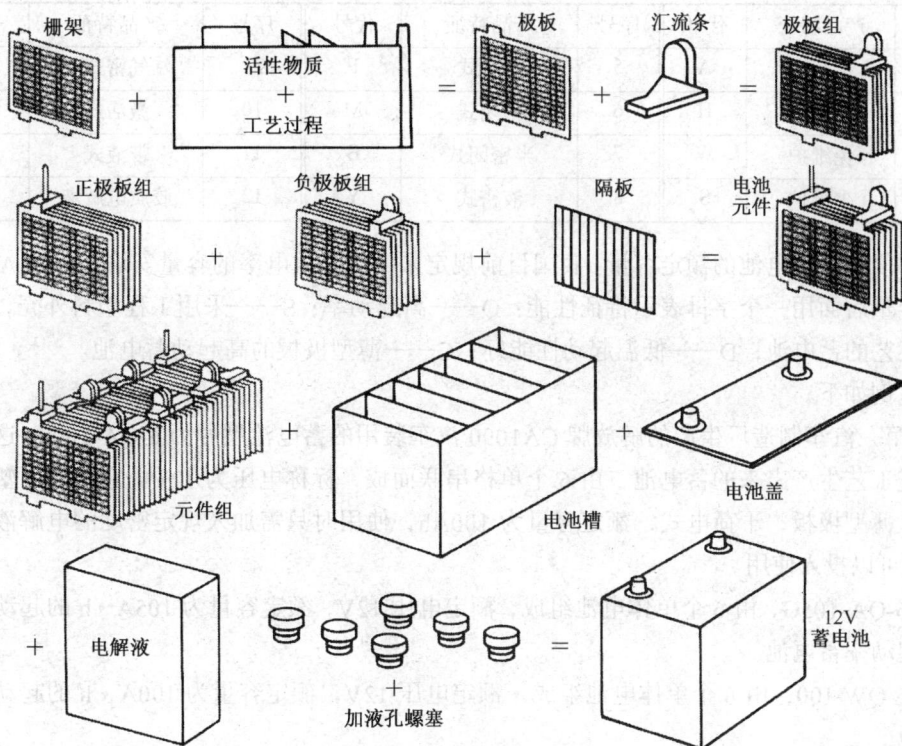

图 1.8　蓄电池的装配过程

配制电解液应在耐酸的陶瓷或玻璃容器内进行。先将蒸馏水倒入容器内，然后慢慢地加入硫酸，并且要不停地用玻璃棒搅拌。绝对不允许将水倒入硫酸中，否则将产生剧烈的化学反应，可能造成人身事故。配制不同密度的电解液必须按一定的体积比或质量比进行，如电解液相对密度为 1.20g/cm^3，则硫酸与蒸馏水的体积比应为 1:4.33，硫酸与蒸馏水的质量比应为 1:2.36（以 25℃时硫酸相对密度为 1.83 计算），其他密度的电解液可按此关系进行换算。

1.1.3　蓄电池的型号

1. 我国蓄电池的型号

按照原机械工业部颁发的标准 JB 2599—85 的规定，铅蓄电池产品型号分为三段，其排列及其含义如下：

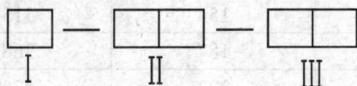

第Ⅰ段表示串联的单格电池数，用阿拉伯数字组成，其标准电压是这个数字的 2 倍。

第Ⅱ段表示蓄电池的类型和特征，用 2 个汉语拼音字母组成。其中第一个字母如果用 Q，表示起动用铅蓄电池，如果用 M 表示摩托车用蓄电池。第二个字母是蓄电池的特征代号：如

A——干荷电式；W——免维护式；无字母则为干封式，具体产品特征代号见表 1.1。

表 1.1 产品特征代号

序号	产品特征	代号	序号	产品特征	代号	序号	产品特征	代号
1	干荷电	A	5	防酸式	F	9	气密式	Q
2	湿荷电	H	6	密闭式	M	10	激活式	I
3	免维护	W	7	半密闭式	B	11	带液式	D
4	少维护	S	8	液密式	Y	12	胶质电解液	J

第Ⅲ段表示蓄电池的额定容量。我国目前规定采用 20h 放电率的容量安培小时数 Ah。有时在额定容量后面用一个字母表示特征性能：Q——高起动率；S——采用工程塑料外壳，电池盖及热封工艺的蓄电池；D——低温起动性能好；G——薄型极板的高起动蓄电池。

现举例如下。

① 第一汽车制造厂生产的解放牌 CA1090 汽车装用的蓄电池型号为 6-QA-100S，这是一种国内先进工艺生产出来的蓄电池，由 6 个单格串联而成，标称电压为 12V。它采用了塑料整体式外壳，薄型极板，干荷电式，额定容量为 100Ah，使用时只需加入规定密度的电解液，静置 0.5h，就可以投入使用。

② 6-QA-105G，由 6 个单体电池组成，额定电压 12V，额定容量为 105A·h 的起动用干荷电，高起动率蓄电池。

③ 6-QW-100，由 6 个单体电池组成，额定电压 12V，额定容量为 100A·h 的起动用免维护蓄电池。

国产常用蓄电池见表 1.2、表 1.3 和表 1.4。

表 1.2 国产橡胶槽上固定式起动用铅蓄电池产品规格

序号	额定电压/V	20h 率额定容量/（A·h）	储备容量/min	起动电流（I_S）/A	最大外形尺寸/mm		
					L	b	h
1	6	75	123	300	197	178	250
2	6	90	154	315	224	178	250
3	6	105	187	368	251	178	250
4	6	120	227	420	278	178	250
5	6	135	260	435	305	178	250
6	6	150	300	450	333	178	250
7	6	165	342	495	339	178	250
8	6	180	386	540	369	178	250
9	6	195	432	585	413	178	250
10	12	60	94	240	319	178	250
11	12	75	123	300	373	178	250
12	12	90	154	315	427	178	250
13	12	105	187	368	485	178	250
14	12	120	223	420	517	198	250
15	12	135	260	435	517	216	250
16	12	150	300	450	517	234	250
17	12	165	342	495	517	252	250

续表

序号	额定电压/V	20h 率额定容量/(A·h)	储备容量/min	起动电流(I_S)/A	最大外形尺寸/mm		
					L	b	h
18	12	180	386	540	517	270	250
19	12	195	432	585	517	288	250

表 1.3　　　　　　　国产塑料槽上固定式起动用铅蓄电池产品规格

序号	额定电压/V	20h 率额定容量/(A·h)	储备容量/min	起动电流(I_S)/A	最大外形尺寸/mm		
					L	b	h
1	6	75	123	300	190	170	245
2	6	90	154	315	190	170	245
3	6	105	187	368	240	170	245
4	6	120	223	420	250	175	245
5	6	150	300	450	305	175	245
6	12	30	43	120	187	127	227
7	12	35（36）	52	144	197	129	227
8	12	40	59	160	238	138	235
9	12	45	67	180	238	129	227
10	12	50	76	200	260	173	235
11	12	60	94	240	270	173	235
12	12	70	113	280	310	173	235
13	12	75	123	300	210（318）	173	235
14	12	80	133	320	310	173	235
15	12	90	154	315	380	177	235
16	12	100	176	350	410	177	250
17	12	105	187	368	450	177	260
18	12	120	223	420	513	189	260
19	12	135	260	405	513	189	260
20	12	150	300	450	513	223	260
21	12	165	342	495	513	223	260
22	12	180	386	540	513	223	260
23	12	195	432	585	517	272	260
24	12	200	441	600	621	278	270
25	12	210	450	630	521	278	270
26	12	220	460	660	521	278	270

表 1.4　　　　　　　国产塑料槽下固定式起动用铅蓄电池产品规格

序号	额定电压/V	20h 率额定容量/(A·h)	储备容量/min	起动电流(I_S)/A	最大外形尺寸/mm		
					L	b	h
1	12	36	52	144	218	175	175
2	12	45	67	180	218	175	190

续表

序号	额定电压/V	20h 率额定容量/（A·h）	储备容量/min	起动电流（I_S）/A	最大外形尺寸/mm		
					L	b	h
3	12	50	76	200	290	175	190
4	12	54	83	216	294	175	175
5	12	55	85	220	246	175	190
6	12	60	94	240	293	175	190
7	12	63	100	252	297	175	175
8	12	66	105	264	306	175	190
9	12	88	150	352	381	175	190
10	12	100	176	350	374	175	235
11	12	135	260	405	513	175	223
12	12	165	342	495	513	175	223

2. 进口蓄电池的规格

进口蓄电池的容量规格是国际蓄电池协会（BCI）和汽车工程师学会（SAE）联合制定的。国际蓄电池协会（BCI）用储备容量和冷起动功率两个指标来评价蓄电池。更换蓄电池时，需按照应用表来选择具有正确的 BCI 组码的蓄电池。为满足起动和车辆其他电器的需要，所换新蓄电池的额定值一定不能比原来使用的蓄电池的额定值低。

（1）储备容量

储备容量（RC）使用时间来表示。它是指汽车在充电系统不工作的情况下，在夜间靠蓄电池点火和提供最低限度的电路负载所能运行的大约时间，可具体表述为完全充足电的 12V 蓄电池，在（25±2）℃的条件下，以 25A 恒流放电至 12V 蓄电池端电压下降到（10.50±0.05）V 时的放电时间，单位为 min。它说明汽车充电系统失效时，汽车尚能持续提供 25A 电流的能力。

（2）冷起动性

冷起动性（CCA）是指在 −17.8℃和 −28.9℃条件下，可获得某特定意义下的最小电流。这个指标把蓄电池的起动能力与发电机的排量、压缩比、温度、起动时间、发动机和电气系统的技术状态以及起动和点火的最低使用电压这些重要的变量联系起来。它是指充满电的蓄电池在 30s 内，其端电压下降到 7.2V（12V 蓄电池）时，蓄电池所能供给的最小电流。冷起动额定值给出的是总电流值，如 300CCA 等。

选择蓄电池除了考虑容量和额定值外，蓄电池大小也必须合适。根据表 1.5 给出有关蓄电池尺寸及其他特性的 BCI 组码来选择。

表 1.5　　　　　　　　　　　BCI 蓄电池组码表

分组规格	电压/V	冷起动率 0° F30s 的电流/A	批准型号	蓄电池壳体尺寸（包括端子/in）		
				长	宽	高
17HF	6	400	24	$7\frac{1}{4}$	$6\frac{3}{4}$	9
21	12	450	60	8	$6\frac{3}{4}$	$8\frac{1}{2}$

续表

分组规格	电压/V	冷起动率 0° F30s 的电流/A	批准型号	蓄电池壳体尺寸(包括端子/in)		
				长	宽	高
	12	430	60	9	$6\frac{7}{8}$	$8\frac{1}{8}$
22F	12	380	55	9	$6\frac{7}{8}$	$8\frac{1}{8}$
	12	330	40	9	$6\frac{7}{8}$	$8\frac{1}{8}$
22NE	12	330	24	$9\frac{1}{2}$	$5\frac{1}{2}$	$8\frac{5}{8}$
	12	525	60	$10\frac{1}{4}$	$6\frac{7}{8}$	$8\frac{5}{8}$
	12	450	55	$10\frac{1}{4}$	$6\frac{7}{8}$	$8\frac{5}{8}$
24	12	410	48	$10\frac{1}{4}$	$6\frac{7}{8}$	$8\frac{5}{8}$
	12	380	40	$10\frac{1}{4}$	$6\frac{7}{8}$	$8\frac{5}{8}$
	12	325	36	$10\frac{1}{4}$	$6\frac{7}{8}$	$8\frac{5}{8}$
	12	290	30	$10\frac{1}{4}$	$6\frac{7}{8}$	$8\frac{5}{8}$
	12	525	60	$10\frac{1}{4}$	$6\frac{7}{8}$	$8\frac{5}{8}$
	12	450	55	$10\frac{1}{4}$	$6\frac{7}{8}$	$8\frac{5}{8}$
24F	12	410	48	$10\frac{1}{4}$	$6\frac{7}{8}$	$8\frac{5}{8}$
	12	380	40	$10\frac{1}{4}$	$6\frac{7}{8}$	$8\frac{5}{8}$
	12	325	36	$10\frac{1}{4}$	$6\frac{7}{8}$	$8\frac{5}{8}$
	12	290	30	$10\frac{1}{4}$	$6\frac{7}{8}$	$8\frac{5}{8}$
27	12	560	60	12	$6\frac{7}{8}$	$8\frac{5}{8}$
27F	12	560	60	12	$6\frac{7}{8}$	9
41	12	525	60	$11\frac{9}{16}$	$61\frac{3}{16}$	$61\frac{5}{16}$
42	12	450	60	$9\frac{5}{8}$	$6\frac{7}{8}$	$6\frac{3}{4}$
	12	340	40	$9\frac{5}{8}$	$6\frac{7}{8}$	$6\frac{3}{4}$
45	12	420	60	$9\frac{1}{2}$	$5\frac{1}{2}$	$8\frac{7}{8}$
46	12	460	60	$10\frac{1}{4}$	$6\frac{7}{8}$	$8\frac{5}{8}$
48	12	440	60	12	$6\frac{7}{8}$	$7\frac{1}{2}$
49	12	600	60	$14\frac{1}{2}$	$6\frac{7}{8}$	$7\frac{1}{2}$
56	12	450	60	10	6	$8\frac{3}{8}$
	12	380	48	10	6	$8\frac{3}{8}$
58	12	425	60	$9\frac{1}{4}$	$7\frac{1}{4}$	$6\frac{7}{8}$
	12	450	60	8	$7\frac{1}{4}$	$8\frac{1}{2}$
71	12	395	55	8	$7\frac{1}{4}$	$8\frac{1}{2}$
	12	330	36	8	$7\frac{1}{4}$	$8\frac{1}{2}$

分组规格	电压/V	冷起动率 0°F30s 的电流/A	批准型号	蓄电池壳体尺寸（包括端子/in）		
				长	宽	高
72	12	490	60	9	$7\frac{1}{4}$	$8\frac{1}{2}$
	12	380	48	9	$7\frac{1}{4}$	$8\frac{1}{4}$
74	12	585	60	$10\frac{1}{4}$	$7\frac{1}{4}$	$8\frac{1}{4}$
	12	525	60	$10\frac{1}{4}$	$7\frac{1}{4}$	$8\frac{3}{4}$
	12	505	60	$10\frac{1}{4}$	$7\frac{1}{4}$	$8\frac{3}{4}$
	12	450	55	$10\frac{1}{4}$	$7\frac{1}{4}$	$8\frac{3}{4}$
	12	410	48	$10\frac{1}{4}$	$7\frac{1}{4}$	$8\frac{3}{4}$
	12	380	40	$10\frac{1}{4}$	$7\frac{1}{4}$	$8\frac{3}{4}$
	12	325	36	$10\frac{1}{4}$	$7\frac{1}{4}$	$8\frac{3}{4}$

1.2 蓄电池的工作原理

1.2.1 蓄电池的放电过程

将蓄电池的化学能转换成电能的过程称为放电过程。放电前，正负极板的活性物质分别是二氧化铅和铅，电解液是硫酸，连上负载后，正负极板的活性物质和电解液硫酸进行化学反应，在正负极板之间产生了电位差，每个单个电池的正负极板的电位差为2.1V。

放电时，在2.1V的电位差作用下，电流从正极流出，经过负载，如图1.9（a）所示中的灯泡流回负极。放电过程中正负极板的活性物质分别和电解液硫酸发生化学反应，使正极板的活性物质转化成了硫酸铅，负极板的活性物质也转化成了硫酸铅，电解液转化成了水，所以放电过程中电解液密度逐渐下降，如图1.9（b）所示为放电结束的状态。

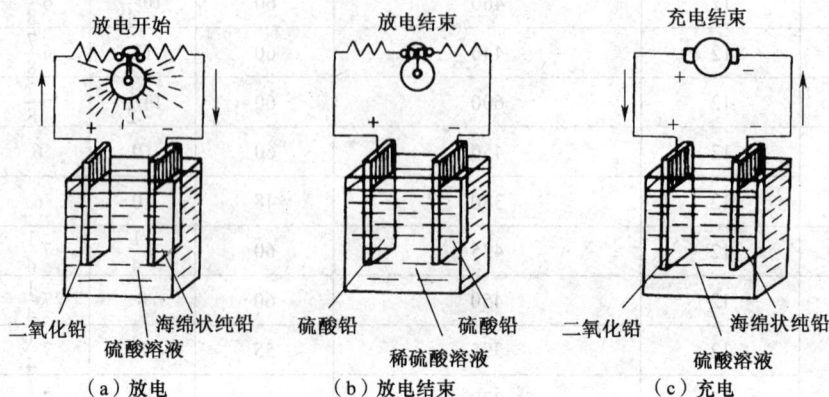

二氧化铅　　海绵状纯铅　　　硫酸铅　　　硫酸铅　　　二氧化铅　　海绵状纯铅
　　硫酸溶液　　　　　　　稀硫酸溶液　　　　　　　　硫酸溶液
（a）放电　　　　　　　　（b）放电结束　　　　　　　　（c）充电

图 1.9　蓄电池的工作过程

1.2.2　蓄电池的充电过程

　　将电能转换成蓄电池化学能的过程称为充电过程。充电时，蓄电池应接直流电源。充电前正负极板的活性物质是硫酸铅，电解液是水，在外加电场的作用下，发生化学反应，使正极板的活性物质又转化成二氧化铅，负极板转化成铅，电解液转化成硫酸铅，如图 1.9（c）所示。充电时水被消耗，而硫酸增多，电解液密度逐渐上升。

1.3　蓄电池的工作特性

1.3.1　蓄电池的基本电气特性

1. 静止电动势

　　静止电动势是指蓄电池在静止状态（不充电也不放电），正负极板之间的电位差（即开路电压），可以用 E_0 表示。如果它的值过低，说明蓄电池电量不足，或者是蓄电池有故障了。它的大小与电解液的相对密度和温度有关。

　　汽车用蓄电池的电解液相对密度在充电时增高，放电时下降，一般在 1.24～1.30 波动，因此，蓄电池的静止电动势也相应地变化在 1.97～2.15V。

2. 内阻

　　蓄电池的内阻大小反映了蓄电池的带负载能力。在相同条件下，内阻越小，输出电流越大，带负载能力越强。蓄电池的内阻包括极板电阻、隔板电阻、电解液电阻、铅连接条和极柱电阻的总和。

1.3.2　蓄电池的充电特性

　　蓄电池的充电特性是指在恒流充电过程中，蓄电池的端电压 U_c 和电解液密度 ρ 等参数随充电时间变化的规律。

　　在对放完电的蓄电池以恒流 I_c 进行充电的过程中，每隔一定时间（一般为 2h）测量其单格电池的端电压 U_c、电解液密度 ρ 和温度等工作参数，便可得到该蓄电池的充电特性曲线。图 1.10 所示为一只 6-Q-105 型蓄电池以 10.5A 的充电电流进行充电的特性曲线。

　　在恒流充电的过程中，由于充电电流不变，即单位时间内生成硫酸的数量相等，因此电解液密度 ρ 随时间增长而线性上升，静止电动势 E_0 也随密度的上升而升高。

　　蓄电池充电时，因为充电电压 U_c 必须克服蓄电池的电动势 E 和内阻产生电压降 I_cR_0 之后，因此，充电过程中蓄电池的端电压总是大于蓄电池的电动势 E，即

$$U_c = E + I_c R_0 \qquad (1.1)$$

　　充电开始后，蓄电池的端电压 U_c 便迅速上升，这是因为充电时活性物质和电解液的作用。

首先是在极板的孔隙中进行的，生成的硫酸使孔隙内的电解液相对密度迅速增大所致。随着硫酸的增多，便不断地向周围扩散，当极板孔隙内生成硫酸的速度与向外扩散的速度达到动态平衡时，端电压就不再迅速上升，而是随着整个容器内电解液相对密度的上升而相应地增高。

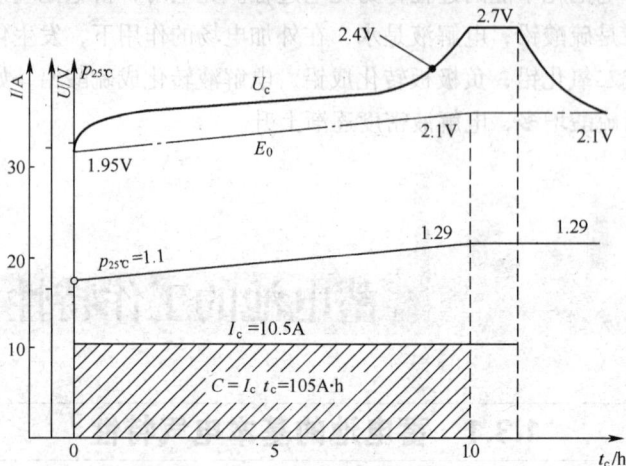

图 1.10　蓄电池的充电特性

当端电压达到 2.4V 左右时，电解液中开始产生气泡，此现象说明蓄电池已基本充足，极板上的活性物质已基本转变为二氧化铅（PbO_2）和海绵状的纯铅（Pb），部分充电电流已用于电解水，从而产生了氢气和氧气。如继续充电，电解水的电流增大，产生的氢气和氧气增多，就会呈现所谓的"沸腾"现象。由于氢离子在极板上与电子结合速度较缓慢，于是在靠近负极板处会积存较多的正离子 H^+，使极板与溶液之间产生附加电位差（称为氢过电位，约为 0.33V），使端电压急剧升高到 2.7V 左右。此时应切断电路停止充电，否则，将造成蓄电池的过充电。过充电时，由于剧烈地放出气泡，会在极板内造成压力，加速活性物质的脱落，使极板过早损坏。所以，应尽量避免长时间的过充电。但在实际充电中，为了保证将蓄电池充足，往往需要 2~3h 的过充电才行。

停止充电后，由于内压降随充电电流切断而自动消失，极板孔隙内外的电解液也逐渐混合均匀，因此蓄电池端电压逐渐降低，最终等于静止电动势。

由上述过程可归纳出充电终了须同时满足的 3 个标志：

① 电解液呈沸腾状（因析出氢气和氧气）；

② 电解液相对密度上升至最大值，且 2~3h 内不再上升；

③ 单格端电压上升至最大值（2.7V），且 2~3h 内不再上升。

1.3.3　蓄电池的放电特性

蓄电池的放电特性是指充足电的蓄电池在恒电流放电过程中，蓄电池的端电压 U_f 和电解液相对密度 ρ 等参数随时间而变化的规律。

在对完全充足电的蓄电池以 20h 放电率的电流 I_f 进行恒流放电过程中，每隔一定时间（一般为 2h）测量其单格电池的平均电压 U_f、电解液密度 ρ，便可得到该蓄电池的放电特性曲线。如图 1.11 所示为一只 6-Q-105 型蓄电池的放电特性曲线。

在放电过程中，因为放电电流恒定，即单位时间内消耗硫酸的数量相同，所以电解液密度随放电时间增长而线性下降。相对密度每下降 0.03~0.038，则蓄电池约放电 25%。

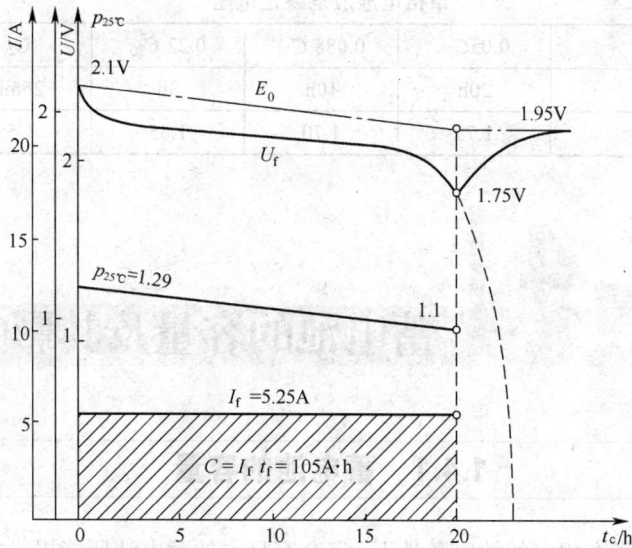

图 1.11　蓄电池的放电特性

放电过程中，由于蓄电池内阻 R_0 上有电压降，所以，蓄电池的端电压 U_f 总是小于其电动势，即

$$U_f = E - I_f R_0 \qquad (1.2)$$

端电压在放电初期迅速下降，这是由于极板孔隙中的硫酸迅速消耗，密度迅速降低所致。随着极板孔隙内外密度差的不断增大，硫酸向孔隙内扩散的速度也随之加快，使放电电流得以维持。当渗入的新电解液完全补偿了因放电时化学反应而消耗的硫酸量时，端电压将随整个容器内电解液相对密度的降低而缓慢地下降。当电压下降至 1.75V 时，应停止放电，如果继续放电，则电压将急剧下降到零。这是因为放电接近终了时，化学反应深入到极板的内层，而放电时生成的硫酸铅较原来活性物质的体积大（是海绵状纯铅的 2.68 倍，是二氧化铅的 1.86 倍），硫酸铅聚集在极板孔隙内，缩小了孔隙的截面积，使电解液渗入困难，因而极板孔隙内消耗掉的硫酸难以得到补充，孔隙内的电解液相对密度便迅速下降，端电压也随之急剧下降。

当端电压下降到规定的放电终止电压（20h 放电率的放电终止电压为 1.75V）再继续放电则为过度放电。过度放电十分有害，因为孔隙中生成的粗结晶硫酸铅，充电时不易还原，因而使极板损坏，容量下降。

停止放电后，由于极板孔隙中的电解液和容器中的电解液相互渗透，趋于平衡，蓄电池的端电压将稍有回升（称为蓄电池休息）。

蓄电池放电终了的特性，通常由两个数据来判断。

① 电解液相对密度降低到最小允许值，大约为 1.11g/m^3。

② 单格电池的端电压降至放电终止电压，以 20h 放电率放电，单格电池电压降至 1.75V。

单格电池容许的放电终止电压与放电电流强度有关。放电电流越大，则放完电的时间越短，而允许的放电终止电压越低，其关系见表 1.6。

表 1.6   单格电池放电终止电压

放电电流（I_f）/A	$0.05C_{20}$	$0.088C_{20}$	$0.22C_{20}$	C_{20}	$3C_{20}$
放电时间	20h	10h	3h	25min	4.5min
单格终止电压（U）/V	1.75	1.70	1.65	1.55	1.50

1.4 蓄电池的容量及其影响

1.4.1 蓄电池的容量

蓄电池的容量是指在规定的放电条件下，完全充足电的蓄电池所能提供的电量，用 C 表示，单位为安培小时（A·h），电池容量用以表示蓄电池对外供电的能力、衡量蓄电池质量的优劣以及选用蓄电池的最重要指标。当电池以恒定电流值进行放电时，其容量等于放电电流和持续放电时间的乘积，用下式表示：

$$C = I_f t_f \qquad (1.3)$$

式中，C——蓄电池容量，单位为 A·h；

I_f——放电电流，单位为 A；

t_f——放电持续时间，单位为 h。

蓄电池出厂时规定的额定容量是在一定的放电电流、一定的终止电压和一定的电解液温度下取得的。

1. 额定容量

额定容量是检验蓄电池质量的重要指标之一。GB 5008.1—91 标准规定，以 20h 放电率的放电电流在电解液初始温度为（25±5）℃，相对密度为（1.28±0.01）g/cm³（25℃）的条件下，以 20h 放电率的电流连续放电到 12V 蓄电池端电压降到（10.50±0.05）V 所输出的电量，记为 C_{20}，单位是 Ah。

例如，解放牌 CA120F 汽车的蓄电池为 6-QA-60 型，在电解液初始温度为 25℃时，以 3A 的放电电流持续放电 20h，单格电压降到 1.75V，其额定容量 $C_{20}=3×20$A·h$=60$A·h。上海桑塔纳牌 LX 型、GX 型、GX5 型轿车的蓄电池参数为 12V、54A·h，其额定容量 $C_{20}=54$A·h，起动功率为 0.75kW。

根据上海蓄电池厂的规定，应将蓄电池连续放电 9 次，在第 10 次循环时，其容量应达到规定的数值。

2. 起动容量

起动容量表示蓄电池接起动机时的供电能力，用倍率和持续时间表示，有常温和低温两种起动容量。

（1）常温起动容量

常温起动容量即电解液温度为 25℃时，以 5min 率放电的电流（3 倍额定容量的电流）连续放电至规定的终止电压（6V 蓄电池为 4.5V，12V 蓄电池为 9V）时所输出的电流，其放电持续时间应在 5min 以上。例如，对于 3-Q-90 型蓄电池，$C_{20} = 90\text{A} \cdot \text{h}$，在电解液初始温度为 25℃时，以 $3C_{20} = 3 \times 90\text{A} = 270\text{A}$ 的电流放电 5min，蓄电池端电压降至 4.50V，其起动容量为 $270 \times 5/60 = 22.5\text{A} \cdot \text{h}$。

（2）低温起动容量

低温起动容量即电解液温度为−18℃时，以 3 倍额定容量的电流连续放电至规定的终止电压（6V 蓄电池为 3V，12V 蓄电池为 6V）时所放出的电量，其放电持续时间应在 2.5min 以上。仍以蓄电池 3-Q-90 为例，在电解液初始温度为−18℃时，以 270A 的电流放电 2.5min，蓄电池端电压降至 3V，其低温起动容量为：$270 \times 2.5/60 = 11.25\text{A} \cdot \text{h}$。

1.4.2　影响蓄电池容量的主要因素

蓄电池容量与很多因素有关，归纳起来有两类：一类是与生产工艺及产品结构有关，如活性物质的数量、极板的厚度、活性物质的孔率等；另一类是使用条件，如放电电流、电解液温度和电解液相对密度等。

1. 产品结构因素

（1）极板上活性物质的数量

从理论上讲，活性物质越多，则容量应越大。实际上，正负极板上只有 55%～60%的活性物质参加反应，当活性物质的数量确定后，其他因素对容量的影响就是对活性物质的利用率的影响了。极板面积越大，片数越多，则同时和硫酸起化学反应的活性物质就越多，容量就越大。

（2）极板的厚度

极板越厚，电解液向极板深处的扩散越困难，活性物质越不易参与反应。因此，减小极板厚度可以提高活性物质的利用率。

（3）活性物质的孔率

孔率即活性物质的孔隙多少，孔率越大，硫酸溶液扩散越容易，则容量可相应提高。但如果孔率过大，则活性物质的数量要减少，容量却反而会下降。

（4）活性物质的真实表面积

活性物质的真实表面积包括活性物质与电解液直接接触的表面积和细孔内的表面积。极板的真实表面积要比极板的几何尺寸计算面积大得多，真实表面积大，扩散面积和反应面积都增加，容量可相应提高。

（5）极板中心距

极板中心距小，可以减小蓄电池的内电阻，在保证有足够硫酸的前提下，缩小极板中心距可以提高蓄电池的容量。

2. 使用条件对蓄电池容量的影响

（1）放电电流对蓄电池容量的影响

根据实验，放电电流越大，则电压下降越快，至终止电压的时间越短，容量越小。图 1.12 所示为 6-Q-135 型蓄电池在不同放电电流情况下的放电特性。因为大电流放电时，极板表面活性物质的孔隙会很快被生成的硫酸铅所堵塞，使极板内层的活性物质不能参加化学反应，因此放电电流增大，蓄电池的容量减小。图 1.13 所示为 3-Q-75 型蓄电池在电解液温度为 30℃时，容量与放电电流的关系。

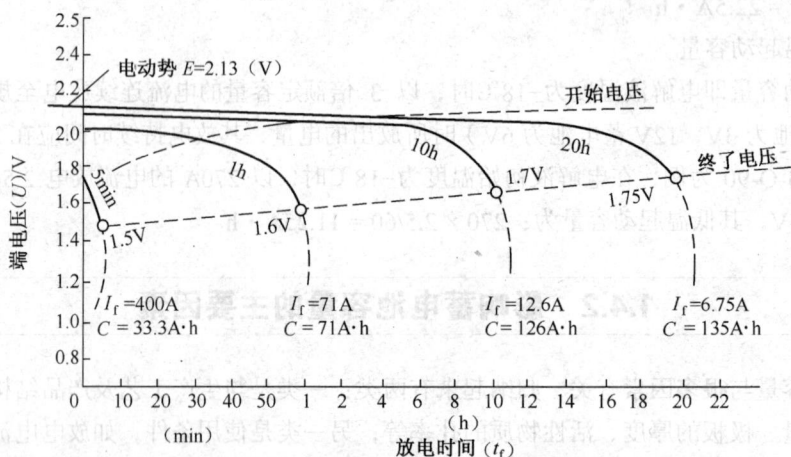

图 1.12 6-Q-135 型蓄电池不同放电电流情况的放电特性

（2）电解液温度对蓄电池容量的影响

温度降低则容量减小，这是由于温度降低时，电解液的黏度增加，渗入极板内困难；同时电解液电阻增大，使蓄电池内阻增大，蓄电池端电压降低，容量减小。图 1.14 所示为 3-Q-75 型蓄电池以 225A 的电流放电，当电解液温度为 30℃和 −18℃时，蓄电池端电压与放电时间的关系。图 1.15 所示为 3-Q-75 型蓄电池以 225A 的电流放电，在不同温度下所输出的容量。

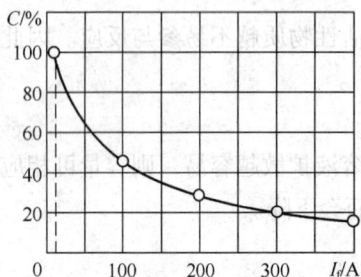

图 1.13 蓄电池容量与放电电流的关系   图 1.14 温度对放电特性的影响

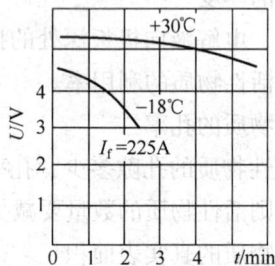

由于温度对蓄电池放电时的端电压和容量有较大影响，因此，在寒冷地区应特别注意蓄电池的保温。

（3）电解液密度对蓄电池容量的影响

适当增加电解液的相对密度，可以提高电解液的渗透速度和蓄电池的电动势，并减小内阻，使蓄电池的容量增大。但相对密度超过某一值时，由于电解液黏度增大使渗透速度降低，内阻和极板硫化增加，又会使蓄电池的容量减小。电解液相对密度和容量的关系如图 1.16 所示。起动用蓄电池一般使用相对密度为 1.26~1.29 的电解液。

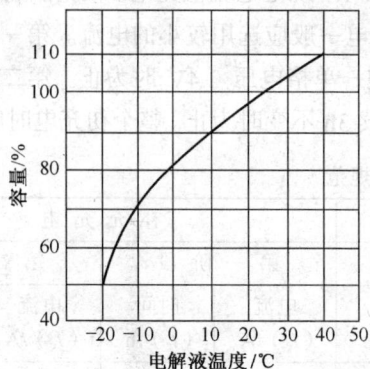

图 1.15　电解液温度与容量的关系

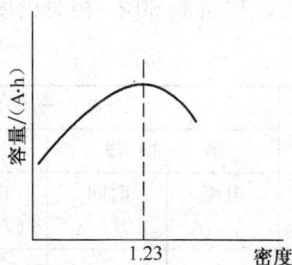

图 1.16　电解液相对密度和容量的关系

（4）电解液的纯度对蓄电池容量的影响

电解液的纯度对蓄电池的容量有很大影响，应用化学纯硫酸和蒸馏水配制。电解液中一些有害杂质腐蚀栅架，沉附于极板上的杂质形成局部电池产生自放电。如电解液中含有 1%的铁，蓄电池在一昼夜内就会放完电，使用纯度不好的电解液明显减小蓄电池的容量，缩短蓄电池的使用寿命。

1.5

蓄电池使用维护及故障排除

1.5.1　蓄电池的充电

1. 蓄电池充电

放电后的蓄电池必须通过充电才能重新投入使用，新蓄电池和修复后的蓄电池在首次使用前必须进行初充电，蓄电池在正常使用过程中为了保持一定容量，延长其使用寿命，还需要进行一些必要的补充充电等维护性充电作业。因此，充电作业是保证蓄电池在整个使用过程中技术性能良好、延长其使用寿命的一个重要环节。

（1）初充电

新蓄电池或修复后的蓄电池在使用之前的首次充电称为初充电，其目的在于恢复蓄电池在存放期间，极板上部分活性物质缓慢硫化和自放电而失去的电量。故初充电恰当与否对蓄电池的使用性能极为重要。初充电的特点是充电电流小、充电时间长、电化学反应充分。

初充电的程序如下。

① 加注电解液。新蓄电池在出厂时没有装电解液，电解液是由使用者加注的。要按制造厂的规定，加注一定密度的电解液。液面高出极板上沿 15mm。加注电解液后，蓄电池应静置 3～6h，待温度低于 35℃才能进行充电。

② 初充电过程。将蓄电池接入充电动机，按表 1.7 规范电流值充电。因为新蓄电池在储存中可能有一部分硫化，充电时易于过热，所以初充电一般应选用较小的电流。第一阶段充电电流约为额定容量的 1/15，充电至电解液中逸出气泡，单格电压 2.4V 时为止。第二阶段充电电流减半，充电至电解液沸腾，相对密度和端电压连续 3h 不变时为止。整个初充电时间 60～70h。

表 1.7 　　　　　　　　　　　　　　　蓄电池充电规范

型　号	初　充　电				补　充　充　电			
	第 一 阶 段		第 二 阶 段		第 一 阶 段		第 二 阶 段	
	电流 (I_c)/A	时间 (t_c)/h	电流 (I_c)/A	时间 (t_c)/h	电流 (I_c)/A	时间 (t_c)/h	电流 (I_c)/A	时间 (t_c)/h
3-Q-75	5		3		7.5		4	
3-Q-90	6		3		9		5	
3-Q-105	7		4		10.5		5	
3-Q-120	8		4		12.0		6	
3-Q-135	9		5		13.5		7	
3-Q-150	10	25～35	5	20～30	15.0	10～11	7	3～5
3-Q-195	13		7		19.5		10	
3-Q-60	4		2		6		3	
6-Q-75	5		3		7.5		4	
6-Q-90	6		3		9		4	
6-Q-105	7		4		10.5		5	
6-Q-120	8		4		12.0		6	

③ 注意事项。充电过程中应经常测量电解液温度，上升到 40℃时应将充电电流减半；上升到 45℃时应停止充电，待冷至 35℃以下再行充电。初充电接近完毕时应测量电解液相对密度，如果不符合规定值，应用蒸馏水或相对密度为 1.400g/m³ 的电解液调整，调整后再充电 2h。如相对密度仍不符合规定，应再调整并充电 2h，直至符合规定为止。然后将加液孔塞拧上，把蓄电池表面擦干净，即可使用。新蓄电池充电完毕后，要以 20h 放电率放电，再以补充充电电流充足，然后又以 20h 放电率再次放电。如果第二次放电的蓄电池容量不小于额定容量的 90%，就可以使用了。

（2）补充充电

蓄电池在车辆上使用时，常有充电不足的现象，尤其是短途运输车辆，应根据需要进行补充充电。一般每月一次，如有下列现象，必须随时进行充电。

① 当电解液相对密度降到 1.150 g/m³ 以下时。

② 冬季放电超过 25%，夏季超过 50%时。

③ 灯光比平时暗淡，表示电力不足时。

另外，蓄电池放置时间超过一个月时，应进行补充充电，以补偿自放电损失，当电解液消耗较多时，补偿大量蒸馏水后也应及时进行补充充电。补充充电也要按表 1.7 中规范的电流值进行，也分为两个阶段，第一阶段的充电电流约为蓄电池额定容量的 1/10，充至单格电池电压为 2.4V；第二阶段充电电流约为额定容量的 1/20，充至 2.5～2.7V，电解液密度恢复到规定值并且 3h 保持不变，则说明已经充足。补充充电一般共需要 13～16h。

补充充电接近完毕时，应测量电解液的相对密度，如果不符合规定值，应进行调整，调整的方法与初充电相同。

（3）预防硫化过充电

汽车上使用的蓄电池进行的是定压充电，不一定能使用蓄电池充足，为了有效防止硫化，每隔 3 个月进行一次预防硫化过充电，即比平常充电时间更长，充电更完全。方法是用平时补充充电的电流值将电池充足，中断 1h，再用 1/2 的补充充电电流值进行充电至沸腾为止。如此重复几次，直至刚接入充电，蓄电池立即沸腾时为止。

（4）去硫化充电

蓄电池发生硫化后，内阻将显著增大，充电时温度升高较快。硫化严重的蓄电池就只能报废，硫化程度较轻的可以用去硫充电法加以消除。方法是先倒出容器内的电解液，用蒸馏水反复冲洗数次，然后加入蒸馏水，用初充电电流进行充电，并且随时测量电解液相对密度。如果相对密度上升到 1.150 时，要加蒸馏水冲淡，继续充至相对密度不再上升。然后进行放电，反复进行到在 6h 内相对密度值不再变化时为止。最后按初充电的方法充电，调整电解液密度至规定值，用 20h 放电率放电检查容量，如容量达到额定容量的 80%时，说明硫化已基本消除，即可使用。

2. 充电方法

蓄电池充电，必须根据不同情况选择适当的方法，并且正确地使用充电设备。这样才能提高工作效率，并延长蓄电池和充电设备的使用期限。

通常蓄电池的充电方法有定流充电、定压充电和脉冲快速充电 3 种方法。

（1）定流充电

在充电过程中，充电电流保持一定的充电方法，称为定流充电，如图 1.17 所示。由于充电电流保持不变，所以随着蓄电池电动势的升高，要保持充电电流一定，必须逐步提高充电电压。当每单体电池的端电压升高到 2.4V 时气体开始形成，应将充电电流减少一半，直到蓄电池完全充足，如图 1.17（b）所示。

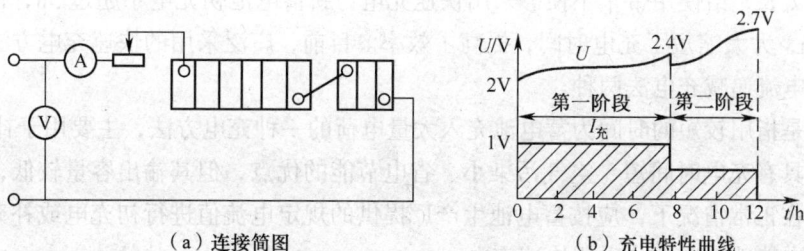

（a）连接简图　　　（b）充电特性曲线

图 1.17　定流充电

采用定流充电时，被充电的蓄电池不论是 6V 或 12V 都可串联在一起，如图 1.17（a）所示。所串联的蓄电池最好容量相同，否则充电电流的大小必须按照容量最小的蓄电池来选定，而容量大的蓄电池则充电太慢。

定流充电有较大的适应性，可以任意选择和调整充电电流，因此可对各种不同情况的蓄电池充电。如新蓄电池的初充电，普通充电，以及去硫充电均可采用这种方法。但它的缺点是充电时间长，并且需要经常调节充电电流。

（2）定压充电

充电过程中，电源电压始终保持不变的充电方法称为定压充电，如图 1.18 所示。由于定压充电过程中充电电压不变，因此在充电开始时，充电电流很大。此后随着蓄电池电动势的增大，充电电流逐渐减小，至充电终了时，充电电流将自动降低到零，如图 1.18（b）所示，这样可不必由人照管。另外，定压充电时，充电电流很大，开始充电后 4～5h 内蓄电池就可获得本身容量的 90%～95%，因而可大大缩短充电时间。由于定压充电，充电时间短，不需要照管且经济性高，所以较适合于蓄电池的补充充电。但定压充电时，不能调整充电电流的大小，所以不能用于蓄电池的初充电和去硫化充电。

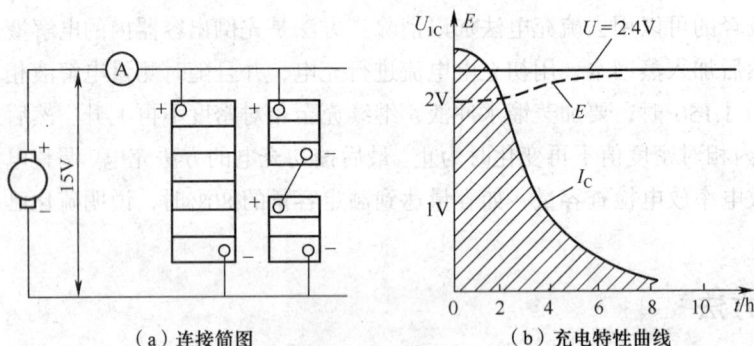

（a）连接简图　　　　　　　　（b）充电特性曲线

图 1.18　定压充电

采用定压充电时，要选择好充电电压，若电压过高，不但充电初期充电电流过大，而且会发生过充电现象；若充电电压过低，则会使蓄电池不能充电。一般每单体电池需要 2.5V 左右，即 6V 的蓄电池充电，充电的电压应为 7.5V；对于 12V 的蓄电池充电，充电电压约为 15V。并且充电的蓄电池必须并联在充电电源之间，如图 1.18（a）所示。

（3）脉冲快速充电

上述两种方法统称为常规充电，要完成一次初次充电需 60～70h，补充充电也需 20h 左右。由于充电时间太长，给使用带来不便。采用快速充电，新蓄电池初充电不超过 5h，补充充电只需要 0.5～1.5h，大大缩短了充电时间，提高了效率。目前，广泛采用的快速充电方法有脉冲快速充电法和大电流递减充电法两种。

快速充电是指用较短的时间为蓄电池充入大量电荷的一种充电方法，主要用于补充充电。

快速充电具有充电时间短、空气污染小、省电节能的优点，但其输出容量较低，能量转换效率也较低。在正常情况下，应按蓄电池生产厂提供的规定电流值进行初充电或补充充电那样的常规充电，在特殊情况下才采用快速充电。

① 快速充电的理论基础。在充电后期的化学反应过程中，电池两极间的电位差会高于两极活性物质的平衡电位（每单格为 2.1V），这种现象称为"极化"。

极化是阻碍蓄电池充电过程中电化学反应正常进行的主要因素。要实现快速充电，就必须找出极化的原因并设法消除它。

根据其作用机理，极化现象可分为欧姆极化、浓差极化和电化学极化 3 种类型。

a. 欧姆极化。它是电流通过极板、隔板、电解液等所产生的电压降，随正负极板上参加化学反应的活性物质多少、电解液的相对密度、温度的高低而变化，且在充电电流停止后自动消失。

b. 浓差极化。在电解液中，离解的各种离子在电场作用下按自己遵循的方向向极板移动，开始在极板界面上参加化学反应，使离子消耗。此时，电解液中的各种离子，由于"电迁移"和"扩散"作用继续向极板运动，但其速度不能补偿电化学的消耗时，在电解液中就会形成浓度差。而蓄电池正负极板的平衡电位是根据电解液内离子浓度所确定的。在充电过程中，由于在极板孔隙中形成硫酸，使极板附近电解液相对密度较其他地方稍高而形成浓度差所造成的电极电位与平衡电极电位间的差值，称为浓差极化。随着充电过程的进行，以及充电电流的增加，浓差极化现象会更加显著，但停止充电后，由于扩散作用的结果，浓差极化会消失。

c. 电化学极化。蓄电池在充放电过程中，极板上的活性物质与电解液发生电化学反应，有的放出电子，有的接受电子。充放电初期，电极反应主要在极板表面进行，交换电子与生成物尚能维持电极的平衡电位不变。到后期，由于新的物质不断生成，极板表面参与化学反应的物质不断减少，使得极板深处的活性物质继续参加化学反应。但此时电化学反应的速度远比电子运动的速度慢，因而在极板上形成了电荷积累，这些积累的电荷对电化学反应起阻碍作用。这种由于电化学反应的迟缓而引起的极板的极化就是"电化学极化"。随着充电过程的进行以及充电电流的增加，电化学极化现象也会更加显著。

由此可见，极化现象是蓄电池在充放电过程中不可避免的。

② 脉冲快速充电过程。脉冲快速充电的电流波形如图 1.19 所示。

整个过程由脉冲充电控制电路进行自动控制，其具体过程如下。

a. 充电初期，采用大电流充电（相当于额定容量的（0.8～1）C_{20} 的电流），使蓄电池在较短时间内达到额定容量的 60%左右。当单格电压上升到 2.4V、电解液开始分解而冒气泡时，控制电路发生作用，停止大电流充电。

b. 先停止充电 24～30ms（称前停充），接着再放电或反充，使蓄电池反向通过一个较大的脉冲电流，以消除极板孔隙中形成的气泡，然后再停止放电 25ms（称为后停充）。

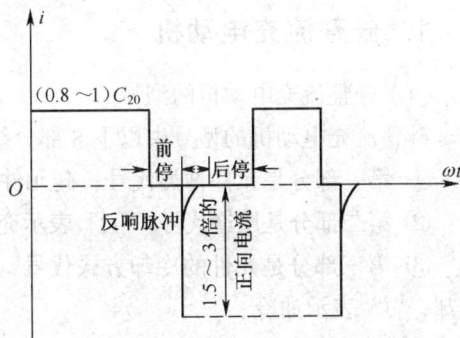

图 1.19　充电的电流波形

c. 进行循环脉冲充电。其循环过程是正脉冲充电→前停充→负脉冲瞬间放电→后停充→正脉冲充电→充足。

③ 脉冲快速充电的特点。

a. 充电时间短、省时，新蓄电池初次充电一般不超过 5h，旧蓄电池补充充电时间更短，只需 0.5～1.5h，大大提高了充电效率。

b. 省电、节能，消耗电能为常规充电的 80%～85%。

c. 对蓄电池的寿命有一定影响，仍需进一步改进。

一般来讲，经快速充电的蓄电池只是提高了充电容量，并未充足电。若想充足，尚需用小电流或正常充电电流进行最后充电。多数快速充电设备都装有节温器，充电时将其插入蓄电池的注液口中。当电解液温度超过一定温度（通常为50℃）时，设备会自动停电。

3. 蓄电池充电的注意事项

充电的种类很多，但注意事项基本相同。

严格遵守各种充电方法的充电规范。

① 充电过程中，要密切观察各单格电池的电压和相对密度的变化，及时判断其充电程度和技术状况。

② 在充电过程中，密切注意电池的温度。

③ 初充电时，应连续进行，不能长时间间断。

④ 配制和灌入电解液时，要严格遵守安全操作规则和器皿的使用规则。

⑤ 充电时，要经常备用冷水、10%苏打水溶液或10%的氨水溶液。

⑥ 充电室要安装通风装置，并严禁明火。

⑦ 充电设备不应和蓄电池放置在同一工作间。充电时，应先接牢电池线，停止充电时应先切断电源，严防火花产生。

1.5.2　蓄电池的充电设备

蓄电池是直流电源，必须用直流电充电。直流充电设备很多，充电室采用的多为硅整流充电动机、晶闸管充电动机等。

1. 硅整流充电动机

（1）硅整流充电动机的型号

硅整流充电动机的型号由以下5部分组成。

① 第一部分是元件种类代号，硅元件用"G"表示，晶闸管元件用"KG"表示。

② 第二部分是用途代号，"C"表示充电用。

③ 第三部分是元件的冷却方式代号，"A"表示自然冷却，"S"表示水冷，"F"表示强迫冷却，"J"表示油冷。

④ 第四部分用数字表示额定整流电流值（A）。

⑤ 第五部分用数字表示额定整流电压值（V）。

例如，GCA—60/72表示该充电动机为硅整流自然冷却充电动机、额定电流为60A，额定电压为72V。

KGCA—15/36表示该充电动机为晶闸管整流自然冷却充电动机，额定电流为15A，额定电压为36V。

硅整流充电机和晶闸管整流充电机的型号、规格见表1.8。

表1.8　　　　　　　　　硅整流充电机和晶闸管整流充电机的型号和规格

型　号	交 流 输 入		直 流 输 出		外形尺寸/mm		
	相数	额定电压/V	电压/V	电流/A	长	宽	高
GCA—15/36	1	220	0～36	15	390	370	580
GCA—15/72	1	220	0～72	15	390	370	580
GCA—25/72	3	380	0～72	25	800	480	570

续表

型　号	交流输入		直流输出		外形尺寸/mm		
	相数	额定电压/V	电压/V	电流/A	长	宽	高
GCA—30/72	1	220	0～72	30	530	580	1 115
GCA—30/110	3	380	0～110	30	650	720	1 200
GCA—60/72	3	380	0～72	60	600	980	1 670
GCA—60/110	3	380	0～110	60	600	980	1 670
KGCA—15/36	1	220	0～36 6～36	15	570	304	400
KGCA—10/72	1	220	0～72	10	—	—	—
KGCA—15/72	1	220	0～72	15	570	304	400
KGCA—15/90	1	220	0～90	15	350	350	620
KGCA—30/36	1	220	0～36 6～36	30	570	304	400
KGCA—30/72	1	220	0～72 10～72	30	620	324	100

（2）硅整流充电机的特点

图 1.20 所示为硅整流充电机的典型主电路。它是由交流电源与硅二极管组成的，通过它将交流电整流为直流电，以供蓄电池充电。目前使用较多的是 GCA 系列硅整流设备，这种整流设备专供汽车修理厂及蓄电池充电站的蓄电池补充电能。

硅整流充电机的特点如下。

① 操作简单、维修方便。

② 整流效率高，一般可达 98%～99.5%。

③ 许可工作温度高，最高可达 140℃。

④ 体积小，质量轻。

⑤ 硅二极管整流特性好，整流器抗老化性强，因而寿命长，一般可做到半永久性使用。

硅整流充电机一般为箱式户内装置，如图 1.21 所示，其指示灯、开关按钮及测量仪表均装在面板上，变压器、硅元件、熔断器、接触器和过电压保护装置均装于铁箱内以便于携带。

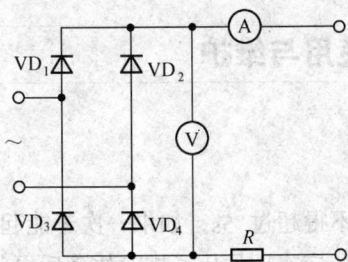

图 1.20　硅整流充电机的主电路

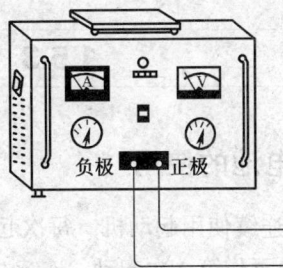

图 1.21　充电机的外形

2. 晶闸管充电机

下面简单介绍汽车维护保养中广泛使用的晶闸管充电机。KGCA—20A/100Ⅷ型晶闸管充电机正面如图 1.22 所示。它的背面如图 1.23 所示。

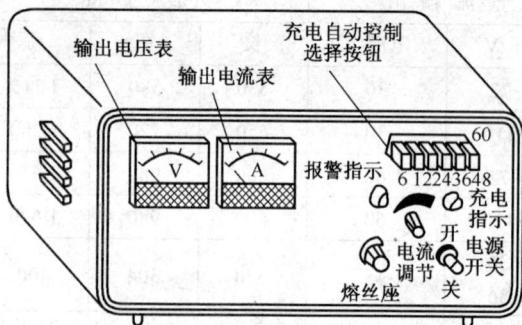

图 1.22　充电机的正面　　　　图 1.23　充电机的背面

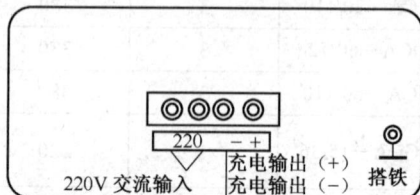

（1）主要性能指标

① 输出电流在 0～20A 范围内连续可调。

② 输入电压在 150～250V 范围内均可。

③ 电压自动控制有 6V、12V、24V、36V、48V、60V 6 挡。

（2）使用方法

① 交流输入用 3 根铜导线分别对应连接 220V 交流电源及搭铁。

② 将被充电蓄电池连接（一般接为串联）成电池组，然后将电池组的正、负极对应连接充电动机输出接线柱的正、负极（一般连接两正极的导线采用红色）。

③ 使用自动控制方式时，若要对一只 12V 电池充电，应按下 12V 按键；若为两只 12V 电池串联，则应按下 24V 按键，依此类推。

④ 若不使用自动控制，则不按自动控制键。

（3）充电过程

① 电路连接完毕，采用自动控制方式时，先将电流调节旋钮沿逆时针方向旋至极限位置（充电电流为零），再按下相应键。扳动电源开关后，旋动电流调节旋钮，输出电流表指示出充电电流大小，充电指示灯点亮。蓄电池充足电后，充电动机自动停止充电，并发出警报声。

② 若不选用自动控制方式，蓄电池充满电时，需由操作人员根据电池特征判断是否关机。

③ 若电路或充电机自身发生故障，故障警报灯点亮，同时发出报警声。

1.5.3　蓄电池的使用与维护

1. 蓄电池的使用

① 不要连续使用起动机。每次起动的持续时间不得超过 5s，如果一次未能起动，应至少停顿 15s 以上再作第 2 次起动，连续 3 次起动不成功，应查明原因，排除故障后再起动发动机。

② 安装和搬运蓄电池时，应轻搬轻放，不可敲打或在地上拖曳。蓄电池在汽车上应固定可靠，以防行车时振动和移动。

③ 冬季使用的注意事项。

a. 冬季使用蓄电池时，应特别注意保持其处于充足电状态，以免电解液密度降低而结冰。

b. 冬季补加蒸馏水，应在充电前进行，以便蒸馏水较快地与电解液混合而不致结冰。

c. 冬季蓄电池容量降低，因此在起动冷态发动机前，应进行预热，以减小起动阻力矩。

d. 冬季气温低，充电较困难，因此可以适当调高调节器的调节电压，以改善蓄电池的充电状态，但仍需避免过量充电。

④ 要经常检查蓄电池电解液的液面高度，如发现电解液不足，要及时进行补充。

⑤ 要经常检查蓄电池的放电情况，若发现容量不足，应及时充电。

2. 蓄电池使用中技术状况的检查

为了及时发现蓄电池使用中的各种内在故障，汽车每行驶 1 000km，或冬季行驶 10～15 天，夏天行驶 5～6 天，需对蓄电池进行下列检查。

（1）电解液液面高度的检查

液面高度可用玻璃管测量，如图 1.24 所示。电解液液面应高出隔板上缘 10～15mm。检测时，使用内径为 3～5mm 的玻璃管，竖直插入蓄电池的加液孔中，且与极板的防护片相抵；另一端用大拇指堵住，利用其真空度，当把玻璃管提起（取出）时就把电解液吸入管内，管内的电解液高度即为电解液高出隔板的数值。若液面过高，应该用密度计吸出，否则电解液容易外溢，腐蚀极柱和连接件，易造成短路等。

（2）测量电解液密度，判断蓄电池的放电程度

用吸管式密度计测量电解液密度的方法如图 1.25 所示。

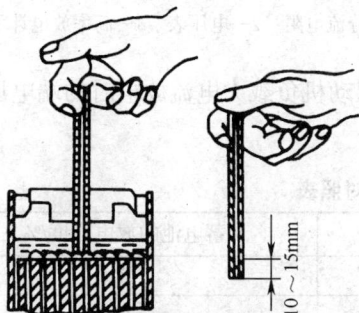

图 1.24 用玻璃管测量电解液液面高度　　　图 1.25 吸管式密度计结构及测量电解液密度的方法

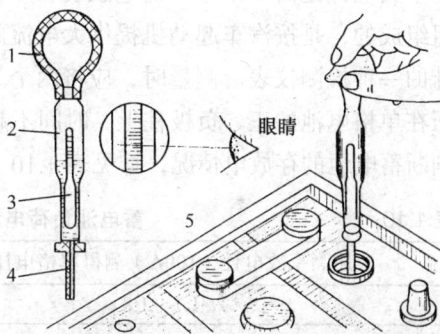

1—橡胶球　2—玻璃管　3—浮子　4—橡胶吸管　5—被测电池

测量时先将密度计下部的橡胶吸管插入蓄电池单格电池内，用手捏一下橡胶球，然后缓慢松开，电解液就被吸入玻璃管中，此时密度计的浮子浮起，其上刻有读数，浮子与液面相平等的读数就是该电解液的密度。

在测量电解液密度的同时，应该用温度计测量电解液的温度，然后将所测得的密度再换算出 25℃时的密度才是实际的电解液密度。这是因为当温度变化时电解液的密度也在变化，它随温度升高而降低，温度每上升 1℃，电解液密度减少 0.000 7g/cm³，因此必须先定个温度标准。我国是以 25℃为标准，所以无论是新配制的电解液还是待检查蓄电池的电解液，都应换算到 25℃时的电解液密度值。

实践经验表明，电解液密度每减少 0.01g/cm³，相当于蓄电池放电 6%，或者粗略计算电解液密度即每减少 0.04g/cm³，相当于蓄电池放电 25%，蓄电池电解液密度与放电程度与气温低关

系见表1.9。

表 1.9   蓄电池电解液密度与放电程度及气温的关系

电解液密度 气温 放电程度	冬季气温低于 -40℃的地区		冬季气温在 -40℃以上地区		冬季气温在 -30℃以上地区		冬季气温在 -20℃以上地区		冬季气温在 0℃以上地区	
	冬季	夏季	冬季	夏季	冬季	夏季	冬季	夏季	冬季	夏季
全充电时	1.31	1.27	1.29	1.26	1.28	1.25	1.27	1.24	1.24	1.23
放电 25%时	1.27	1.23	1.25	1.22	1.24	1.2I	1.23	1.20	1.20	1.19
放电 50%时	1.23	1.19	1.21	1.18	1.20	1.17	1.19	1.16	1.16	1.16
放电 75%时	1.19	1.15	1.17	1.14	1.16	1.13	1.15	1.12	1.12	1.12
全放电时	1.15	1.12	1.13	1.10	1.12	1.10	1.11	1.09	1.09	1.09

在大电流放电和加注蒸馏水后，不应立即测量电解液密度，因为此时电解液混合不均匀。

（3）用高率放电计检查蓄电池的放电程度

判断蓄电池放电程度的另一个方法是用高率放电计测量单格电池电压，就是测量单格电池在强电流放电时的端电压，来判断电池的放电过程。高率放电计的结构及测量单格电池电压的方法如图 1.26 所示。

高率放电计是由一个 3V 的电压表和一个负载电阻组成的，是按汽车起动机提供大电流的情况设计的一种检测仪表。测量时，应将两个叉尖

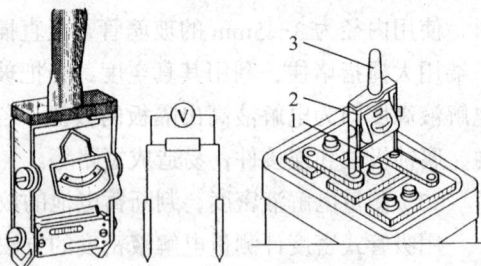

图 1.26   用高率放电计测量单格电压
1—分流电阻   2—电压表   3—高率放电计手柄

用力压在单格电池的正、负极柱上，时间不超过 5s，按起动机负载大电流放电时的端电压，以此来判断蓄电池的存放电情况，详见表 1.10。

表 1.10   蓄电池负荷电压与放电程度对照表

用高率放电计（100A）测得单格电压/V	蓄电池的放电程度/%
1.7～1.8	0
1.6～1.7	25
1.5～1.6	50
1.4～1.5	75
1.3～1.4	100

一般技术状况良好的蓄电池，单格电池电压应在 1.5V 以上，且在 5s 内保持稳定；若其电压表 5s 内迅速下降，或某一单格电池比其他单格电池低 0.1V 以上时，表明该单格电池有故障，应进行修理。

高率放电计因生产厂家或型号不同，其分流电阻的电阻值也不同，则测量时其放电电流和电压值也就不同，使用时应按照厂家说明书的规定来判断蓄电池的放电程度。

上述普通蓄电池用的高率放电计只能检测单格电池电压，而新式蓄电池连接条均为穿壁式，蓄电池表面只有正、负极柱，所以用普通电池用的高率放电计已不能测取高率放电端电压，需要用新式 12V 高率放电计进行测取高率放电端电压。新式高率放电计有可变电流式、不可变电流式两种，我国目前应用较多的是不可变电流式的，如图 1.27 所示。测试时，用力将放电针插

入正、负极柱，保持 15s，若蓄电池电压能保持在 9.6V 以上，说明该蓄电池性能良好，但存电不足；若稳定在 10.6～11.6V，说明存电足；若电压迅速下降，则说明蓄电池已损坏。新式高率放电计同样使用于普通蓄电池。

（4）就车起动测试蓄电池的技术状况

若没有高率放电计，在车辆起动系统正常情况下，可用起动机作为试验负荷，具体操作步骤如下。

① 拔下分电器中央高压线，并将线头打铁。

② 将万用表接于蓄电池正、负极柱上（选直流电压合适的挡位）。

图 1.27　新式 12V 高率放电计

③ 接通起动机历时 15s，读取电压表读数。

④ 对 12V 蓄电池而言，电压表读数不应低于 9.6V。否则说明蓄电池存电不足或有故障。

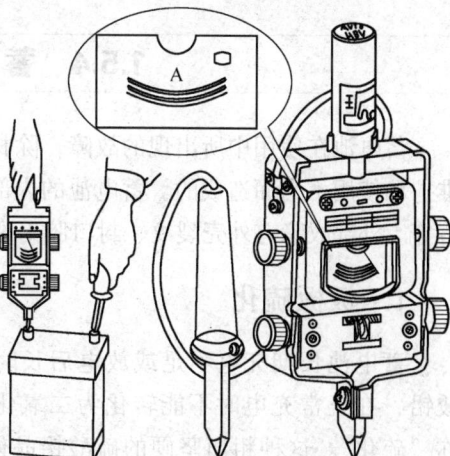

3. 蓄电池的维护

（1）蓄电池的保养

① 经常清除蓄电池表面的灰尘污垢，电解液溅到蓄电池表面时，应用抹布蘸 10%浓度的苏打水或碱水擦净，电极柱和电线夹头上出现氧化物时，应及时清除。

② 经常疏通加液孔盖上的通气孔。

③ 检查各单格内电解液的液面高度，及时调整电解液密度。

④ 根据当时的季节，及时调整电解液密度。

⑤ 放完电的蓄电池在 24h 内应及时充电。

⑥ 停驶车辆的蓄电池，每两个月应进行一次补充充电。

⑦ 常用车辆的蓄电池，放电程度冬季达到 25%、夏季达 50%时即应充电。

⑧ 拆卸蓄电池电缆时，应先拆下蓄电池负极，再拆下蓄电池正极；安装蓄电池电缆时，应先安装蓄电池正极，再安装蓄电池负极，以免拆卸过程中造成蓄电池短路。

（2）蓄电池的储存

① 湿储法。已经使用过的蓄电池，储存时间不超过半年的，采用湿储法。首先将蓄电池充足电，调整电解液相对密度到 1.285g/cm³，液面至正常高度，蜡封通气孔，然后即可将其置于室内暗处存放。

② 干储法。暂不使用的新蓄电池，其加液口盖上的通气孔已封蜡，极柱已涂油，内部没有加入电解液。储存时，应选择通风干燥及室温常年保持在 5℃～40℃ 的房间中，距离直射太阳光、暖气片等热源 1m 以上的距离。最好以单层方式摆放在架子上，既不接触地面，又不相互叠压。

已经使用过的蓄电池，需要储存半年以上的，也应采用干储法。首先用补充充电电流将蓄电池充足，再以 20h 放电率放电至单格终止电压 1.75V，将电解液倒出，加入蒸馏水浸渍 3h；再倒出电解液并重新加入蒸馏水浸渍 3h；直至倒不出酸液为止。最后倒净蓄电池内的水，旋紧加液口盖，用蜡封堵通气孔，放入室内存放。

1.5.4　蓄电池常见故障及排除

蓄电池在使用中所出现的故障，除材料和制造工艺等方面的原因外，在很多情况下是由于维护和使用不当而造成的。蓄电池的内部故障有极板硫化、自行放电、极板短路和活性物质脱落等。外部故障有外壳裂纹、封口胶干裂、接线松脱、接触不良或极柱腐蚀等。

1. 极板硫化

蓄电池长期充电不足或放电后长时间未充电，极板上会逐渐生成一层白色粗晶粒的硫酸铅，在正常充电时不能转化为二氧化铅和海绵状纯铅，这种现象称为"硫酸铅硬化"简称"硫化"。这种粗而坚硬的硫酸铅晶体导电性差、体积大，会堵塞活性物质的细孔，阻碍电解液的渗透和扩散，使蓄电池的内阻增加，起动时不能供给大的电流，以致不能起动发动机。

（1）故障现象

① 电池容量降低，用高率放电计检测，单格电压迅速降低。

② 电解液的密度下降到低于规定的数值。

③ 蓄电池在开始充电时，电压过高，充电完毕后可达 2.7V 以上。

④ 蓄电池在充电时过早地产生气泡，甚至一开始充电就有气泡。

⑤ 蓄电池在充电时，电解液温度上升得过快，易超过 45℃。

⑥蓄电池放电时，电压下降过快（用低放电率放电），过早地降至终止电压。

⑦ 在极板上生成坚硬、不易溶解的白色大颗粒。

（2）故障原因

① 蓄电池长期充电不足或放电后未及时充电，当温度变化时，硫酸铅发生再结晶的结果。在正常情况下蓄电池放电时，极板上生成的硫酸铅晶粒比较小，导电性能较好，充电时能够完全转化而消失。但若长期处于放电状态时，极板上的硫酸铅将有一部分溶解于电解液中，温度越高，溶解度越大。而温度降低时，溶解度减小，出现过饱和现象，这时有部分硫酸铅就会从电解液中析出，再次结晶生成大晶粒硫酸铅附着在极板表面上。

② 电池内液面太低，使极板上部与空气接触而强烈氧化（主要是负极板）。在汽车行驶的过程中，由于电解液的上下波动与极板的氧化部分接触，也会形成大晶粒的硫酸铅硬层，使极板的上部硫化。

③ 电解液相对密度过高，电解液不纯、外部气温剧烈变化时也将促进硫化。因为电解液相对密度过高时，电池内部放电过快，同时浓硫酸侵袭极板而使变为硫酸铅的作用加强，使极板容易硫化。

（3）故障排除

蓄电池出现轻度硫化故障，可用小电流长时间充电，即过充电；或用全放、全充的充放电循环方法使活性物质还原，也可用去硫充电的方法消除。严重硫化的蓄电池应予以报废。

2. 自行放电

充足电的蓄电池，放置不用会逐渐失去电量，这种现象称为蓄电池的"自行放电"。

（1）故障现象

① 若一昼夜容量损失不超过 0.7%时，属蓄电池的正常自行放电。

② 若一昼夜自行放电量超过了 2%～3%时，则属于故障性自行放电。严重的自行放电，可使充足的蓄电池几天或几小时就将电放完。

（2）故障原因

蓄电池的正常自行放电是由于蓄电池本身因素造成的一种不可避免的现象，其主要产生原因有以下几方面。

① 正负极板上活性物质自发溶解和还原而成为硫酸铅。当硫酸浓度较大时，反应速度会增大。

② 极板上活性物质和栅架的材料不同，在电解液中会产生不同电位而形成局部电池导致内部电流，形成自行放电。如铅酸蓄电池栅架中锑，它与极板物质之间产生电位差，形成闭合的局部电池产生局部放电。目前推广使用的免维护蓄电池的栅架改用低锑合金或铅-钙合金，自行放电程度已明显减弱。

③ 蓄电池长期放置不用，硫酸下沉，造成电解液上部和下部的浓度差异，使同一块极板的上下部分形成电位差而造成自行放电。

蓄电池故障性放电的原因有如下几项。

① 电解液杂质含量过多，这些杂质在极板周围形成局部电池而产生自行放电。例如，电解液中含有 1%的铁时，一昼夜就会将电放完。

② 蓄电池内部短路引起的自行放电。例如，隔板或壳体破裂、极板活性物质大量脱落而沉于极板下部，都将使正负极板短路而引起自行放电。

③ 蓄电池盖上洒有电解液时，会造成自行放电，同时，还会使极柱或连接条腐蚀。

（3）故障排除

发生自行放电后，应倒出电解液，取出极板组，抽出隔板，再用蒸馏水冲洗极板和隔板，然后重新组装，加入新的电解液重新充电。

3. 极板短路

（1）故障现象

① 开路电压较低，大电流放电时端电压迅速下降，甚至为零。

② 充电过程中，电压与电解液相对密度上升缓慢，甚至保持很低的数值不再上升，充电末期气泡很少但电解液温度却迅速上升。

（2）故障原因

① 隔板质量不好或损坏使正负极板相接触而短路。

② 活性物质在蓄电池底部沉积过多、金属导电物落入正负极板之间也将造成蓄电池内部极板短路。

（3）故障排除

先找出短路的部分在哪个单格的极板内，然后拆散蓄电池，取出极板群，更换新隔板，更换不合要求的极板。

4. 极板活性物质大量脱落

（1）故障现象

① 电解液中有沉淀物，充电时电解液浑浊（褐色物质自底部上升），电压上升快，很早出现沸腾现象，充电时间大大缩短。

② 放电时，蓄电池容量下降过快。

（2）故障原因

① 放电电流过大，造成极板电化学反应激烈且不均匀而发生极板拱曲变形。

② 冬季大量放电后不及时充电或电解液不纯（不是蒸馏水），引起电解液结冰。

③ 充电电流大、充电时间长（过充电）。

④ 蓄电池在车上固定不牢，行车时剧烈振动。

（3）故障排除

严重时，更换蓄电池。

5. 极板拱曲

（1）故障现象

极板拱曲后将会造成蓄电池内部短路。

（2）故障原因

① 极板在制造过程中铅膏填涂不均匀，使充放电时极板各部分所引起的电化学反应强弱不匀使极板膨胀和收缩不一样。

② 经常大电流放电，使极板表面各部分电流密度不同而造成弯曲。

③ 蓄电池过量放电时，使极板内层深处生成硫酸铅，充电时得不到恢复造成内部膨胀而导致极板拱曲。

④ 电解液中含有杂质，在引起局部电化学作用时，仅有小部分活性物质转变为硫酸铅，致使整个极板的活性物质体积变化不一致。

（3）故障排除

极板轻度拱曲时，可用木夹板夹紧校正，如极板拱曲严重，则应更换新极板。

6. 外壳裂损、变形与封口胶破裂

（1）故障原因

① 汽车行驶中，由于强烈的震动或击伤，会使蓄电池外壳破裂。

② 蓄电池发热，气体压力过大或电解液冰冻、膨胀也会使外壳变形或封口胶破裂。

（2）故障排除

封口胶破裂可以重新填补，外壳破裂需要更换新的壳体。

1.6
免维护蓄电池

为了保持普通蓄电池的良好状态，在使用过程中需定期进行保养，如检查液面高度、加注蒸馏水，从车上拆下进行补充充电等。为了减少这些既麻烦又不安全（常与硫酸接触）的工作，

世界各国现已广泛使用免维护蓄电池，也叫 MF（Maintenace Free）蓄电池。这种蓄电池在使用中不需经常添加蒸馏水，市内短途车可行驶 8 万公里，长途货车可行驶 40～48 万公里不需维护，具有自行放电少、寿命长，接线柱腐蚀较轻以及起动性能好。另外，免维护蓄电池上部装有电量指示器，使用户便于观察蓄电池充电状态；使用独特的液气分离盖，使电解液充分回流至蓄电池槽内；内置防酸隔爆片，可有效防止外部明火可能引起的蓄电池内部爆炸，图 1.28 所示为免维护液密蓄电池。

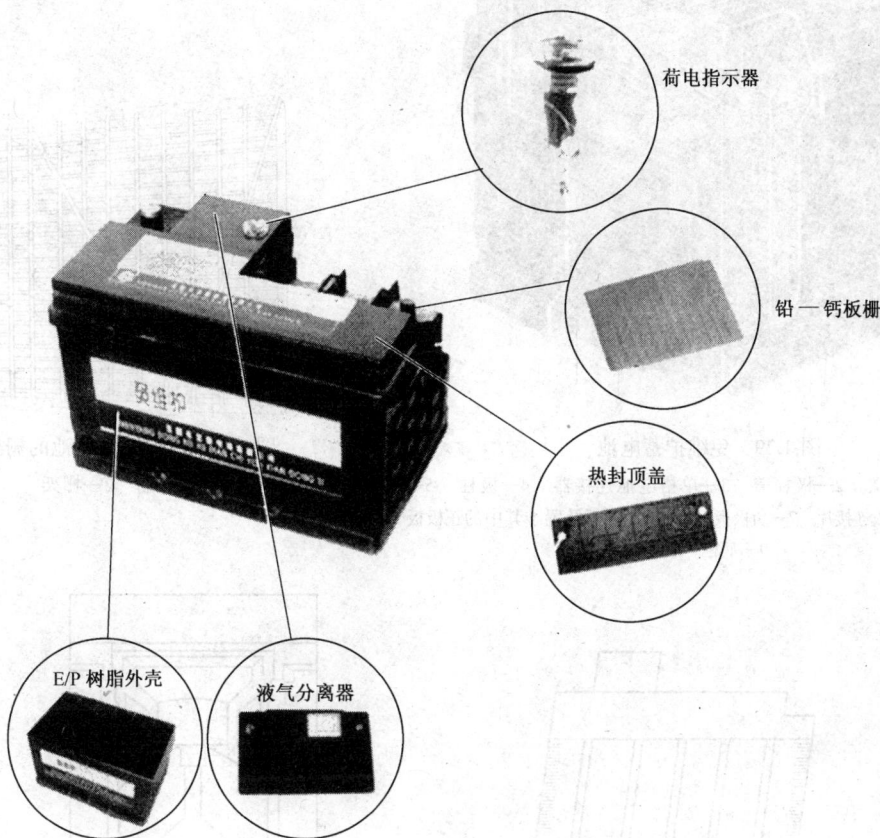

荷电指示器

铅—钙板栅

热封顶盖

E/P 树脂外壳

液气分离器

图 1.28　免维护液密蓄电池

1.6.1　免维护蓄电池的结构

免维护铅蓄电池的构造如图 1.29 所示。与普通铅蓄电池相比较，它有以下特点。

① 极板栅架采用铅钙合金或低锑合金（锑占 1%～3%），能减少排气量、耗水量和自行放电。减少了锑含量后，为了提高栅架的机械强度添加钙，并增加了加强筋，如图 1.30 所示。

② 隔板采用袋式（聚氯乙烯微孔塑料）隔板，如图 1.31 所示，将正极板包住，可保护正极板上的活性物质不脱落，并防止正、负极板短路。用这种隔板可取消壳体内底部的凸棱，使极板上部容积增大，提高了电解液的储存量。

③ 加装复合塞的通气装置，如图 1.32 所示。它可以安全通风，并可保持蓄电池内的氢气，避免与外部火花直接接触，以防爆炸。有的通气塞中还装入催化剂钯，可帮助排出的氢氧离子

结合生成水，再回到蓄电池中去，减少了水的消耗。这种复合塞还可使蓄电池顶部和接线柱保持清洁，减少接头的腐蚀。目前，国内生产的免维护蓄电池其加液孔盖上的通气孔多采用迷宫式排气结构，也可减少电解液的蒸发。

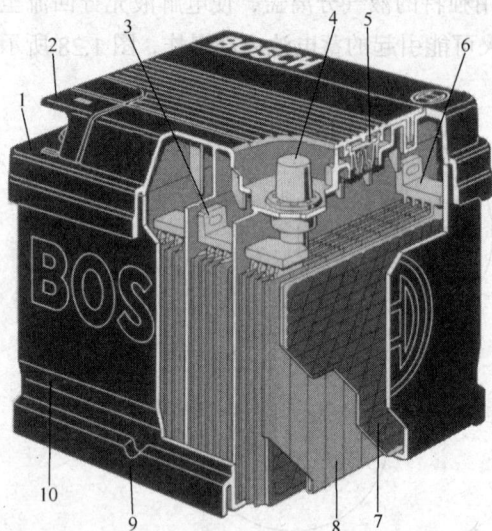

图 1.29　免维护蓄电池

1—蓄电池盖　2—极柱盖　3—单格电池连接器　4—极柱　5—过滤器
6—同极连接片　7—负极板　8—塑料隔板及置于其中的正极板
9—底栏　10—壳体

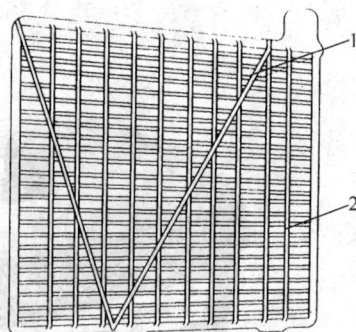

图 1.30　免维护蓄电池的栅架

1—加强筋　2—栅架

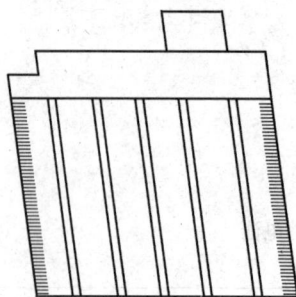

图 1.31　袋式隔板

图 1.32　安全通气装置

有的生产厂家生产的免维护铅蓄电池通气装置使用一种消氢帽，其结构如图 1.33 所示。它是在蓄电池的防酸隔爆帽中增加了一个消氢装置，用铂、钯作催化剂，使电池内部产生的氢和氧，重新生成水，再回流到电池中去。消氢帽安装在免维护铅酸蓄电池盖的出气孔上。

④ 单格电池间的连接采用穿壁式贯通连接，可减少内阻。外壳可以用特殊塑料热压而成，由于壳体内壁薄，与同容量电池相比，质量轻、体积小。

⑤ 对于无加液孔的全密封型免维护蓄电池，由于不能采用传统的密度计来测量电解液相对密度以判断其技术状况，为此，在这种免维护蓄电池顶部一般常装有一只小型相对密度计，如图 1.34 所示，可以利用其在蓄电池顶部的电量指示器（俗称电眼或魔眼）观察蓄电池的健康状

态，如图 1.35 所示。

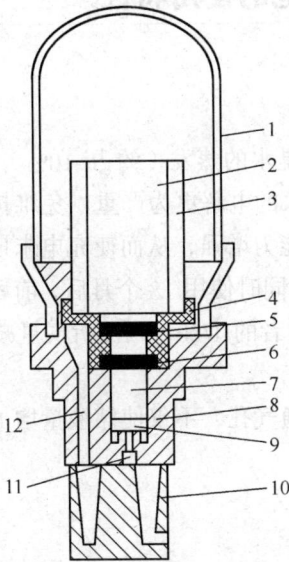

图 1.33　消氢帽

1—外罩　2—铜球及分子筛　3—刚玉筒　4—瓷盘　5—上滤气片
6—下滤气片　7—滤酸粒　8—托盘　9—塑料片
10—回水盘　11—进气孔　12—回水管

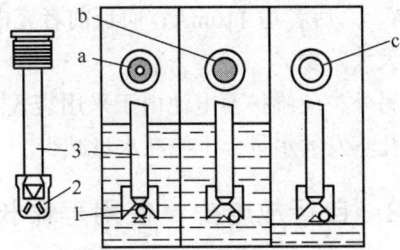

图 1.34　相对密度计

1—绿色塑料球　2—装小球的笼子　3—玻璃棒
a—绿色　b—深绿色（或黑色）
c—透明无色（或淡黄色）

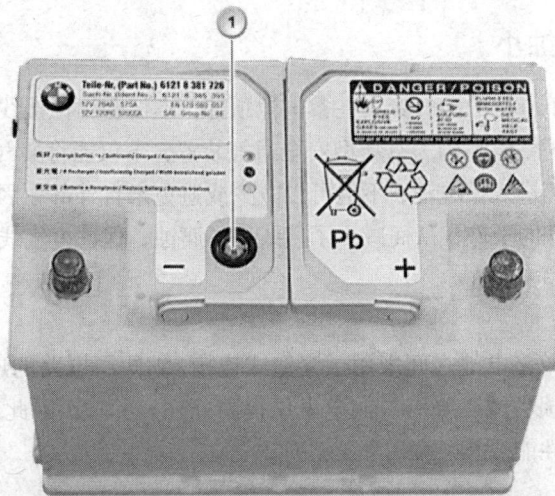

图 1.35　蓄电池电量指示器

　　相对密度计用塑料制成，其下部的直管从蓄电池顶部插入电解液中，指示器内有一绿色小球，当电解液相对密度高于 1.220，或蓄电池充电到额定容量的 65%以上时，小球即浮起至笼子的顶部并与玻璃棒的下端接触，蓄电池顶部的电量指示器为绿色表示蓄电池工作状态良好；当充电低于额定容量 65%时，小球下沉到笼子的底部，电量指示器指示变得模糊呈淡绿色或黑色表示蓄电池充电不足，需要充电；当电解液低于极限值，密度计顶部的指示器变为透明无色或淡黄色，表示电解液已减少到极限值或内部有损坏，说明蓄电池已经达到寿命，需要更换。

1.6.2　免维护蓄电池的使用特性

1.　使用中不需加注蒸馏水

蓄电池在使用中消耗水主要有两个途径：一个是水的蒸发（约占 10%），另一个是充电过程中水的电解（约占 90%），尤其在过充电情况下水的电解更为严重。免维护蓄电池由于采用低锑合金或铅钙合金作为栅架材料，使其耐过充电能力增强，从而使充电末期水的电解量大大减少。例如，免维护蓄电池与普通蓄电池相比较，在同时使用 18 个月后，前者的过充电电流为 52mA，而后者达 110mA；而且前者充电电流仅为后者的 1/20，因而析气量减少了 95%，耗水量也大大减少。

另外，免维护蓄电池由于采用袋式隔板和新型通气孔，不仅使储液量增加，还可抑制通过通气孔蒸发的水量，也使耗水量减少。

2.　自行放电少，使用寿命长

普通蓄电池由于极板栅架采用铅锑合金，在放电过程中，锑要从栅架内转移到正、负极板的活性物质以及电解液中去，因而增加了自行放电，缩短了使用寿命。正常情况下蓄电池使用寿命为 2 年。免维护蓄电池极板栅架采用铅钙合金，由于板栅中没有锑，使自行放电大大减少，延长了使用寿命。免维护蓄电池的正常使用寿命为 4 年，比普通蓄电池提高一倍。

3.　接线极柱腐蚀小

普通蓄电池中，由于析出的酸气聚集在蓄电池顶部，不仅会腐蚀接线柱，还会在电极极柱之间形成短路电流。免维护蓄电池因为有新型安全通气装置，不仅能将酸气保留在单格电池内部，而且能够预防火花或火焰进入蓄电池；不但可以减少或避免来自外部原因引起的蓄电池爆炸，而且能够保持蓄电池盖顶部的干燥，从而减少了接线柱的腐蚀，保证电气线路连接牢固可靠。

4.　起动性能好

免维护蓄电池由于单格电池之间采用了穿壁式连接，缩短了电路的连接长度，减小了内阻，可以使连接条上的功率损失减少 80%，放电电压提高 0.15～0.4V。因此，免维护蓄电池比普通蓄电池具有较好的起动性能。

1.7

干荷电和湿荷电蓄电池

1.7.1　干荷电蓄电池

干荷电蓄电池即干式荷电铅酸蓄电池，它与普通蓄电池的区别是极板组在干燥状态下能够较长期地保存在制造过程中所得到的电荷。这种电池在规定的保存期（两年）内，如需使用，只要加入符合规定密度的电解液，搁置 15min 左右，调整液面高度至规定标准后，不需要进行初充电即可使用。

干荷电蓄电池和普通蓄电池的主要差别是在正、负极板的铅膏中加入了抗氧化剂（如松香、羊毛脂等），使极板在干燥的过程中形成一种保护膜覆盖在海绵状纯铅的表面上，以免与空气接触发生氧化。因此，这样处理后的负极板具有较高的荷电性能，在存储期间基本上保持负极板上活性物质的海绵状态。正极板上的活性物质是二氧化铅，在空气中是很稳定的，而负极板上的活性物质铅因呈海绵状而表面积很大，化学活性很高，在与水、空气的接触中，很容易发生氧化，使极板的荷电性能下降。加抗氧化剂的目的，就是增加负极板的憎水抗氧能力。另外，干荷电蓄电池在制造过程中，反复进行充、放电循环，使之在极板的深层也形成海绵状的铅。

对于储存超过两年的干荷电蓄电池，因极板上有部分氧化，使用前应以补充充电的电流大小，充电 5～10h 后再使用。由于这种电池使用方便，是理想的应急电源，现已逐步取代普通的铅蓄电池。

1.7.2　湿荷电蓄电池

湿荷电蓄电池与普通干封铅蓄电池所不同的是，它采用极板群组化成，化成后将极板侵入相对密度为 1.350、内含 0.5%（重量比）硫酸钠的稀硫酸溶液里浸渍 10min（硫酸钠在负极板活性物质表面起抗氧化作用），离心沥酸后，不经干燥即进行组装密封成为湿荷电蓄电池。其极板和隔板仍带有部分电解液，蓄电池内部是湿润的，故而得名。

这种蓄电池自出厂之日起，可允许储存 6 个月。在存储期内如需使用，只需加入规定密度的电解液，20min 后不需初充电即可投入使用。其首次放电容量可达额定容量的 80%。如存储期过长，则需经过短时间的补充充电方可正常使用。

1.8

蓄电池新技术

1.8.1　宝马车用蓄电池

1. 免维护蓄电池

在宝马车（E39/E46/E60/E66 等）上，现在配装免维护蓄电池（Absorbed Glass Mat，AGM）即带有可吸收玻璃纤维网隔板的免维护蓄电池，安装在行李箱右侧。其外形如图 1.36 所示。与常规铅酸蓄电池相比，AGM 免维护蓄电池使用寿命更长，也更可靠。

2. 智能蓄电池传感器

智能蓄电池传感器（Intelligent Battery Sensor，IBS）是一个自身带有微型控制器的传感器。

IBS 持续测量蓄电池端电压、蓄电池充电或放电电流和蓄电池酸液温度，监控蓄电池的工作状态和健康状态。

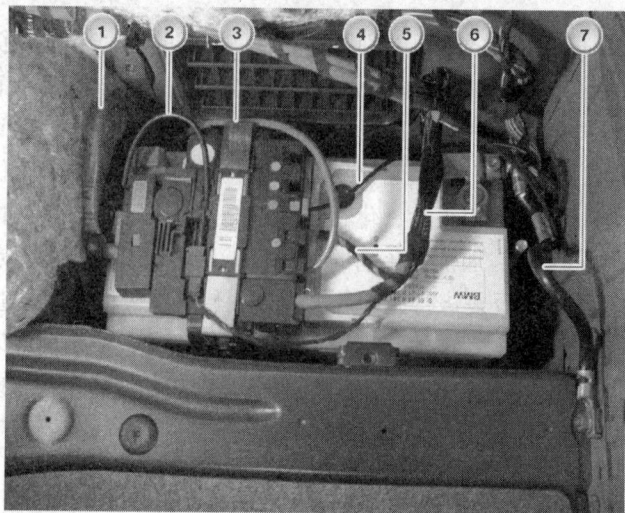

图 1.36　AGM 免维护蓄电池及其安装位置

1—连接起动机的大线　2—导线（连接智能蓄电池传感器 IBS）　3—正极导线（给发动机和变速器电控系统供电）
4—B + 导线（连接智能蓄电池传感器 IBS 电子装置）　5—B + 导线（连接辅助加热器）
6—B + 导线（连接电器接线盒）　7—蓄电池负极线（接地搭铁）

IBS 直接安装在蓄电池的负极上，其结构如图 1.37 所示。IBS 的电源电压通过一根单独的导线供应。IBS 通过串行数据接口 BSD 与宝马车载电脑即数字式发动机电子控制单元 DME 或数字式柴油发动机电子控制单元 DDE 进行通信，通报蓄电池的工作状态和健康状态。

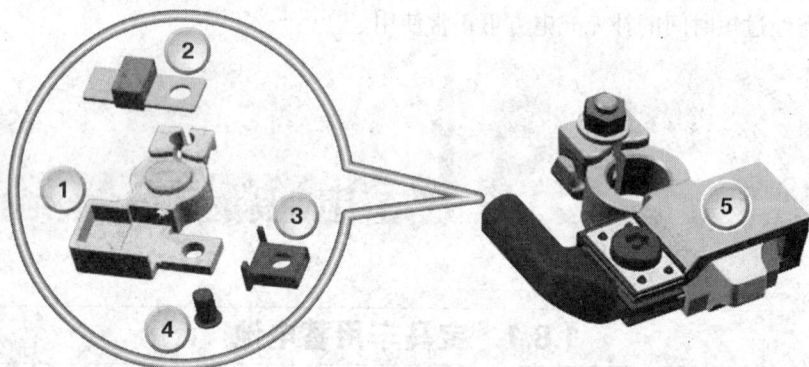

图 1.37　IBS 分解图

1—蓄电池接线柱　2—分流器　3—间隔垫圈　4—螺栓　5—接地线

3. 安全蓄电池端子

在宝马车上，蓄电池正极上连接有安全蓄电池端子，用于在紧急状态（如剧烈撞车时，如果燃油泄漏可能导致的爆炸）下的断电防护。安全蓄电池端子的结构如图 1.38 所示。

在正常情况下，蓄电池导线与正极端子保持连接状态。当发生紧急情况（如剧烈撞车，安全气囊引爆）时，控制单元会在极短的时间（大约 0.22ms）内发出起爆指令，使装在安全蓄电池端子内部的推进剂点火爆炸，炸开安全蓄电池端子，并使蓄电池导线与正极端子保持在断开状态，以确保安全。

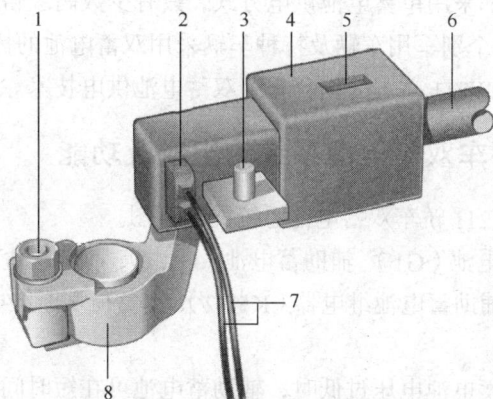

图 1.38　安全蓄电池端子
1—夹紧螺丝　2—连接接头　3—B+端子　4—保护罩　5—锁止爪
6—蓄电池导线　7—控制导线　8—蓄电池端子

安全蓄电池端子断开的动作顺序如图 1.39 所示。

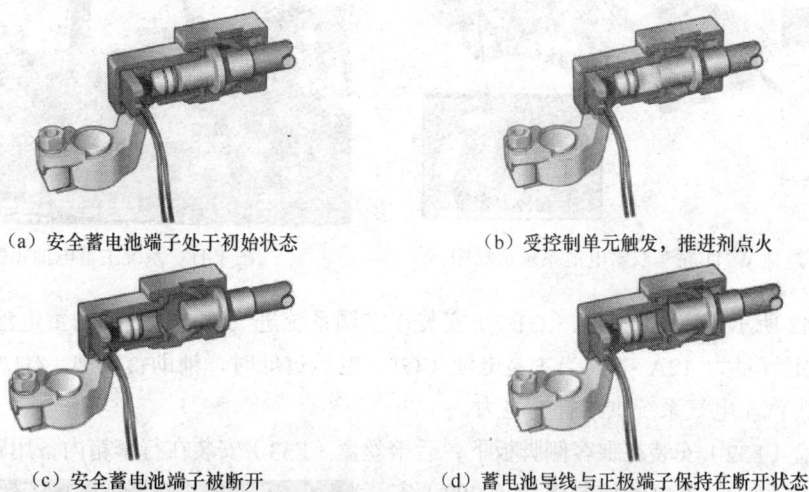

（a）安全蓄电池端子处于初始状态　　　　（b）受控制单元触发，推进剂点火

（c）安全蓄电池端子被断开　　　　（d）蓄电池导线与正极端子保持在断开状态
图 1.39　安全蓄电池端子断开的动作顺序

1.8.2　双蓄电池技术

　　随着人们对汽车乘坐舒适性要求的日益提高，大功率影音娱乐设备、野外射灯、自救绞盘等装置逐渐成为汽车的标准装备或自选设备，车载电气设备对电源容量的需求也日益提高。车辆电气负荷越来越大，就要求汽车电源系统提供更多的电能。在汽车电源系统没有实现电压升级之前，采用双蓄电池技术不失为一种很好的解决办法。

1.　双蓄电池技术概述

　　有别于目前广泛使用的单蓄电池供电方式，双蓄电池技术采用两块蓄电池（主蓄电池/辅助蓄电池）并联连接，与交流发电机协同工作，为汽车电气设备提供电源。主蓄电池与辅助蓄电池的标称电压相同，均为 12V；主蓄电池与辅助蓄电池的容量是否相同视需要而定。

目前，绝大多数汽车都采用单蓄电池供电方式，只有少数高级轿车（如奔驰 E 系列 W211、大众辉腾 W12 豪华版）和个别军用车辆及特种车辆采用双蓄电池的标准配置。

下面，以奔驰 E 系列 W211 轿车为例，介绍双蓄电池供电技术。

2. 奔驰 W211 轿车双蓄电池系统的组成及功能

图 1.40 所示为奔驰 W211 轿车双蓄电池系统的示意图。

双蓄电池系统由主蓄电池（G1）、辅助蓄电池（G1/7）、前熔丝盒（F32）、后熔丝盒（F33）、蓄电池控制模块（N82）、辅助蓄电池继电器（K57/2）、超负荷切断继电器（K75）以及 CAN（控制局域网）总线等组成。

当双蓄电池系统中主蓄电池电压过低时，辅助蓄电池可在短时间内给汽车电气系统供电。

如图 1.41 所示，系统主蓄电池（G1）安装在行李箱内。主蓄电池（G1）标称电压为 12V，额定容量为 95A·h。在正常工作时，主蓄电池（G1）是车辆所有电器设备的主电源。

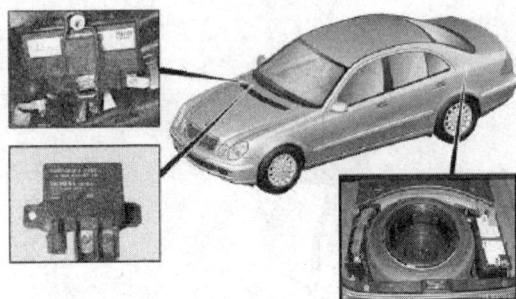

图 1.40　奔驰 W211 轿车双蓄电池系统示意图

图 1.41　系统主蓄电池（G1）

如图 1.42 所示，辅助蓄电池（G1/7）安装在空调系统进气管下边。辅助蓄电池的标称电压为 12V，额定容量为 12A·h。当主蓄电池（G1）电压过低时，辅助蓄电池（G1/7）协助主蓄电池工作，为汽车电气系统供给补充电力。

前熔丝盒（F32）安装在乘客侧脚板下，后熔丝盒（F33）安装在行李箱内备用轮胎前面。

如图 1.43 所示，蓄电池控制模块（N82）安装在备用轮胎后面。蓄电池控制模块 N82 的功能为：监测主蓄电池（G1）和辅助蓄电池（G1/7）的电压；通过 CAN—B 监测发电机电压；控制辅助蓄电池继电器（K57/2）触点的闭合和断开；按次序控制电器设备的功率消耗；确保辅助蓄电池（G1/7）的充电效果为最佳；记录紧急操作并设置故障码（CAN 通信/故障码）；记录紧急操作结果并在 IC/MF 中显示故障信息。

如图 1.44 所示，辅助蓄电池继电器（K57/2）安装在挡风玻璃刮水塑胶盖板下。

图 1.42　辅助蓄电池（G1/7）

图1.43 蓄电池控制模块（N82）

图1.44 辅助蓄电池继电器（K57/2）

辅助蓄电池继电器（K57/2）受蓄电池控制模块（N82）的控制，在正常情况下辅助蓄电池继电器（K57/2）不工作（触点断开）。当发动机运转并且系统电压过低时，辅助蓄电池继电器（K57/2）触点闭合，接通辅助蓄电池（G1/7）的充电电路和其他电器装置。使发电机能够给辅助蓄电池（G1/7）电压充电。

超负荷切断继电器（K75）受蓄电池控制模块（N82）控制，可在电源超载时按照既定的程序依次切断某些不太主要的用电设备（如点烟器等）。

3. 奔驰W211轿车双蓄电池系统的工作原理

（1）正常模式

如图1.45所示，在正常工作状态下，蓄电池控制模块（N82）监测电压并计算两个蓄电池的存电状态，监测通过共同搭铁点的总电流，并通过超负荷切断继电器（图中未示出）按次序关闭不太重要的用电器。此时继电器K57/2不工作，即继电器K57/2继电器触点处于断开状态。

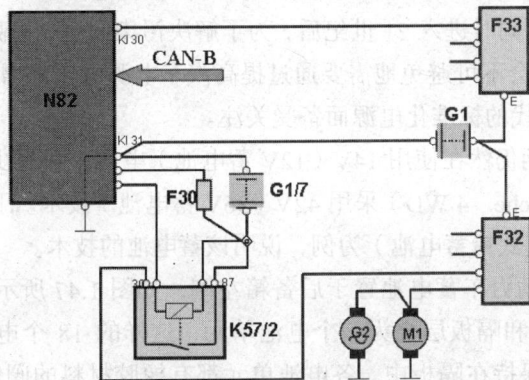

图1.45 正常模式

F30—多路切换熔丝　F32—前熔丝盒　F33—后熔丝盒　G1—主蓄电池　G1/7—辅助蓄电池
G2—发电机　K57/2—辅助蓄电池继电器　M1—起动机　N82—蓄电池控制模块

（2）紧急模式

如图1.46所示，当发动机运转，发电机或主蓄电池出现问题，系统蓄电池电压过低时，经由CAN信号通过超负荷切断继电器（图中未示出）分2级把不太重要的用电器切断，在仪表板上会有信息把暂时停用的电器显示出来。此时，辅助蓄电池继电器K57/2激活（触点闭合），辅助蓄电池接通，给用电设备提供电力。

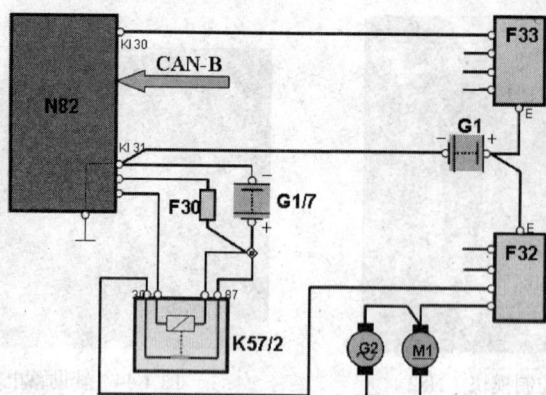

图 1.46　紧急模式

F30—多路切换熔丝　F32—前熔丝盒　F33—后熔丝盒　G1—主蓄电池　G1/7—辅助蓄电池
G2—发电机　K57/2—辅助蓄电池继电器　M1—起动机　N82—蓄电池控制模块

（3）充电模式

当蓄电池控制模块监测到辅助蓄电池电压不足时，如果主系统电压高于 13.5V，辅助蓄电池继电器将在短时间内被激活(触点闭合)，辅助蓄电池由发电机通过辅助蓄电池继电器(K57/2)充电，每次运转循环中充电模式只能出现一次。

1.8.3　新型蓄电池

当今的汽车正处于能源变革（由化石燃料向氢能等新能源的探索）和电源结构的变革（电动化、高电压化、混合动力化以及新型电池的开发）阶段。长期以来，汽车的电源以 14V 系统（12V 蓄电池）为主，由于电动化的发展，混合动力车、燃料电池车的出现，使得车辆电源系统朝着高压化的方向发展。同时进入 21 世纪后，为了解决污染问题，提高燃油效率、满足排放法规限制等方面的问题，就会不可避免地需要通过提高汽车电源电压来增加其功率输出。其中 42V（蓄电池 36V）作为下一代的标准化电源而备受关注。

目前，绝大部分车辆仍然在使用 14V（12V 蓄电池）电源，只有少数新型车辆（丰田的皇冠轻度混合动力车，Marche.　4 WD）采用 42V（36V 蓄电池）技术。下面以丰田皇冠轻度混合动力车用蓄电池（控制阀式铅蓄电池）为例，说明该蓄电池的技术。

丰田皇冠轻度混合动力车蓄电池置于后备箱左侧，如图 1.47 所示。这种蓄电池的构造如图 1.48 所示。正负极板和隔板层叠为一个电池单元，这样的 18 个电池单元串联就可以得到 36V 电压。硫酸被吸收保持在隔板中。各电池单元都有橡胶材料的阀门，当电池内压上升时，阀门打开防止内压继续上升。

1.　控制阀式铅蓄电池的组成

36V 铅蓄电池为了使其能在混合动力系统中最大限度地发挥性能，研究开发了下一代新技术。

（1）正极板

正极电极的腐蚀以及由其产生的变形是影响铅蓄电池使用寿命的主要因素之一。为了提高耐腐蚀性，正极电极采用优化合金成分的 Pb-Ca-Sn 系合金。为了使其不容易变形，对电极的设计也进行了优化。

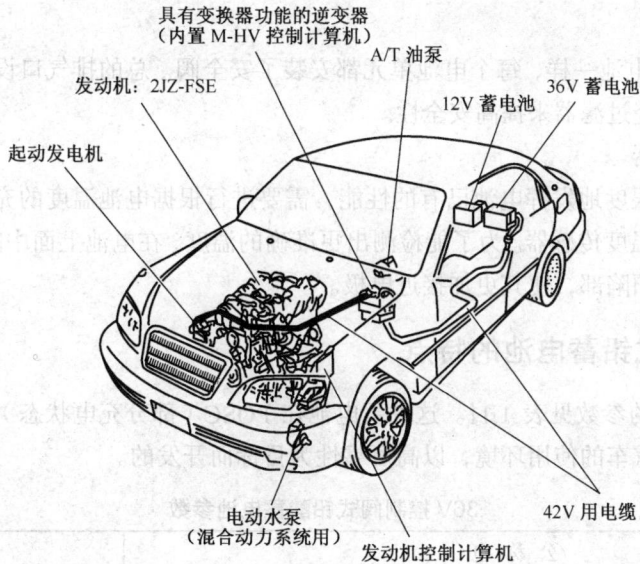

图 1.47 车辆配置

活性物质采用比传统的蓄电池密度更高的胶水，来降低充放电所产生的活性物质的劣化。通常采用高密度浆料会降低活性物质的利用率，但通过采用新添加剂，可以提高大电流放电时的利用率。

（2）负极板

铅蓄电池的负极板，在使用 PSOC（部分充电状态）控制方法的情况下，容易产生硫化现象。这种现象在高温使用的情况下，铅的溶解度会增大，而且还会加速溶解。为了控制硫化现象，采用了比普通蓄电池添加更多碳的高密度活性物质。这样，在活性物质内部形成碳和铅的导电网络，就不容易形成绝缘体硫酸盐。

另外，通过优化负极活性物质添加剂，提高负极反应侧的活性来提高回馈充电时的接收效率。

（3）隔板

为了获得优越的使用寿命，需要提高加在极

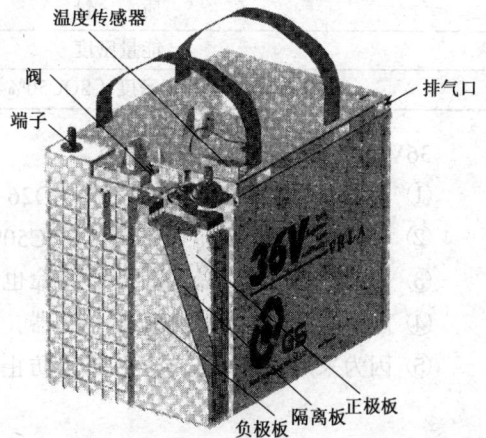

图 1.48 36V 控制阀式铅酸蓄电池的构造

板上的压力，并在使用时也能保持此压力。为了提高电池功率，增加了极板个数，极板间的距离也比原来小，因此需要考虑防止隔板直通导致的短路现象发生。

隔板是以细微玻璃纤维为材料的一种特殊的隔板。当作为电解液的硫酸注入时以及在液体减少时这种隔板会收缩，这样压力就会随之减小，而且也是一种耐短路性能比较好的隔板。

（4）箱体、盖子和电池单元的配置

外形尺寸依据 JIS 标准为 D26 尺寸（相当于 BCI 标准的 24 组），由于需要在车辆中装卸以及运输时容易搬运，在盖子上面装了把手。

电池采用 9 单元两列配置串联连接。

（5）端子部

端子采用 M8 双头螺栓，以防止和汽车用 12V 电池误接。

（6）排气结构

和原来的 12V 电池一样，每个电池单元都安装了安全阀。总的排气口设置在离连接端子较远的地方，采用陶瓷过滤器来提高安全性。

（7）温度传感器

为了能够最大限度地发挥电池已有的性能，需要进行根据电池温度的充放电控制。在电池中安装了热敏电阻温度传感器。为了能检测出更准确的温度，在电池上面中间位置设置了凹陷，将温度传感器埋入凹陷部，使其更加接近电极。

2. 控制阀式铅蓄电池的特点

36V 铅蓄电池的参数见表 1.11。这种蓄电池在 POSC（部分充电状态）控制下具有优越的性能，而且是针对汽车的使用环境，以高可靠性为目标而开发的。

表 1.11　　　　　　　　　　36V 控制阀式铅酸蓄电池参数

公 称 电 压		36V
公称容量（5hR）		20A·h
尺寸	长	260mm
	宽	173mm
	高	219mm
质　量		27kg
能量密度		27Wh/kg
输出功率密度（SOC50%）		350W/kg

36V 铅蓄电池的主要特点如下。

① 根据 JIS 标准，电池的尺寸为 D26（相当于 BCI 标准的 24 组）。

② 峰值功率密度为 350W/kg（SOC50%），比普通车用铅酸蓄电池高。

③ 即使在 POSC 状态下使用，寿命也比较长。

④ 因为安装有热敏电阻温度传感器，可以根据电池温度对其进行控制。

⑤ 因为采用双端螺栓端子，可以防止和汽车用 12V 蓄电池误接。

思 考 题

1. 简述起动用铅蓄电池的作用及特点。

2. 蓄电池主要由哪几部分组成？各组成部分的作用如何？

3. 常用蓄电池的充电方法有哪些？

4. 充电终了与放电终了的标志各是什么？

5. 蓄电池常见故障有哪些？简述它们的故障原因。

6. 怎样正确维护蓄电池？

7. 免维护充电池的结构有哪些特点？

8. 有哪些新型电池？

第 2 章

交流发电机

【学习提示】

交流发电机是汽车上的两个电源之一，交流发电机与电压调节器配合工作，为除了起动机以外的其他用电设备供电，并可以向蓄电池充电。电压调节器种类繁多，目前，以晶体管调节器和内装型集成电路电压调节器的应用最为广泛。

【学习目标】

- 掌握交流发电机的组成及工作原理
- 掌握交流发电机的工作特性
- 了解新型发电机的结构及工作原理
- 掌握交流发电机调节器的功用
- 了解典型电子调节器的工作原理
- 了解典型充电指示灯控制电路
- 了解典型电源系统过压保护电路
- 掌握交流发电机与调节器的检修及典型故障的排除

【考核标准】

- 能够熟练地叙述交流发电机组成、工作原理、工作特性
- 能够独立分析充电电路与电源过压保护电路
- 能够独立完成对交流发电机与调节器的检修及典型故障排除

2.1 概述

2.1.1 汽车用发电机的作用

发电机是汽车电源之一，由汽车发动机驱动，它在正常工作时，对除起动机以外的所有用电设备供电，并可以向蓄电池充电以补偿其在使用中所消耗的电能。

2.1.2 汽车用发电机的分类

早期使用的是直流发电机，它靠换向器将电枢绕组内感应的交流电转变为直流电。在换向过程中，电刷与换向器之间易产生火花引起换向器和电刷的烧蚀与磨损，并且随着发电机转速的提高，换向火花也越大，换向器与电刷的磨损也就更为严重。另外，直流发电机是切割剩磁增强磁场，使其端电压升高后再向外输出电压，故其低速充电性能较差。因此，直流发电机已不能适应现代高速发电机的要求。

随着电子技术的进步、硅二极管的出现，汽车上开始使用交流发电机。汽车上的交流发电机是一个三相同步交流发电机，它是利用硅二极管将其三相绕组中所感应的三相交流电整流为直流电。由于使用硅二极管整流，因此，也称为硅整流交流发电机。

1. 按总体机构分

（1）普通交流发电机

普通交流发电机的应用最为普遍，如东风 EQ1090（EQ140）型载货汽车用 JF132 型交流发电机，解放 CA1091 型载货汽车用 JF1522A 型交流发电机等。

（2）整体式交流发电机

整体式交流发电机即内装电子调节器的交流发电机，如一汽奥迪、上海桑塔纳等轿车用 JFZ1813Z 型交流发电机。

（3）带泵交流发电机

带泵交流发电机即带有真空泵的交流发电机，如 JFB1712 型交流发电机。在柴油机汽车上，由于进气系统没有真空，为了确保真空制动助力器能够正常工作，把发电机的轴做的长一些，以此驱动一个真空泵，如图 2.1 所示。除了带有真空泵之外，带泵交流发电机的结构与普通发电机是一样的。

图 2.1 带有真空泵的交流发电机

（4）无刷交流发电机

无刷交流发电机即无电刷、滑环结构的交流发电机。如福建仙游电动机厂生产的 JFW14X 型交流发电机。

（5）永磁交流发电机

永磁交流发电机即转子磁极采用永磁材料的交流发电机。

2. 按励磁绕组搭铁方式分

（1）内搭铁式

内搭铁式即励磁绕组的一端与发电机壳体相连接（直接搭铁），如东风 EQ1090 车用的 JF132 型交流发电机。

（2）外搭铁式

外搭铁式即励磁绕组的一端（负极）接入调节器，通过调节器后再搭铁，如解放 CA1091 型车用的 JF152D、JF1522A 型交流发电机。

3. 按装用的二极管数量分

（1）六管交流发电机

其整流器由六个硅二极管组成，这种形式应用较为广泛，如东风 EQ1090 车用的 JF132 型、解放 CA1091 型车用 JF1522A、JF152D 型交流发电机等。

（2）八管交流发电机

八管交流发电机指具有两个中性点二极管的交流发电机，其整流器总成共有 8 只二极管，如天津夏利 TJ 7100、TJ7100U 微型轿车所用的 JFZ1542 型交流发电机。

（3）九管交流发电机

九管交流发电机指在 6 个二极管的基础上增加 3 个励磁二极管的交流发电机，其整流器总成共有 9 只二极管，如北京 BJ1022 型轻型载重车用的 JFZ14L 型交流发电机。

（4）十一管交流发电机

十一管交流发电机指具有中性点二极管和励磁二极管的交流发电机，其整流器总成共有 11 只二极管，如桑塔纳轿车用 JFZ1913Z 型交流发电机。

4. 按冷却方式分

按照发电机的冷却方式不同，车用交流发电机又可以分为风冷式发电机和水冷式发电机两种。目前，使用最多也最常见的就是风冷式发电机。而在高档轿车上，出于降低运行噪声和增强冷却效果的考虑，采用新型水冷式发电机。

2.2 交流发电机的构造与工作原理

2.2.1 交流发电机的构造

交流发电机在汽车上使用 40 多年以来，虽然局部结构有所改进，但是基本结构都是由转子、定子、整流器、端盖四部分组成。图 2.2 所示为东风 EQ1090（EQ140）型汽车所用的 JF132 型交流发电机的分解图。

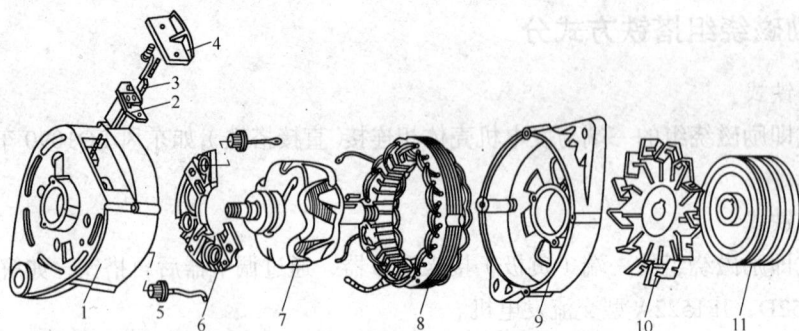

图 2.2　JF132 交流发电机的组件图

1—后端盖　2—电刷架　3—电刷　4—电刷弹簧压盖　5—硅二极管　6—散热板

7—转子　8—定子总成　9—前端盖　10—风扇　11—带轮

1. 转子

转子部分是交流发电机的磁场部分，其功用是建立磁场。它主要由两块对称的爪极、励磁绕组、滑环和转轴组成，如图 2.3 所示。两块爪极（各具有 6 个鸟嘴形磁极）由厚钢板冲压而成，压装在转轴上。爪极的空腔内有一个圆柱形磁轭，磁轭内孔与转轴压装在一起，其上绕有励磁绕组（又称转子线圈）。励磁绕组的两个引出线穿过一个爪极端部的两个小孔分别焊接在两个彼此绝缘的滑环上。滑环与轴之间是绝缘的，与装在后端盖上的两个电刷接触。电刷的作用是将直流电源引入励磁绕组产生励磁电流，产生轴向磁通进而磁化爪极，其中一块为 N 极，另一块为 S极，形成 4～8 对相互交错的磁极。国产交流发电机多采用 6 对磁极，如图 2.4 所示。

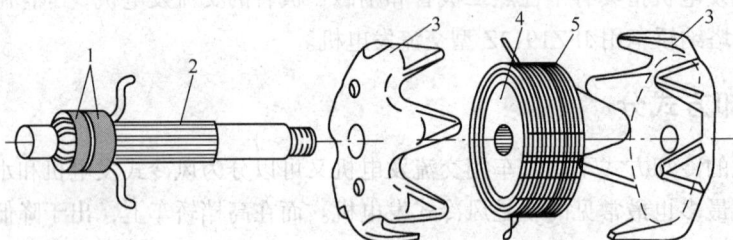

图 2.3　交流发电机的转子

1—滑环　2—转子轴　3—爪极　4—磁轭　5—磁场绕组

转子爪极的形状做成鸟嘴形，目的是使磁力线在定子、转子之间的间隙中成正弦分布，以保证定子感应电动势有较好的正弦波形。

2. 定子

定子的功用是产生感应电动势，它由定子铁芯和三相绕组组成，如图 2.5 所示。

定子铁芯由相互绝缘的厚度为 0.5mm 的硅钢片叠成环状，环的内圆表面一般开有 36 个线槽，三相绕组按一定规则嵌放在槽内。

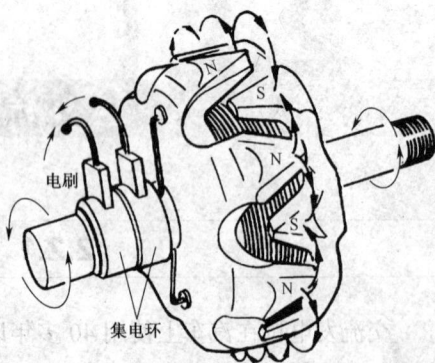

图 2.4　转子的磁场

三相绕组的连接方法有星形连接（简称 Y 形连接）和三角形连接（简称△形连接）两种。

当采用 Y 形连接时，三相绕组的 3 个末端 X、Y、Z 连接在一起，称为中性点，3 个始端 U、V、W 作为交流发电机的输出端，如图 2.6 所示。当采用△形连接时，一相的始端与另一相绕组末端连接，共有 3 个接点，这 3 个接点即为交流发电机的输出端，如图 2.7 所示。3 相绕组一般采用 Y 形连接法，也有采用△形连接法（如北京 BJ2021 型汽车）。

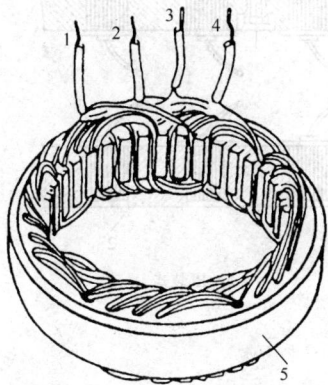
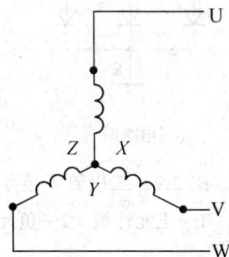
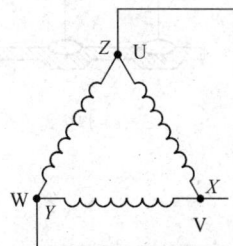

| 图 2.5 定子总成的结构 | 图 2.6 Y 形连接 | 图 2.7 △形连接 |

1、2、3、4—绕组引线 5—定子铁芯

三相绕组的每相绕组均由 6 个线圈串联而成，每个线圈大约绕 13 匝（也有绕 9 匝的）。三相绕组的输出端分别与整流板上的二极管引线相接，并分别固定在 3 个绝缘接线柱上（叫做二极管引线接线柱）。

绕制三相绕组的要求是使三相绕组产生频率相同、幅值相等、相位互差 120° 的三相对称电动势。图 2.8 所示为国产交流发电机定子三相绕组展开图（Y 形连接）。定子铁芯 36 槽。线圈绕法为单层绕组，就是在一个定子槽中嵌入一个线圈边。绕组节距为 4，每极每相槽数为 1，每相绕组有 6 个线圈。三相绕组的 3 个起端 U_1、V_1、W_1 在定子槽内的排列应分别相隔 120°。

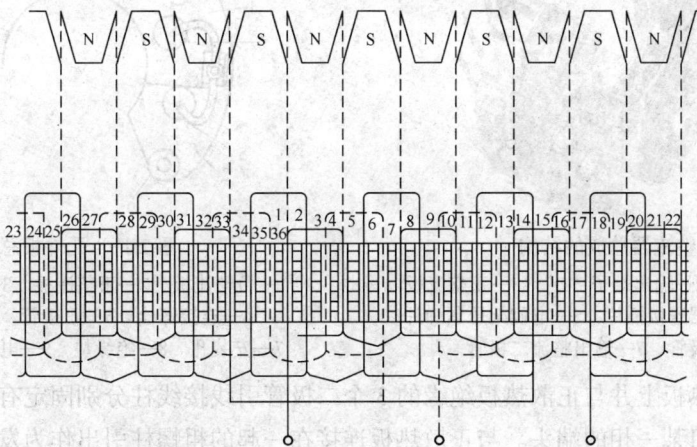

图 2.8 JF132 型交流发电机定子绕组的展开图

3. 整流器

整流器的功用是将三相绕组产生的交流电整流成直流电，它是由二极管和二极管散热板组成的。

交流发电机的整流器一般由 6 只硅二极管组成三相桥式全波整流电路。常见的二极管安装形式有焊接式和压装式两种，如图 2.9 所示。焊接式是将二极管的 PN 结直接烧结在元件板上，压装式是将具有金属外壳的二极管压装在元件板的孔中。

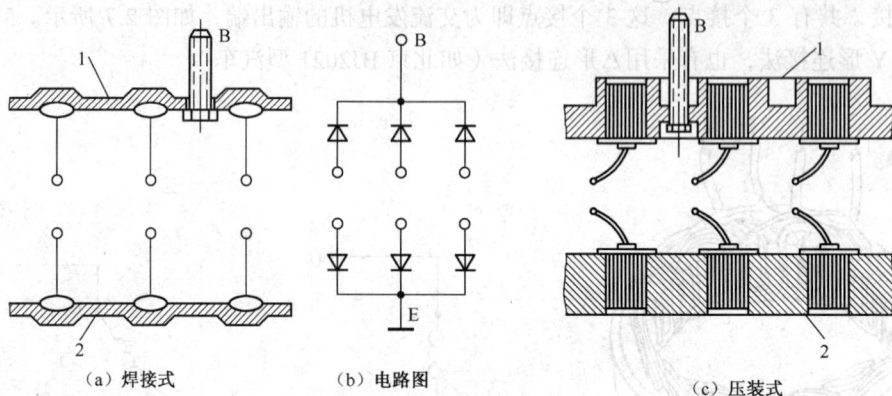

（a）焊接式　　　　（b）电路图　　　　（c）压装式

图 2.9　二极管安装示意图

1—正元件板　2—负元件板

桑塔纳、捷达和奥迪等轿车用交流发电机整流器总成的结构如图 2.10 所示。

汽车交流发电机用整流二极管的引出电极有正极与负极之分。引出电极为二极管正极的称为正极管（涂有红色标记），引出电极为二极管负极的称为负极管（涂有绿色或黑色标记）。安装 3 只正极管的元件板称为正散热板，处于外侧。安装 3 只负极管的元件板称为负散热板，处于内测，如图 2.11 所示。两块元件板相互绝缘地安装在一起（老式发电机只有正散热板，负散热板用发电机外壳代替，由于不便于维修，已被淘汰），然后固装在后端盖上。

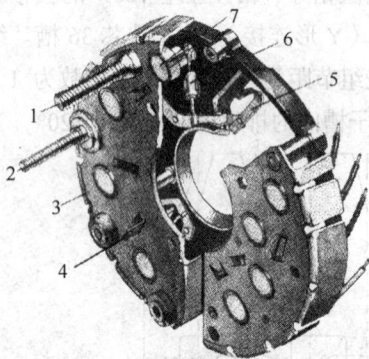

图 2.10　整流器总成的结构

1—输出端子"B"　2—输出端子"D"　3—正整流板
4—防干扰电容器连接插片　5—电刷架压紧弹片
6—磁场二极管　7—输出整流二极管

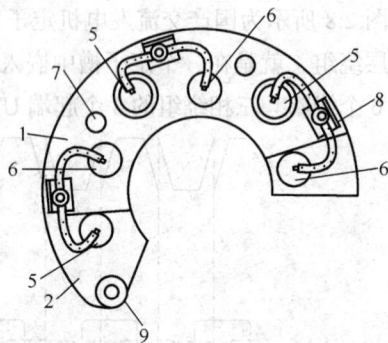

图 2.11　元件板总成

1—负整流板　2—正整流板　3—散热片
4—连接螺栓　5—正极管　6—负极管
7—安装孔　8—绝缘垫　9—电枢接柱安装孔

安装在正散热板上并与正散热板绝缘的 3 个二极管引线接线柱分别固定有正、负极管的引线和来自三相绕组某一相的端头。与正散热板连接在一起的粗螺柱引出作为发电机的输出接线柱，称为"电枢"接线柱，用"B"表示。

4. 端盖

交流发电机的前、后端盖均用铝合金铸造而成，因为铝合金为非导磁材料，可减少漏磁并具有轻便、散热性能好等优点。

在后端盖上装有电刷组件，电刷组件由电刷、电刷架和电刷弹簧组成，电刷是用铜粉和石墨粉模压而成，其功用是将直流电源引入励磁绕组产生磁场。电刷架是用酚醛玻璃纤维塑料模压或用玻璃纤维增强尼龙制成。电刷安装在电刷架的孔内，借弹簧张力使电刷与滑环保持抵触。

电刷组件的安装有外装式和内装式两种，如图 2.12 所示。外装式可直接从发电机的外部拆装电刷；内装式必须将发电机拆开才能更换电刷，因此使用很不方便，故已逐渐被淘汰。

交流发电机有内搭铁和外搭铁之分，两只电刷引线的接法也不同。内搭铁交流发电机如图 2.13 所示，其励磁绕组直接在发电机外壳搭铁上，两只电刷的引线中一根与后端盖上的磁场接线柱"F"（或"磁场"）相连接，另一根则直接与发电机外壳上的

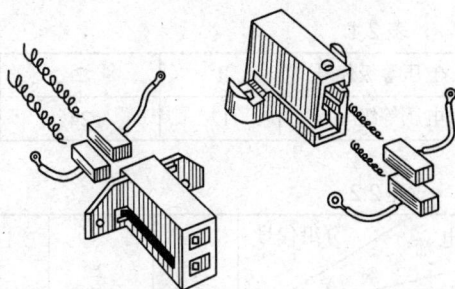

(a) 外装式　　　　　(b) 内装式

图 2.12　发电机电刷架的形式

搭铁接线柱"–"（或"搭铁"）相连接。而外搭铁式（见图 2.14）交流发电机由于其励磁绕组是通过所配的调节器搭铁，因此，两只电刷接线柱均与发电机外壳绝缘，分别用"F_1"和"F_2"表示。

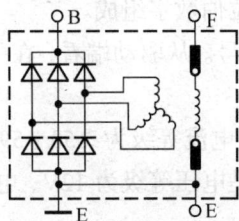

图 2.13　内搭铁式

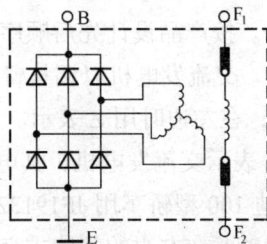

图 2.14　外搭铁式

交流发电机的前端装有 V 带轮，由发动机通过风扇 V 带驱动发电机旋转。

发电机的后端盖上有出风口，前端盖上有进风口，当 V 带轮由发动机曲轴驱动时，交流发电机转子轴上的叶片式风扇（用钢板冲制或铝合金压铸而成）旋转，使空气高速流经发电机内部进行冷却，这种称为外装式风扇。近年来为提高发电机效率，减小发电机体积，又出现了内装式风扇，即风扇叶片直接做在转子上。

5. 国产交流发电机型号

根据中华人民共和国汽车行业标准 QC/T 73—93《汽车电气设备产品型号编制方法》的规定，汽车交流发电机的型号组成如下。

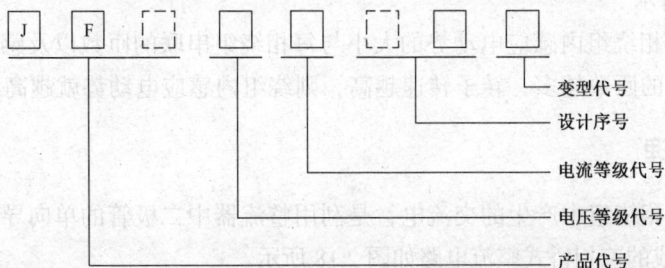

变型代号
设计序号
电流等级代号
电压等级代号
产品代号

① 产品代号。交流发电机的产品代号有 JF、JFZ、JFB 和 JFW 四种，分别表示交流发电机、整体式交流发电机、带泵交流发电机和无刷交流发电机（字母"J"、"F"、"Z"、"B"、"W"分别为"交"、"发"、"整"、"泵"、"无"字的汉语拼音第一个大写字母）。

② 电压等级代号和电流等级代号。分别用 1 位阿拉伯数字表示，其含义分别见表 2.1 和表 2.2。

表 2.1   电压等级代号

电压等级代号	1	2	3	4	5	6
电压等级/V	12	24	—	—	—	6

表 2.2   电流等级代号

电流等级/A 产品 \ 分组代号	1	2	3	4	5	6	7	8	9
交流发电动机 整体交流发电动机 带泵交流发电动机 无刷交流发电动机 永磁交流发电动机	～19	≥20～29	≥30～39	≥40～49	≥50～59	≥60～69	≥70～79	≥80～89	≥90

③ 设计序号。按产品设计先后顺序，以 1～2 位阿拉伯数字组成。

④ 变形代号。交流发电机以调整臂位置作为变形代号。从驱动端看，在中间不加标记；在右边时用 Y 表示；在左边时用 Z 表示。

例如，JF152 表示交流发电机，其电压等级为 12V、电流等级为 ≥50～59，第二次设计。

桑塔纳、奥迪 100 型轿车用 JF1913Z 型交流发电机是电压等级为 12V、电流等级为 ≥90A、第 13 次设计，调整臂在左边的整体式交流发电机。

2.2.2 交流发电机的工作原理

1. 发电原理

汽车上的发电机的三相绕组多采用 Y 形连接。交流发电机是利用导体去切割磁力线，在导体中会产生感应电动势的原理发电的。电路连接如图 2.15 所示，交流发电机的磁路如图 2.16 所示。当点火开关接通时，励磁绕组通电产生磁场，三相绕组和磁力线产生相对运动，那么就在三相绕组中产生出近似于正弦曲线波形的交流电动势。由于三相绕组彼此之间结构完全相同，并且规则的分布在定子铁芯上，因此产生的三相电的大小相等，只是产生的早晚不同，产生的三相电如图 2.17 所示。

交流发电机三相绕组内感应电动势的大小与每相绕组串联的匝数以及感应电动势的频率成正比。即三相绕组的匝数越多，转子转速越高，则绕组内感应电动势就越高。

2. 整流原理

交流发电机三相绕组中产生的交流电，是利用整流器中二极管的单向导电性转换为直流电的。6 只二极管组成的三相桥式整流电路如图 2.18 所示。

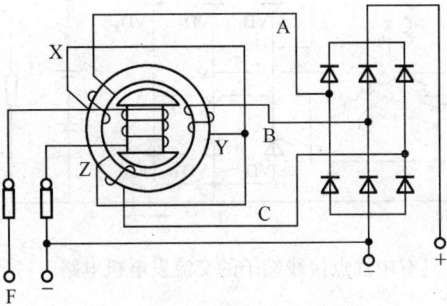

图 2.15　交流发电机的工作原理

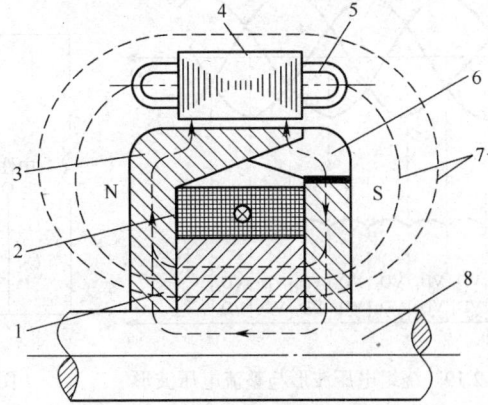

图 2.16　交流发电机的磁路
1—铁芯（磁轭）　2—励磁绕组　3、6—爪极　4—定子铁芯
5—三相绕组　7—漏磁　8—转子轴

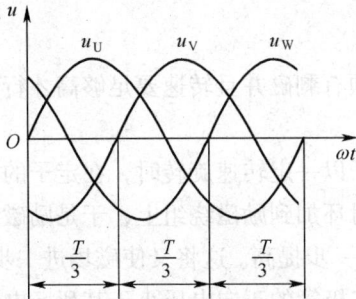

图 2.17　感应电动势输出波形

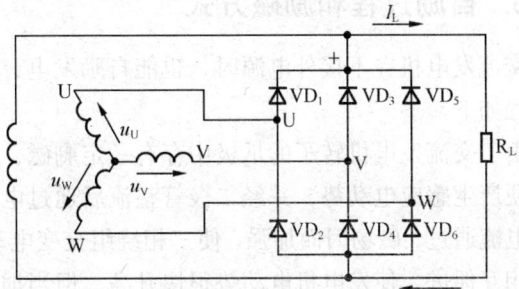

图 2.18　整流电路

（1）二极管的导通原则

因为 3 只正极管（VD$_1$、VD$_3$、VD$_5$）的负极连接在一起，在某一瞬间，正极电位最高的二极管导通。而 3 只负极管（VD$_2$、VD$_4$、VD$_6$）的正极连接在一起，在某一瞬间，负极电位最低的二极管导通。

（2）整流过程

在 $t=0$，$u_U=0$，u_V 为负值，u_W 为正值，则二极管 VD$_4$、VD$_5$ 处于正向电压下而导通。电流从 W 相出发，经二极管 VD$_5$、负载电阻 R$_L$、二极管 VD$_4$ 回到 V 相构成回路。因为二极管的内阻很小，所以 W 相与 V 相之间的线电压都加在负载电阻 R$_L$ 上。

在 $t_1\sim t_2$ 时间内，U 相电位最高而 V 相电位最低，VD$_1$、VD$_4$ 导通。其电流路径为 U 相→VD$_1$→B→R$_L$→VD$_4$→V 相→U 相。U、V 之间的电压加在负载电阻 R$_L$ 上。

在 $t_2\sim t_3$ 时间内，U 相电位最高而 W 相电位最低，VD$_1$、VD$_6$ 导通。U、W 之间的电压加在负载电阻 R$_L$ 上。

在 $t_3\sim t_4$ 时间内，VD$_3$、VD$_6$ 导通。V、W 之间的电压加在负载电阻 R$_L$ 上。

依次下去，周而复始，在负载上得到一个比较平稳的直流脉冲电压，其电压波形如图 2.19 所示。

当三相绕组采用 Y 形连接时，三相绕组三个末端的公共点，称为三相绕组的中性点，电路如图 2.20 所示，接线端子标记为"N"。

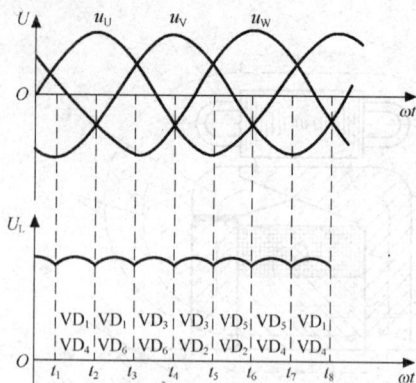

图 2.19　绕组电压波形与整流电压波形

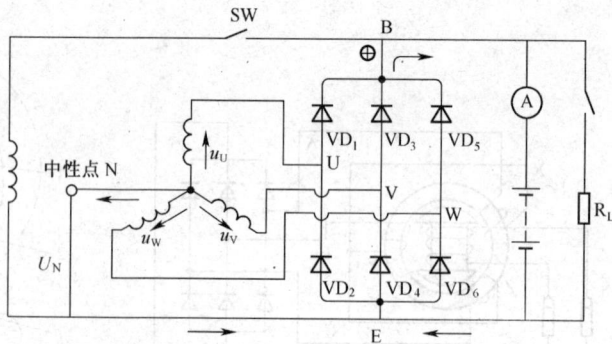

图 2.20　具有中性点接线端子的交流发电机电路

中性点对发电机搭铁端之间通过三只负极管整流（即三相半波整流）后得到的直流电压，称为中性点电压，通常用于控制磁场继电器、充电指示灯继电器或提高发电机的输出功率。中性点电压的平均值等于交流发电机输出直流电压的一半。

3. 自励过程和励磁方式

交流发电机在不接外电源时，也能自励发电，但必须有剩磁并且转速要足够高才行，其自励过程如下。

由于交流发电机转子的爪极中存有一定剩磁，当转子以一定转速旋转时，在定子的三相绕组中便产生感应电动势，并经二极管整流后通过电刷和滑环加到励磁绕组上，于是励磁绕组中便有电流通过，磁场因而加强，使三相绕组交变电动势进一步提高。这将又使磁场进一步加强，如此相互促进，使发电机电动势很快升高。但当加在硅二极管的正向电压小于其死区电压时，由于二极管呈现较大电阻不能导通，再加之它的剩磁又较弱，所以发电机在低速运转时不能建立电压，而只有在较高转速时，发电机的电压才能很快上升。

为了克服交流发电机在低速时不能很快建立电压的缺点，在发电机转速较低，且发电机电压低于蓄电池电压时，由蓄电池通过点火开关供给磁场电流，进行他激，使电压很快上升。发电机在 1 000r/min 左右时，即可向蓄电池充电。

可见，汽车用交流发电机的励磁方式与一般工业用交流发电机不同，它在低速时，其电压还未达到蓄电池充电电压时，是他激的；当高速时，发电机电压已达到蓄电池充电电压时，发电机自励。

2.2.3　交流发电机的特性

硅整流发电机的传动比较大，转速变化范围也大，其转速变化，汽油发动机达 1:8，柴油发动机也有 1:5。由硅整流发电机的端电压变化规律可以知道，要研究和表征硅整流发电机的特性，应以转速为基础进而分析各有关量的变化。交流发电机的特性有空载特性、输出特性和外特性，其中以输出特性最为重要。

1. 输出特性

输出特性也称负载特性是指发电机向负载供电时，保持发电机端电压一定时（对 12V 的发电机规定为 14V, 对 24V 的发电机规定为 28V, 对内装调节器的规定为 12V 及 24V, 对整体式交流发电机分别规定为 13.5V 及 27V), 发电机的输出电流与转速之间的关系, 如图 2.21 所示。

其中 n_1 为空载转速, 它表示发电机电压达到额定值的转速, 常用来作为选择发电机与发动机传动比的主要依据; n_2 为满载转速, 它表示发电机达到额定功率 (或电流) 时的转速, 发电机额定电流一般规定为最大电流的 70%～75%。

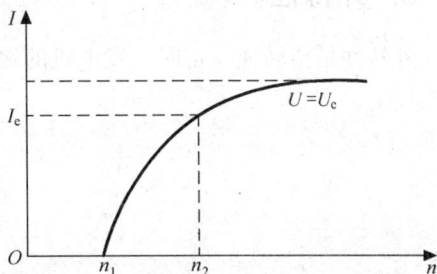

图 2.21 交流发电机的输出特性曲线

空载转速和满载转速是表示汽车交流发电机性能的主要指标, 在产品说明书中均有规定。使用中, 只要测得这两个数据, 与规定数据相比较即可判断发电机性能是否良好。

从发电机的输出特性中可知: 交流发电机只需较低的空载转速 n_1, 就可达到额定输出电压值, 说明其交流发电机低速充电性能好的优点。当转速达到一定值后, 发电机的输出电流不再随转速的升高和负载的减小而增大, 这时电流值称为发电机的最大输出电流或限流值。可见交流发电机具有自身限制输出电流的能力, 这可避免用电设备过多、用电量过大时造成发电机因过载而损坏的危险。

汽车交流发电机能自身限制输出电流的原理如下。

① 三相绕组的阻抗随转速升高而增大, 三相绕组的阻抗 Z 由绕组电阻 R 和感抗 X_L 合成, 即

$$Z = \sqrt{R^2 + X_L^2}$$

$$X_L = 2\pi f L \tag{2.1}$$

式中, L ——三相绕组的电感;

f ——感应电动势的频率 ($f = \dfrac{Pn}{60}$)。

可见, X_L 与 n 成正比, 高速时, 由于 R 与 X_L 相比可以忽略, 因此可认为三相绕组的阻抗与转速成正比。

② 电枢反应增强使磁场削弱, 电枢反应是指三相绕组电流产生的磁场对转子磁场的影响。当发电机输出电流增大时, 由于三相绕组流过的电流增大, 因此电枢反应增强, 磁场削弱, 使三相绕组感应产生的电动势降低。因此, 当发电机转速升高到使负载电流增加到一定数值后, 如再提高转速, 尽管三相绕组中的感应电动势增加, 但因此时, 三相绕组的阻抗增大, 内部电压降增大, 再加上电枢反应引起的感应电动势下降, 两者共同作用的结果, 就使发电机的输出电流不再增加。其限制电流值的大小与三相绕组的电感有关, 也就是三相绕组的匝数有关。

2. 空载特性

空载特性是指发电机空载时发电机的电压与转速之间的关系, 如图 2.22 所示。

从空载特性曲线可以看出, 随着转速的升高, 端电压上升较快, 由他励方式转入自励方式时, 即能向蓄电池进行补充充电, 这进一步说明了交流发电机具有低速充电性能好的优点。空载特性是判定发电机充电性能是否良好的重要依据。

3. 外特性

外特性是指转速一定时，发电机的端电压与输出电流的关系，如图 2.23 所示。

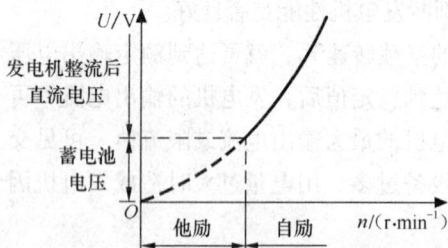

图 2.22　交流发电机的空载特性曲线

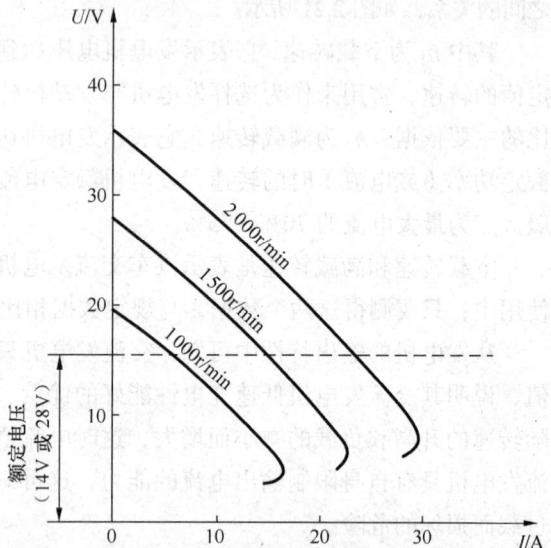

图 2.23　交流发电机的外特性曲线

从外特性曲线可以看出，交流发电机的转速越高，端电压也越高，输出电流也越大。转速对端电压的影响较大。但当保持在某一转速时，端电压均随输出电流的增大而相应下降，端电压受转速和负荷变化的影响较大。因此，必须配用电压调节器才能保持恒定的电压值。当发电机处于正常工作状态高速运转时，如果突然失去负荷，则其端电压会沿着外特性曲线急剧升高，这时发电机中的硅二极管以及调节器中的电子元件将有被击穿的危险。因此，应该尽量避免外电路短路现象的发生。

另外，当输出电流增大到一定值时，如负载再增加，其输出电流不仅不会增加，反而会同端电压一起下降，即在外特性曲线上存在一个转折点。因此，当发电机短路时，其短路电流是很小的，这也说明交流发电机具有自身限制电流的功能。一般交流发电机是工作在转折点之前的。

2.3 新型交流发电机的结构特点

随着汽车交流发电机技术的发展与进步，各汽车生产大国相继开发出了结构先进、性能优良的新型交流发电机。目前汽车装备的主要有八管交流发电机（如夏利轿车的发电机）、九管交流发电机（如斯泰尔、三菱、马自达等汽车发电机）、十一管交流发电机（如奥迪、桑塔纳等汽车发电机）、无刷交流发电机（如 EQ2102、EQ1108、EQ1141 型汽车发电机）和带泵交流发电机（如金杯轻卡型汽车发电机），这些发电机一般都制成整体式结构。下面介绍其结构和工作特点。

2.3.1 八管交流发电机

1．中性点输出电压分析

星形接法的交流发电机中，其中性点 N 不仅具有直流电压（等于发电机直流输出电压的一半），而且还包含有交流电压成分。

其原因如下。当交流发电机空载时，由于鸟嘴形磁极使磁场分布近似为正弦曲线，从而使其三相感应电动势接近于正弦波。当发电机正常工作有电流输出时，由于电枢反应的强弱、漏磁、铁磁物质的磁饱和以及整流二极管的非线性特性等因素，会使交流发电机内的磁通变为非正弦分布，从而造成交流发电机感应电动势和输出电压的波形畸变。图 2.24 所示为某一相电压的实际波形。可以认为这一畸变波形是由正弦基波（见图 2.25）和三次谐波（频率为基本频率的 3 倍，如图 2.26 所示）叠加而成。

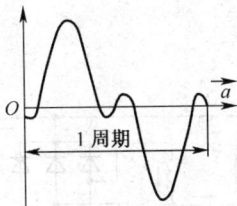

图 2.24　相电压波形（畸变波形）

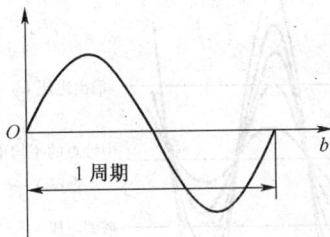

图 2.25　正弦基波

图 2.27 所示为三相绕组分解得到的基波和三次谐波。由图可看出尽管三相电压的基波相位相差 120°，但各相的三次谐波之间的相位却是相同的。由于三相绕组采用星形接法时，线电压是两相电压之差，而三次谐波电压大小相等，相位相同，可互相抵消，故对外输出的电压反映不出三次谐波电压。但相电压可测出三次谐波电压，并且该三次谐波的幅度随发电机转速的升高而升高。

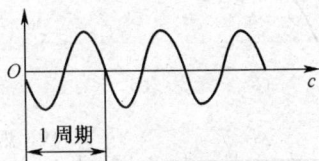

图 2.26　三次谐波

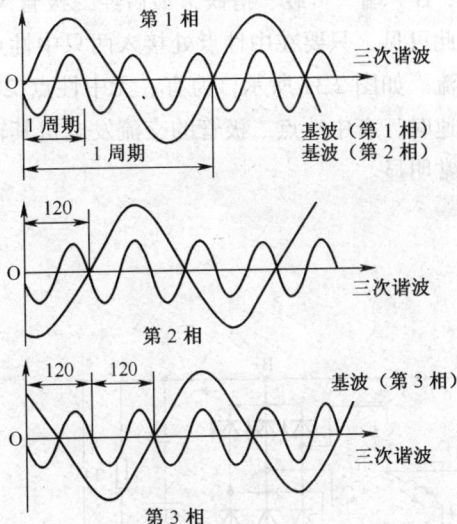

图 2.27　三相绕组分解得到的基波和三次谐波

由此可见，中性点电压为三相基波电压整流得到的直流分量和三次谐波交流分量的叠加，如图 2.28 所示。

当发电机转速升高到一定程度时（超过 2 000r/min），交流分量的最高瞬时值有可能超过发电机的直流输出电压 U_B，最低瞬时值则可能低于搭铁端电压（0V）。在这种情况下，该处的交流分量高于发电机输出电压 U_B 和低于 0V 时便有可能向外输出。

2. 八管交流发电机提高输出功率的原理

在普通的六管交流发电机的中性点到发电机的输出端和搭铁端之间增加两只整流二极管（中性点二极管），即为八管交流发电机。其工作原理如下。

① 中性点的瞬时电压高于发电机的输出电压 U_B 时，二极管 VD_7 导通，电流经 VD_7、负载以及三个负极管中的一只后经某一相绕组形成回路，如图 2.29 中箭头所示。

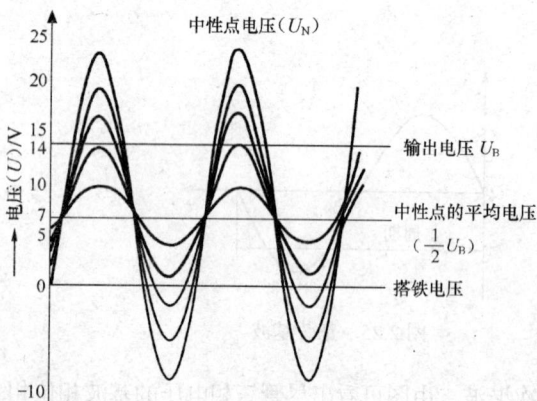

图 2.28　中性点电压波形

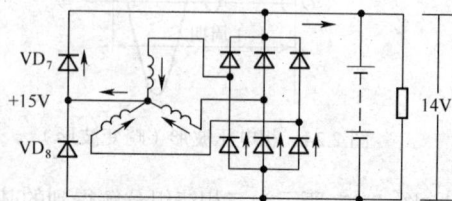

图 2.29　中性点电压高于 U_B 时

② 当中性点的瞬时电压低于 0V 时，二极管 VD_8 导通，电流则从某一相出发，经该相的正极管子、B＋端、负载、搭铁，最后经二极管 VD_8 回到中性点形成回路，如图 2.30 所示。

由此可见，只要在中性点处接入两只中性点二极管，便可利用中性点电压来增加发电机的输出电流。如图 2.31 所示，为有、无中性点二极管时某发电机输出电流的对比。由图中可见，在中高速时，有中性点二极管的交流发电机其输出电流可增加 10%～15%，对于发电机性能的改善非常明显。

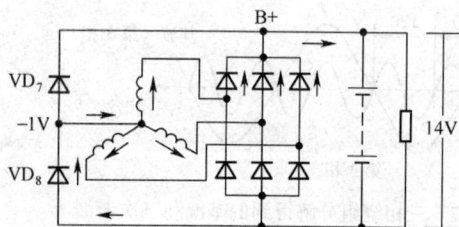

图 2.30　中性点电压低于 0V 时

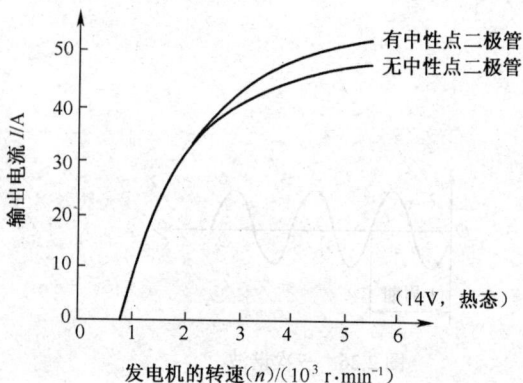

图 2.31　有、无中性点时发电机输出电流对比

2.3.2 九管交流发电机

1. 九管交流发电机的结构特点

九管交流发电机是在六管交流发电机的基础上，增加了 3 个功率较小的二极管，它们专门用来供给磁场电流，所以又称为磁场二极管，如图 2.32 所示。

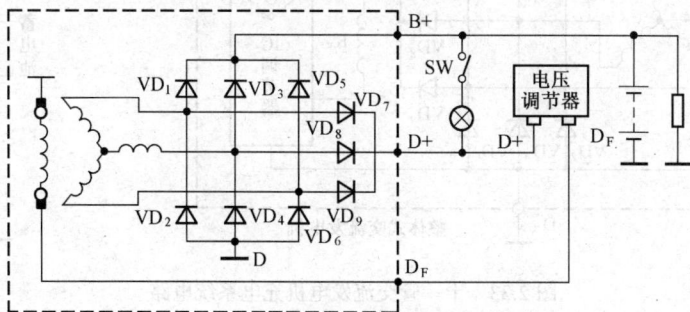

图 2.32 九管交流发电机充电系统线路

2. 九管交流发电机的工作过程

采用磁场二极管后，用它供给交流发电机的励磁电流，并可省去结构复杂的继电器，而只用简单的充电指示灯来表示交流发电机工作是否正常。

当发电机工作时，三相绕组产生的三相交流电动势经 6 只整流二极管 VD_1～VD_6 组成的三相桥式全波整流电路整流后，从"B+"接线柱输出直流电压向负载供电和蓄电池充电。发电机的磁场电流由磁场二极管 VD_7、VD_8、VD_9 与三只负二极管 VD_2、VD_4、VD_6 组成三相桥式全波整流电路整流后，从"D+"接线柱供给。

充电指示灯的工作原理如下：接通点火开关"SW"，电流从蓄电池正极，经充电指示灯→电压调节器"D+"接线柱→电压调节器→调节器"D_F"接线柱→交流发电机励磁绕组→搭铁，至蓄电池负极构成回路。充电指示灯此时点亮，指示蓄电池对交流发电机励磁。交流发电机工作时，充电指示灯由蓄电池电压与励磁二极管的输出端"D+"电压的差值所控制。随着交流发电机转速的升高，由于"D+"处电压增高，充电指示灯两端的电位差减小，指示灯就会由亮变暗最后熄灭，因而发动机工作时，充电指示灯熄灭，即表示交流发动机工作正常。当交流发电机转速降低或交流发电机、调节器有故障时，"D+"接线柱电压降低，充电指示灯由于两端的电位差增大，就会发亮。因此，发动机工作时，充电指示灯突然点亮，即表示发电系统有故障。

2.3.3 十一管交流发电机

整流器总成具有三只正极管 VD_1、VD_3、VD_5，三只负极管 VD_2、VD_4、VD_6，三只磁场二极管 VD_7、VD_8、VD_9 和两只中性点二极管 VD_{10}、VD_{11} 的交流发电机，称为十一管交流发电机。桑塔纳、奥迪轿车用 JFZ1913Z 型 14V90A 发电机和东风 EQ2102 型越野车用 JFW2621 型 28V45A

整体式无刷发电机均为十一管交流发电机，其充电系统电路如图 2.33 所示。

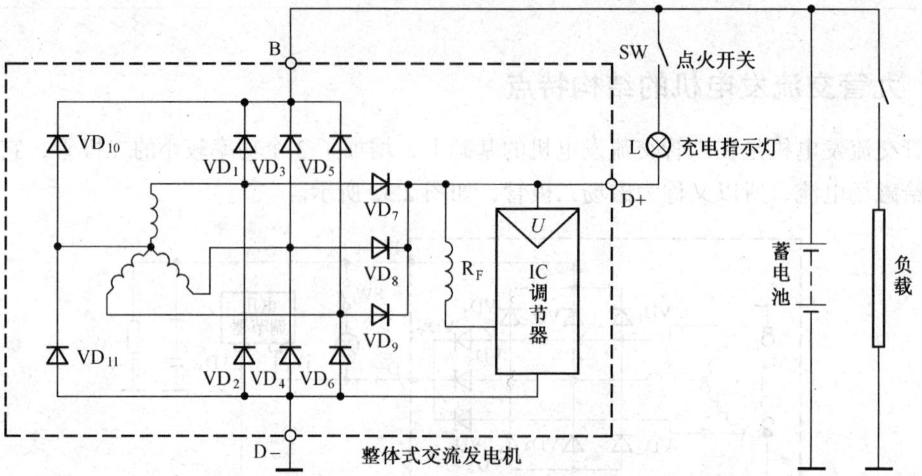

图 2.33　十一管交流发电机充电系统电路

十一管交流发电机是综合八管交流发电机和九管交流发电机的优点而设置的，不仅具有提高输出功率的功能，而且还有反映充电系统工作情况的功能，有关原理不再赘述。

2.3.4　无刷交流发电机

无刷交流发电机是为了克服传统交流发电机的电刷与滑环机构造成发电机电压不稳或不发电而产生的一种新型交流发电机。无刷交流发电机的显著特征是将励磁绕组和电枢绕组都安装在发电机的定子上，由此带来以下优点。

① 因取消了电刷和滑环，从而避免了因电刷磨损、电刷与滑环接触不良、电刷在电刷架中卡住而引发的种种故障。

② 因消除了电刷火花所以克服了火花引起的电磁干扰。

③ 转子因取消励磁绕组而减轻了重量和转动惯量，有利于转速的提高。

④ 因取消了电刷、滑环机构可以减小发电机的轴向尺寸，同时也加强了发电机对潮湿、灰尘较大环境的适应性。

车用无刷交流发电机有爪极式无刷交流发电机、感应子式无刷交流发电机等。

1. 爪极式无刷交流发电机

（1）结构特点

爪极式无刷交流发电机的结构与普通交流发电机大致相同。图 2.34 所示为国产 JFW14X 型无刷交流发电机的外形图和分解图。其励磁绕组是静止的且不随转子转动，因此，励磁绕组两端引线可直接引出，省去了滑环和电刷，而爪极在励磁绕组的外围旋转。

爪极式无刷交流发电机的结构原理和磁路如图 2.35 所示。特点是励磁绕组 7 通过一个磁轭托架 2 固定在后端盖 3 上。两个爪极中只有一个爪极直接固定在发电机转子轴上，另一爪极 4 则用非导磁连接环 6 固定在前述爪极上。当皮带轮带动转子轴旋转时，一个爪极就带动另一爪极一起在定子内转动。

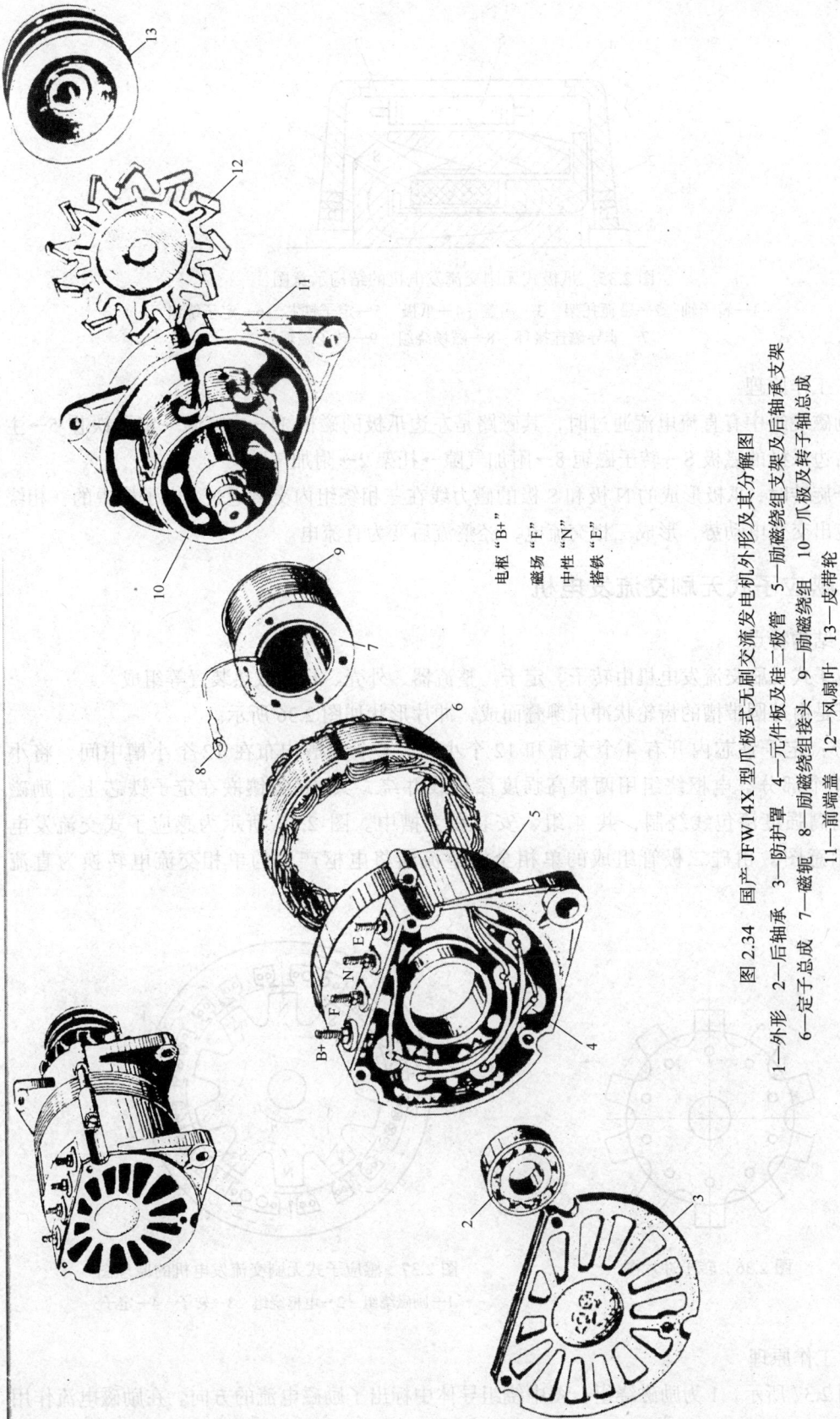

图 2.34 国产 JFW14X 型爪极式无刷交流发电机外形及其分解图

1—外形 2—后轴承 3—防护罩 4—元件板及硅二极管 5—励磁绕组支架及后轴承支架
6—定子总成 7—磁轭 8—励磁绕组接头 9—励磁绕组 10—爪极及转子轴总成
11—前端盖 12—风扇叶 13—皮带轮

电枢 "B+"

磁场 "F"

中性 "N"

搭铁 "E"

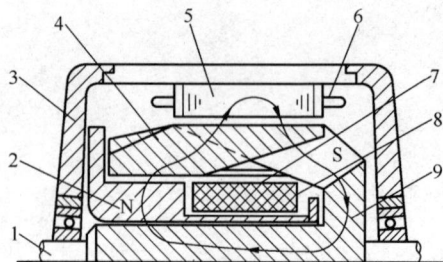

图 2.35　爪极式无刷交流发电机的结构示意图
1—转子轴　2—磁轭托架　3—端盖　4—爪极　5—定子铁芯　6—定子绕组
7—非导磁连接环　8—磁场绕组　9—转子磁轭

（2）工作原理

当励磁绕组中有直流电流通过时，其磁路是左边爪极的磁极 N→主气隙→定子铁芯 5→主气隙→右边爪极的磁极 S→转子磁轭 8→附加气隙→托架 2→附加气隙。

转子旋转时，爪极形成的 N 极和 S 极的磁力线在三相绕组内交替通过，定子槽中的三相绕组就感应出交变电动势，形成三相交流电，经整流后变为直流电。

2．感应子式无刷交流发电机

（1）结构特点

感应子式无刷交流发电机由转子、定子、整流器、外壳、传动散热装置等组成。

转子是由外圆带槽的齿轮状冲片铆叠而成，冲片形状如图 2.36 所示。

定子：定子铁芯内开有 4 个大槽和 12 个小槽，4 个大槽均布在 12 个小槽中间，将小槽分为 4 个部分。电枢绕组用两根高强度漆包线并绕，共 16 组镶嵌在定子铁芯上。励磁绕组也用高强度漆包线绕制，共 4 组，安装在大槽中。图 2.37 所示为感应子式交流发电机结构示意图。由硅二极管组成的单相全波整流器将电枢产生的单相交流电转换为直流电。

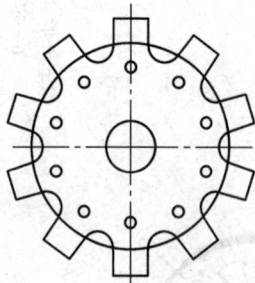

图 2.36　转子冲片图

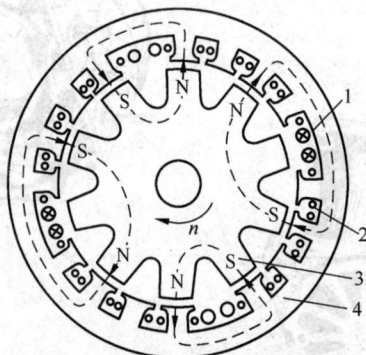

图 2.37　感应子式无刷交流发电机的原理图
1—励磁绕组　2—电枢绕组　3—转子　4—定子

（2）工作原理

如图 2.37 所示，1 为励磁绕组，图中绕组导体中标出了励磁电流的方向。在励磁电流作用下，定子铁芯被磁化，磁场方向可用右手螺旋定则确定（如图中带箭头的虚线所示）。处在定子磁极之间的转子凸齿被电枢磁场磁化。当磁力线从转子穿出的那些齿为 N 极，而磁力线从定子铁芯进入转子的那些齿为 S 极。当转子凸齿与定子铁芯的齿部对齐时，穿过定子铁芯的磁场最强，转子按顺时针方向旋转，转子凸齿离开定子铁芯的齿部；当转子齿中心线与定子槽中线重合时磁通减至最少，随后又逐渐增加，到转子凸齿中心线与定子铁芯凸齿中心线对齐时，磁通又达到最大。如此反复，发电机的气隙磁通就这样周期性的变化，定子电枢绕组便产生电动势。根据电磁感应原理，电枢绕组中的感应电动势的方向总是阻碍原励磁磁场变化的。由于气隙磁通的变化规律近似为正弦函数，故电枢绕组中的感应电动势亦近似正弦变化。将电枢绕组按电动势正向叠加的原则串联起来，即可获得较大的正弦交流电动势，经全波整流电路便可得到所需的直流电。

2.3.5　带泵交流发电机

带泵交流发电机其发电部分与普通交流发电机完全一样，只是其转子轴较长并从后端盖中心伸出，然后在发电机后端盖上安装有真空泵，利用伸出的发电机转子轴外花键与真空泵转子的内花键相连接，如图 2.38 所示。当发电机旋转时，发电机转子便带动真空泵一同旋转，而形成一个真空源。

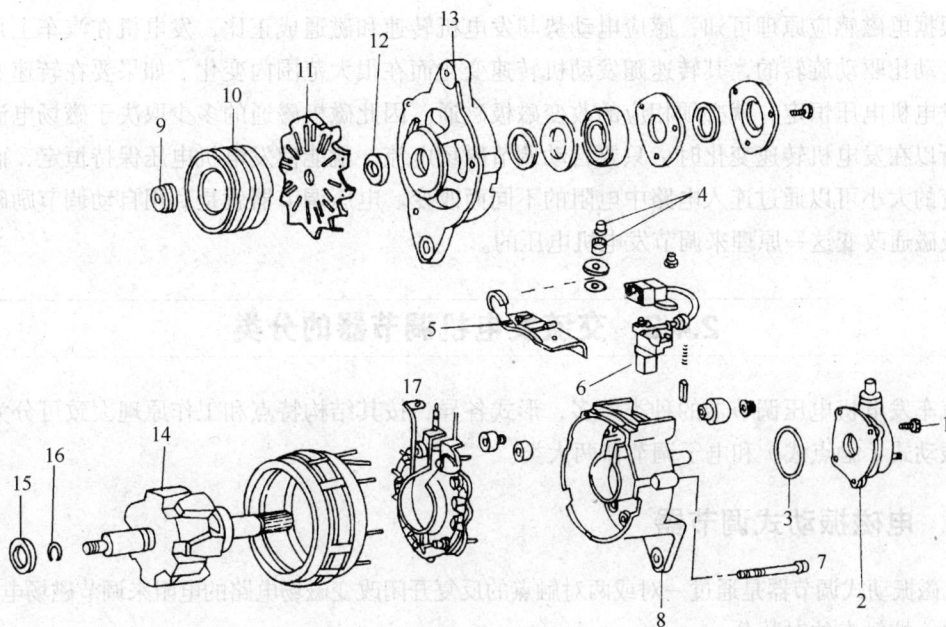

图 2.38　带泵交流发电机结构图

1—螺栓　2—真空泵　3—O 形环　4—接线柱及垫圈　5—电刷固定架　6—电刷架　7—连接螺栓
8—整流端盖　9—固定螺栓　10—带轮　11—风扇　12、15—垫圈　13—驱动端盖
14—转子　16—锁环　17—整流器架

带泵交流发电机主要用于没有真空来源的柴油车（汽油机可直接从进气管处取得真空），作为真空助力制动系统中的真空动力源及其他用途的真空来源。

2.4 交流发电机的调节器

2.4.1 交流发电机调节器的功用

发电机的电压调节器的功用是在发电机转速变化时，自动控制发电机电压，使其保持恒定，防止发电机电压过高而损坏用电设备或导致蓄电池过量充电，同时也防止发电机电压过低而导致用电设备工作失常或蓄电池充电不足。

汽车在行驶中，其发动机转速是经常改变的，致使发电机的转速也随之改变，故发电机的输出电压也必然是随转速的变化而变化的。这与用电设备和蓄电池充电要求电压恒定是相互矛盾的。因此，发电机必须具有调节电压的装置，即电压调节器。

2.4.2 电压调节原理

根据电磁感应原理可知，感应电动势与发电机转速和磁通成正比，发电机在汽车上是按固定的传动比驱动旋转的，其转速随发动机转速变化而在很大范围内变化。如果要在转速变化时维持发电机电压恒定，就必须相应的改变磁极磁通。因此磁极磁通的多少取决于磁场电流的大小，所以在发电机转速变化时，只要自动调节磁场电流，就能使发电机电压保持恒定，而电路中电流的大小可以通过连入电路中电阻的不同而改变。电压调节器就是利用自动调节励磁电流使磁极磁通改变这一原理来调节发电机电压的。

2.4.3 交流发电机调节器的分类

汽车发电机电压调节器的种类繁多，形式各异，按其结构特点和工作原理大致可分为机械电磁振动式（触点式）和电子调节器两大类。

1. 电磁振动式调节器

电磁振动式调节器是通过一对或两对触点的反复开闭改变磁场电路的电阻来调节磁场电流的。

（1）按触点的对数分

① 单级式。单级式只有一对触点，如 FT111、FT211 型调节器。

② 双级式。双级式有两对触点，如 FT61、FT70 型调节器。

（2）按组成的联数分

① 单联式。单联式只有一组电压调节器，如 FT61、FT70 型调节器。

② 双联式。双联式是除电压调节器外，另有一组磁场继电器或充电指示继电器，如 FT61A 型调节器。

2. 电子调节器

电子调节器是利用三极管的开关特性,使磁场电路接通和断开来调节器磁场的平均电流的。

（1）按结构形式分

① 晶体管式。晶体管式即利用分立电子元件组成的调节器,如解放 CA1091 型载货汽车用的 JFT106 型电子调节器。

② 集成电路电压调节器。集成电路电压调节器即利用集成电路（IC）组成的调节器,如北京切诺基（BJ2021）、奥迪 100 和上海桑塔纳等轿车的调节器。

（2）按安装方式分

① 外装式。外装式即与交流发电机分开安装的调节器,如 JFT106 型调节器。

② 内装式。内装式即安装在交流发电机上的调节器。一般为集成电路电压调节器,如北京切诺基、上海桑塔纳等车的调节器等。

（3）按搭铁型式分

① 内搭铁式。内搭铁式是与内搭铁型交流发电机配套工作的电子调节器,如 JFT126A 型调节器。

② 外搭铁式。外搭铁式是与外搭铁型交流发电机配套工作的电子调节器,如 JFT106 型调节器。

（4）按功能的多少分

① 单功能型。单功能型即仅有调节电压功能的调节器,如 JFT106 型调节器。

② 多功能型。多功能型即除具有调节电压的功能之外,还带有充电指示功能（如夏利的 ICR1761W 型调节器）或带有过压控制器的调节器等。

2.4.4 交流发电机电压调节器的型号

根据《汽车电气设备产品型号编制方法》（QC/T 73—93）规定,发电机调节器的产品型号编制方法如下:

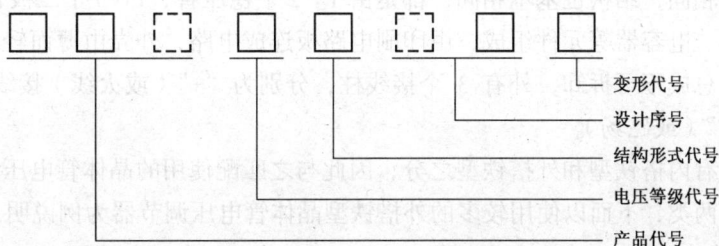

变形代号
设计序号
结构形式代号
电压等级代号
产品代号

① 产品代号:交流发电机调节器的产品代号有 "FT" 和 "FTD" 两种,分别表示发电机调节器和电子调节器（字母 "F"、"T"、"D" 分别为 "发"、"调"、"电" 的汉语拼音第一个字母）。

② 电压等级代号与交流发电机相同,见表 2.1 所示。

③ 结构型式代号:结构型式代号用 1 位阿拉伯数字表示,见表 2.3。

表 2.3　　　　发电机调节器的结构形式代号

结构形式代号	1	2	3	4	5
发电机调节器		单联	双联	三联	
电子调节器				晶体管式	集成电路式

④ 设计序号：按产品设计先后次序，以 1～2 位阿拉伯数字表示。

⑤ 变型代号：以汉语拼音大写字母 A、B、C……顺序表示（不能用 O 和 I）。

例如，FT126C 表示 12V 的双联电磁振动式调节器，第 6 次设计，第 3 次变型。

2.4.5　触点式电压调节器

触点式电压调节器又称振动式电压调节器，有单级式和双级式之分，其基本原理都是通过触点断开和触点闭合时，励磁绕组所在电路中的电阻不同来改变励磁电流大小，从而来使发电机产生的电压稳定在用电设备所需范围内。

2.4.6　晶体管电压调节器

触点式调节器由于有触点、弹簧、铁芯、线圈等机械设计部分，不仅结构复杂，体积、质量大，且其致命弱点是触点易烧蚀、氧化，使得调节器可靠性差、寿命短；同时由于触点振动时存在机械惯性和磁惯性，使触点振动频率较低，因而调节精度差，振动时产生的火花还会造成无线电干扰；另外，在使用中还需作较复杂的维修、调整工作。因此，传统的触点式电压调节器已不能满足现代汽车发展的需要，而新型晶体管电压调节器由于采用电子元件和无触点电子开关代替了触点振动式调节器中的线圈、弹簧和触点等机械部件，由于电子元件及电子开关克服了很多触点式电压调节器的弊端，工作可靠，调节精度高，寿命长，所以晶体管调节器已被大量用于各国车用交流发电机上。

1.　晶体管调节器的基本结构

晶体管电压调节器是利用三极管的开关作用，控制发电机磁场电路的通断，来改变励磁绕组所在电路的电流变化，从而使发电机电压保持稳定。现在国内外电子晶体管电压调节器的电路设计原理大致相同，结构也基本相同，都是由 1～2 个稳压管、1～3 个二极管、2～3 个晶体管、若干个电阻、电容器等元件组成，由印刷电路板连成电路，外壳由薄而轻的铝合金制成，表面有散热片，总成不可拆卸，外有 3 个接线柱，分别为 "＋"（或火线）接线柱，"－"（或搭铁）接线柱，"F"（或磁场）。

汽车发电机有内搭铁型和外搭铁型之分，因此与之匹配使用的晶体管电压调节器也有内搭铁型与外搭铁型两类，下面以使用较多的外搭铁型晶体管电压调节器为例说明。

2.　晶体管电压调节器的工作原理

现以 JFT106 型电压调节器为例来进行讲解。

（1）JFT106 型电压调节器的组成

解放 CA1091 型汽车装用的 JFT106 型晶体管电压调节器为 14V 负极外搭铁。它可以配用 14V、750W 的九管交流发电机，也可用于 14V、功率小于 1 000W 的六管交流发电机。调节电压为 13.8～14.6V。图 2.39 所示为这种调节器原理图。

图中各元器件的作用如下。

VW_2 为稳压管，起过压保护作用。可对发电机负荷突然减小或蓄电池接线突然断开时，发电机所产生的正向瞬变过电压进行吸收，并可利用其正向导通特性，对开关断开时电路可能产生的反向瞬变电压进行吸收，防止调节器或其他电子设备中的电子元器件损坏。

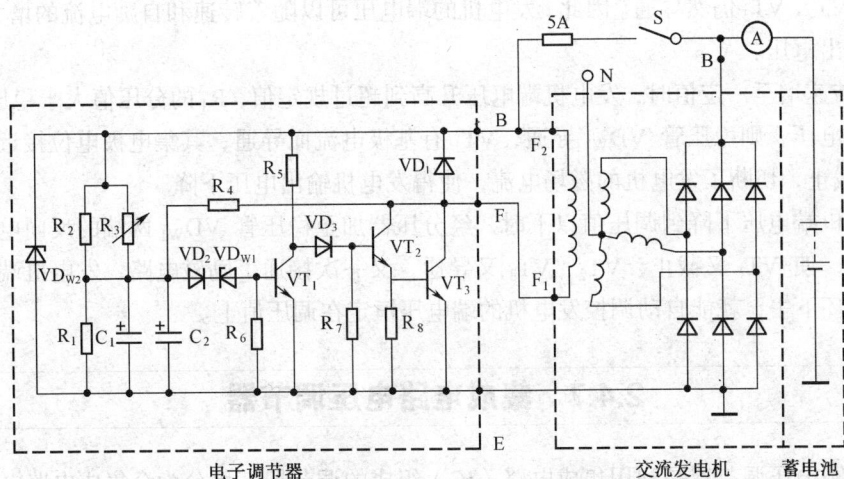

图 2.39　JFT106 型电子电压调节器原理图

C_1、C_2 为降频电容器，其作用是利用电容器两端电压不能突变的原理。因此，分压电阻 R_1 两端的电压不会发生突变，这就推迟了稳压管导通与截止的时间，从而降低三极管的开关频率，减小三极管的开关次数，从而减小耗散功率，延长调节器的使用寿命。

VD_2 为温度补偿二极管，其电压温度系数为负值，而稳压管 VD_{W1} 的电压温度系数为正值，故起温度补偿作用，使三极管 VT_1 的导通和截止时不受温度的影响，从而提高了调节器的热稳定性。

R_4 为正反馈电阻，其作用是提高三极管的开关速度，减小三极管的耗散功率，延长调节器的使用寿命，同时还可提高调节器的灵敏度，使调节器更加稳定。

R_5 为 VT_1 集电极负载电阻。

VD_1 为续流二极管，它与发电机励磁绕组反向并联。当 VT_3 截止时，可使发电机励磁绕组中产生的自感电动势经它与励磁绕组自成回路，保护 VT_2、VT_3 免受损坏。

这种电压调节器由电压信号检测电路、信号放大和控制电路以及功率放大电路三部分组成。

电阻 R_1、R_2、R_3、二极管 VD_2 及稳压管 VD_{W1} 组成信号检测电路，电阻 R_2 和 R_3 并联后与 R_1 串联构成分压电路，直接监测发电机输出电压 U 的变化，从分压电阻 R_1 上取出发电机输出电压 U 的一部分 U_{R1} 作为调节器的输入信号电压，发电机电压 U 升高时，分压电阻 R_1 上的分压值 U_{R1} 升高；反之，当发电机电压 U 下降时，分压值 U_{R1} 下降。

三极管 VT_1 和 R_5 构成信号放大与控制电路，其作用是将电压监测电路输入的信号进行放大处理后，控制复合三极管 VT_2、VT_3 导通与截止。

复合三极管 VT_2、VT_3 构成功率放大电路。

（2）JFT106 型电压调节器的工作过程

① 当接通点火开关时，蓄电池电压通过分压电路便加在稳压管 VD_{W1} 上，此时，R_1 上的分压值低于稳压管 VD_{W1} 的反向击穿电压，故 VD_{W1} 截止，三极管 VT_1 没有基极电流而截止。R_5、VD_3、R_7 构成串联电路，R_7 上的电压便加在 VT_2 的基极上，使 VT_2 获得基极电流而导通。因 VT_2、VT_3 组成复合三极管，因而 VT_3 也导通。这时蓄电池经大功率三极管 VT_3 供给励磁电流，使发电机处于他激状态，建立电动势。

② 发动机带动发电机，其转速逐渐升高，当发电机端电压高于蓄电池端电压时，发电机就由他励转为自励的正常发电过程。由于此时发电机转速尚低，输出电压未达到调节电压时，VT_1 仍然截止，VT_2、VT_3 仍然导通。因此，发电机的端电压可以随着转速和自励电流的增大而升高，逐渐提高输出电压。

③ 当转速增至一定值时，发电机端电压升高到超过规定值，R_1 的分压值大于稳压管 VD_{W1} 的反向击穿电压，则稳压管 VD_{W1} 导通，VT_1 有基极电流而导通，其集电极电位接近于零而使 VT_2、VT_3 截止，切断了发电机的磁场电流，使得发电机输出电压下降。

当发电机端电压下降到调压值以下时，经分压器加至稳压管 VD_{W1} 两端的反向电压又低于稳定电压值，使 VT_1 又截止，VT_2、VT_3 又导通，又一次接通了励磁电路，发电机端电压又上升。如此循环下去，就能自动调控发电机的端电压恒定在调压值上。

2.4.7 集成电路电压调节器

集成电路电压调节器是利用集成电路（IC）组成的调节器，可分为全集成电路电压调节器和混合集成电路电压调节器两类，前者是将二极管、三极管、电阻、电容等电子元件同时制在一块硅基片上；后者是指由厚膜或薄膜电阻与集成的单片芯片或分立元件组装而成。目前，国内外生产的集成电路电压调节器的结构大多采用混合式，即由混合电路加集成电路组成，但并没有完全集成化，一般由一个集成块、一个三极管、一个稳压管、一个续流二极管和几个电阻等部分构成。引出线有 3 根和 4 根两种。例如，上海桑塔纳轿车采用的发电机调节器应用了混合电路加集成电路技术，集成电路和保护电阻共同贴在一块陶瓷基片上，封装在一个金属盒中，并和电刷架连成一体，便于安装和维修。

集成电路电压调节器除具有晶体管调节器的优点外，还有以下优点。

① 体积、质量更小，故可直接装在发电机内部或壳体上成为整体式交流发电机的一个零件，这样可省去调节器与发电机的连接线，减少了线路损失，使调节精度更高。

② 由于取消了外接线路，发生故障的可能性更小，且无需作任何保养，性能十分可靠。

③ 耐高温性能好，可在 130℃ 的高温下正常工作。

④ 更加耐振，寿命更长。

集成电路电压调节器的基本工作原理与晶体管调节器完全一样，都是利用三极管的开关特性控制发电机的磁场电流来达到稳定发电机输出电压的目的。同样也有内搭铁和外搭铁之分，而且以外搭铁居多。

1. 集成电路电压调节器的检测方法

根据电压检测方法的不同，可分为发电机电压检测法、蓄电池电压检测法和综合电压检测法。

（1）发电机电压检测法

发电机电压检测法是指调节器信号监测电路的监测电压直接取样于发电机输出电压的检测方法。采用发电机电压取样法时，根据调节器配用发电机的类型不同，调节器的取样电路也不一样。配用九管或十一管交流发电机调节器的信号电压取样电路如图 2.40 所示，取样点为发电机 "D+" 输出端，桑塔纳、捷达、东风 EQ2102 和斯泰尔 1491 型汽车调节器采用了这种取样法，信号电压 U_P 为

$$U_P = \frac{R_1}{R_1+R_2}U_{D+} \qquad (2.2)$$

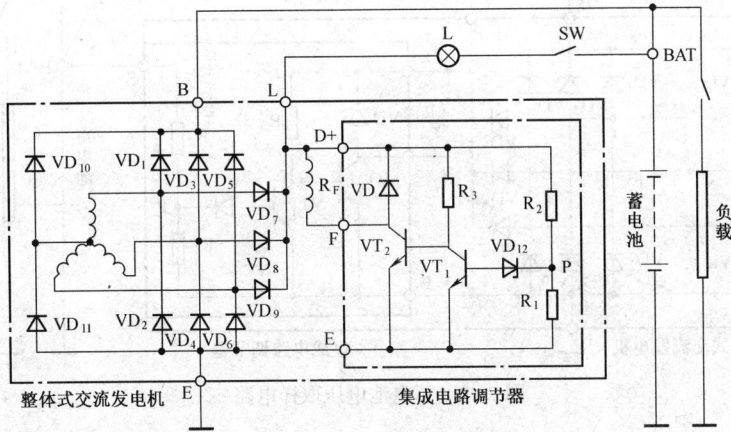

图 2.40 九管或十一管发电机调节器信号电压取样电路

对于六管或八管交流发电机，由于没有专门提供磁场电流的整流电路，因此信号电压的取样点只能选在发电机"B"输出端，取样电路如图 2.41 所示。夏利轿车调节器采用了这种取样方法，信号电压 U_P 为

$$U_P = \frac{R_1}{R_1 + R_2}U_B \qquad (2.3)$$

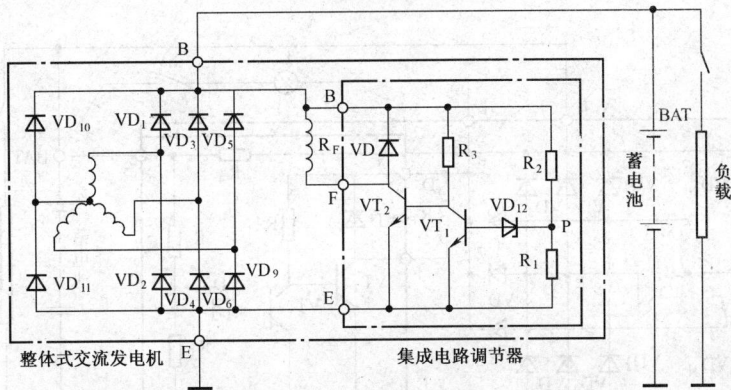

图 2.41 六管或八管发电机调节器信号电压取样电路

（2）蓄电池电压检测法

蓄电池电压取样法是指调节器信号监测电路的监测电压直接取样于蓄电池端电压的检测方法。取样点为蓄电池正极柱 BAT，取样电路如图 2.42 所示，信号电压 U_P 为

$$U_P = \frac{R_1}{R_1 + R_2}U_{BAT} \qquad (2.4)$$

上述两种基本电路中，如果采用发电机电压检测法线路，发电机的引出线可以少一根，不足之处在于，当如图 2.41 所示"B"点到蓄电池正极"BAT"之间的电压降较大时，蓄电池的充电电压将会偏低，使蓄电池充电不足。因此，一般大功率发电机要采用蓄电池电压检测法线路的调节器。

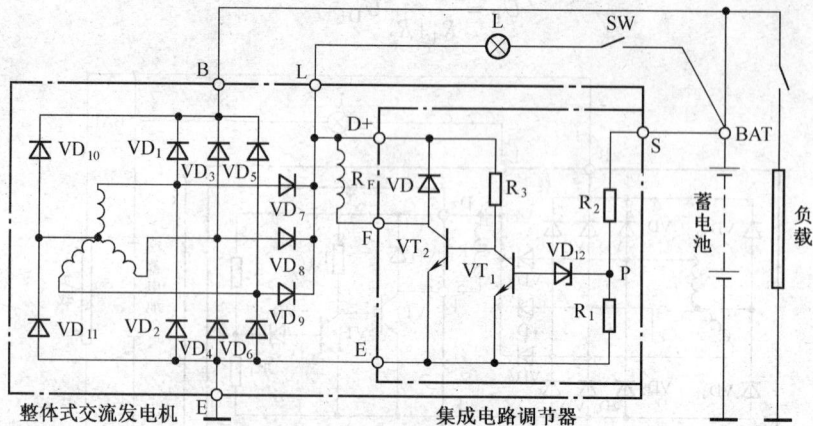

图 2.42 蓄电池电压取样电路

在采用如图 2.42 所示的蓄电池电压检测法线路时,当 B 点与蓄电池正极之间或 S 点与蓄电池正极之间断线时,由于不能检测出发电机的端电压,发电机电压将会失控。

(3)综合电压检测法

综合电压取样方法是一种集发电机电压检测和蓄电池电压检测优点的检测方法。取样电路如图 2.43 所示,信号电压 U_P 为

$$U_P = \frac{R_1}{R_1 + R_2} U_{BAT} \qquad (2.5)$$

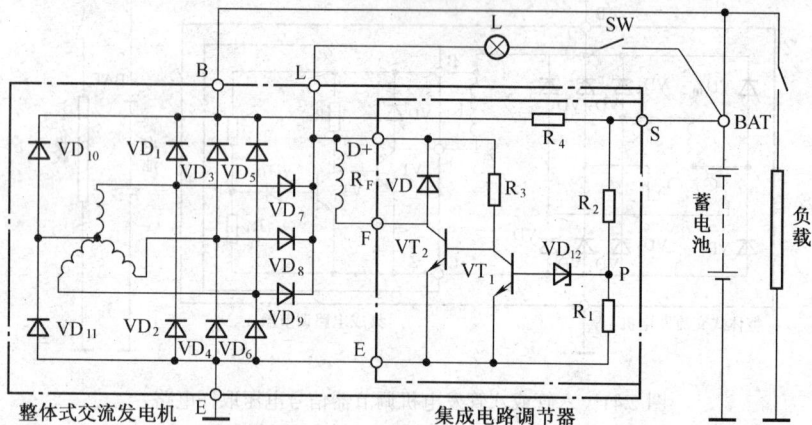

图 2.43 综合电压取样电路

取蓄电池电压检测方法之长,保证蓄电池充电良好。当发电机 "B" 点至蓄电池正极柱 "BAT" 之间的导线断路时,信号电压 U_P 仍为公式 2.5 所示。尽管蓄电池充电电流大大减小,但是发电机电压不会失控。当调节器 "S" 点至蓄电池正极柱 "BAT" 之间的导线断路时,信号电压 U_P 为

$$U_P = \frac{R_1}{R_1 + R_2 + R_4} U_B \qquad (2.6)$$

设计时,合理选择电阻 R_4 的阻值,调节器仍能正常工作,蓄电池仍可以处于良好的充电状态。丰田 RB20 型客车、日产蓝鸟轿车和五十铃汽车调节器采用了综合电压检测方法。

2. 国产 JIT152 型集成电路电压调节器

JIF152 型集成电路电压调节器是由长沙汽车电器厂研制生产的一种厚膜混合集成电路电压调节器，它由外壳、安装板、电路板三部分组成。调节器通过安装板安装在交流发电机的电刷架上，适用于 14V、350W～500W 的外搭铁交流发电机，如东风 EQ1090 车用的 JFZ132 型发电机、JFZ13A、JFZ13E 发电机等，其内部线路如图 2.44 所示。

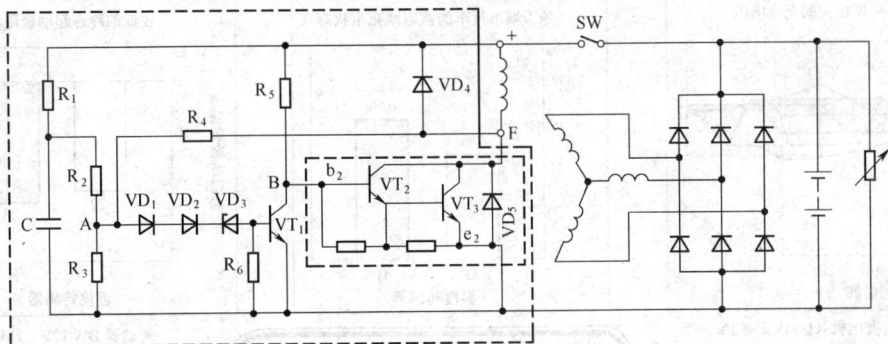

图 2.44 国产 JFT152 型集成电路电压调节器内部电路图

当接通点火开关 SW 后，蓄电池电压便加在由电阻 R_1、R_2 和 R_3 组成的分压器上，此时，A 点电压低于稳压管 VD_3 的反向击穿电压，故 VD_3 不导通，晶体管 VT_1 因无基极电压电流而截止。VT_1 截止时，蓄电池便通过 R_5 向 VT_2 供基极电流，使 VT_2、VT_3 导通。电流便从蓄电池 "+" 极→点火开关 SW→励磁绕组→VT_3（c→e）→搭铁→蓄电池 "−" 极构成回路，发电机有磁场电流流过，于是随发电机转速的升高，交流发电机电压也相应升高。

当发电机电压超过规定值时，A 点电压大于稳压管 VD_3 的反向击穿电压，则 VD_3 导通，VT_1 获得基极电流也导通，当 VT_1 导通时，其集电极电压降低使 VT_2、VT_3 截止，从而切断了发电机磁场电路，使发电机输出电压迅速降低。

当发电机电压低于规定值时，VD_3 又截止，VT_1 也截止，VT_2、VT_3 又导通，又接通了磁场电路，使发电机电压重新升高。如此反复，发电机电压便被稳定在规定值。

图中其他电子元件的作用如下。

VD_1、VD_2——温度补偿二极管。

R_4——正反馈电阻。

VD_4——续流二极管。

VD_5——用于保护大功率晶体管 VT_3 免受瞬间电压冲击而损坏。

C——降低晶体管的开关频率，减小晶体管损耗的作用。

3. 带有蓄电池温度传感器的发电机调节器

由于汽车蓄电池的充电能力受到温度的影响较大，故大多数发电机调节器工作时带温度补偿装置。它的设计思路是在天热的时候要保护电量充足而发热的蓄电池，调节电压就调得低一些；在天冷的时候要使蓄电池更好地充电，调节电压就调得高一些。

当然，只有当调节器和蓄电池在发动机室内有相同的温度值时，温度补偿功能才能正确起作用。然而，当调节器由于排气造成过量的热辐射而被大大加热，或相反，蓄电池被安装在很冷的地方时，这一温度值可能受到干扰。所以，排气热量造成与实际不符的假温度调节值，而且，蓄电池只能获得较低的充电电压。

Robert Bosch 公司为这种安装要求研制出一种专用的温度传感器。这种传感器固定在蓄电池箱的适当部位，通过一条导线和一个双极性插头（见图 2.45）使之与调节器连接。利用实时的温度信息调整充电电压的大小，以保证在该温度下蓄电池获得最佳的充电效果。

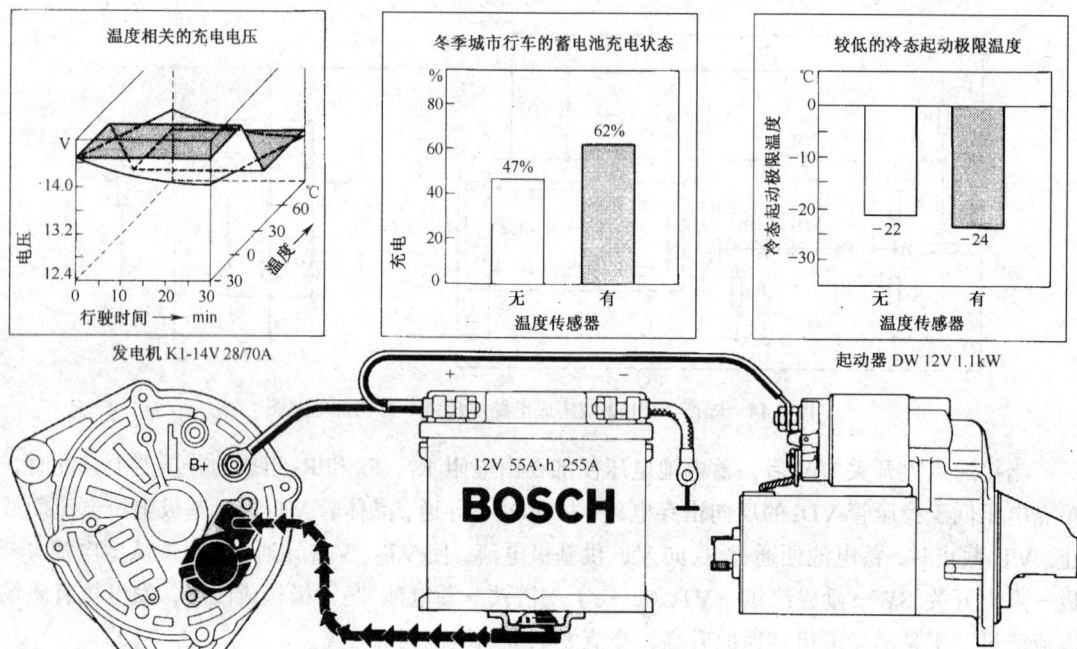

图 2.45 通过蓄电池温度传感器得到蓄电池最佳的充电效果（Robert Bosch 有限公司）

行车试验结果表明，冬季城市行驶时蓄电池的充电状态可以改善 30%以上。也就是说，利用带有温度传感器的汽车蓄电池，为汽车在恶劣温度条件下的可靠起动提供了附加的功率储备。

4. 电脑控制的电压调节电路

现在，在一些高档汽车上，已经逐渐淘汰了内装于发电机的集成电路电压调节器，取而代之的是将具备电压调节功能的电路设计到汽车上的电子控制模块或组件（电脑）中，如图 2.46 所示。其中，电脑用于控制通过转子中励磁绕组的电流。

这种系统不是利用类似可变电阻的作用来控制通过转子的励磁绕组中的电流，而是由电脑以每秒 400 个脉冲的固定频率向磁场提供电流脉冲，通过改变开与关的时间，就得到了正确的励磁电流平均值，从而使发电机发出适当的输出电压。在发动机高速运转而电路系统低负荷时，磁场电路的接通时间（占空比）只占 10%左右。而在发动机低速运转而电路系统高负荷时，电脑会使电路的接通时间提高到 75%或更高，以增加通过磁场电路的平均电流，满足输出的要求，如图 2.47 所示。

这种系统的显著特点就是能根据车辆的需求和环境温度的变化而改变输出电压，这种精确的控制使得车辆可以采用小一些、轻一些的蓄电池，这种系统还能减少磁性阻力，增加发动机功率输出。由于能精确地处理充电速率，所以能增加单位油量的行驶距离，消除潜在的由低怠速时的附加电压降引起的怠速粗暴问题。更为重要的是，这种系统能发挥电脑的诊断能力，用于诊断充电系统中诸如低输出电压或高输出电压之类的故障。

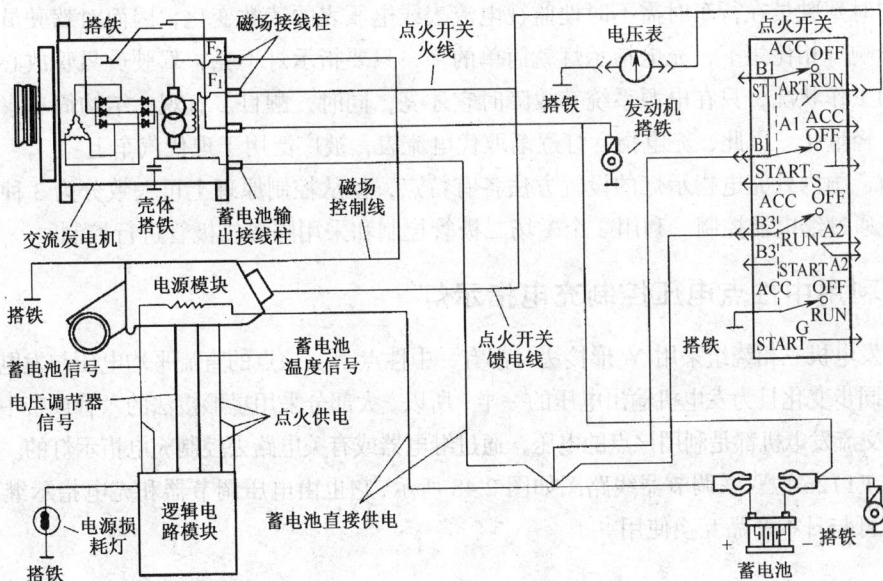

图 2.46　用车载电脑系统进行调压控制的充电系统电路

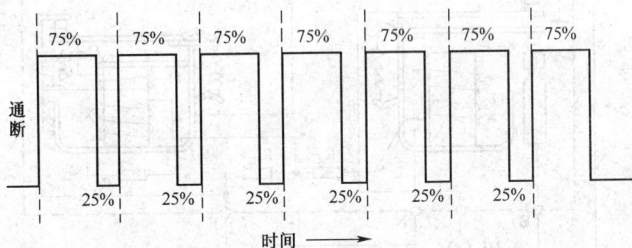

图 2.47　接通时间占 75%的充电系统脉宽调制波形

2.5

电源系统电路

2.5.1　充电指示灯控制电路

　　汽车电源系统正常工作是保证汽车电器设备正常工作的前提，因此，对发电机和调节器的工作状态设有监测和显示装置，使驾驶员能随时掌握其工作是否正常。常用的监测和显示装置分为仪表显示和充电指示灯两种形式，仪表显示即利用电流表或电压表指示发电机工作时的充电电流或充电电压值，由此来监测和判断发电机是否工作正常；充电指示灯则是装在驾驶室仪表板上的一个指示灯，当发电机正常工作时熄灭，而当发电机或调节器出现故障时则点亮以提示驾驶员及时检修。所以，它是属于一种故障报警指示装置。

采用电流表或电压表来监测电源系统的工作状况，具有显示准确、可靠的优点，但不醒目直观，同时驾驶员在行车时需不时地监视电流表或电压表的读数变化，因而对驾驶员的工作有一定的影响。相比之下，充电指示灯就简单的多，只要指示灯不亮，驾驶员只管放心不用担心发电机的工作状况，只在电源系统有故障时它才亮，同时，醒目、直观、结构简单，便于仪表小型化、轻量化。因此，充电指示灯逐渐取代电流表，被广泛用于现代汽车上。

目前，国内外充电指示灯的设置方法各有特点，但从控制原理上可大致分为3种：利用中性点电压通过继电器控制、利用3个磁场二极管控制和采用隔离二极管进行控制。

1. 利用中性点电压控制充电指示灯

交流发电机三相绕组采用 Y 形接法时都有一中性点 N，该点的直流平均电压与发电机的直流输出电压同步变化且为发电机输出电压的一半，所以，大部分采用星形接法的六管或带中性点二极管的八管交流发电机都是利用该点的电压，通过继电器或有关电路去控制充电指示灯的。

国产 FT126 型双联调节器线路图如图 2.48 所示，它也由电压调节器和充电指示继电器两部分组成，可与日本产品互换使用。

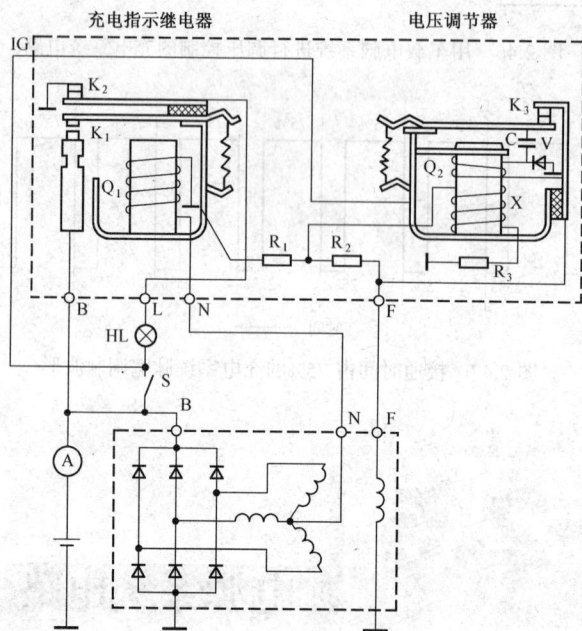

图 2.48　FT126 型调节器电路

充电指示继电器的铁芯线圈 Q_1 承受的是发电机中性点电压，它控制着两对触点 K_1 和 K_2。其中常闭触点 K_2 与充电指示灯串联，常开触点 K_1 控制着电压调节器磁化线圈 X 的电路，其工作过程如下。

① 当接通点火开关 S 时，蓄电池电流路径为蓄电池正极→电流表→点火开关 S→充电指示灯 HL→接线柱"L"→上衔铁→常闭触点 K_2→搭铁→蓄电池负极，于是充电指示灯亮。

与此同时，电流从蓄电池正极→电流表→点火开关 S→接线柱 IG→磁轭、衔铁→触点 K_3→磁场接线柱"F"→励磁绕组→搭铁→蓄电池负极，对交流发电机进行励磁。

② 发电机起动后，交流发电机在他励状态下电压升高，当电压接近充电电压时，中性点电压使充电指示继电器的线圈 Q_1 吸引衔铁，于是 K_2 打开、K_1 闭合。K_2 打开，切断了充电指示灯的电路，指示灯熄灭表示正常充电。反之，当充电系统有故障时，发电机没有电压，其中性点 N 也无电压输出，充电指示继电器的衔铁不动作，充电指示灯通过 K_2 搭铁而常亮，从而显示充电系统有故障。K_1 闭合时，接通了电压调节器的磁化线圈的电路。电压调节器磁化线圈 X 的电路为发电机正极→接线柱"B"→触点 K_1→加速电阻 R_1→磁化线圈 X→温度补偿电阻 R_3→搭铁→发电机负极。

③ 当发电机电压达到规定值时，在磁化线圈 X 的作用下，K_3 打开，加速电阻 R_1 和调节电阻 R_2 串入磁场电路，磁场电流减小，使发电机电压下降。当电压小于规定值时，K_3 重新闭合，电压又升高，如此反复，使电压不超过规定值范围。

该调节器具有消弧系统，由二极管 VD、扼流线圈 Q_2 和电容 C 组成消弧系统，用来保护触电 K_3，其工作原理如下。

当发电机电压达到规定值时，磁化线圈 X 使触点 K_3 打开，于是加速电阻 R_1 和调节电阻 R_2 串入磁场电路，使磁场电流急剧减小，结果在励磁绕组中产生了很高的自感电动势，其自感电流可通过二极管 VD、扼流线圈 Q_2 构成回路，起到续流作用，保护触点。另外，在触点两端通过 Q_2 并联一电容 C，用来吸收自感电动势也减小了触点火花。

FT126 型调节器在 50%负载时调节电压为 13.8～14.8V，充电指示继电器的动作电压为 4.5～5.5V。

有的充电指示继电器或控制电路的控制电压不是取自中性点，而是从三相绕组的一相火线引出，该点电压为相线全波整流电压，其值与发电机中性点电压一样，均为交流发电机输出电压的一半，因此，其效果与自中性点引出时一样。

2. 利用具有三个磁场二极管的交流发电机控制充电指示灯

九管交流发电机和十一管交流发电机利用 3 个磁场二极管控制充电指示灯电路在前面已做叙述如图 2.26 所示，这里不再重复。

3. 带隔离二极管的充电指示灯电路

图 2.49 所示为带隔离二极管的充电指示灯电路。这种发电机在其桥式整流输出端与发电机端盖上的"B ＋"接线端子之间装了一只或两只功率更大的二极管 VD，称为隔离二极管，由于发电机带有隔离二极管，因而可很方便地设置充电指示电路，同时还可避免发动机不工作而点火开关长时间接通时，蓄电池通过调节器向发电机励磁绕组大电流放电。

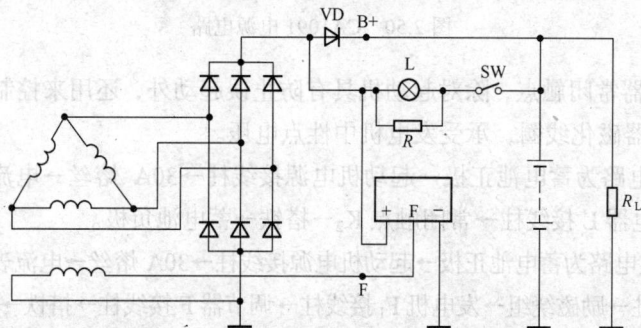

图 2.49　带隔离二极管的充电指示灯电路

其工作原理如下。

① 当接通点火开关 SW 时，蓄电池正极→点火开关 SW→充电指示灯 L→电压调节器→励磁绕组→搭铁→蓄电池负极。此时充电指示灯亮，并使发电机有较小的励磁电流。

② 当起动发动机并随着发电机转速的升高，输出的直流电压超过蓄电池电压时，隔离二极管导通，发电机自励发电并向蓄电池充电。与此同时，充电指示灯因两端的点位差减小而熄灭。

当发电机转速降低或有故障时，充电指示灯由于两端的电位差增大就会发亮。这样在电路中增加一个隔离二极管就可用充电指示灯来指示发电机的工作情况。

2.5.2　几种车型电源系统电路

1．CA1091 电源电路

该车型电路由 JF152D 或 JF1522A 型交流发电机与 JFT106（或 JFT124）型晶体管电压调节器或 FT111 型触点式电压调节器和 6-QA-100 型干荷电蓄电池组成，既有电流表也有充电指示灯来表示蓄电池充电、放电状况。充电指示灯利用中性点电压，通过起动组合继电器控制，其电路如图 2.50 所示。

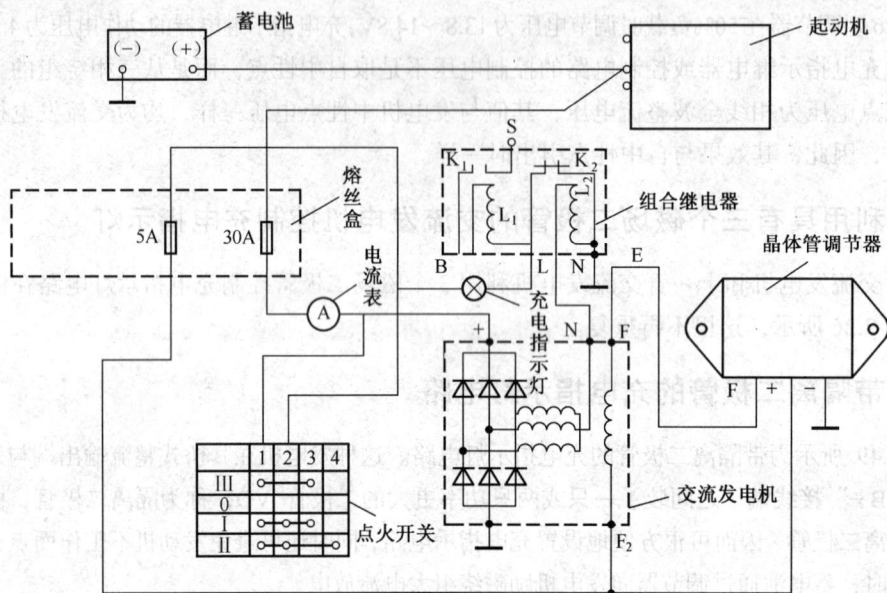

图 2.50　CA1091 电源电路

K_2 为保护继电器常闭触点，除对起动机具有防止误起动外，还用来控制充电指示灯的亮和灭；L_2 为保护继电器磁化线圈，承受发电机中性点电压。

充电指示灯及电路为蓄电池正极→起动机电源接线柱→30A 熔丝→电流表→点火开关→充电指示灯→组合继电器 L 接线柱→常闭触点 K_2→搭铁→蓄电池负极。

发电机励磁绕组电路为蓄电池正极→起动机电源接线柱→30A 熔丝→电流表→点火开关→5A 熔丝→发电机 F_2 接线柱→励磁绕组→发电机 F_1 接线柱→调节器 F 接线柱→搭铁→蓄电池负极。

另一路为蓄电池正极→起动机电源接线柱→30A 熔丝→电流表→点火开关→5A 熔丝→调

节器"+"接线柱→搭铁→蓄电池负极。

2. 夏利轿车电源系统电路

天津夏利 TJ7100、TJ7130 系列采用 8 管外搭铁型交流发电机,其内装集成电路 IC 调节器。充电指示灯受 IC 调节器控制,如图 2.51 所示。

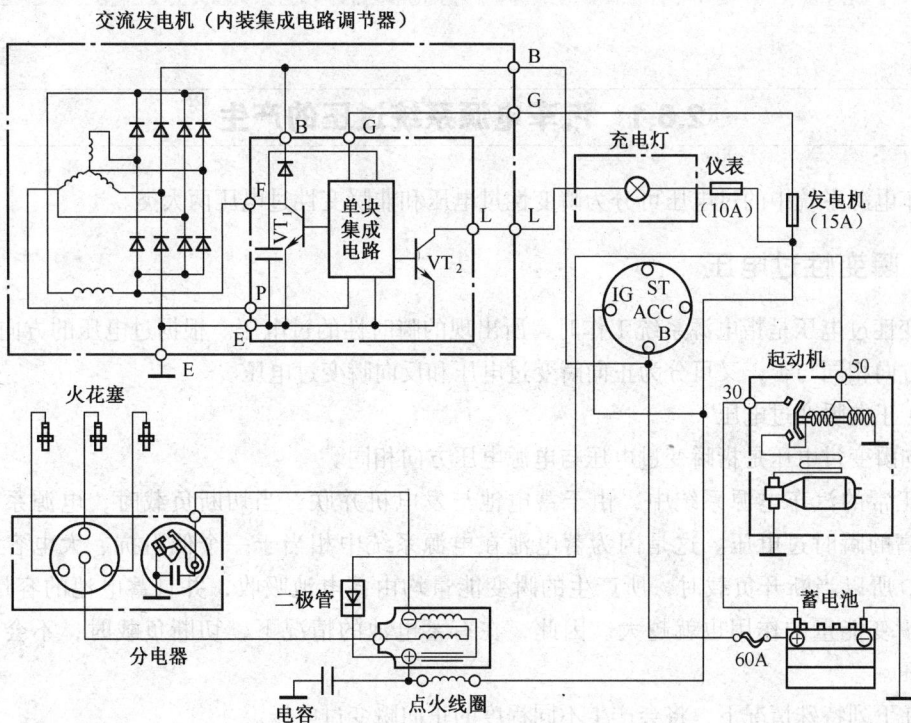

图 2.51 夏利轿车电器系统电路

它的 IG 端经点火开关接至蓄电池,用于检测蓄电池和发电机电压,从而控制三极管 VT_1 的导通与截止(发电机磁场电路)。它的 P 端接至发电机三相绕组某一相上,该点电压为交流发电机直流输出电压的一半。单片集成电路电压调节器从 P 端检测到交流发电机的电压,从而控制三极管 VT_2 的导通与截止(充电指示灯电路)。

当点火开关接通,发电机未转动,蓄电池电压经点火开关加到发电机 IG 端和调节器 IG 端,调节器的电源就被接通,调节器电源电路为蓄电池正极→60A 易熔线→点火开关 B 端子→点火开关触点→点火开关 IG 端子→发动机熔断器(15A)→发电机线束连接器 IG 端子→IC 调节器内部电路→搭铁端子 E→蓄电池负极。

单片集成电路检测出这个电压,使 VT_1 导通,于是磁场电路接通,磁场电路为蓄电池正极→60A 易熔线→点火开关电源端子 B→发电机输出端子 B→励磁绕组→调节器磁场端子 F→调节器功率管 VT_1→调节器搭铁端子 E→蓄电池负极。

此时,交流发电机未运转不发电,P 端电压为零,单片集成电路检测出该电压使 VT_2 导通,于是充电指示灯亮,指示蓄电池放电,其电路为蓄电池正极→60A 易熔线→点火开关 B 端子→点火开关触点→点火开关 IG 端子→仪表熔断器 10A→充电指示灯→发电机线束连接器 L 端子→IC 调节器功率管 VT$_2$→搭铁端子 E→蓄电池负极。

2.6 汽车电源系统的保护电路

2.6.1 汽车电源系统过压的产生

汽车电源系统中的过电压可分为瞬变性过电压和非瞬变性过电压两大类。

1. 瞬变性过电压

瞬变性过电压是指电源系统工作时，所出现的瞬时性的过电压。根据过电压的方向与电源电压的方向相同与否，又可分为正向瞬变过电压和反向瞬变过电压。

（1）正向瞬变过电压

正向瞬变过电压是指瞬变过电压与电源电压方向相同。

在正常的汽车电源系统中，由于蓄电池与发电机并联，当切断负载时，电源系统中不会产生高的瞬时过电压。这是因为蓄电池在电源系统中相当于一个低阻抗、大电容的瞬变抑制器。所以当断开负载时，所产生的瞬变能量均由蓄电池吸收，并且蓄电池的容量越大，则吸收瞬变能量的作用也就越大。因此，在有蓄电池的情况下，切断负载时，不会产生瞬变过电压。

但在下列特殊情况下，将会产生不同程度的正向瞬变过电压。

① 由于振动，蓄电池连接松动或蓄电池电柱接头腐蚀等均会使蓄电池从电路中卸除。此时车上的用电设备均由发电机供电，当切断负载时，在发电机两端就会产生不同程度的正向瞬变过电压。

这是由于交流发电机的三相绕组具有一定的电感。由于该电感的存在，当发电机工作时突然断开负载，三相绕组内的电流发生突变就会产生自感电动势，该电动势附加在原绕组的电动势上，便使交流发电机的端电压产生正向瞬变过电压。发电机转速越高，失去的负载越大，断开的速度越快，产生的正向瞬变过电压的幅值就越高，在极限情况下，峰值可达 120V，升压时间为 100μs。该正向瞬变过电压作用在与电源并联的所有正在工作的其他电子装置上，对这些电子装置将造成很大威胁。

② 在无蓄电池的情况下，点火系统工作时由于分电器触点反复闭合与打开，相当于一个负载不断地接通与断开（只是负载较小而已），因而也会产生高达 28V 以上的瞬变过电压。

（2）反向瞬变过电压

汽车电源系统中有许多感性元件，它们与电源的通、断是由开关或触点控制的。当开关或触点断开时，在感性元件中就会产生反向瞬变过电压。

如当点火开关突然打开或磁场电路由于故障突然断开时，在励磁绕组两端也会产生按指数规律衰减的反向瞬变过电压，峰值可达 126V，衰减时间达 200ms。

2. 非瞬变性过电压

非瞬变性过电压是由于调节器失控造成的发电机电压过高现象。这种过电压在故障未排除前始终存在，即使在 12V 电源系统中接有蓄电池，也会使电源电压上升到 17V，使得蓄电池充电流过大而导致蓄电池过早损坏，以及车上的其他电气设备的损坏。如车上的蓄电池连接中断，相当于无蓄电池时，则电源电压会高达 80V，使车上的电器很快烧坏。

非瞬变性过电压危害性尽管很大，但容易发现，驾驶员一般都能及时查明并予以排除，而瞬变过电压则往往被忽视，但危害性不可低估。

2.6.2　汽车电源系统过压保护电路

为了防止电源系统过电压对汽车电子设备造成损坏，除了提高电子元件的耐压以及过载能力，使之具有自身保护能力以外，还有必要在汽车电源系统中设置相应的保护电路。目前国内外所采用的汽车电系过压保护电路有以下几种方式。

1. 稳压管保护

稳压管保护电路如图 2.52 所示。将稳压管 VD 反向并联于需保护的电路上，利用稳压管的反向击穿稳压特性对正向瞬变电压进行抑制吸收而起保护作用，同时，也可利用其正向导通特性对反向瞬变过电压进行短路保护。

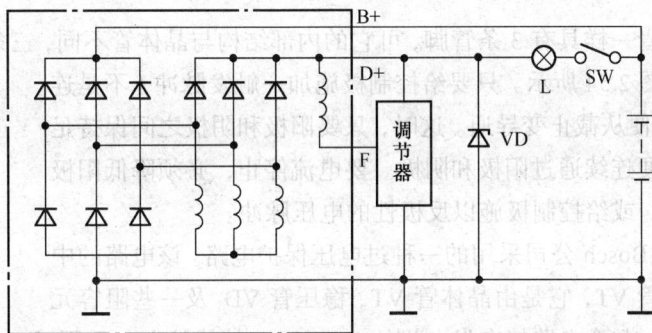

图 2.52　稳压管保护电路

在交流发电机励磁二极管输出端与搭铁之间接一个稳压二极管 VD。在正常情况下，这个稳压管是不导通的，当出现瞬时过电压时，该稳压管导通，电压只能升到 VD 的击穿电压。该电压的能量通过 VD 到搭铁消耗之后，VD 又恢复到不导通状态。

采用稳压管保护装置，线路简单，安装方便（可安装在发电机或调节器内）。当线路中没有出现瞬变高电压时，稳压管不导通，故无功率损耗，另外还具有反应迅速（反应时间为几十纳秒）的优点。

其缺点为是一旦稳压管被电压击穿后不能恢复时，即变成一短路的低电阻，它会将励磁电源连到搭铁，此时发电机无剩磁，电压下降，充电指示灯亮，可以警告驾驶员，应更换稳压管；如果稳压管处于开路状态，则系统就得不到保护。如果蓄电池的极性接反，则这只稳压管会被大电流烧坏，故国外有些交流发电机充电系统中，考虑用快速熔断器作为反接保护。

2. 稳压管加继电器的保护电路

大功率的交流发电机常采用稳压管加继电器的保护电路，如图 2.53 所示。在继电器的磁化线圈中反向串联一个稳压管 VD，当电源系统发生过电压时，稳压管反向导通，使继电器触点闭合，过电压就会被分流到搭铁。同时也使流过调节器的磁场电流减小，使得发电机电压下降，当过电压消失时，稳压管截止，继电器触点打开。

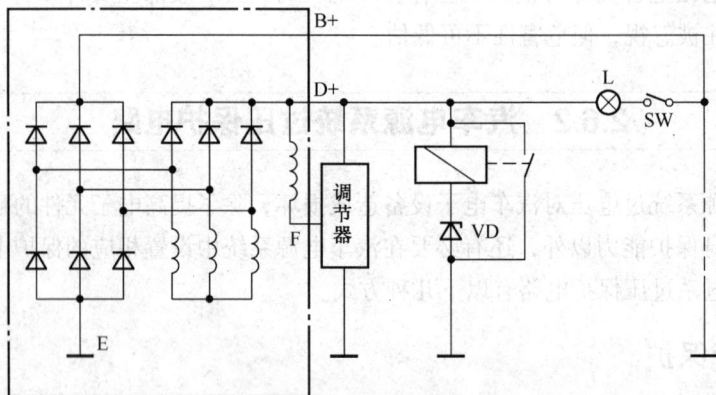

图 2.53　稳压管加继电器的过电压保护

3. 晶闸管保护电路

晶闸管像晶体管一样具有 3 条管脚，可它的内部结构与晶体管不同，三条管脚分别为阳极、阴极和控制极，如图 2.54 所示。只要给控制极施加一触发脉冲（不是连续的电流），晶闸管便从截止变导通。这时，只要阳极和阴极之间保持足够高的电压，电流便连续通过阳极和阴极。要电流停止，必须降低阳极和阴极之间的电压，或给控制极施以反极性的电压脉冲。

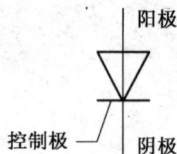

图 2.54　晶闸管

图 2.55 所示为 Bosch 公司采用的一种过电压保护电路。该电路的中心元件是一只晶闸管 VT，它是由晶体管 VT、稳压管 VD_1 及一些阻容元件组成的电路触发。整个电路接在发电机的 D+ 和 D- 接线柱上，适用于 28V 的发电机，触发电压为 31V 左右。当瞬变电压超过 31V 时，VD_1、VT 导通使晶闸管 VS 也触发导通，交流发电机则在晶闸管导通的 n 毫秒内处于短路状态，且不再励磁，充电指示灯亮以引起注意。要使发电机恢复发电，必须将发电机熄火，断开点火开关 SW 才能将晶闸管断开。由于这个原因，Bosch 公司又生产出了具有自动恢复功能的晶闸管过电压保护电路，并将它与晶体管调节器装在一起而使调节器具有过电压保护功能，如图 2.56 所示。左边为晶体管电压调节器，右边为过电压保护电路。

该电路与前一电路基本相似，只是增加了一只受晶闸管控制的继电器 K。当电路出现瞬变过电压且峰值超过保护电路的反应电压时，VD_8、VT_4 导通，使晶闸管被触发导通，于是继电器线圈中有电流流过，吸动衔铁将触点闭合，这样将产生双重作用：一方面短路电流通过继电器，另一方面晶闸管被短接而截止。交流发电机电压下降，D+与 D-间的短路电流也随之下降，使继电器失去维持电流而打开。这样便克服了前一种保护电路无自动恢复功能的缺点。

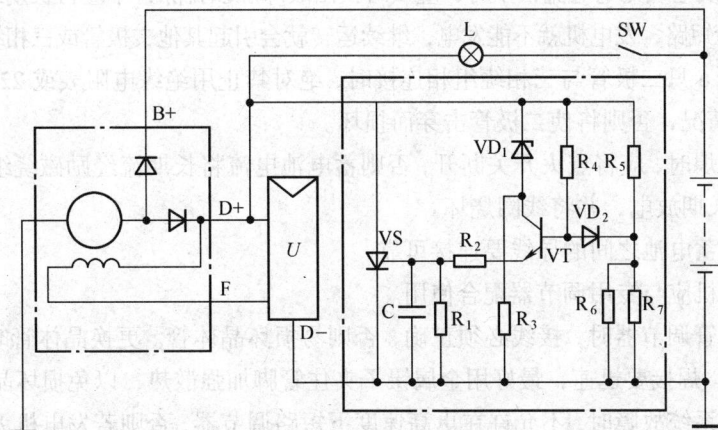

图 2.55　晶闸管过电压保护电路

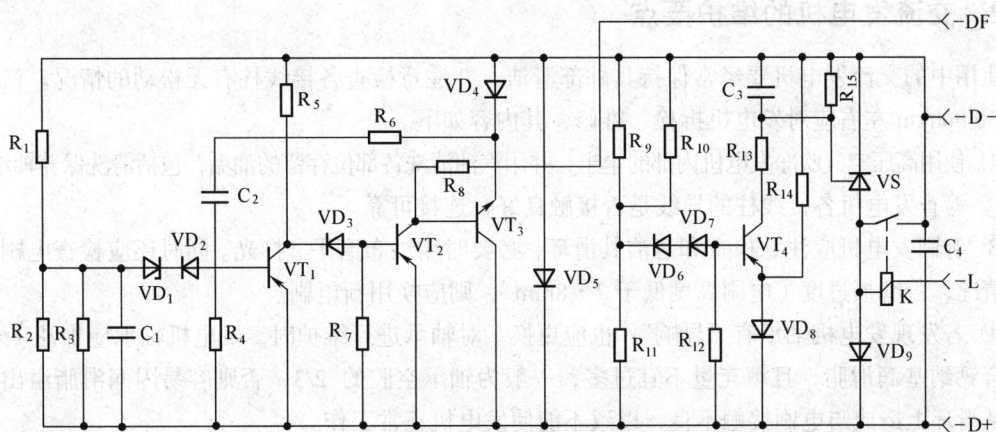

图 2.56　具有自动恢复功能的晶闸管过电压保护电路

2.7 交流发电机与电压调节器的使用及检修

2.7.1　交流发电机与电压调节器的使用

1．交流发电机及调节器的使用注意事项

① JF 系列的交流发电机为负极搭铁，蓄电池搭铁极性必须与此相同。否则，蓄电池将通过硅二极管放电，使硅二极管立即烧坏。

② 发电机运转时，不要用试火花的方法检查发电机是否发电，否则容易烧坏二极管。

③ 发电机不发电或充电电流很小时，应及时找出故障加以排除，不应再长期继续运转。因为如果有一个二极管短路，发电机就不能发电，继续运转就会引起其他二极管或三相绕组被烧坏。

④ 整流器的 6 只二极管与三相绕组相连接时，绝对禁止用绝缘电阻表或 220V 交流电源检查发电机的绝缘情况，否则将使二极管击穿而损坏。

⑤ 发动机停熄时，应将点火开关断开，否则蓄电池电流将长期流经励磁绕组和调节器磁化线圈，使蓄电池长期放电，并将线圈烧坏。

⑥ 发电机与蓄电池之间的导线要连接可靠。

⑦ 交流发电机应与专用调节器配合使用。

⑧ 配用晶体管调节器时，接线必须正确，否则易损坏晶体管。更换晶体管时，焊接用的电烙铁不高于 45W，焊接要迅速，最好用金属镊子夹住管脚加强散热，以免损坏晶体管。

⑨ 诊断充电系统故障时，不允许在更高速度下短路调节器，否则若发电机无故障时会因电压过高而损坏电器设备。

2. 交流发电机的维护要点

使用中的交流发电机要经常保持其外部清洁，并注意检查各接线柱有无松动的情况。汽车行驶 30 000km 左右应对发电机拆检、维修，其内容如下。

① 使用高压空气吹净发电机内部的尘土，并用汽油清洗各部位存留的油垢，包括清洗保养轴承。

② 检查发电机各接线柱的导线是否接触良好，连接可靠。

③ 有刷发电机应注意检查和清洁其滑环，必要时用纱布磨平、打光。同时还应检查电刷的磨损情况，若磨损过度（电刷高度低于 7～8mm），则应换用新电刷。

④ 若发现发电机轴承有"异响"，也应更换。对轴承进行维护时，发电机轴承应加注 1～3号复合钙纳基润滑脂，且填充量不宜过多，一般为轴承空腔的 2/3，否则容易因润滑脂溢出而溅落到滑环上造成与电刷接触不良，以致不能使发电机正常工作。

2.7.2 交流发电机与电压调节器的检修

1. 交流发电机的检测

交流发电机每运转 750h（相当于 30 000km）后，应拆开检修一次。主要检查电刷和轴承的情况。新电刷的高度是 14mm，磨损至 7～8mm 时应更换新电刷。轴承如有异响，应予更换。

交流发电机若不发电，其主要原因多是硅二极管损坏（短路），励磁绕组或三相绕组有断路、短路和搭铁等故障所致。交流发电机的检查方法如下。

（1）就车检测发电机电压

① 先检查并调整 V 带张力，再拆下发电机所有接线柱上的导线，另用一根导线将发电机"电枢"（"+"）和"磁场"（"F"）两接线柱连接起来。

② 用万用表检测发电机的输出电压。其方法是将万用表选择直流电压（0～50V）挡，将红表笔接发电机"电枢"接线柱，黑表笔接外壳（搭铁）。

③ 起动发电机，并把从发电机"电枢"接线柱上引出一根火线碰一下"磁场"接线柱，即充一下磁，几秒钟后再将火线移开，开始缓慢提高发动机转速。

④ 观察电压表指示值。若电压值随发电机转速升高而逐渐升高，说明发电机状态良好；若电压表指针始终不动，则说明发电机不发电。其原因可能是整流二极管被击穿损坏，励磁绕组或三相绕组有短路、搭铁故障，或电刷在电刷架内卡住等，应对发电机做进一步检查。

若无万用表，可用 1 只小试灯代替进行。若试灯不亮，则说明发电机不发电。

（2）交流发电动机分解前的检测

① 万用表（R×1 挡）测量各接线柱之间的电阻值，正常时其电阻值应符合表 2.4 的规定。

表 2.4　　　　　　　　JF132N 型交流发电动机各接线柱之间的电阻值(R)/Ω

万用表型号	"F" 与 "E" 之间的电阻	"B" 与 "E" 之间的电阻		"B" 与 "N" 之间的电阻		"N" 与 "E" 之间的电阻	
		正向	反向	正向	反向	正向	反向
MF47 型	5～7	50～60	大于 10 000	13～15	大于 10 000	13～15	大于 10 000
108 型	5～7	50～60	大于 10 000	8～10	大于 10 000	8～10	大于 10 000
故障现象与原因	① 电阻值无穷大，则励磁绕组断路 ② 电阻值大于标准值，则电刷与滑环接触不良 ③ 电阻值小于标准值，则励磁绕组短路 ④ 电阻值等于零，F 端子搭铁或两只滑环间短路	① 正向电阻小于标准值，则二极管短路 ② 正反向电阻均为零，B 端子搭铁或正负整流板间绝缘垫未装或正负极管中至少各有一只短路 ③ 正向电阻大于标准值，二极管断路		① 正向电阻值为无穷大，则 N 端子引线所连绕组或正极管断路，或三只正极管均断路 ② 正反向电阻值均为零，则正极管中至少有一只二极管短路		① 正反向电阻值为无穷大，N 端子引线所连绕组断路或三只正极管均断路 ② 正反向电阻值均为零，则负极管中至少有一只二极管短路	

② 在试验台上对发电机进行发电试验：测出发电机在空载和满载情况下发出额定电压时的最小转速，从而判断发电机的工作是否正常。

试验时，将发电机固定在试验台上，并由调速电动机驱动，如图 2.57 所示接线。合上开关 K_1（由蓄电池进行他激），逐渐提高发电机转速，并记下电压升高到额定值时的转速，即空载转速。然后打开开关 K_1（由发电机自励）逐渐升高转速，并合上开关 K_2，同时调节负荷电阻，记下额定负载情况下电压达到额定值的转速。试验结果应符合表 2.5 的规定。

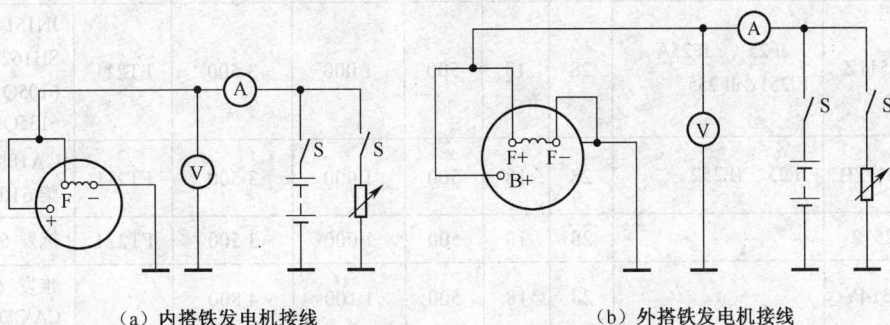

（a）内搭铁发电机接线　　　　　　　　　　（b）外搭铁发电机接线

图 2.57　交流发电机空载和发电试验

表2.5　　　　　　　　　　　国产车用交流发电机规格

类型	型号	同类型号或旧型号	额定输出			空载转速不大于/(r·min⁻¹)	额定工作转速/(r·min⁻¹)	配用调节器	适用车型或发动机型号
			电压/V	电流/A	功率/W				
交流发电机	JF1311	JF11、JF13D、JF131、JF132	14	25	350	1 000	3 500	FT111	上发 490Q
	JF1313Z	JF13E、JF131、JF132、JF132E、JF132D、JF132C、JF137E、JF14X	14	25	350	1 000	35 000	FT111	北内 492Q、NJ1041、BJ1041
	FJ13A	FJ137A、JF132A、FJW131、JF131B	14	25	350	1 000	3 500	FT61	NJ1060A、NJ1060
	FJ1314-I	JF13C、JF13D、JF113、JFW131、JF132C、JF132E、JF137CS	14	25	350	1 000	3 500	FT111、FT61	CA1090、CA10B
	JF1314B	JFW131、JF132、JF132D、JF133、JF137S、JF1321	14	25	350	1 000	3 500	FT111	EQ1091E、EQ2080E
	JF1514A		14	36	500	1 300	4 800	FT111	上发 680Q、SH7221
	JF1512E	JF152、JFW132	14	36	500	1 000	3 500	FT121	EQ1091
	JF1512ZF	JF152、JF152B、JF15C、JF15Z、JF155S、JF15	14	36	500	1 100	3 500	FT121 FT61	CA10B 公交车
	JF1518	JF1512ED、JF1522D、JF155	14	36	500	1 100	3 500	JFT145、FT121	CA1091
	JF1326	JF131D、JF134	14	36	500	1 250	4 800		天发 492Q、天津 TJ133C、天津大发 TJ110
	JF173	JF181	14	54			3 500	JFT106	CA630、CA737
	JF2311	JF23	28	12.5	350	1 000	3 500	FT212	抗发 6120Q、JN737
	JF2511Z	JF25、JF25A、FJ251、JF255	28	18	500	1 000	3 500	FT211	JN151、SX162、SH162、玉林 6105Q、上柴 6135Q
	JF2511ZB	JF25、JF252	28	18	500	1 000	3 500	FT211	CA1091K3、朝柴 6102BQ
	JF2512		28	18	500	1 000	3 500	FT221	杭发 6130
	JF2514Y		28	18	500	1 100	4 800		潍发 6100ZQ、CA/QD1041
	JF2712B	JF272	28	25	700	1 100	3 500	FT221	CA1091K2

续表

类型	型号	同类型号或旧型号	额定输出			空载转速不大于/(r·min⁻¹)	额定工作转速/(r·min⁻¹)	配用调节器	适用车型或发动机型号
			电压/V	电流/A	功率/W				
整体式交流发电机	JFZ1514Y		14	36	500	1 300	4 800	JFT1403	上汽发 680Q、682Q、SH7231、SH1020SP
	JFZI714		14	45	700	1 100	6 000	JFT1403	南汽依维柯40-8 客车
	JFZ1815Z	JFZ1523、JFZ157、JFZ182	14	55	770	1 100	4 800	JFT1403	一汽488、CA1030、CA620、CA130
	JFZ1813Z	JFZ1913E、JFZ182A	14	90	1260	1 050	6 000	9RC2044、JFT153A	一汽488、CA620、上海桑塔纳、一汽奥迪、捷达
	JFZI512		14	55	770	1 050	6 000	JFT143	广州标致504、505
	JFZ2518	JFZ2711ZB	28	27	700	1 150	5 000	JFT243	济南斯太尔
	JFZ2811		28	36	1 000	1200	6 000		上柴康明斯、上飞大客
	JFZ2814		28	35	1 000	1 150	5 000	JFT242、JFT246	重庆康明斯、红岩CQ30、290
无刷交流发电机	JFW14X	FJW15X	14	36A	500	1 000	3 500		北内 492QA2
	JFWZ18		14	60	840	1 000	3 500		北京切诺基
	JFW28X		28	18	500	1 000	3 500		NJ1061D
带泵交流发电机	JFB1312		14	25	350	1 000	3 500		云内 495Q、朝柴 4102Q
	JFB151	ZWJF16	14	36	500	1 000	3 500		北内 493Q
	JFB2312	JFB2525	28	12.5	350	1 000	3 500	FT221	朝柴 4102Q、ND1061D
	JFB2514		28	18	500	1 100	4 800	FT221	云内 495Q
	JFB2812Z	JFB282	28	36	1 000	1 000	3 500	FJT207A	朝柴 4102Q

如果开始转速高或在满载转速下，发电机的输出电流过小，则表示发电机有故障。

③ 用示波器观察输出电压的波形：当发电机有故障时，其输出电压的波形将会发生变化，因此根据输出电压的波形，就可判断发电机内部二极管以及三相绕组是否有问题。

各种故障时输出电压的波形如图 2.58 所示。

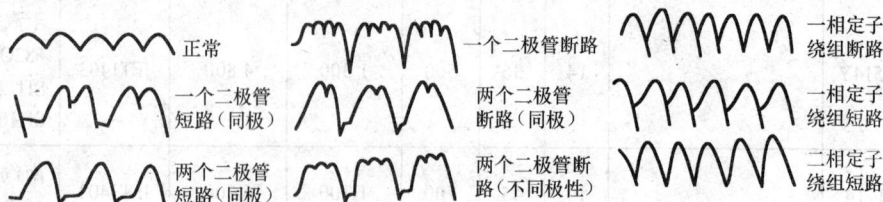

图 2.58　交流发电机出现各种故障时输出电压的波形

（3）交流发电机的分解

分解交流发电机应注意正确使用工具，并选择合理的分解步骤，各型交流发电机的分解方法基本相同，其步骤如下。

① 分解前，首先在前端盖与定子、后端盖与定子的连接处，用笔做好记号，以便安装时能正确快速地装复。

② 拆下电刷架紧固螺钉，取下电刷架组件。

③ 拆下整流器的塑料防护罩，并将三相绕组的端头从二极管引线接线柱上拆下，将三相绕组中性点的引线从交流发电机的中性接线柱（"N"接线柱）上拆下。

④ 拆下整流器总成。

⑤ 拆下后端盖轴承盖。若发电机的转子轴上有紧固螺母，需一并拆下。

⑥ 拆除前后端盖的紧固螺栓，使装有转子的前端盖与后端盖及定子相互脱节。

⑦ 用垫以铜钳口的虎钳夹住爪极，拧下 V 带轮固定螺母，再用拉力器取下 V 带轮，同时取下半圆键。

⑧ 用拉力器取下前端盖。

⑨ 拆下前轴承盖，取下前轴承。

在检测后，发电机各部件检修完毕装复时，可按以上分解顺序的逆顺序进行，最后装复电刷架组件。

（4）交流发电机分解后的检测

① 励磁绕组的检修。检查前必须先清除两个滑环之间的碳粉，观察有无明显的断头或烧焦现象。检修方法如下。

用试灯法检查励磁绕组搭铁故障，如图 2.59 所示。灯亮，说明励磁绕组或滑环有搭铁故障，反之说明绝缘良好。

用万用表测量励磁绕组（两滑环间）的电阻值，如图 2.60 所示。若电阻值为 4～6Ω，则说明绕组良好；若电阻值小于上述规定值，则说明励磁绕组间有短路故障；若电阻值无穷大，则说明励磁绕组有断路故障。常用发电机励磁绕组技术参数见表 2.6。

② 转子轴和滑环的检修。交流发电机中，对转子轴的直线度要求较高，用百分表检查其摆差的方法如图 2.61 所示。如果跳动超过 0.1mm，则应矫正。

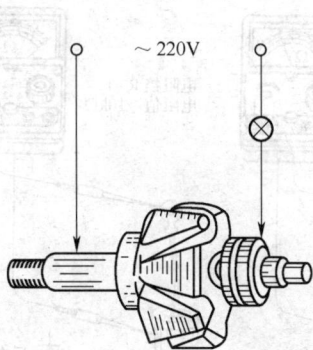

图 2.59　励磁绕组及滑环搭铁故障的检查

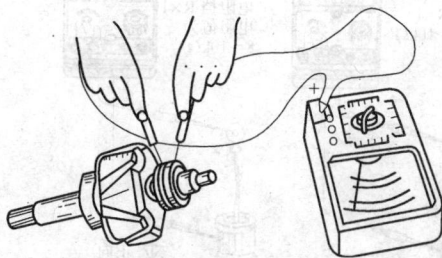

图 2.60　励磁绕组电阻值的测量

表 2.6　　　　　　　国产 JF 系列交流发电机三相绕组和转子绕组的各项数据

发电机型号	槽数	每槽中导线数	定子绕组导线直径/mm	转子绕组匝数	转子绕组导线直径/mm	转子绕组电阻值/Ω
JF11	36	13	1.08	520	0.62	5.3
JF12	36	25	0.83	1 060	0.44	19.3
JF13	36	13	1.08	530	0.62	5.3
JF23	36	25	0.83	1 100	0.47	20
JF21	36	11	1.08 × 2	575	0.64	5
JF52	36	11	1.35	600	0.67	5.6
JF22	36	21	1.08	1 000	0.47	18
JF25	36	21	1.00	1 100	0.47	20
2JF750	36	8	1.2	600	0.86	3.63
JF172	36	7	1.68	700	0.74	5
3JF750	36	15	0.93 × 2	950	0.67	8.5
JF27	36	7	1.25	1 100	0.59	16
JF1000	36	12	1 × 2	1 250	0.67	14.7
JF210	36	14	1.08 × 2	1 200	0.67	13
JF01	36	21	1.04	500	0.53	5

　　发电机工作时,滑环与电刷始终接触,很容易摩擦损坏。发电机检修时应测量滑环厚度,当滑环的厚度小于 1.5mm 时,应更换。滑环若有轻微烧蚀可用"00"号砂纸打磨;若表面有严重烧蚀,应在车床上加工、磨光。

　　若电刷的高度低于 7mm 时应换用新品。

　　桑塔纳系列轿车 JFZ1913 型交流发电机新电刷为 13mm,极限值为 5mm。当电刷外露长度低于 5mm 时,必须换用新电刷,以免影响发电机的输出功率。

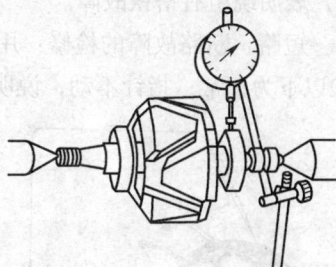

图 2.61　转子轴的检查

　　③ 硅二极管的检查。将万用表选择在 R×1 挡检查二极管的好坏。检测前,先将各二极管的引线都从引线接线柱上拆下。检查方法如图 2.62 所示,其中(a)图为对正极管(引线为"+"极)的检查方法,(b)图为对负极管(引线为"–"极)的检查方法。

　　检查中若发现有二极管损坏,则应换用新品。

电阻挡 R×1
电阻值 >10kΩ

电阻挡 R×1
电阻值为
8～10kΩ

红

正向

电阻挡 R×1
电阻值为
8～10kΩ

电阻挡 R×1
电阻值 >10kΩ

绿或黑

反向

（a）正极管的检查 　　　　　　（b）负极管的检查

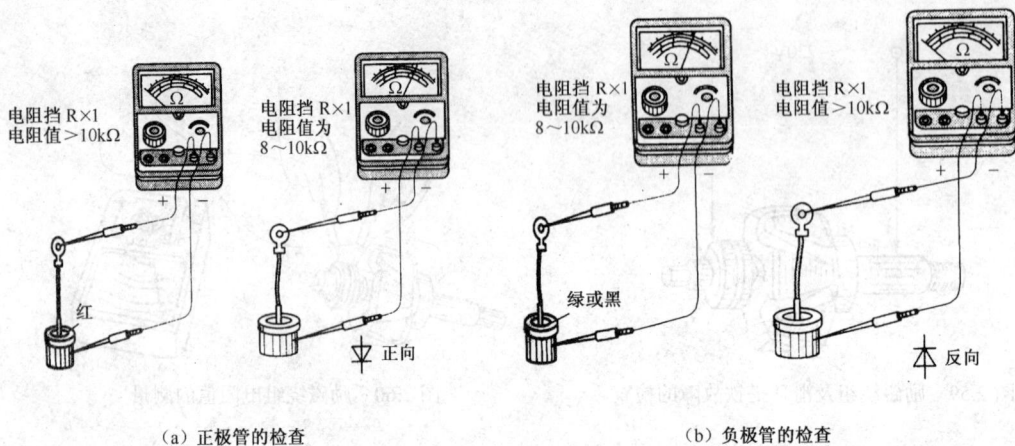

图 2.62　硅二极管的检查

在无万用表时，可用 1 只 12V 的蓄电池和 1 个汽车灯泡检查。检测方法如图 2.63 所示。若两次灯都微亮，说明二极管已击穿短路；若两次都不亮，说明二极管已断路，都应换用新品。应特别注意的是：在检查二极管好坏时，不能用绝缘电阻表，因为该表电压高，易导致二极管被击穿。

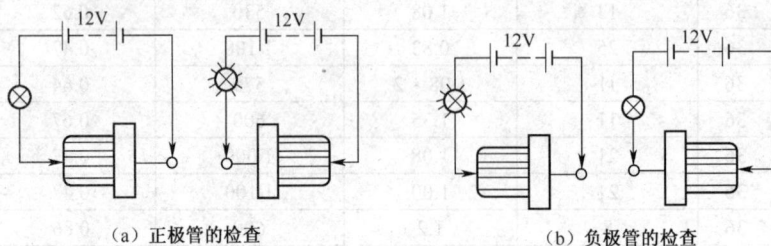

（a）正极管的检查 　　　　　　（b）负极管的检查

图 2.63　利用蓄电池和试灯检查二极管

④ 三相绕组的检修。搭铁故障的检修。将定子放置在垫有胶板的工作台面上，使三相绕组接线端（首端）朝上并保持其与铁芯不接触，如图 2.64 所示。用万用表 R×10k 挡将两表笔分别触试铁芯和接线端，表针不动并指示无穷大，否则说明有搭铁故障。若发现故障可将三相绕组末端（中性点抽头）解焊分开，重复上述试验，以确定在哪一相绕组有搭铁故障。

用 220V 交流试灯的检查方法是将交流试灯一端接铁芯，一端分别接 3 个接线端，凡是灯亮，表明绕组有搭铁故障。

短路、断路故障的检修：用万用表 R×1 挡测量三相绕组 3 个端头，两两相测，电阻值为 1Ω 以下为正常；指针不动，说明有断路；电阻值特别小为短路，如图 2.65 所示。

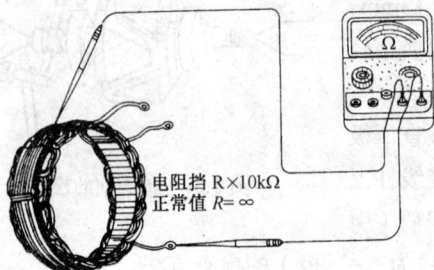

电阻挡 R×10kΩ
正常值 R=∞

电阻挡 R×1
正常值 R<1kΩ

图 2.64　三相绕组搭铁故障的检查　　　图 2.65　三相绕组短路、断路故障的检查

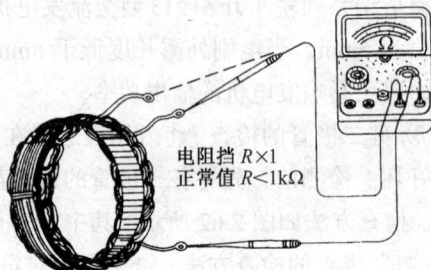

⑤ 前、后端盖的检修：前、后端盖都应做到无裂损、不变形；滚动轴承与端盖轴承孔间的配合，一般为−0.01～0.03mm；对轴承的要求应该是不松旷、无响声；轴承油封如果损坏，应换用新品。

2. 电压调节器的检修

（1）触点电压调节器的检查

① 触点、电阻和线圈状况的检查：调节器使用中，要定期检查触点是否氧化、烧蚀，电阻是否正常，线圈有无断路或短路。

② 各部分间隙的检验与调整：在触点式调节器中，衔铁与磁化线圈铁芯之间空气隙的大小对电压调节值的影响较大，可作为粗调；弹簧拉力对电压调节值影响较小，可作为微调。如果通过改变弹簧拉力仍无法将电压调到规定值时，则应对各部分间隙作必要的调整。触点式调节器的调整间隙有触点间隙和衔铁间隙两种，均应按制造厂规定的数值调整。

在双级式调节器中，因为高速触点间隙较小，调整比较困难，应先调整衔铁间隙使之符合规定，再调整固定触点的位置，使其与高速触点的间隙值符合规定值。在单级式调节器中，各种间隙的调整比较容易。要注意的是衔铁间隙不能调得过大，不然会引起触点压力不足，接触不良，甚至会在汽车行驶中，因振动而造成调节器误动作，影响正常工作。

③ 调节器的测试：触点式调节器需要测试和调整的基本数据是低载时调节电压值、低载与半载时调节电压的差值，其应满足技术要求。调节器测试线路图如图 2.66 所示。

以测试调整 FT61 型调节器为例，起动发动机后，先合上开关 S_1，由蓄电池给发电机励磁。待发电机自励后，将开关 S_1 打开，合上开关 S_2。在发电机转速为 3 000r/min 时，调节可变电阻 R，使发电机处于低载状况（12V 交流发电机为 4A，

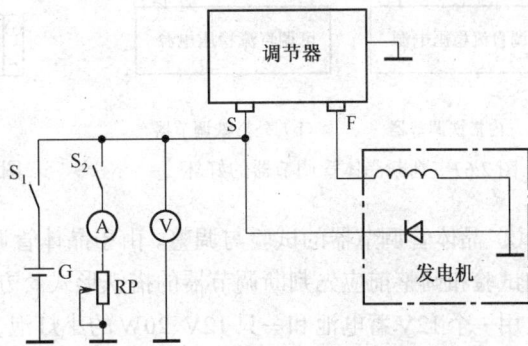

图 2.66　触点式调节器测试线路图

24V 交流发电机为 2A），记下调节器所维持的电压值。如果不符合规定，用改变弹簧张力的方法，予以调整好。然后再调节可变电阻 R，使发电机处于半载状况（输出电流为额定电流的一半），记下调节器所维持的电压值，低载与半载调节电压的差值应符合规定。如果超过 + 0.5V 时，可适当减小衔铁与铁芯间的气隙；如果差值为负值时，可适当增大衔铁与铁芯间的气隙。

应注意的是，在触点间隙向小的方向调整时可能会因操作不当使触点烧结在一起。为防止这种情况发生，在调整中必须将发动机停转，并不得合上开关 S_1 接通蓄电池。

（2）晶体管电压调节器的检查

交流发电机及其调节器在使用过程中最常见的故障是发电机电压过高或不发电。发电机电压过高的现象表现为蓄电池过充电；电解液消耗过快，一级保养时需添加较多的电解液；灯泡灯丝易烧断；白天行车数小时后电流表指示充电电流仍然在 5A 以上等。不发电现象表现为蓄电池充电不足或不充电；前照灯发红；汽车行驶中电流表经常指示在不发电或放电读数上等。因此，必须经常对调节器进行故障测试与维修。

① 晶体管调节器的检查。如果出现发电机不发电或发电机电压过高，电流过大，车上灯泡

特别亮、烧坏，蓄电池电解液沸腾、消耗过快等现象，可将调节器从车上拆下进行检查。方法是用一电压可调的直流稳压电源（输出电压 0～30V、电流 3A）和一只 12V（24V）、20W 的车用小灯泡代替发电机励磁绕组，如图 2.67 所示接线后进行试验（注意内搭铁和外搭铁式晶体管调节器灯泡的接法不同，在接线时应知道调节器的搭铁形式）。

调节直流稳压电源，使其输出电压从零逐渐增高时，灯泡应逐渐变亮。当电压升高到调节器的调节电压时，灯泡应突然熄灭。再把电压逐渐降低时灯泡又亮，并且亮度随电压降低而逐渐减弱，则说明调节器良好。电压超过调节电压时，灯泡仍然不熄灭或灯泡一直不亮，都说明调节器有故障。

若果如果没有可调直流稳压电源时，也可用两个 12V 蓄电池串联，按图 2.68 所示接线。再将调节器的"+"端逐级接触蓄电池单格电池的正极，使电压逐级变化来代替可调节直流电源，同样可以进行试验。

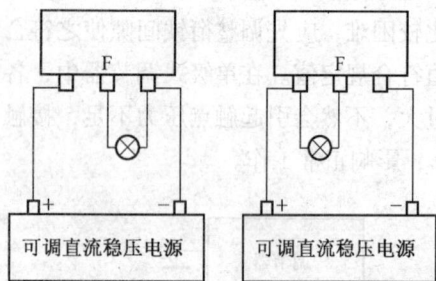

| (a) 内搭铁调节器 | (b) 外搭铁调节器 |

图 2.67 判断晶体管调节器的好坏

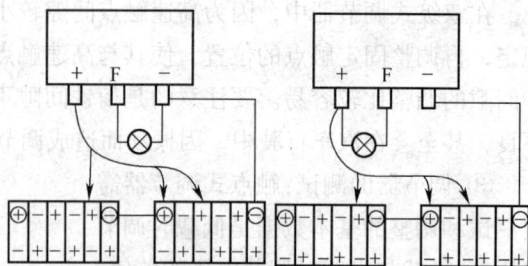

| (a) 内搭铁调节器 | (b) 外搭铁调节器 |

图 2.68 利用蓄电池和灯泡检查晶体管调节器好坏

② 晶体管调节器的试验与调整。由于晶体管调节器有内搭铁和外搭铁之分，因此，在调节器的试验和调整前应先判断调节器的搭铁形式。方法是用一个 12V 蓄电池和一只 12V、20W 的小灯泡，按图 2.69 所示接线，即可判断调节器的搭铁形式。

如灯泡接在"–"与"F"接线柱之间发亮，而在"+"与"F"接线柱之间不亮，则该调节器为内搭铁式；反之，如灯泡接在"+"与"F"接线柱之间发亮，而接在"–"与"F"接线柱之间不亮，则该调节器为外搭铁。

判断出调节器的搭铁形式后，便可根据调节器的搭铁形式按图 2.70 所示接线进行试验。

| (a) 内搭铁调节器 | (b) 外搭铁调节器 |

图 2.69 晶体管调节器搭铁形式判断

试验时将发电机转速控制在 3 000r/min，试验方法与试验电磁振动式调节器相同。调节可变电阻，使发电机处于半载时，记下调节器所维持的电压值，该电压值应符合规定值（额定电压为 14V 的调节器，应为 13.5～14.5V，额定电压为 28V 的调节器，应为 27～29V）。如果不符合规定值则应予调整，调整方法是调节晶体管调节器中分压器部分的电位器，一直调整到电压值符合规定范围为止。

（3）集成电路电压调节器的检查

① 集成电路电压调节器的测试：在检查集成电路电压调节器之前，必须弄清楚集成电路电压调节器引出线的根数以及接线方法，以防将电源极性接错。否则，加上测试电压以后，调节

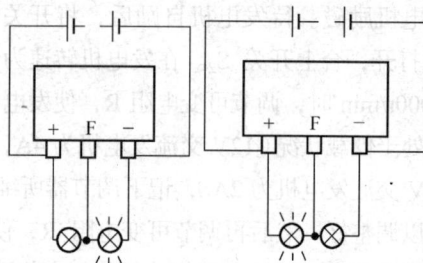

器会瞬时短路而损坏。有条件的应使用集成电路检查仪测试集成电路电压调节器。一般情况下可以按下述方法测试集成电路电压调节器。

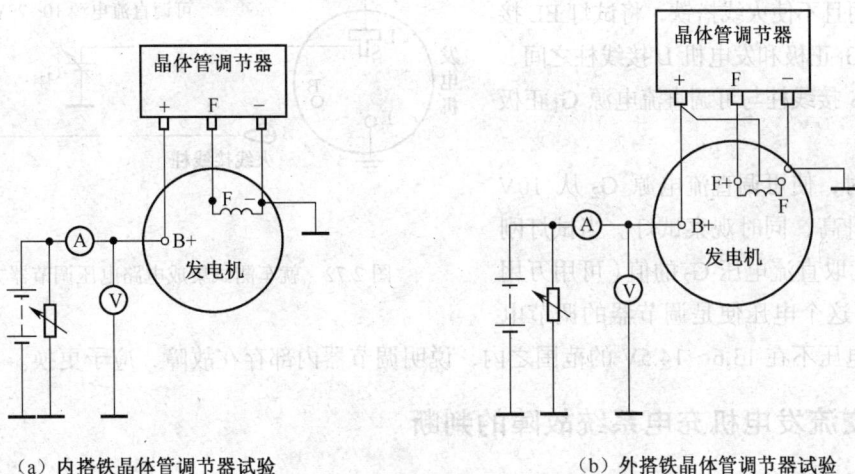

（a）内搭铁晶体管调节器试验　　　　　　（b）外搭铁晶体管调节器试验

图 2.70　晶体管调节器测试接线图

3 引线集成电路电压调节器的测试。测试电路如图 2.71（a）所示。3 根引线要连接正确。图中可变直流电源 G 的调节范围为 0～30V。按图连好线以后，逐渐增加直流电源电压，该直流电压值由电压表 V_2 指示，当 V_2 指示值小于调节器调节电压值时，V_1 电压表上的电压值应在 0.6～1V 的范围内，当 V_2 指示值大于调节器调节电压值时，V_1 表上的电压值应为 V_2 的值。调节时，注意 V_1 调节电压值不能超过 30V。调节器的调节电压值：14V 系列的为 14～25V，28V 系列的为 28～30V。

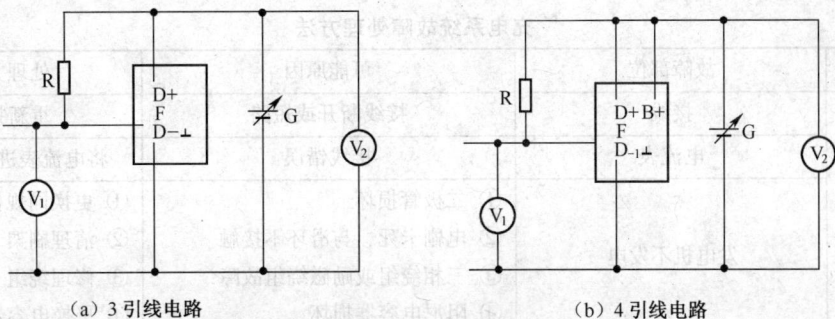

（a）3 引线电路　　　　　　　　　　　（b）4 引线电路

图 2.71　集成电路电压调节器的测试

4 引线集成电路电压调节器的测试。测试电路如图 2.71（b）所示。图 2.71，（a）与（b）的元件参数相同，R 为一个 3～5Ω、5W 的电阻。测试方法也相同，V_2 小于调节电压值时，V_1 读数为 0.6～1V；V_2 大于调节电压值时，V_1 读数与 V_2 一致。

测试中，如果电压表的读数不符合上述规定范围，说明集成电路电压调节器内部存在故障，这时只有更换调节器。

要指出的是，图 2.71 中调节器的引出线字母符号多为国外生产厂家采用，与国内生产的集成电路电压调节器相对照，D＋相当于火线，F 相当于磁场，D-相当于搭铁。

② 集成电路电压调节器的就车检查：就车检查集成电路电压调节器的电路接线如图2.72所示。G_1 为汽车上的蓄电池，G_2 为一个 10～20V 的可调直流电源，EL 为试灯，对于 12V 电系采用 12V、

20W 灯泡；对于 24V 电系采用 24V、25W 灯泡。测试前，拆下发电机火线接线柱 B 上的导线，而且不使火线搭铁，将试灯 EL 接在蓄电池 G_1 正极和发电机 L 接线柱之间，将发电机 S 接线柱与可调直流电源 G_1 正极相接。

测试时，使可调直流电源 G_2 从 10V 开始逐渐升高，同时观察试灯。当试灯刚熄灭时，读取直流电压 G_2 的值（可用万用表测得），这个电压便是调节器的调节电压。如果电压不在 13.6～14.5V 的范围之内，说明调节器内部存在故障，应予更换。

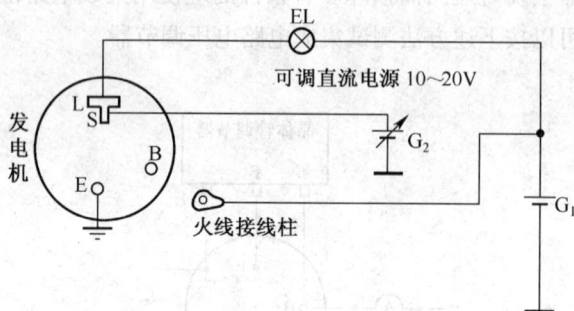

图 2.72　就车测试集成电路电压调节器方法

3. 交流发电机充电系统故障的判断

充电系统常出现的故障主要有不充电、充电电流过小、过大或充电不稳定等。故障原因可能是多方面的。因此，当发现故障时，应根据故障现象、结合充电线路特点认真分析、查找故障原因，及时排除故障。

同一故障现象，其原因可能是多方面的。例如，发电机故障，调节器故障，导线接线不牢固或断开，蓄电池故障等，都会引起充电系统工作失常。在故障原因和故障发生部位的分析判断过程中，既要综合考虑整个充电系统各部分之间的关系，也要遵循一定的检查步骤。充电系统常见故障有不充电、充电电流过大、充电电流过小、充电电流不稳和发电机异常响声等，故障的处理方法见表 2.7。

表 2.7　　　　　　　　　　充电系统故障处理方法

故障现象	故障部位		可能原因		处理方法
	接线		接线断开或短路		重新接线
	电流表		接线错误		将电流表进出线改接
不充电	发电机不发电		① 二极管损坏 ② 电刷卡死，与滑环不接触 ③ 三相绕组或励磁绕组故障 ④ 阻尼电容器损坏		① 更换同规格硅二极管 ② 清理刷架，更换电刷 ③ 修理绕组 ④ 更换电容器
	调节器	调节电压过低	触点式	① 调整不当 ② 触点接触不良	① 调整触点、气隙间隙 ② 清理脏污、烧蚀触点
			晶体管式	调整不当	重新调整
		调节器不工作	触点式	① 高速触点烧结在一起 ② 内部短路或断路	① 更换触点或调节器 ② 更换调节器
			晶体管式	① 大功率三极管击穿 ② 其他三极管或稳压管损坏	① 更换同规格三极管 ② 更换电子元件
		磁场继电器工作不良		① 继电器线圈或电阻断路、短路 ② 触点接触不良	① 更换磁场继电器 ② 清理触点脏污

续表

故障现象	故障部位		可能原因	处理方法
充电电流过大	调节器	调整值过高	① 调整不当 ② 触点接触不良	① 重新调整 ② 清理高速触点脏污
		调节器不工作	① 磁化线圈断路或短路 ② 加速电阻断路 ③ 低速触点烧结	更换调节器
充电电流过小	接线		接线接头松动	重新接牢所有连线
	发电机发电不足		① 发电机皮带过松 ② 个别二极管不工作 ③ 电刷接触不良 ④ 三相绕组或励磁绕组有故障	① 调整皮带张力 ② 更换损坏的二极管 ③ 清理滑环油污、炭泥 ④ 修理绕组
	调节器		① 电压值调整偏低 ② 调节器触点脏污 ③ 继电器触点接触不良	① 调整电压值至规定数值 ② 清理触点脏污 ③ 清理触点脏污
充电电流不稳定	接线		接头松动	重新接牢所有连线
	发电机		① 发电机皮带过松 ② 电刷压力不足，接触不良 ③ 三相绕组或励磁绕组故障	① 调整皮带张力 ② 调整电刷压力，更换电刷 ③ 修理绕组
	调节器	调节器不稳定	触点式 ① 触点脏污接触不良 ② 线圈、电阻故障	① 清理触点脏污 ② 更换调节器
			晶体管式 电子元件性能变坏	更换电子元件
		磁场继电器工作不良	① 触头接触不良 ② 线圈或电阻断路、短路	① 清理触点脏污 ② 更换磁场继电器

思 考 题

1. 简述车用交流发电机的作用和组成。
2. 常用交流发电机电压调节器有哪几种类型？
3. 简述 JIFT106 晶体管电压调节器的原理。
4. 充电系统不充电的现象是什么？不充电的原因有哪些？
5. 充电电流过小的现象是什么？原因是什么？

第3章

起动系统

【学习提示】

起动系统简称起动系，起动系的作用就是将蓄电池的电能转变为电动机的机械能，带动发动机曲轴旋转，起动发动机。目前汽车广泛采用电力起动。

【学习目标】

- 掌握起动系统的组成及作用
- 掌握起动机的组成、作用及典型起动机的工作过程
- 掌握起动机的正确使用
- 掌握起动机的拆装与检修
- 掌握起动系的常见故障的诊断及排除
- 了解起动机性能试验

【考核标准】

- 能够清晰地叙述典型起动机的工作过程
- 能够识别出起动系统的各个部件
- 能够独立的拆装起动机
- 能够诊断排除起动机的常见故障

3.1 概述

发动机是靠外力起动的。通常把汽车发动机曲轴在外力作用下，从开始旋转到怠速运转的过程，称为发动机的起动。

3.1.1　发动机常用的起动方式

发动机常用的起动方式有人力起动和电力起动两种。

人力起动是用手摇或绳拉，是最简单的起动方式，目前只在少部分汽车车型上保留着人力起动装置，以作后备之用。

电力起动是由直流电动机产生动力后通过传动机构将发动机起动，它具有操作简单、安全可靠、起动迅速并可重复起动等优点，在现代汽车上广为采用。

3.1.2　起动机的作用

电力起动机的作用就是将电能转变为机械能，带动发动机曲轴旋转，使发动机起动。完成起动任务后再立即停止工作。

3.1.3　起动机的分类

起动机的类型按传动机构及控制装置等不同而有不同的分类。

1．按控制装置不同分类

（1）直接操纵式起动机

直接操纵式起动机是用脚踏或者是手拉直接控制起动机的主电路开关来接通或切断主电路。这种方式结构简单、工作可靠，但要求起动机、蓄电池靠近驾驶室，因此对安装布局限制很大，而且操作不方便，劳动强度大，现代汽车很少采用了。

（2）电磁操纵式起动机

电磁操纵式起动机（也称为电磁控制式起动机）是由按钮或者是点火开关控制继电器，再由继电器控制起动机的主开关来接通或切断主电路。这种控制方式可以实现远距离控制，操作方便，被现代汽车广泛采用。

2．按传动机构的工作原理不同分类

（1）惯性啮合式起动机

惯性啮合式起动机是依靠驱动齿轮的惯性力，配合大导距螺旋槽，自动啮入飞轮齿圈。起动后，小齿轮又靠惯性力自动与飞轮齿圈脱开。这种机构结构非常简单，但因为啮合力太小不能传递较大的转矩，故可靠性差，现在很少使用。

（2）强制啮合式起动机

强制啮合式起动机是靠电磁力推动拉杆，强制小齿轮啮入飞轮齿圈。强制啮合式起动机因为其工作可靠，仍被现代汽车采用。

（3）电枢移动式起动机

电枢移动式起动机是靠起动机磁极磁通的吸引力，使电枢沿着轴向移动而使小齿轮啮入飞轮齿圈的。起动后，再由回位弹簧使电枢回位，使小齿轮与飞轮齿圈脱离啮合。这种啮合机构常用于大功率的柴油汽车上。

（4）齿轮移动式起动机

齿轮移动式起动机是靠电磁开关推动安装在电枢轴孔内的啮合杆，而使小齿轮啮入飞轮齿圈的。

（5）减速式起动机

减速式起动机是靠电磁吸引力推动单向离合器，使小齿轮啮入飞轮齿圈的。

3. 按电动机磁场建立的方式不同分类

（1）电磁式

电磁式的电动机的磁场是通过给绕在铁芯上的励磁绕组通电来建立的。

（2）永磁式

永磁式的电动机的磁场是直接用永久磁铁来建立的。

3.1.4 起动机的规格型号

起动机的型号根据QC73—97《汽车电气设备产品型号编制法则》的规定进行编制。包括五部分。

① 第一部分表示产品的名称，用 QD 表示；如果是永磁式的，用 QDY 表示；如果是减速式的，用 QDJ 表示。

② 第二部分表示起动机的电压等级，用数字表示，1 表示 12V，2 表示 24V。

③ 第三部分表示起动机的功率等级，用数字表示，见表 3.1。

表 3.1　　　　　　　　　　　　　　　起动机功率等级代号

功率等级代号	1	2	3	4	5	6	7	8	9
功率/kW	~1	>1~2	>2~3	>3~4	>4~5	>5~6	>6~7	>7~8	>8~9

④ 第四部分表示起动机的设计序号，用数字表示。

⑤ 第五部分表示起动的变型代号，用数字表示。

3.1.5 起动机安装位置

起动机安装在汽车发动机飞轮壳前端的座孔上，利用起动机后端盖凸缘孔，用螺栓紧固在发动机左侧，也有的车型是固定在发动机右侧。

3.2 起动机的组成及结构

起动机总成一般由直流串励式电动机、传动机构、控制装置三大部分组成。

3.2.1 直流串励式电动机

1. 直流串励式电动机的作用

直流串励式电动机的作用是将蓄电池的电能转化成为机械能，产生电磁转矩，起动发动机。

2. 直流串励式电动机的组成

直流串励式电动机主要由电枢、换向器、磁极、电刷、轴承、机壳等主要部件构成。

（1）电枢和换向器

电枢是直流电动机的旋转部分，也称电动机的转子，包括电枢轴、铁芯、绕组，如图 3.1 所示。为了获得足够的转矩，通过电枢绕组的电流一般为 200～600A，因此电枢绕组采用较粗的矩形裸铜导线绕制而成。为了防止裸铜导线绕组间短路，在铜线与铜线之间、铜线与铁芯之间，用绝缘性能良好的绝缘纸隔开。较粗的裸铜导线在高速时易在离心力作用下被甩出，因此在铁芯线槽口的两端应将铁芯用轧纹挤紧。

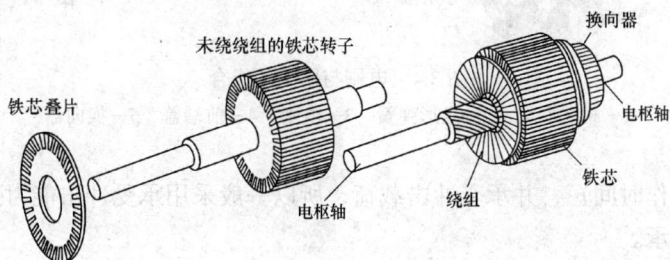

图 3.1　电枢

换向器由铜片和云母片叠压而成，电枢绕组各线圈的端头均焊接在铜片上，通过铜片和电刷将蓄电池的电流引进来。

（2）磁极

磁极也称电动机的定子，由电动机壳体内的磁极铁芯和绕在铁芯上的励磁绕组组成，用来建立电动机磁场。磁极结构如图 3.2 所示。为了起动机能产生较大的电磁转矩，磁极数目一般是 4 个，大功率的起动机则多至 6 个。在 4 个磁极起动机中，这 4 个线圈有的是互相串联后再与电枢绕组串联的，如图 3.3（a）所示；有的两个线圈分别串联后并联再与电枢绕组串

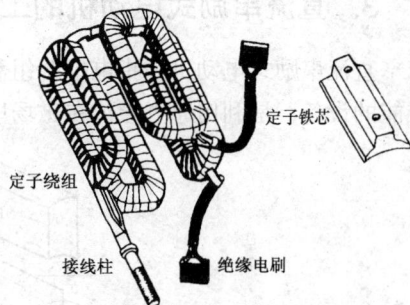

图 3.2　磁极（定子）

联，如图 3.3（b）所示；因为后一种产生的电阻小，转矩大，所以应用的更多。图 3.3 中，励磁绕组一端接在外壳的绝缘接线柱上，另一端与两个非搭铁电刷相连，当起动开关接通时，起动机的电流的路径为蓄电池 1 正极→起动开关 2→接线柱 3→励磁绕组 4→非搭铁电刷 6→电枢绕组（图中看不到，可参看图 3.1）→搭铁电刷 5→搭铁→蓄电池 1 负极。

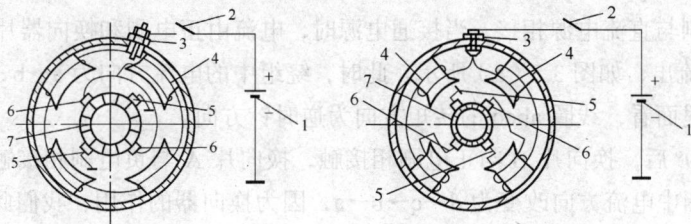

（a）励磁绕组串联　　　　　　（b）励磁绕组串并联

图 3.3　起动机接线图

1—蓄电池　2—起动开关　3—接线柱　4—励磁绕组　5—搭铁电刷　6—非搭铁电刷　7—换向器

（3）电刷

电刷呈棕红色，由铜和石磨粉压制而成，以减少电阻并增加其耐磨性。电刷架一般为框式结构，其中正极刷架与端盖绝缘后再固定安装，负极刷架直接搭铁。电刷置于电刷架中。刷架上装有弹性较好的盘形弹簧。电刷与刷架的组合如图 3.4 所示。

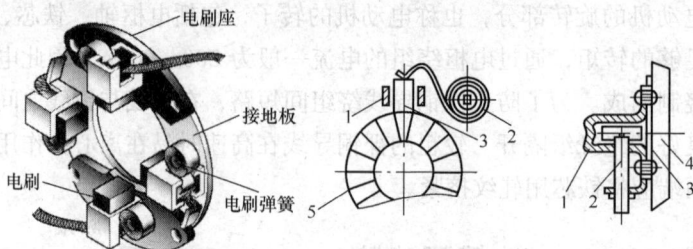

图 3.4　电刷与刷架的组合

1—框式刷架　2—盘形弹簧　3—电刷　4—前端盖　5—换向器

（4）轴承

因为起动机工作时间短，并承受冲击载荷，所以一般采用承受冲击能力强的青铜石磨轴承或者是铁基含铀轴承。

（5）机壳

机壳是起动机的基础件，起动机的开关、磁极、电枢及其他各种部件都安装在机壳上面。

3. 直流串励式电动机的工作原理

直流串励式电动机是指电枢绕组和励磁绕组串联的电动机。直流电动机是将电能转化成机械能的设备，是利用通电导体在磁场里能够旋转的原理工作的，如图 3.5 所示。

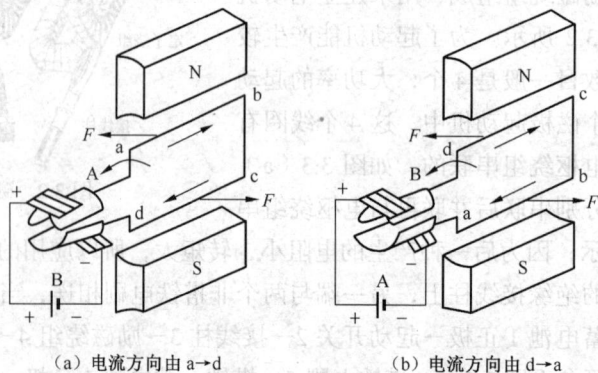

（a）电流方向由 a→d　　　　　（b）电流方向由 d→a

图 3.5　直流串励式电动机的工作原理

电动机的电刷与直流电源相接，当接通电源时，电流由正电刷和换向器片 A 流入，从换向器片 B 和负电刷流出，如图 3.5（a）所示。此时，绕组中的电流方向为 a→b→c→d，由左手定则可知从外侧向里面看，线圈 abcd 的转矩方向为逆时针方向。

电枢转过 180°后，换向片 B 与正电刷相接触，换向片 A 与负电刷相接触，如图 3.5（b）所示。此时，线圈中电流方向改变为 d→c→b→a，因为换向器的作用，我们此时用左手定则来判断，线圈 abcd 的转矩方向仍保持逆时针方向不变。

由电工学知识可知，电枢轴上产生的电磁转矩 M 的大小，与电枢电流 I_S 及磁极磁通 $\varPhi$ 的大小成正比，可表示为

$$M = K_M \Phi I_S \quad\quad (3.1)$$

式中，M——电磁转矩，单位为 N·m；

    k_M——与电动机的磁极对数、绕组个数有关的常数；

    I_S——电枢电流，单位为 A；

    Φ——磁极磁通，单位为 Wb。

直流电动机接入电源时，产生电磁转矩使电枢转动，而电枢旋转时绕组导线又会切割磁力线，产生感应电动势也称反电动势，反电动势由公式 3.2 决定：

$$E_f = k_e \Phi n \quad\quad (3.2)$$

式中，E_f——电动机的反电动势，单位为 V；

    k_e——与电动机结构有关的常数；

    n——电动机的转速，单位为 r/min。

这样，在直流串励式电动机中，直流电源电压除一部分消耗在电枢绕组和励磁绕组上之外，还有一部分用来平衡反电动势，得到其电压平衡方程式：

$$U = E + I_S(R_S + R_L) \quad\quad (3.3)$$

将公式 3.2 代入公式 3.3 并整理得到：

$$I_S = \frac{U - E}{R_S + R_L} = \frac{U - k_e \Phi n}{R_S + R_L} \quad\quad (3.4)$$

式中，U——外加直流电源电压，单位为 V；

    R_S——电枢绕组电阻，单位为Ω；

    R_L——励磁绕组电阻，单位为Ω。

由此可见，当电动机的负荷增加时，由于轴上的阻力矩增大，转速 n 降低，导致反电动势 E 减小，电枢电流 I_S 增大，所以产生的电磁转矩 M 增大，直至增加到与阻力矩相等时为止，电动机将在新的负荷下以新的较低的转速平稳运转。反之，当电动机的负荷减小时，阻力矩减小，转速 n 升高，反电动势 E 增大，电枢电流 I_S 减小，产生的电磁转矩 M 减小，直至减小到与阻力矩相等时为止，电动机将在较高的转速下平稳运转。这就是直流电动机转矩自动调节原理。

4. 直流串励式电动机的工作特性

（1）转矩特性

电动机转矩与电流的关系 $M = f(I)$，称为转矩特性。

在磁路未饱和时，直流串励式电动机的磁通与电枢电流成正比，即$\Phi = K_1 I_S$，代入公式 3.1 得

$$M = K_M K_1 I_S I_S = K I_S^2 \quad\quad (3.5)$$

式中，K——电动机常数，令 $K = K_M K_1$。

由于磁路未饱和时直流串励式电动机的转矩与电枢电流的平方成正比，所以起动时的最大电枢电流产生的最大转矩足以克服发动机的阻力矩，使发动机的起动变得很容易。短时间内可以获得大的转矩是汽车起动机采用直流串励式电动机的一个主要原因。

国产 QD124 型起动机的转矩特性如图 3.6 所示。

（2）转速特性

电动机转速与电流的关系 $n = f(I)$，称为转速特性。

直流串励式电动机在重载时，电枢电流较大，这将引起电动机内外电路中的电压降增大；在磁路未饱和的情况下，较大的电枢电流使磁极磁通也相应增加。在考虑电路中的接触电阻及导线电阻，那么电路中的电压平衡方程为

$$E_X = K_e \Phi n + I_S \sum R \qquad (3.6)$$

整理为

$$n = \frac{E_X - I_S \sum R}{K_e \Phi} \qquad (3.7)$$

式中，E_X——蓄电池端电压，单位为 V；

$\sum R$——起动电路总电阻，包括 R_S、R_L、蓄电池内阻、电刷接触电阻等，单位为Ω。

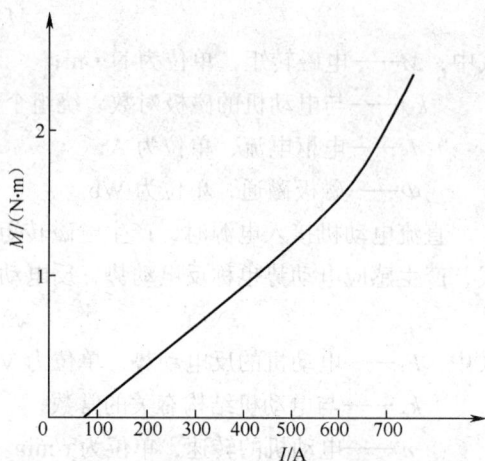

图 3.6　QD124 型起动机转矩特性曲线

通过公式 3.7 可知，当重载时，由于 $I_S \sum R$ 增加，Φ 增加，电动机的转速 n 随着电枢电流 I_S 的增加而急剧下降。反之，轻载时 n 随着电枢电流 I_S 的减小而很快上升。由于直流串励式电动机具有轻载转速高，重载转速低的特性使起动安全，这是汽车起动机采用串励式电动机的又一个重要原因。

但是，轻载或空载时的高转速，容易使串励式电动机发生飞车事故。所以要避免轻载，虽然汽车起动机的功率比较小，但也不能在轻载或空载下长期运转。

QD124 型起动机转速特性曲线如图 3.7 所示。

（3）功率特性

电动机功率与电流的关系 $P = f(I)$，称为功率特性特性，曲线如图 3.8 所示。

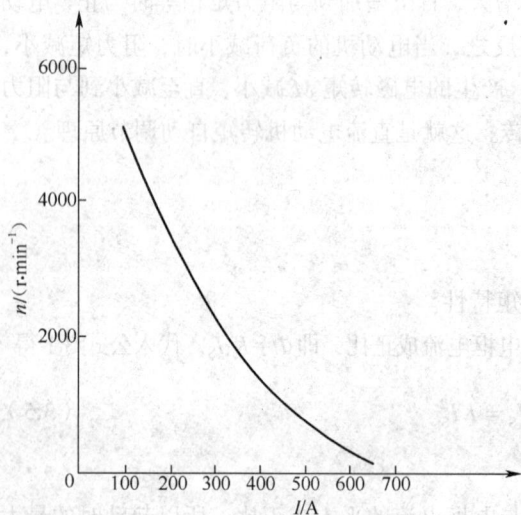

图 3.7　QD124 型起动机转速特性曲线

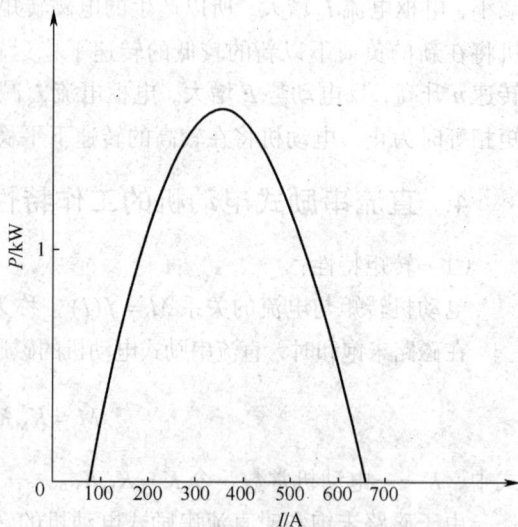

图 3.8　QD124 型起动机功率特性曲线

起动发动机所必需的功率，决定于发动机的最低起动转速和发动机的起动阻力矩，如公式 3.8 所示：

$$P = \frac{Mn}{9\,550} \qquad (3.8)$$

式中，*P*——功率，单位为 kW；

　　M——起动阻力矩，单位为 N·m；

　　n——最低起动转速，单位为 r/min。

当电动机完全制动时，转速为零，输出功率为零，转矩达到最大值。空载时电流最小，转速最大，输出功率也为零。当电枢电流接近制动电流一半时，电动机输出功率最大。起动机在实际使用时运转时间很短，因此，将其最大功率作为额定功率。起动机短时间内可以获得最大功率，这是采用直流串励式电动机的又一个原因。

5. 影响起动机功率的主要因素

为了使发动机能迅速可靠地起动，起动机必须具有足够的功率。如果起动机功率不够，就会使重复起动的次数增多，起动时间延长，这不仅对蓄电池不利，并且对燃料的消耗、零件的磨损以及汽车的工作都不利。

（1）接触电阻和导线电阻的影响

电刷与换向器接触不良，电刷弹簧张力减弱，导线与蓄电池接线柱连接不牢，导线过长或者过细，都会使电阻增加，电流下降，功率下降。

（2）蓄电池容量的影响

蓄电池容量越小，其内阻越大，内阻上的电压降也越大，因而供给起动机的电压降低，也会使起动机功率减小。

（3）温度的影响

当温度降低时，由于蓄电池电解液黏度增大，内阻增加，会使蓄电池容量和端电压急剧下降，起动机功率将会显著降低。

3.2.2　传　动　机　构

传动机构又称啮合机构、单向离合器、单向啮合器，本书以下简称为单向离合器。起动机的传动机构是起动机的主要组成部件，包括单向离合器和拨叉两个部分。

1. 单向离合器

单向离合器的作用是在起动时，让驱动齿轮与飞轮齿圈啮合，将电动机的电磁转矩传递给发动机使之起动，在发动机起动后使驱动齿轮与飞轮齿圈脱离啮合，自动打滑，保护起动机不致飞散损坏。常见的单向离合器主要有滚柱式、摩擦片式、弹簧式三种。

（1）滚柱式单向离合器

滚柱式单向离合器是目前国内外汽车起动机中使用最多的一种，轿车、微型、小型旅行车的起动机均采用它。

① 滚柱式单向离合器的构造。其构造如图 3.9 所示。其中，驱动齿轮与外壳制成一体。外壳内装有十字块和 4 套滚柱及滚柱连弹簧，十字块上留有楔形空间，楔形空间窄的部分比滚柱的直径要小，宽的空间要比滚柱的直径大，十字块与花键套筒固定连接。花键套筒的外面装有缓冲弹簧及衬圈，末端固装着拨环与卡圈。整个单向离合器总成利用花键套筒套在起动机电枢轴的螺旋花键部位上，可以作轴向移动或随轴转动。

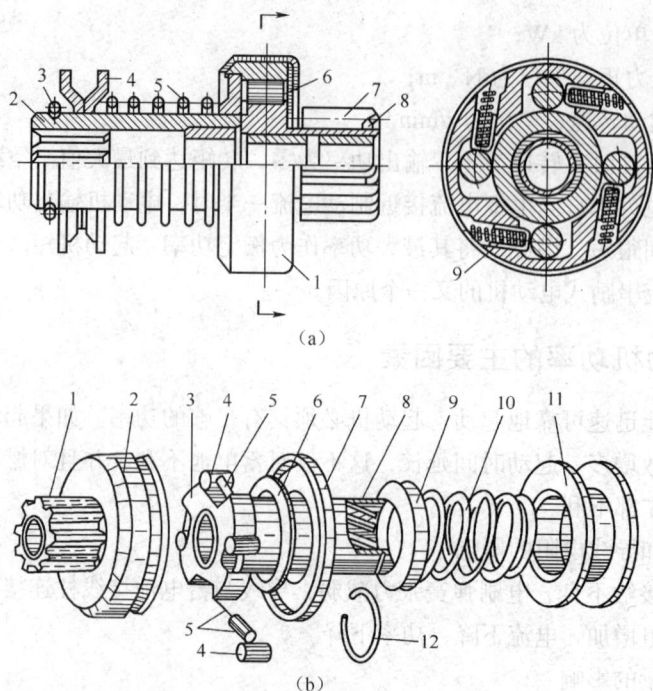

图 3.9　滚柱式单向离合器的结构

1—驱动齿轮　2—外壳　3—十字块　4—滚柱　5—弹簧　6—垫圈　7—护盖　8—花键套筒
9—弹簧座　10—啮合弹簧　11—拨环　12—卡簧

② 滚柱式单向离合器的工作原理。如图 3.10（a）所示，发动机起动时，经拨叉将单向离合器沿花键推出，驱动齿轮啮入发动机飞轮齿圈。电枢转矩经传动套筒传给十字块，使十字块随同电枢轴旋转。转动的瞬间，十字块顺时针转动，而滚柱在惯性的作用下，逆时针转动，使滚子滚向窄的空间而卡死，将外壳与十字块压成一体，于是电枢轴产生的转矩通过驱动齿轮传给飞轮，起动发动机。

如图 3.10（b）所示，发动机起动后，飞轮带动驱动齿轮高速旋转，当驱动齿轮的速度大于十字块的速度时，滚柱滚向宽的空间而打滑，这样，驱动齿轮高速旋转的力就不会传给电枢轴，防止了电枢轴超速旋转的危险。起动后，由于拨叉回位弹簧的作用，单向离合器退回，驱动齿轮与飞轮齿圈脱离啮合。

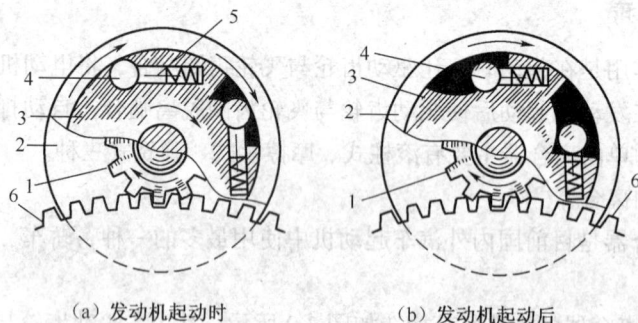

（a）发动机起动时　　　　　（b）发动机起动后

图 3.10　滚柱式单向离合器的工作原理

③ 滚柱式单向离合器的特点。滚柱式单向离合器具有结构简单、坚固耐用、体积小、质量小、工作可靠等优点，因此得到广泛采用。其不足是滚柱容易失效，不能用于大功率起动机上。主要应用在中小型车上。

（2）摩擦片式单向离合器

① 摩擦片式单向离合器的构造。摩擦片式单向离合器的驱动齿轮与外接合鼓做成一个整体，在外接合鼓的内壁有 4 道轴向槽沟，钢质从动摩擦片利用外围 4 个齿插装其中。在花键套筒的一端表面也有 3 条螺旋花键，其上套着内接合鼓。内接合鼓的表面也有 4 条轴向槽沟，用来插放主动摩擦片的内突齿。主动摩擦片和从动摩擦片彼此相间地排列组装。内接合鼓的外面装有缓冲弹簧，端部固装着拨环。其结构如图 3.11（a）所示。

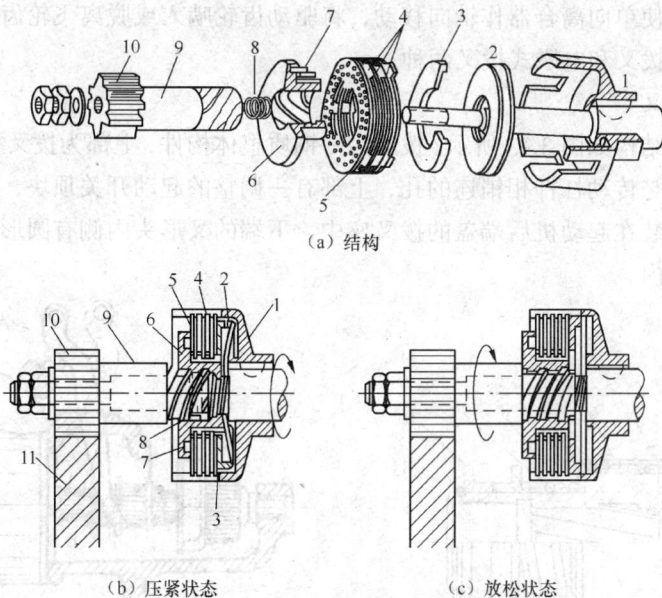

（a）结构

（b）压紧状态　　　　（c）放松状态

图 3.11　摩擦片式单向离合器

1—外接合鼓　2—弹性圈　3—压环　4—主动片　5—被动片　6—内接合鼓　7—小弹簧
8—减振弹簧　9—齿轮柄　10—驱动齿轮　11—飞轮

② 摩擦片式单向离合器的工作原理。单向离合器总成在起动机不工作时，主、从动摩擦片之间处于无摩擦力状态。发动机起动时，通过拨叉推动拨环使内接合鼓沿 3 条螺旋花键向外移动，主动和从动摩擦片相互压紧，具有了摩擦力。当驱动齿轮啮入飞轮齿圈时，起动发动机，带动曲轴旋转。发动机起动后，驱动齿轮被飞轮齿圈带动作高速旋转，在惯性力的作用下，内接合鼓沿 3 条螺旋花键向内移动，于是主动和从动摩擦片之间的摩擦力消失而打滑，防止了电枢超速飞散的危险。

③ 摩擦片式单向离合器的特点。摩擦片式单向离合器能够传递大转矩，能防止超载损坏起动机，多用在大功率起动机上。但由于摩擦片容易磨损而影响起动性能，需要经常检查、调整或更换摩擦片。此外，摩擦片式单向离合器结构比较复杂，耗用材料较多，加工费时，而且不便于维修，一般出现故障直接更换。

（3）弹簧式单向离合器

① 弹簧式单向离合器的构造。弹簧式单向离合器的主动套筒套装在电枢轴的花键上，小齿轮套筒套在电枢轴的光滑部分，在小齿轮套筒与主动套筒外圆上装有驱动弹簧，驱动弹簧内径略小于两套筒的外径。其结构如图 3.12 所示。

② 弹簧式单向离合器的原理。起动发动机时，拨叉拨动滑环，并压缩弹簧，推动单向离合器向飞轮齿圈一端移动，使驱动小齿轮啮入飞轮齿圈。电枢旋转时带动主动套筒旋转，在摩擦力的作用下，驱动弹簧被扭紧，将两个套筒抱死，起动机转矩便由此传给飞轮。发动机起动后，

驱动小齿轮和飞轮齿圈的主动与从动关系改变，单向离合器因驱动弹簧被放松而打滑，从而使电枢轴避免了超速运转的危险。

③ 弹簧式单向离合器的特点。弹簧式单向离合器具有结构简单，制造工艺简单，成本低，寿命长，并可传递较大的转矩等优点，但由于驱动弹簧所需圈数较多，使其轴向尺寸增大。

2. 拨叉

拨叉的作用是使单向离合器作轴向移动，将驱动齿轮啮入或脱离飞轮齿圈。汽车上采用的拨叉一般有机械式拨叉和电磁式拨叉两种。

（1）机械式拨叉

机械式拨叉的结构如图 3.13 所示。拨叉为一铜质整体构件，上部为拨叉杆，下部为拨叉头。拨叉杆的顶端有一与传动杠杆相销连的孔，上部有一调整的起动开关顶块，中间有一轴孔，用销钉和回位弹簧安装在起动机后端盖的拨叉座中，下端的叉形头内侧有圆形拨销，插装于单向离合器的拨环槽沟内。

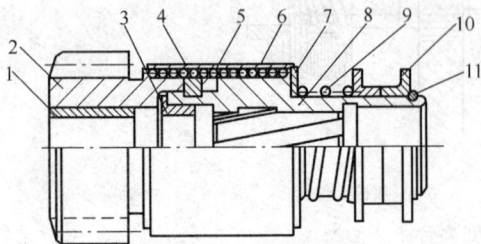

图 3.12　弹簧式单向离合器

1—衬套　2—驱动齿轮　3—挡圈　4—月形圈　5—扭力弹簧　6—护套　7—垫圈　8—传动套筒　9—缓冲弹簧　10—移动衬套　11—卡簧

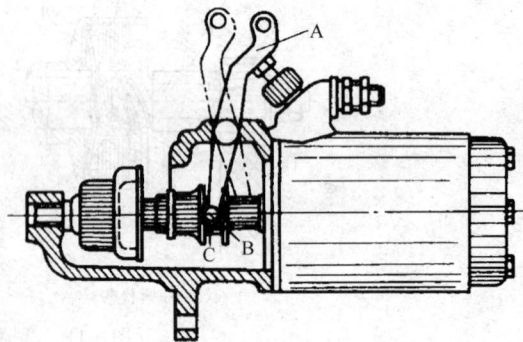

图 3.13　机械式拨叉的结构

A—拨叉杆　B—拨叉头　C—单向离合器拨环

起动发动机时，踏下起动踏板，经传动杠杆使拨叉克服回位弹簧张力绕轴转动，下端的拨叉头即可将单向离合器沿轴向推出，使驱动齿轮啮入飞轮齿圈，如图 3.13 所示的实线位置。起动结束后，驾驶员松开踏板，拨叉在回位弹簧作用下回位，拨叉将处于打滑状态下的单向离合器拨回，使驱动齿轮脱离飞轮齿圈，如图 3.13 所示的双点划线位置。

机械式拨叉结构简单，操作方便，工作可靠，故障少，这些是它的优点。它的不足是驱动齿轮啮入时缺乏过渡性，操作也比较费力，安装位置受到一定限制。

（2）电磁式拨叉

电磁式拨叉的结构如图 3.14 所示。这种电磁式拨叉用外壳封装于起动机壳体上，由可动部分和静止部分组成。可动部分包括拨叉和电磁铁芯，两者之间用螺杆可动地连接。静止部分包括绕在电磁铁芯钢套外的线圈、拨叉轴和回位弹簧。

发动机起动时，按下按钮或起动开关，线圈通电产生电磁力将电磁铁芯 3 向右吸引，于是带动拨叉 10 上端向右移动，由拨叉 10 把单向离合器向左推动，使驱动齿轮啮入飞轮齿圈。发动机起动后，只要松开按钮或开关，线圈即断电，电磁力消失，在回位弹簧的作用下，电磁铁芯 3 退出，拨叉 10 返回，拨叉 10 将打滑工况下的单向离合器拨回，驱动齿轮脱离飞轮齿圈。

电磁式拨叉的结构紧凑，操作省力又方便，还不受安装位置的限制，因此现代汽车的起动机几乎全部采用这种拨叉。

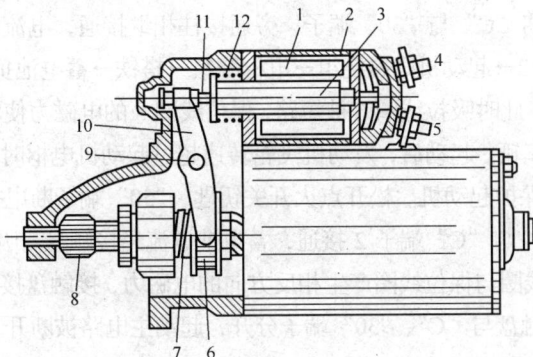

图 3.14 电磁式拨叉的结构

1—线圈 2—外壳 3—电磁铁芯 4—接线柱 5—接线柱 6—拨环 7—缓冲弹簧
8—驱动齿轮 9—拨叉轴 10—拨叉 11、12—弹簧

3.2.3 控 制 装 置

控制装置的作用是接通和切断起动机与蓄电池之间的电路。工作中通过电磁开关与拨叉合装在一起，利用电磁反应控制蓄电池和起动机的电动机的电路通断。在有些车上还具有控制点火线圈附加电阻电路通断的作用。电磁开关有直接控制式和带起动继电器的控制式。

1. 直接控制式的电磁开关

电磁控制强制啮合式起动机采用电磁控制电路。在电路中采用起动机的电磁开关作为控制电路的一部分。在各种控制电路中，电磁开关的作用和工作原理都是相同的，图 3.15 所示为基本的电磁控制电路。

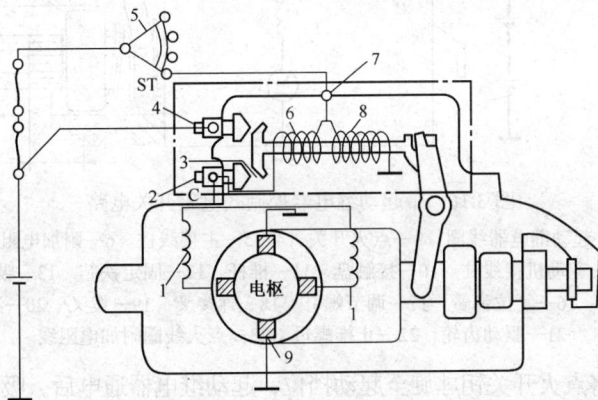

图 3.15 起动机控制电路

1—励磁绕组 2—"C"端子 3—旁通接柱 4—"30"端子 5—点火开关
6—吸拉线圈 7—"50"端子 8—保位线圈 9—电刷

起动时，点火开关钥匙打到"ST"位，电流由蓄电池正极→"50"端子 7→吸拉线圈 6→导电片→"C"端子 2→起动机励磁绕组→电枢绕组→搭铁→蓄电池负极，起动机慢慢转动，同时电流由电磁开关"50"端子 7 经保位线圈 8，回到蓄电池负极。吸拉线圈与保位线圈产生同方向的电磁力，

在电磁力作用下，铁芯压缩回位弹簧，向左移动，带动拨叉，使驱动小齿轮与发动机飞轮齿圈啮合，电磁开关内的接触盘此时将"C"与"30"端子、旁通接柱相继接通，电流由蓄电池正极→"30"端子4→接触盘→"C"端子2→起动机励磁绕组→电枢绕组→搭铁→蓄电池负极，起动机主电路接通，起动机电枢产生电磁转矩，此时吸拉线圈6被短路，保位线圈8的电磁力使驱动小齿轮与飞轮齿圈保持啮合，保证发动机起动车辆。起动后，发动机飞轮转速超过起动机电枢时，单向离合器切断飞轮与小齿轮之间的动力传递，保护起动机。松开点火开关钥匙，"50"端子断电，由于机械惯性，短时间内接触盘仍将"30"端子4与"C"端子2接通，蓄电池电流经接触盘→吸拉线圈6→保位线圈8→搭铁→蓄电池负极，吸拉线圈与保位线圈产生相反方向的电磁力，接触盘接触不牢，在回位弹簧的作用下，铁芯迅速回位，接触盘与"C"、"30"端子分开，起动主电路被断开，起动完毕。

2. 带继电器的电磁开关

现代汽车起动机多装有组合继电器。组合继电器一般由起动继电器和保护继电器组成。

（1）带起动继电器的电磁开关

QD124型起动机采用带起动继电器控制的电磁开关，其控制电路接线图如图3.16所示。

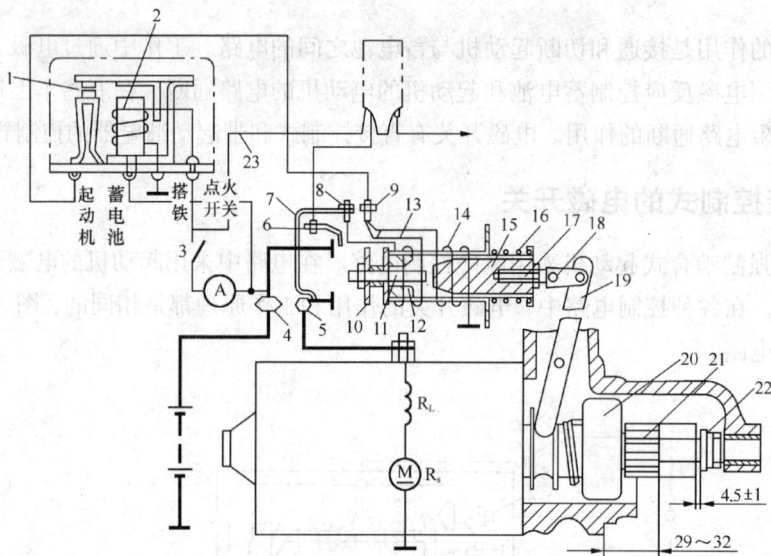

图3.16 带起动继电器控制式电磁开关电路

1—起动继电器触点 2—起动继电器线圈 3—点火开关 4、5—主接线柱 6—附加电阻短线接线柱 7—导电片 8—吸拉线圈接线柱 9—起动机接线柱 10—接触盘 11—推杆 12—固定铁芯 13—吸拉线圈 14—保持线圈 15—活动铁芯 16—复位弹簧 17—调节螺钉 18—连接叉 19—拨叉 20—滚柱式离合器 21—驱动齿轮 22—止推螺母 23—点火线圈附加电阻线

发动机起动时，将点火开关钥匙旋至起动挡位，起动继电器通电后，吸可动臂使触点闭合，接通了电磁开关线圈电路，起动机投入工作。发动机起动后，只需松开点火开关钥匙，点火开关自动转回到点火工作挡位，起动继电器线圈断电触点打开，电磁开关也随即断开，起动机停止工作。

利用起动继电器控制电磁开关，能减小通过点火开关起动触点的电流，避免烧蚀触点，延长使用寿命。

（2）带组合继电器的电磁开关

图3.17所示为CA1092型载货汽车的组合继电器电路。组合继电器由起动继电器和保护继

电器组成。起动继电器的作用是保护点火开关的，避免供给起动机电磁开关的大电流流经点火开关，损坏点火开关。起动继电器由触点 K_1，线圈 L_1 及铁芯组成。保护继电器的作用是防止汽车运行期间驾驶员误操作把点火开关放到起动挡引起起动机工作的，在汽车运行期间对起动机起到自锁的作用，主要由触点 K_2、线圈 L_2、铁芯组成。

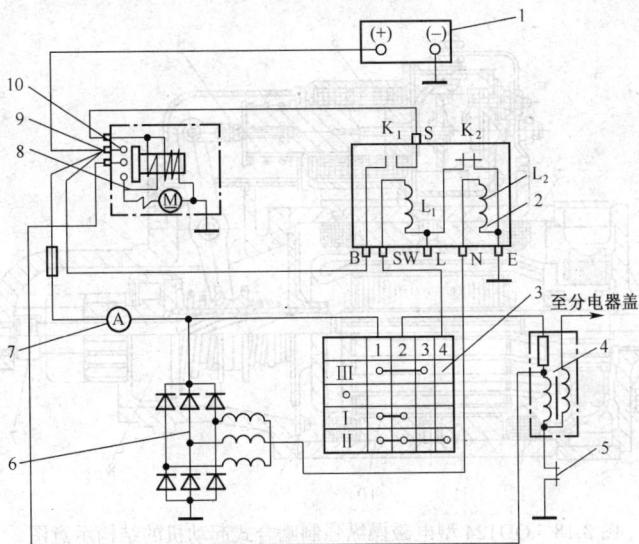

图 3.17　CA141 型载货汽车起动组合继电器电路

1—蓄电池　2—起动机组合继电器　3—点火开关　4—点火线圈 5—分电器触点　6—交流发电机　7—电流表
8—起动机接线柱　9、10—起动机电磁开关接线柱　K_1—组合继电器常开触点　K_2—组合继电器常闭触点
L_1—起动继电器线圈　L_2—保护继电器线圈

当点火开关 3 处于 2 挡时，起动继电器的线圈 L_1 通电，起动系统工作电路为蓄电池 1 的正极→电磁开关接线柱 10→电流表 7→点火开关 3→组合继电器的 SW 接线柱→起动机电器线圈 L_1→触点 K_2→接线柱 E→搭铁→蓄电池负极。触点 K_1 吸合，起动机的吸拉线圈、保位线圈获得电流，产生吸力，使起动机小齿轮与飞轮齿圈啮合，同时将主电路触点接通，起动机工作。

发动机点火工作后，交流发电机 6 的中性点的对地电压（约发电机调节电压的 1/2）向起动机保护继电器线圈 L_2 供电，使触点 K_2 断开，同时也切断了起动继电器线圈 L_1 的搭铁电路，当发动机正常工作时，即使误将点火开关扳到 2 挡，起动机也不能获得电流，起动机的驱动齿轮也不会与飞轮齿圈啮合，避免打坏飞轮齿圈与起动机的小齿轮，起到了保护起动机的作用。

3.3

典型起动机的工作过程

3.3.1　电磁操纵强制啮合式起动机

电磁操纵强制啮合式起动机通过电磁开关控制主电路的通断，而驱动齿轮与飞轮齿圈的啮合与退出，是由一套杠杆机构来控制的装置。

1. 起动机的结构

图3.18所示为EQ1090型载货汽车使用的QD124型电磁操纵强制啮合式起动机的结构示意图。

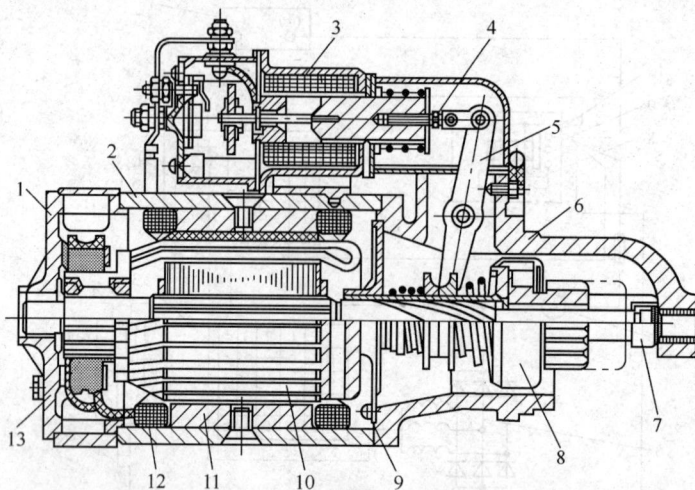

图3.18　QD124型电磁操纵强制啮合式起动机的结构示意图

1—前端盖　2—机壳　3—电磁开关　4—调节螺钉　5—拨叉　6—后端盖　7—限位螺钉
8—单向啮合器　9—中盖　10—电枢　11—磁极　12—励磁绕组　13—电刷

2. 起动机的工作过程

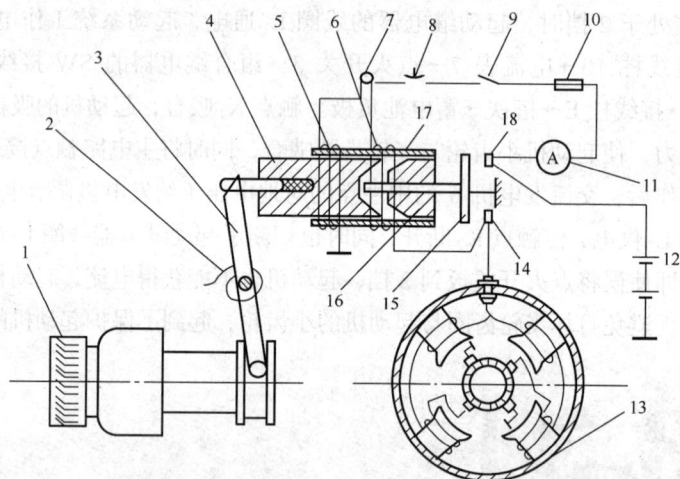

图3.19　电磁操纵强制啮合式起动机电路图

1—驱动齿轮　2—拨叉回位弹簧　3—拨叉　4—活动铁芯　5—保位线圈　6—吸拉线圈　7—接线柱　8—起动按钮
9—起动总开关　10—熔断器　11—电流表　12—蓄电池　13—电动机　14—起动机接线柱
15—接触盘　16—挡铁　17—黄铜套筒　18—蓄电池接线柱

（1）起动机不工作时

驱动齿轮与飞轮齿圈在脱离啮合。

（2）发动机起动时

合上起动总开关 9，按下起动按钮 8，线圈 5 和 6 通电。两线圈的电流路径如下：

蓄电池正极→主接线柱 18→电流表→熔断器 10→起动总开关 9→起动按钮 8→接线柱 7→保位线圈 5→搭铁→蓄电池负极

吸拉线圈 6→起动机接线柱 14→起动机的励磁绕组→绝缘电刷→电枢绕组→搭铁电刷→搭铁→蓄电池的负极

在两个线圈的电磁力的作用下，活动铁芯 4 克服拨叉回位弹簧 2 的弹力向右移动，带动拨叉 3 上端向右移动，拨叉下端向左移动，拨叉下端推动驱动齿轮和飞轮齿圈开始啮合，由于电路中有吸拉线圈电阻的作用，所以电动机产生的转矩比较小，因此驱动齿轮可缓慢地推出与飞轮齿圈进行啮合。活动铁芯 4 在右移的同时推动接触盘 15 右移，使接触盘与接线柱 14 和 18 接通，此时吸拉线圈被短路，铁芯的位置通过保位线圈产生的磁场力来维持一段时间，电动机产生大的正常转矩，同时驱动齿轮和飞轮齿圈也刚好完全啮合，于是带动飞轮齿圈运转，使发动机起动。

（3）发动机起动后

在松开起动按钮的瞬间，电流经接触盘流过吸拉线圈和保位线圈，因为两线圈此时产生的磁场方向相反，加速了退磁，活动铁芯 4 在回位弹簧的作用下回位，驱动齿轮与飞轮齿圈脱离啮合，接触盘回位，起动机停止工作。

3.3.2　减速式起动机

要提高起动系统的起动性能，提高起动机的输出转矩，可以通过增加驱动齿轮和曲轴飞轮之间的传动比来实现，但是由于驱动齿轮和飞轮的尺寸及加工工艺限制了传动比的增加，所以目前汽车采用较多的方法是在电动机电枢轴和输出轴之间增设一级减速装置，从而构成一种新型的起动机，即减速式起动机。减速式起动机还分为平行轴内啮合式、平行轴外啮合式、行星齿轮外啮合式减速起动机。现以 12V11E1.4 型减速式平行轴外啮合式为例进行讲解，它应用在皇冠轿车上。

1. 减速式起动机的结构

它的电动机的结构如图 3.20（a）所示，传动机构采用滚柱式单向啮合器，减速装置采用平行轴外啮合减速齿轮，该装置中有 3 个齿轮，即电枢齿轮、中间齿轮及减速齿轮，如图 3.20（b）所示。控制装置采用电磁控制式，其结构与传统式电磁控制装置基本相同，如图 3.20（c）所示，不同之处在于活动铁芯的左端固装的挺杆经过钢球推动的是驱动齿轮轴，活动铁芯右端绝缘固装着接触盘。

2. 减速式起动机的工作过程

（1）起动机不工作时

起动机不工作时，接触盘与触点分开，驱动齿轮与飞轮齿圈脱离啮合。

（2）起动时

起动时，接通起动开关，吸拉线圈和保位线圈通电，电磁力吸引活动铁芯左移，挺杆推动驱动齿轮轴，使驱动齿轮与飞轮齿圈啮合，同时接触盘接触触点，电动机电路接通，电动机开始旋转。电枢轴产生的转矩经过电枢轴齿轮→中间齿轮→减速齿轮→滚柱式单向啮合器→传动导管螺旋键齿→驱动齿轮轴→驱动齿轮→飞轮齿圈，飞轮齿圈再带动曲轴旋转，使发动机起动。

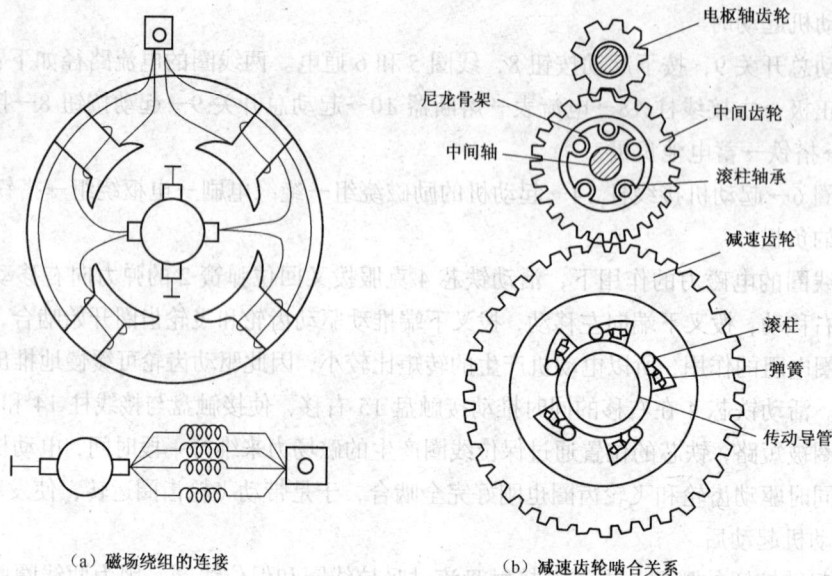

（a）磁场绕组的连接　　　　　　　（b）减速齿轮啮合关系

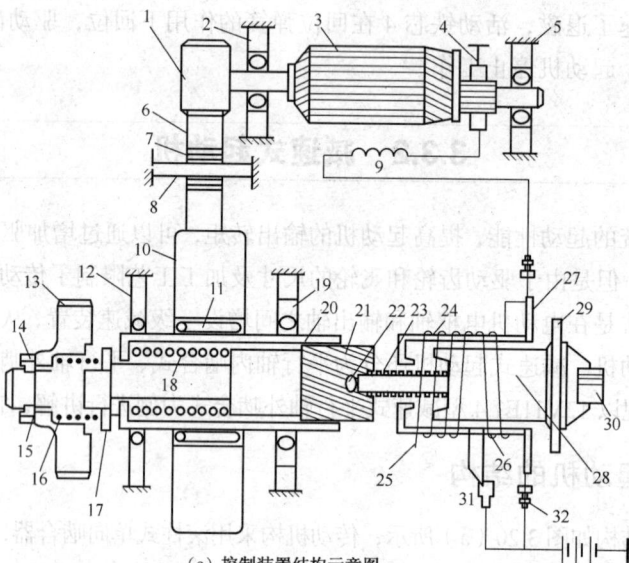

（c）控制装置结构示意图

图 3.20　12V11E1.4 型减速起动机结构原理图

1—电枢轴齿轮　2、5、12、19—球轴承　3—电枢　4—电刷　6—中间齿轮　7—圆柱滚子轴承　8—中间轴承　9—磁场绕组
10—减速齿轮　11—单向啮合器滚柱　13—驱动齿轮　14—挡圈　15—卡环　16、30—缓冲弹簧　17—内键齿挡圈
18—驱动齿轮轴回位弹簧　20—传动导管　21—驱动齿轮轴　22—钢球　23—活动铁芯回位弹簧　24—缸套
25—保位线圈　26—吸拉线圈　27—触点　28—活动铁芯　29—接触盘　31—起动开关　32—接线柱

（3）发动机起动后

发动机起动后，放松起动开关，吸拉线圈和保位线圈断电，活动铁芯在回位弹簧的作用下回位，接触盘与触点分离，电枢停止转动。同时，驱动齿轮轴也在回位弹簧作用下带动驱动齿轮与飞轮齿圈分离，起动机停止工作。

3. 减速式起动机的特点

减速式起动机增大了起动机的转矩，提高了起动性能，减少了蓄电池的耗电量，因而可以采用小型、高转速、低转矩的电动机，使其体积减小，质量减轻。

3.3.3　永磁式起动机

1. 永磁式起动机的结构

永磁式起动机利用永久磁铁制作磁极，取代了普通起动机中的励磁绕组和磁极铁芯。与普通式起动机的另一个不同之处就是在电枢轴的前端装有行星齿轮减速器。驱动齿轮与电枢轴制成一体，行星齿轮套装在行星齿轮架的行星轮轴上，输出轴和行星齿轮架固定连接，如图 3.21 所示。

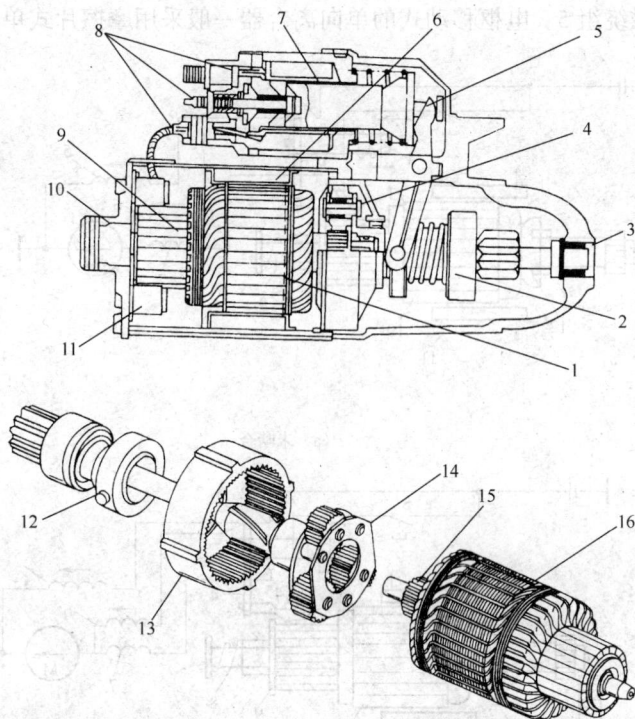

图 3.21　永磁式起动机的构造

1、16—电枢　2—超速传动机构　3、10—轴承　4—行星齿轮减速器总成　5—拨叉　6—永久磁铁　7—活动铁芯　8—电路接线柱　9—换向器　11—电刷　12—驱动圈　13—固定内齿圈　14—行星齿轮架　15—驱动齿轮

2. 永磁式起动机的工作过程

它的工作过程与普通的起动机的相似，这里主要介绍一下不同的地方。

当起动机工作时，驱动齿轮带动行星齿轮转动，由于内齿圈固定不动，所以行星齿轮开始自传，同时在内齿圈公转，从而通过其轴带动行星齿轮架转动，把动力传给输出轴。

3. 永磁式起动机的特点

它具有结构简单、体积小、质量轻等优点，适合安装于空间较小的车辆上，因为永磁式起动机在电枢轴的前端装有行星齿轮减速器，使其具有较大的传动比，可以大大提高起动机的输出转矩，因而可采用小功率的电动机。

3.3.4　电枢移动式起动机

1.　电枢移动式起动机的结构

电枢移动式起动机电路如图 3.22 所示。起动机是借磁极磁力，移动整个电枢而使驱动齿轮啮入飞轮齿圈的。起动机的电枢 10 在回位弹簧 8 的作用下与磁极 11 错开一定距离，换向器比较长。起动机的壳体上装有电磁开关，其磁化线圈由起动开关 S 控制，活动触点为一接触桥 3，接触桥上端较长，下端较短，使起动机电路的接通分两个阶段进行。起动机有 3 个励磁绕组，其中匝数少用扁铜条绕制的为主励磁绕组 7，另外两个用细导线绕制的分别为串联辅助励磁绕组 6 和并联辅助励磁绕组 5。电枢移动式的单向离合器一般采用摩擦片式单向离合器。

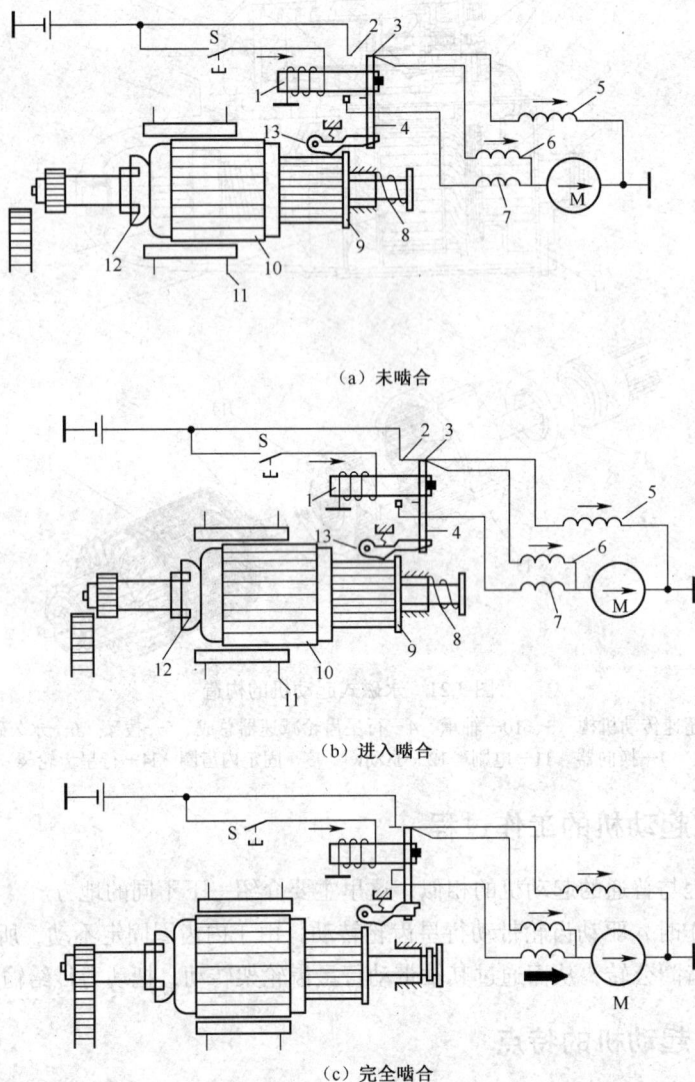

（a）未啮合

（b）进入啮合

（c）完全啮合

图 3.22　电枢移动式起动机的电路图

1—电磁铁　2—静触点　3—接触桥　4—挡片　5—并联辅助励磁绕组　6—串联辅助励磁绕组　7—主励磁绕组
8—回位弹簧　9—圆盘　10—电枢　11—磁极　12—摩擦片单向离合器　13—扣爪

2. 电枢移动式起动机的工作过程

（1）起动机不工作时

在回位弹簧8的作用下，电枢铁芯与磁极错开一定距离，使驱动齿轮与飞轮齿圈脱离啮合，如图3.22（a）所示。

（2）起动机起动时

当接通起动开关S时，电磁铁1产生吸力，吸引接触桥3，但由于扣爪13顶住了挡片4的下端，接触桥只能上端闭合，如图3.22（b）所示，接通了串、并联辅助励磁绕组电路，其

通路为蓄电池正极→静触点 2→接触桥 3 的上端→$\begin{cases}并联辅助励磁绕组5\\串联辅助励磁绕组6\end{cases}$→励磁绕组→电枢绕

组→搭铁→蓄电池负极。并联辅助励磁绕组 5 和串联辅助励磁绕组 6 产生的电磁力克服回位弹簧 8 的作用力，吸引电枢向左移动，起动机驱动齿轮啮入飞轮齿圈。此时，由于串联辅助励磁绕组 6 的电阻大，流过电枢绕组的电流很小，起动机仅以较小的速度旋转，这样电枢低速旋转并向左移动。因此，驱动齿轮与飞轮齿圈啮合柔和，能够避免打齿。这是接入起动机的第一阶段。

电枢移动使小齿轮与飞轮齿圈完全啮合后，固定在换向器端面的圆盘 9 顶起扣爪 13，使挡片 4 脱扣，于是接触桥 3 的下端闭合，如图3.22（c）所示，接通了起动机的主励磁绕组 7 所在的电路，起动机便以正常的工作转矩和转速驱动曲轴旋转，这是接入起动机的第二阶段。在起动过程中，摩擦片式单向离合器 12 接合并传递扭矩。

（3）发动机起动后

发动机起动后，单向离合器松开，曲轴转矩便不能传到起动机轴上。这时起动机处于空载状态，转速增高，电枢中反电动势增大，因而串联辅助励磁绕组 6 中的电流减小。当电流小到磁极磁力不能克服回位弹簧 8 的反力时，电枢 10 在回位弹簧 8 的作用下被移回原位，于是驱动齿轮与飞轮齿圈脱开，扣爪 13 回到锁止位置，截断起动开关，起动机停止工作。

3. 电枢移动式起动机的特点

电枢移动式起动机保护飞车的能力和反击的能力不受功率限制，因此可做成大功率起动机，起动机工作的第一阶段驱动齿轮与飞轮齿圈开始啮合时比较柔和，能够有效的避免打齿。它的不足是，不宜在倾斜位置工作，结构复杂，传动比不能大。此外，当摩擦片磨损后，摩擦力会大大降低，因此需要经常调整。

3.4 起动机的使用、试验、拆装、检修

3.4.1 起动机的正确使用

1. 注意起动的时间问题

起动机每次起动时间不超过 5s，第二次起动间歇时间至少 15s，使蓄电池得以恢复。如果

连续起动三次以上，应在排除故障的基础上停歇 15min 以后。

2. 注意预热

在冬季或低温情况下起动时，应先预热发动机，再使用起动机起动，减少起动机重复工作的次数。

3. 停车后注意断电

发动机起动后，必须立即切断起动机控制电路，使起动机停止工作。

4. 尽可能减小接触电阻

起动机外部应经常保持清洁，起动机的导线连接要牢固，导线的截面积不应太小，各连接导线，特别是与蓄电池相连接的导线不要太细，都应保证连接牢固可靠，避免导线产生的电压降过大。

5. 应尽可能使蓄电池处于充足电的状态

保证起动机在正常工作时的电压和容量，减少起动机重复工作的次数。

6. 应定时对起动机进行全面的保养和检修

汽车每行驶 3 000km 时，应检查与清洁换向器，擦去换向器表面的碳粉和脏污；汽车每行驶 5 000～6 000km 时，应检查测试电刷的磨损程度以及电刷弹簧的压力，均应在规定范围之内；对于营运车辆，每年应对起动机进行一次解体性保养。

3.4.2　起动机的试验

对于新出厂的起动机、使用过程中的起动机以及修复后的起动机，均可利用空转试验和全制动试验两种方法进行技术状况的检验。试验数据应在制造厂规定范围之内。

我们是要对起动机进行测试，所以我们要保证辅助起动机工作的装置正常，否则试验没有意义，所以试验时，要采用技术状况良好的充足电的蓄电池作为电源，蓄电池的容量和电压与被试验的起动机额定电压和功率相匹配，起动机与蓄电池之间连接导线电阻要尽可能小，其电压降不超过 0.2～0.3V。

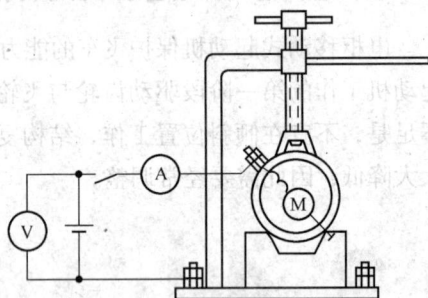

图 3.23　起动机空载试验

1. 空转试验

将起动机夹紧，接通起动机电路，如图 3.23 所示。测量起动机在空载时的电流值、电动机转速，并与标准值进行比较，以判断起动机的电气及机械部分是否有故障。

如果电流大于标准值，而转速低于标准值，则可能是起动机装配过紧，电枢绕组、励磁绕组有匝间短路或者是搭铁短路的故障；如果电流和转速都低于标准值，则说明起动机内部电路有接触不良之处。

> 实验过程中，起动机应该运转均匀、电刷无火花。每次空载试验不应该超过 1min，以免起动机过热。

2. 全制动试验

全制动试验是在空转试验通过后进行的，接通电源，如图 3.24 所示。测量起动机全制动时的电流和转矩来检验起动机的性能是否良好，通过电流表、弹簧秤和电压表的读数，来判断其全制动电流和制动转矩是否符合规定值。

如果电流大而转矩小，则表明励磁绕组或者是电枢绕组有匝间短路或者是搭铁短路的故障；如果转矩和电流都小，则表明起动机内接触电阻过大；如果实验过程中电枢轴有缓慢转动，则说明单向离合器打滑。

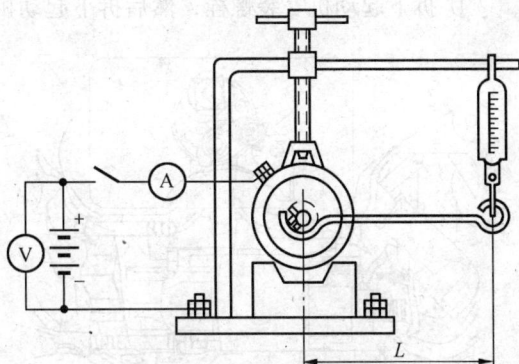
图 3.24 起动机的全制动试验

全制动试验要迅速完成，一次试验时间不得超过 5s，以避免烧坏电动机或对蓄电池使用寿命造成不利影响。

3.4.3 起动机的拆装

1. 从发动机上拆下起动机

从发动机上拆下起动机的步骤如下。

① 断开蓄电池的负极电缆，如图 3.25 所示。在断开蓄电池的负极电缆之前，对存储在 ECU 等器件内部的信息做好记录，如诊断故障代码、选择收音机频道、座椅位置（带有记忆系统）、转向盘位置等。

② 拆卸起动机电缆。先拆卸防短路盖，然后拆卸起动机电缆定位螺母，最后拆下起动机"30"端子的起动机电缆，如图 3.26 所示。

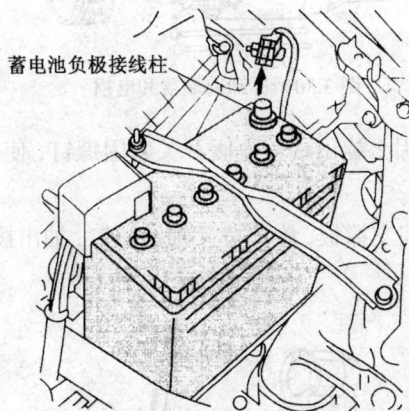
图 3.25 断开蓄电池的负极电缆

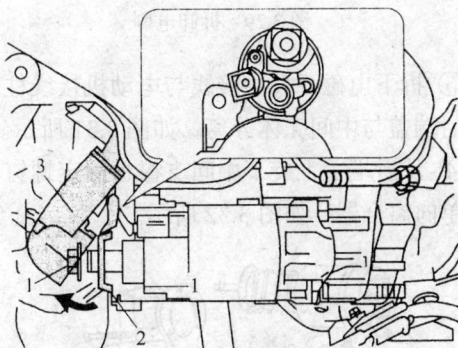
图 3.26 拆卸起动机电缆
1—电缆定位螺母 2—"30"端子的起动机电缆 3—防短路盖

③ 断开插接器。按压插接器的卡销，然后握住插接器机身断开插接器，如图 3.27 所示。

④ 拆下起动机安装螺栓，然后拆下起动机，如图 3.28 所示。

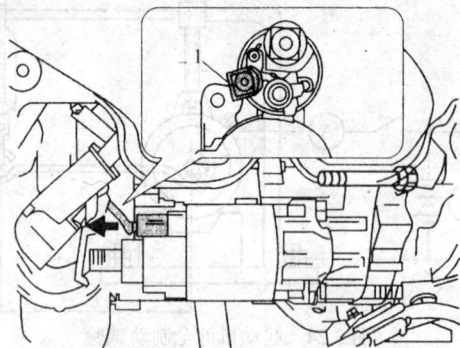

图 3.27　断开插接器
1—插接器卡销

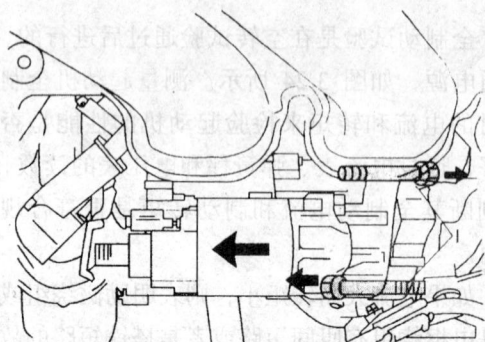

图 3.28　拆下起动机
1—安装螺栓

2. 安装起动机

安装起动机的步骤和拆卸起动机的顺序相反。接通蓄电池的负极电缆，完成检查后要注意复原所记录的车辆信息，进行时间的核对。

3. 起动机的解体

从车上拆下起动机后，首先清洁其外部的油污和灰尘，然后按下列步骤进行解体。

① 旋出防尘盖固定螺钉，取下防尘盖，用钢丝钩取出电刷，拆下电枢轴上止推圈处的弹簧，如图 3.29 所示。

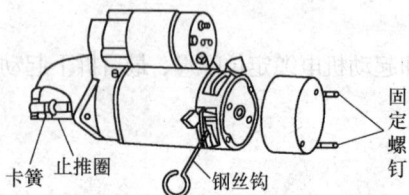

② 用扳手旋出两个紧固穿心螺杆，取下前端盖，抽出电枢，如图 3.30 所示。

图 3.29　拆卸电刷

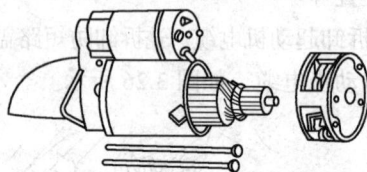

卡簧　止推圈　钢丝钩　固定螺钉

图 3.30　拆卸前端盖和电枢

③ 拆下电磁开关主接线与电动机接线柱间的导电片，旋出端盖电磁开关紧固螺钉，使电磁开关后端盖与中间壳体分离，如图 3.31 所示。

④ 从后端盖上旋下中间支撑板固定螺钉，取下中间支撑板，旋出拨叉轴销螺钉，抽出拨叉，取出单向离合器，如图 3.32 所示。

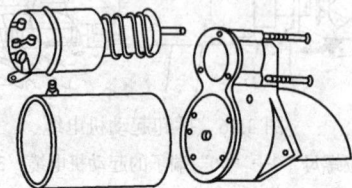

图 3.31　拆卸电磁开关

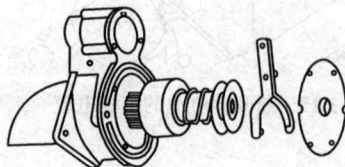

图 3.32　拆卸单向离合器

3.4.4　起动机的检修

1．电刷和刷架的检修

电刷的接触面积应大于 60%，否则应研磨。电刷高度不小于 7～10mm，否则应更换。电刷架弹簧压力可用弹簧秤测量，压力应符合原制造厂技术数据，否则应更换。

2．电枢及换向器的检修

电枢绕组的常见故障有匝间短路、搭铁短路、断路等，可用万用表或试灯检查电枢绕组是否匝间短路或搭铁短路，电枢绕组故障还可用专用的试验仪（如短路侦察器）检测。万用表检测如图 3.33 所示。如存在故障，要修理电枢绕组。电枢轴用千分表检查，将电枢支承在平板的两个 V 形铁上，千分表检查轴伸端，中间轴颈摆差不大于 0.05mm，否则应予校正。换向器铜片应无烧蚀，圆度误差不大于 0.2mm，铜片厚度不小于 2mm。

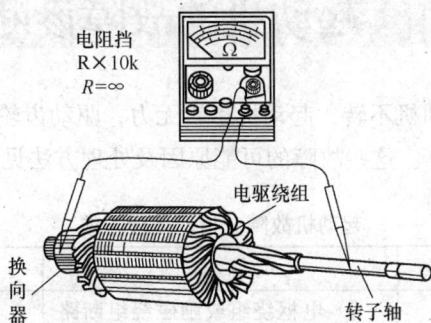

电阻挡
$R\times10k$
$R=\infty$

电驱绕组

换向器

转子轴

图 3.33　换向器与转子轴之间的检查

3．励磁绕组的检修

用万用表或试灯检查励磁绕组是否有匝间短路或搭铁短路，出现故障应拆开修理。

4．轴承的配合

起动机各轴承与轴颈及轴承孔之间均不得有松旷、歪斜等现象，起动机各轴承的配合应符合技术要求。

5．单向离合器的调整

将起动机的单向离合器夹紧在台虎钳上，用扭力扳手逆时针方向转动，应能承受制动试验时的最大转矩而不打滑。例如，2201 型起动机的单向离合器应能承受 25.5N·m 的扭矩而不打滑，否则应拆开进行修理调整。摩擦片式单向离合器在小于 117.6N·m 时应不打滑，而在大于 176.4N·m 时应能打滑。如果不符合规定，可在压环与摩擦片之间增加或减少垫片予以调整。

单向离合器常见的故障是打滑。滚柱式单向离合器的检查如图 3.34 所示，用手握住外座圈，转动驱动齿轮，正转时应转动自如；反转时不能转动，否则就说明单向离合器有故障。对于摩擦片式单向离合器，如果转矩偏小，可以通过调整压环前的垫圈厚度使其达到要求。对于弹簧式单向离合器，需要经常检查弹簧是否有失效或者是断开的故障。

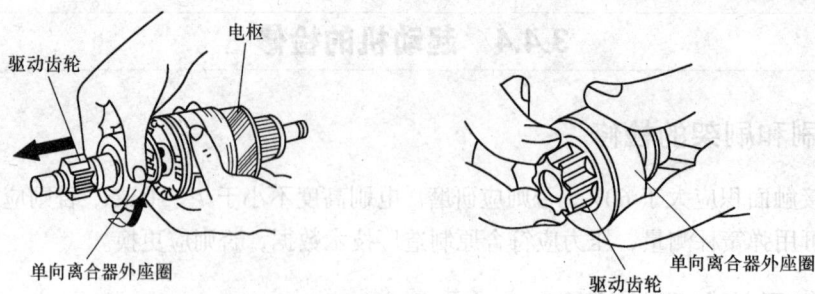

驱动齿轮 电枢

单向离合器外座圈

单向离合器外座圈 驱动齿轮

图 3.34 滚柱式单向离合器的检查

目前，修配厂很少来修理各个零件，一般采取直接更换的办法。

3.5 起动机的故障诊断与排除

起动机的常见故障有起动机不转，起动机运转无力，驱动齿轮与飞轮齿圈啮合不良，起动机不停止工作，起动机空转等。这些故障的可能原因及处理方法见表 3.2。

表 3.2   起动机故障分析及处理方法

故障现象	故障部位	可能原因	处理方法
起动机不转	起动机	① 电枢绕组或励磁绕组断路或短路 ② 电磁开关触点烧蚀 ③ 电磁开关吸引线圈或保位线圈短路或断路 ④ 换向器严重烧蚀 ⑤ 电刷严重磨损或弹力不足	① 拆开起动机修理绕组 ② 清理触点脏污 ③ 更换电磁开关线圈 ④ 精车换向器，并清除干净表面 ⑤ 更换电刷，调整电刷弹簧压力
	附加继电器或组合继电器	① 触点脏污或烧蚀 ② 触点间隙或气隙过大 ③ 触点闭合电压不合要求 ④ 线圈短路或断路	① 清理脏污，更换烧蚀触点 ② 调整间隙 ③ 按规定电压调整 ④ 更换继电器
	开关及导线	① 点火开关或按钮接触不良 ② 导线连接处接触不良 ③ 导线断路	① 清理及调整 ② 紧固各连线 ③ 查出断路处，重新接线
起动机运转无力	起动机	① 电枢绕组或励磁绕组匝间短路 ② 电磁开关触点轻微烧蚀 ③ 换向器轻微烧蚀 ④ 轴承过紧 ⑤ 电刷弹簧力不足	① 查出匝间短路处，进行修理 ② 清理触点脏污 ③ 清理换向器脏污 ④ 检修轴承 ⑤ 更换电刷弹簧
	导线	导线连线处接触不良	紧固各处连线

续表

故 障 现 象	故 障 部 位	可 能 原 因	处 理 方 法
驱动齿轮与飞轮齿圈不能啮合并有撞击声	起动机	① 开关接通时刻过早 ② 驱动齿轮损坏 ③ 起动机安装螺栓松动	① 调整开关接通情况 ② 更换齿轮 ③ 紧固螺母
	飞轮齿环	轮齿磨损或轮齿折断	更换飞轮齿环
发动机起动后起动机不停止工作	起动机	① 传动拨叉回位弹簧过软或折断 ② 开关触点烧蚀或接触盘弹簧损坏	① 更换回位弹簧 ② 更换电磁开关触点或接触盘弹簧
	附加继电器或组合继电器	① 触点烧蚀 ② 触点断开电压不合要求	① 更换触点或继电器 ② 按规定调整触点断开电压
驱动齿轮与飞轮齿环啮合后起动机空转	起动机	单向离合器打滑	擦片磨损,更换摩擦片并重新调整

思 考 题

1. 说明常用起动机的组成及各组成的作用。
2. 汽车起动机为何采用直流串励式电动机?
3. 阐述电磁操纵强制啮合式起动机的工作过程。
4. 阐述电枢移动式起动机的工作过程。
5. 起动机的工作特性有哪几个?
6. 起动机的常见故障有哪些?
7. 如何正确使用起动机?
8. 起动机有哪些试验,实验过程中都要注意什么问题?
9. 起动机的拆装步骤如何?
10. 起动机解体步骤如何?

第4章

点火系统

点火系统简称点火系，它在发动机不同工况及使用条件下，保证可靠而准确地点火，使发动机燃料能及时、迅速地燃烧后推动活塞往复运动，从而为汽车运行提供动力。点火系统的结构近几年发展迅速，逐渐由电子点火系统代替原有的传统点火系统，但是无论是传统点火系统还是电子点火系统，它们的工作原理是一致的，组成也无太大的变化，只是通过更换个别的部件来改变点火控制方式，从而避免了传统点火系统的一些弊端，更适应现代多缸高速的汽车对点火系统的需要。

【教学目标】

- 掌握传统点火系统的作用、构造、工作原理、工作特性
- 了解传统点火系统的常见故障检修
- 熟悉发动机对点火系统的要求
- 了解各装置的规格型号
- 掌握电子点火系统的组成及优点
- 掌握电子点火系统的传感器的组成及工作原理
- 掌握电子点火系统的电子控制器的基本组成
- 掌握电子火系统的常见故障及检修注意事项

【考核标准】

- 能够清晰地叙述出点火系统的工作原理
- 能够识别出点火系统的各个部件
- 能够在车上正确的连接点火系统的元件
- 能够诊断排除点火系统的常见故障

4.1 概述

4.1.1　点火系统的作用

点火系统的作用是适时地为汽油发动机气缸内已经压缩的可燃混合气体提供足够能量的电火花，使发动机内的燃料能及时、迅速地燃烧做功从而使发动机获得动力，通过传动系统传到驱动轮后来驱动汽车运行。

点火系统性能的好坏对发动机的工作有着相当重要的影响，点火系统在发动机各种工况和使用条件下，均应保证可靠而准确地点火。

点火系统已经由传统点火系统发展到电子点火系统，随着计算机技术的发展与普及，现代汽车上已经普遍采用电子点火系统中的计算机控制点火，它点火性能好、工作可靠、点火提前角控制精度高，更能适应现代汽车对点火系统的要求。

4.1.2　发动机对点火系统的要求

1. 应能产生足以击穿火花塞电极间隙的高电压

汽车在行驶中，发动机在满载低速时需要 8~10kV 的高压电，起动时应达 17kV。正常点火一般均在 15kV 以上。为保证点火可靠，点火系统所能产生的最高电压必须总是高于火花塞的击穿电压。考虑各种不利因素的影响，在设计的过程中要求二次电压在 17~25kV 的范围内。现代的高能点火装置产生的最高电压可以更高，但不是产生的电压越高越好，而是指在保证击穿火花塞间隙的情况下，越低越好。因为在保证可靠点火的同时，也要保证电路的安全。

2. 电火花应具有足够的点火能量

发动机正常工作时，因混合气压缩终了的温度已接近其自燃温度，这时电火花能量为 1~5mJ 即可点火。但在发动机起动、怠速运转以及节气门急剧打开时，则需较高的电火花能量。为保证发动机能在较高经济性和排放性能的基础上正常工作，其可靠的点火能量应达到 50~80mJ，起动时应产生大于 100mJ 的电火花能量。而且火花持续时间不少于 500μs，否则由于时间太短，不能可靠地点火。

3. 点火时间应适应发动机各种工况的变化

汽车运行时，在压缩行程中活塞到达上止点时，可燃混合气已基本燃烧完毕。由于混合气体在发动机气缸内从开始点火到完全燃烧需要一定的时间，所以点火不是在压缩终了进行的，而是适当地提前一些。发动机气缸的负荷、转速和燃油品质等，都直接影响到气缸内混合气体的燃烧速度。为使发动机在把热能转换成机械能的过程中输出最大功率，点火系统必须在适应上述情况变化下，实现最佳点火。

4.2 传统点火系统

4.2.1 传统点火系统的组成

传统点火系统的组成如图 4.1 所示，主要包括电源、点火线圈、分电器、火花塞、点火开关、高压导线等。

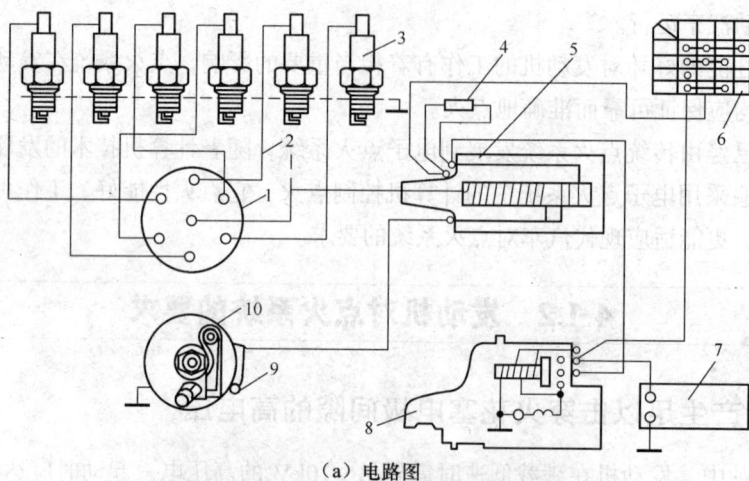

（a）电路图

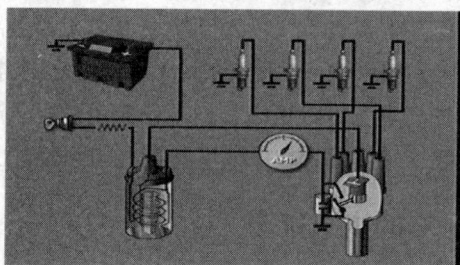

（b）实物图

图 4.1 传统点火系统的组成

1—配电器 2—高压导线 3—火花塞 4—附加电阻 5—点火线圈 6—点火开关
7—蓄电池 8—起动机 9—电容器 10—断电器

1. 电源

电源的作用是供给点火系统所需的电能，由蓄电池或发电机提供。

2. 点火线圈

点火线圈的作用是将电源 12V 的低压电转变成 15～20kV 的高压电。它相当于一个变压器。

3. 分电器

分电器的作用是把点火线圈产生的高压电分配到各缸。分电器包括断电器、配电器、电容器和点火提前调节机构等部分。

（1）断电器

断电器的作用是控制点火线圈一次绕组所在电路的通断。

（2）配电器

配电器的作用是将点火线圈产生的高压电按发动机的工作顺序分配到各缸火花塞。

（3）电容器

电容器的作用是减小断电器触点间火花，延长触点使用寿命并提高二次电压。

（4）点火提前调节机构

点火提前调节机构随发动机转速、负荷和汽油辛烷值变化改变点火提前角。包括离心点火提前调节机构、真空点火提前调节机构、辛烷值选择器。离心点火提前调节机构、真空点火提前调节机构分别是随着汽车运行时转速和负荷的变化自动调节的，而辛烷值选择器是在出现拆装分电器或者更换不同牌号的燃油的情况下，人工来进行调整的。

4. 火花塞

火花塞的作用是将高压电引入气缸燃烧室产生电火花，点燃可燃混合气体。

5. 点火开关

点火开关的作用是接通或切断点火系统低压电路。

6. 高压导线

高压导线的作用是输送点火系统产生的高压电。

4.2.2　传统点火系统的主要元件

1. 点火线圈

（1）点火线圈的组成

点火线圈由一次绕组、二次绕组和铁芯等组成，如图4.2（b）所示。

（2）点火线圈的安装位置

点火线圈通常安装在汽车发动机罩内的前挡板或者是侧面支架上。

（3）点火线圈的分类

点火线圈按有无附加电阻，可以分为带附加电阻的和不带附加电阻的；按接线方式不同，可以分为两柱式和三柱式；按磁路的结构形式不同，可分为开磁路式点火线圈和闭磁路式点火线圈。

① 三接线柱式点火线圈：如图4.3（b）所示，三接线柱式点火线圈的绝缘盖上有接线柱"–"、"开关"、"+开关"和高压插孔，它们分别接断电器、起动机附加电阻短路接线柱、点火开关和配电器。其与两接线柱式点火线圈的主要区别是外壳上装有一个附加电阻，为固定该电阻，增加了一个低压接线柱。附加电阻就接在标有"开关"和"+开关"的两接线柱之间，与点火线圈的一次绕组串联。附加电阻是一个热敏电阻，可用低碳钢丝、镍铬丝或纯镍丝制成，具有受热时电阻迅速增大，而冷却时电阻迅速降低的特性。因此，在发动机工作时，可自动调节一次

电流，确保发动机低速运转时点火线圈不会过热，发动机高速运转时点火线圈不会断火，而起动时被短路，提高一次电流，从而提高二次电压，保证正常起动。

② 开磁路式点火线圈：开磁路式点火线圈的实物如图 4.2 所示，内部结构如图 4.3 所示。点火线圈的中心是用硅钢片叠成的铁芯，在铁芯外面套上绝缘的纸板套管，套管上绕有二次绕组，它一般用直径为 0.06～0.10mm 的漆包线绕 20 000～40 000 匝。作用是通过互感，产生高压电动势。一次绕组用直径为 0.5～1.0mm 的高强漆包线，绕在二次绕组的外面，以利于散热，一般绕 300～400 匝。绕组绕好后在真空中浸以石蜡和松香的混合物，以增强绝缘。绕组和外壳之间装有导磁钢套，底部有瓷质绝缘支座，上部有绝缘盖，外壳内充满沥青或变压器油等绝缘物，加强绝缘并防止潮气侵入。

（a）常见的开磁路式点火线圈　　　　　　　　（b）点火线圈的分解图

图 4.2　点火线圈的结构

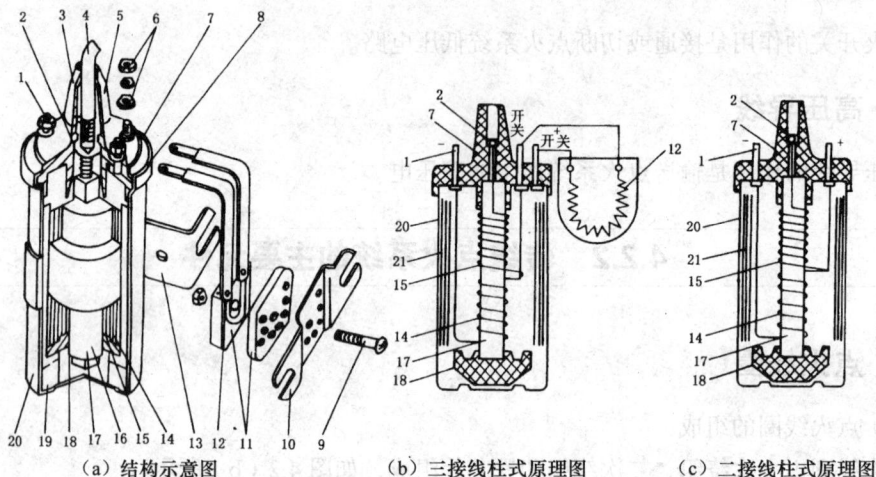

（a）结构示意图　　　　　　（b）三接线柱式原理图　　　　　（c）二接线柱式原理图

图 4.3　开磁路式点火线圈

1—"一"接线柱　2—二次绕组引出头及弹簧　3—橡胶罩　4—高压阻尼线　5—高压线插座　6—螺母及垫片　7—绝缘盖　8—橡胶密封圈　9—螺钉及螺母　10—加电阻盖　11—附加电子瓷质绝缘体　12—附加电阻及接线片　13—固定夹　14—一次绕组　15—二次绕组　16—绝缘纸　17—铁芯　18—瓷绝缘体　19—沥青材料　20—外壳　21—导磁钢套

当一次电流流过开磁路式点火线圈的一次绕组时，使铁芯磁化，其磁路如图 4.4 所示。由于磁路的上、下部分都是从空气中通过的，一次绕组在铁芯中产生的磁通，需经壳体内的导磁钢套形成回路，磁路的磁阻大，漏磁较多，能量损失较大。

③ 闭磁路式点火线圈：闭磁路式点火线圈的实物如图 4.5 所示，内部结构如图 4.6 所示。在"口"字形或"日"字形铁芯内绕有一次绕组，在一次绕组外面绕有二次绕组，一次绕组在铁芯中产生的磁通，通过铁芯形成闭合磁路，故称其为闭磁路式点火线圈。与开磁路点火线圈相比，闭磁路点火线圈具有漏磁少、能量转换效率高、体积小、质量轻、铁芯裸露易于散热等

优点，所以目前在高能电子点火系统中广泛采用。

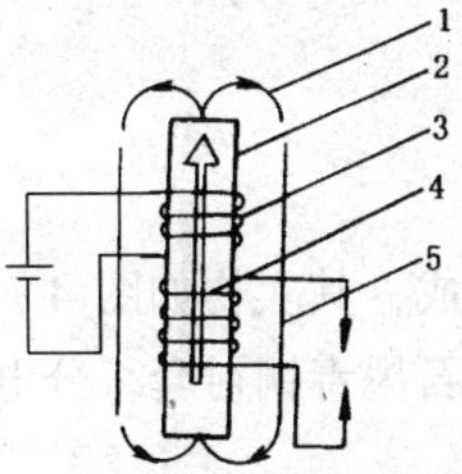

图 4.4　开磁路点火线圈的磁路
1—磁力线　2—铁芯　3——次绕组
4——二次绕组　5—磁钢套

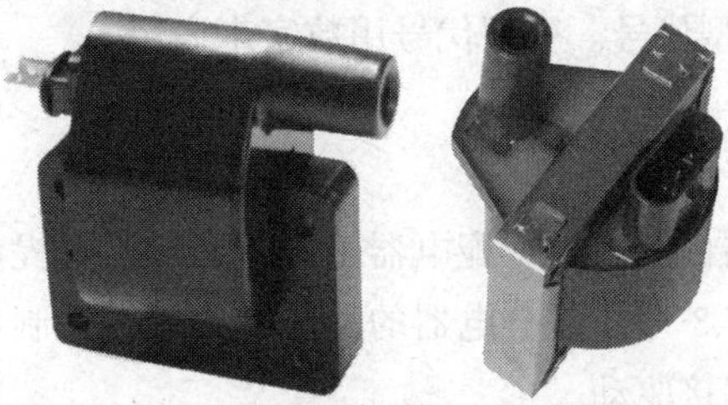

图 4.5　常见的闭磁路式点火线圈

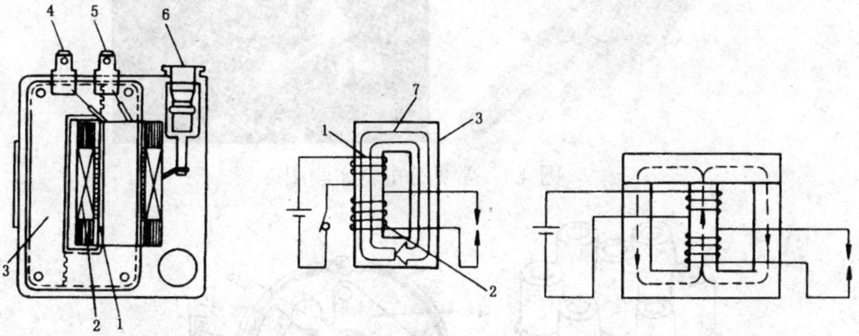

（a）闭磁路点火线圈　　　（b）"口"字形铁芯　　　（c）"日"字形铁芯
图 4.6　闭磁路点火线圈内部结构
1———次绕组　2—二次绕组　3—铁芯　4—正接线柱　5—负接线柱　6—高压接线柱　7—磁力线

（4）点火线圈的型号

根据 QC/T 73—93 的规定，点火线圈的型号由以下几部分组成：

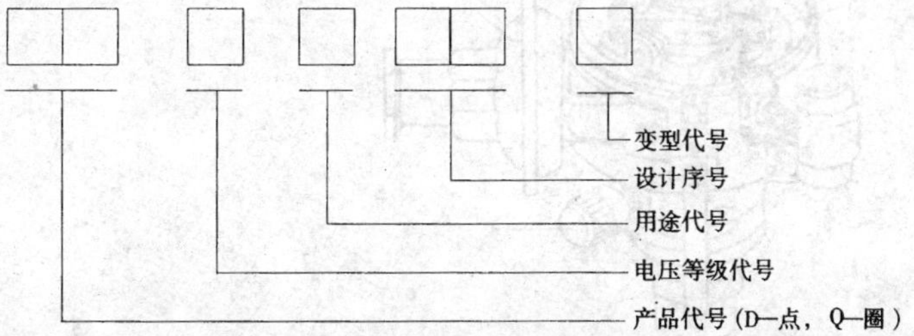

变型代号
设计序号
用途代号
电压等级代号
产品代号（D—点，Q—圈）

① 产品代号。DQ 表示传统点火系统用的点火线圈，DQD 表示电子点火系统用的点火线圈。

② 电压等级代号。电压等级代号见表 4.1。

表 4.1　　　　　　　　　　　　　电压等级代号

产品代号	1	2	6
电压等级/V	12	24	6

③ 用途代号。用途代号见表 4.2。

表 4.2　　　　　　　　　　　点火线圈用途代号

代号	1	2	3	4	5	6	7	8	9
气缸数	单双缸	4，6	4，6	6，8	6，8	8缸以上	无触点分电器	高能	3，5，7
说明			附加电阻	附加电阻					

④ 设计序号。设计序号用数字来表示。
⑤ 变型代号。变型代号用数字来表示。

2. 分电器

分电器由断电器、配电器、电容器和点火提前调节机构组成，其实物如图 4.7 所示，内部
结构如图 4.8 所示。分电器的壳体通常用铸铁制成，下部压有石墨青铜衬套，分电器轴由凸轮
轴直接或间接驱动。

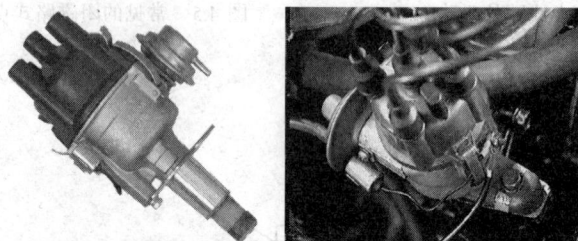

图 4.7　常见分电器实物图

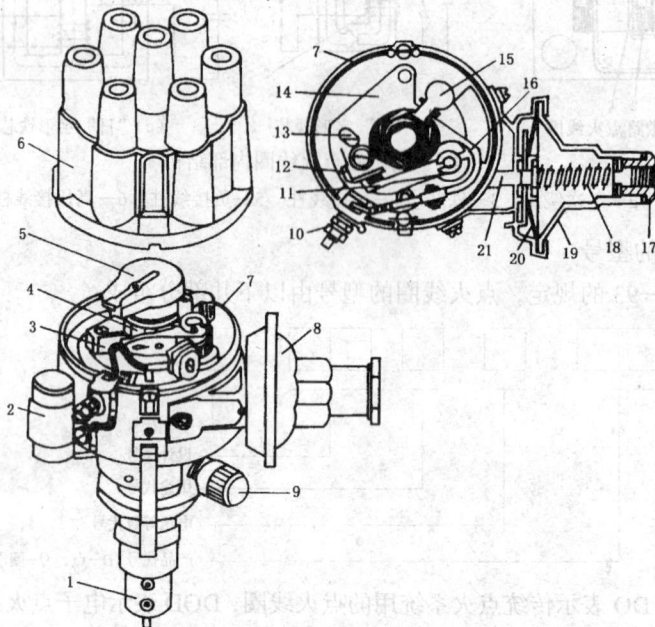

图 4.8　分电器结构示意图

1—联轴节　2—电容器　3—触点及断电器底板总成　4—凸轮　5—分火头　6—分电器盖　7—分电器壳体
8—真空提前调节机构　9—油杯　10—接线柱　11—活动触点臂　12—固定触点及支架　13—偏心螺钉
14—活动底板　15—油毡及夹圈　16—触点臂弹簧片　17—螺母　18—弹簧
19—真空提前调节机构外壳　20—真空提前调节机构膜片　21—拉杆

（1）断电器

断电器由固定在断电器底板上的断电器触点和断电器凸轮组成，如图 4.9 所示。断电器的
底板由固定底板和活动底板两部分组成。固定底板通过固定螺钉与分电器外壳相连，活动底板
与固定底板之间通过弹簧连接，可以相对转动。

断电器的触点也称"白金触点"，是由钨合金制成，有动静两个触点，静触点固定在活动底
板上，也称固定触点，可通过转动偏心螺钉调整触点间隙，固定触点搭铁。活动触点固定在活动

触点臂的一端，活动触点随触点臂活动，臂的另一端有孔，套在销钉上。臂中部连有夹布胶木顶块，靠弹簧片压紧在凸轮上。

断电器凸轮安装在分电器轴上，是钢质的整体，凸轮的凸角数和发动机气缸数相同。当凸轮的凸角顶推胶木顶块时，断电器触点打开；当凸轮转动时，凸角离开胶木顶块时，在弹簧力的作用下触点闭合。发动机工作时带动凸轮不断地旋转，触点不断地开闭，控制点火线圈一次电路的通断。

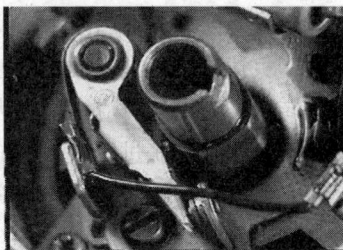

图 4.9 断电器实物图

油毡的作用是使凸轮边得以润滑和清除灰尘。油毡可以取出更换。

（2）配电器

配电器安装在断电器的上方，它由绝缘胶木制成的分电器盖和分火头组成，如图 4.10 所示。分电器盖的中央有一高压线插孔，其内部装有带弹簧的炭柱，压在分火头的导电片上。分电器盖的四周均布有与发动机气缸数相等的旁电极，可通过分缸高压导线与各缸火花塞相连。分火头装在分电器凸轮轴的顶端，利用弹簧卡片卡紧，随分电器轴一同旋转。分火头顶面铆着铜质的导电片，其端部与旁电极有 0.2～0.8mm 的气隙，当断电器触点断开时，分火头上的导电片总是正对某一旁电极，将来自点火线圈的高压电经中央电极，以电火花塞的形式跳到旁电极上，再经高压导线送往火花塞。

（3）电容器

电容器固定在分电器的外壳上，如图 4.11 所示，由于点火系统工作时电容器将承受 200～300V 的自感电动势，因而电容器应该具有 600V 的耐压。一般电容器的电容量为 0.15～0.25μF。在 20℃ 时，具有 50MΩ 的绝缘电阻，并要求 1min 内无击穿现象发生。

图 4.10 配电器实物图

图 4.11 电容器实物图

（4）点火提前调节机构

点火时刻对发动机的工作影响很大，从火花出现到混合气体大部分燃烧完毕从而使气缸内气压升到最高值，是需要一定时间的。虽然这段时间很短，不过几毫秒，但发动机转速很高，在此短时间内转过的角度却可达相当大的数值。若恰好在活塞到达上止点时点火，则混合气一面燃烧，活塞一面下移使气缸容积增大，这将导致燃烧压力降低，发动机功率减小，损失能量。因此，应当在活塞达到上止点前点火，这样，气体能在做功行程中得到比较完全的膨胀，而热能得到最有效的利用。

从开始点火到活塞到达上止点这段时间内，曲轴转过的角度称为点火提前角。若点火提前角过大，混合气体在压缩行程就开始燃烧，气缸压力渐渐上升，增加了活塞上行的阻力，白白消耗发动机的功率，还易出现爆震等不正常燃烧现象。点火提前角过小，混合气体将在做功行程燃烧甚至在排气管中燃烧，使气缸中的压力降低，发动机过热，功率下降。

最佳点火提前角随许多因素而变，最主要的因素是发动机转速和负荷。因此，对一定的发动机而言，当转速一定时，随着负荷的加大，进入气缸的可燃混合气体的增多，压缩终了时的压力和温度增高；同时残余废气在缸内混合气体中的百分数下降，因而混合气体燃烧速度增大，这时点火提前角应适当减小。反之，发动机负荷减小时，点火提前角应当加大。

当负荷一定时，发动机转速增高，燃烧过程所占曲轴转角增大，这时应适当加大点火提前角。否则，燃烧会延续到膨胀过程中，造成功率和经济性下降。因此，点火提前角应随转速提高适当增大，但是增加量是减少的，呈非线性增加。

在传统的点火系统中，在分电器中一般设有两套自动调节点火提前角的装置。一套是能随发动机转速的变化而自动调节点火提前角的离心式点火提前角调节装置，另一套是按发动机负荷不同而自动调节点火提前角的真空式点火提前角调节装置。

① 离心式点火提前调节装置。离心点火提前调节装置是在发动机不同转速下自动调节点火提前角的装置，它使点火提前角随发动机转速的增大而适当地增大，但在高速时增加量是减小的，其结构如图4.12所示。

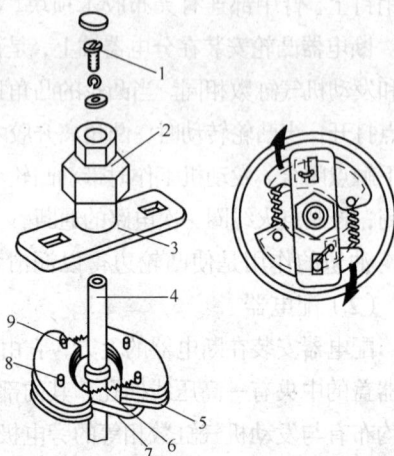

图 4.12　离心式点火提前角调节器的结构图
1—凸轮固定螺钉及垫片　2—凸轮　3—拨板
4—分电器轴　5—离心块　6—弹簧　7—托板
8—销钉　9—柱销

离心点火提前调节装置一般在断电器触点底板的下面。分电器轴上装有托板7，两个离心块5的一端分别套装在托板的两个柱销9上，可绕柱销9转动，离心块5的另一端通过弹簧6拉向内侧。与断电器凸轮连为一体的拨板3套装在分电器轴上，其上的长方形孔套在两个离心块的销钉8上。工作时，离心块5随分电器轴一起转动，而断电器凸轮则通过插入拨板3孔内的离心块5上的销钉8带动。

当发动机转速升高时，离心块在离心力的作用下克服弹簧拉力向外甩开，其上的销钉推动拨板连同凸轮沿原旋转方向相对于分电器轴转动一个角度，使凸轮提前顶开触点，点火提前角增大。当发动机转速降低时，重块的离心力相应减小，弹簧将重块拉回一些，点火提前角减小。

在发动机高速范围内，转速的变化对混合气体的燃烧速度影响较大，这时，希望随着转速的升高点火提前角的增量小一些。为此，有些离心点火调节装置的每个离心块设有一粗一细两个弹簧。细弹簧只要在离心块一开始甩开就起作用，而粗弹簧要在转速达到一定值，离心块外甩的角度较大时才能起作用。由于离心块在发动机高速时有两个弹簧起作用，相应的点火提前角的增量也就较小，使之更符合发动机的要求。

② 真空点火提前调节机构。真空点火提前调节机构能根据发动机负荷的变化自动调节点火提前角，使点火提前角随发动机负荷的增大而减小。真空点火提前调节机构装在分电器壳体的外侧，其结构原理如图4.13所示。

真空点火提前调节机构内膜片的左侧通大气，右侧通过真空管与化油器空气道中位于节气门上方的吸气孔相通。

当发动机起动和怠速时，由于曲轴转速低，混合气体燃烧时间只占很小的曲轴转角，故点火提前角应当很小，或为零。此时，节气门接近关闭，因吸气孔在节气门的上方，该处的真空度几乎为零，真空点火提前调节装置内的膜片在弹簧力作用下向左拱曲至最大，拉杆拉动断电器底板连同触点顺分电器轴旋转方向转动最大角度，使点火提前角最小或不提前，如图4.13（c）所示。

当发动机小负荷工作时，在节气门开度小于1/4开度（见图4.13（a））时，随着负荷增大，节气门开度增大，吸气孔处的真空度也增加，膜片克服弹簧力向右拱曲，拉杆拉动断电器底板连同触点逆分电器轴旋转方向转动一个角度,使凸轮顶开触点的时间提前,点火提前角增大。

当发动机大负荷工作时,随着负荷增大,节气门开度增大,吸气孔处的真空度减小,弹簧推动膜片使点火提前角减小,如图 4.13(b)所示。

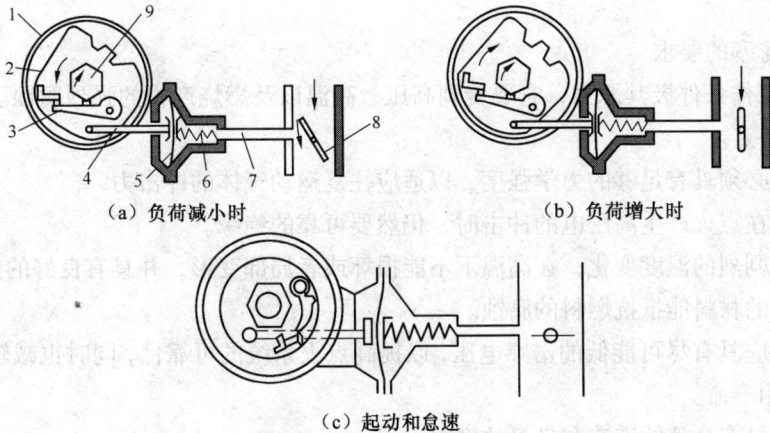

(a)负荷减小时　　　　　　　　　(b)负荷增大时

(c)起动和怠速

图 4.13　真空点火提前调节装置结构原理示意图

1—分电器壳体　2—断电器活动底板　3—触点　4—推杆　5—膜片
6—回位弹簧　7—真空管　8—节气门　9—凸轮

③ 辛烷值选择器。为适应不同汽油的不同抗爆性能,在换用不同品质的汽油时,常需调整点火时间,为此在分电器上常装有辛烷值选择器。通常可将分电器总成的固定螺丝旋松,使分电器外壳相对于轴转过一个角度后再紧固以改变点火提前角。为了使调整时能看到调整的角度,在有些分电器壳体的下部装有指针和刻度板,即辛烷值选择器。它可以指示出壳体转过的角度。

(5)分电器的型号

根据 QC/T 73—93 的规定,分电器的型号为

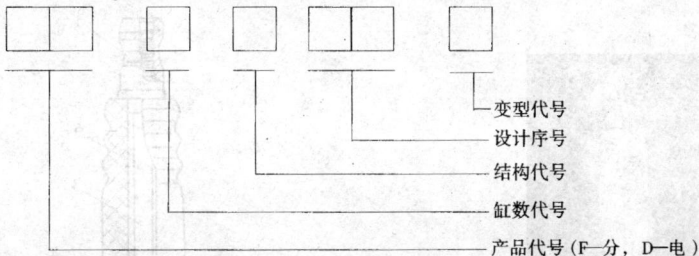

变型代号
设计序号
结构代号
缸数代号
产品代号(F—分,D—电)

① 产品名称代号。产品名称代号用 FD 表示,FDW 表示无触点分电器。

② 缸数代号。缸数代号见表 4.3。

表 4.3　　　　　　　　　　　　　　分电器缸数代号

缸数代号	2	3	4	5	6	7	8
缸数	2	3	4	—	6	—	8

③ 结构代号。结构代号见表 4.4。

表 4.4　　　　　　　　　　　　　　分电器的结构代号

结构代号	1	2	3	4	5	6	7
结构	无离心	无真空	拉偏心	拉同心	拉外壳	无触点	特殊结构

④ 设计序号。设计序号用数字来表示。

⑤ 变型代号。变型代号用数字来表示。

3. 火花塞

（1）对火花塞的要求

火花塞的工作条件极其恶劣，它要受到高压、高温以及燃烧产物的强烈腐蚀。因此火花塞必须具备以下特点。

① 火花塞必须具有足够的力学强度，以适应往复运动气体的冲击力。

② 火花塞在点火产生高压电的冲击时，仍然要可靠的绝缘。

③ 能承受剧烈的温度变化，在高温下不能损坏或者局部变形，并具有良好的热特性。

④ 火花塞的材料能抵抗燃料的腐蚀。

⑤ 火花塞应具有尽可能低的击穿电压，以提高点火系统的可靠性，同时也减轻高压电路的负担，延长使用寿命。

⑥ 火花塞具有合理的安装和良好的密封。

（2）火花塞的结构

火花塞的实物如图 4.14 所示。火花塞的剖面图如图 4.15 所示，钢制壳体 5 的内部固定有高氧化铝陶瓷绝缘体 2，使中心电极与侧电极之间保持足够的绝缘强度。绝缘体孔的上部装有金属杆 3，通过接线螺母与高压线相连，下部装有中心电极 10。金属杆与中心电极之间用导电玻璃 6 密封。中心电极用镍锰合金制成，具有良好的耐高温、耐腐蚀和导电性能。中心电极与侧电极之间的间隙一般为 0.6～0.7mm。火花塞借壳体下部的螺纹旋入气缸盖中，旋紧时密封垫圈受压变形保证壳体与缸盖之间密封良好。为了适应不同发动机的需要，火花塞因下部的形状和绝缘体裙部长度的不同有多种形式。

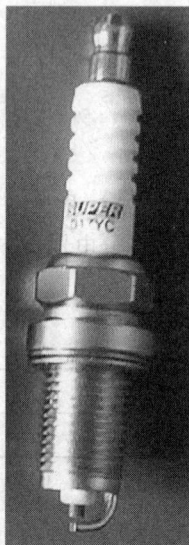

图 4.14　火花塞实物

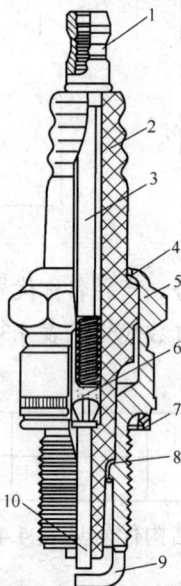

图 4.15　火花塞的结构图

1—插线螺母　2—瓷绝缘体　3—金属杆　4、8—内垫圈　5—壳体
6—导体玻璃　7—密封垫圈　9—侧电极　10—中心电极

（3）火花塞的热特性

火花塞工作时，周期性地受到高温燃气作用，使绝缘体裙部温度升高，这部分热量主要通过壳体、绝缘体、中心电极、金属杆等传至缸体或散发到空气中，当吸收和散发的热量达到平衡时，火花塞的各个部分将保持一定的温度。

火花塞的点火部位吸热并向发动机冷却系统散发的性能，称为火花塞的热特性。实践证明，当火花塞绝缘体裙部的温度保持在500℃～600℃时，落在绝缘体上的油滴刚好能立即烧去，不形成积炭，这个温度称为火花塞的自净温度。

低于这个温度时，火花塞常因产生积炭而漏电，严重时不能点火；高于这个温度时，则当混合气体与炽热的绝缘体接触时，可能引起表面点火，甚至在进气行程中燃烧，产生化油器回火。

火花塞的热特性主要取决于绝缘体裙部的长度。绝缘体裙部长的火花塞，一般16～20mm，受热面积大，传热距离长，散热困难，裙部温度高，称为热型火花塞；反之，裙部短的火花塞，一般小于8mm，受热面积小，传热距离短，容易散热，裙部温度低，称为冷型火花塞。长度介于两者之间的，称为标准型或者是中型火花塞。

热型火花塞适用于低速、低压缩比、小功率发动机；冷型火花塞适用于高速、高压缩比、大功率发动机。这样能够相互弥补，不至于造成火花塞过热或者是过冷。

火花塞的热特性常用热值或炽热数表示。我国是以绝缘体裙部长度标定的热值（1～11）表示火花塞的热特性。热值代号1、2、3为热型火花塞；4、5、6为中型火花塞；7、8、9、10、11为冷型火花塞。

（4）火花塞的规格和型号

根据现行国家专业标准 ZB/T 37003—89《火花塞产品型号编制方法》的规定，国产火花塞型号由三部分组成。

第一部分为汉语拼音字母，表示火花塞的结构类型及主要形式尺寸。各字母的含义见表4.5。

表4.5　　　　　　　　　　　　火花塞结构类型代号

代 表 字 母	螺 纹 规 格	安装座型式	螺纹旋合长度	壳体六角对边
A	M10 × 1	平座	12.7	16
C	M12 × 1.25	平座	12.7	17.5
D		平座	19	17.5
E		平座	12.7	20.8
F		平座	19	20.8
（G）		平座	9.5	20.8
（H）		平座	11	20.8
（Z）		平座	11	19
J	M14 × 1.25	平座	12.7	16
K		平座	19	16
L		矮型平座	9.5	19
（M）		矮型平座	11	19
N		矮型平座	7.8	19
P		锥座	11.2	16
Q		锥座	17.5	16

代 表 字 母	螺 纹 规 格	安装座型式	螺纹旋合长度	壳体六角对边
R		平座	12	20.8
S	M18×1.5	平座	19	（22）
T		锥座	10.9	20.8

第二部分为阿拉伯数字，表示火花塞热值。

第三部分为汉语拼音字母，表示火花塞派生产品、结构特性、材料特性及特殊技术要求等。无字母者为普通型火花塞。在同一产品型号中，需用两个字母表示时，按下列顺序排列：

P——屏蔽型火花塞；

R——电阻型火花塞；

B——半导体型火花塞；

T——绝缘体突出型火花塞；

Y——沿面跳火型火花塞；

J——多电极火花塞；

H——环状电极火花塞；

U——电极缩入型火花塞；

V——V 形电极火花塞；

C——镍铜复合电极火花塞；

G——贵金属火花塞；

F——非标准火花塞。

4.2.3 传统点火系统的工作原理

在传统点火系统中，蓄电池或发电机供给的 12V 低压电，通过断电器触点的开或关来控制点火线圈一次绕组的通断，从而在二次绕组中产生高压电，再经配电器分送到各缸火花塞，使其电极间产生电火花，点燃可燃混合气体。传统点火系统的工作原理如图 4.16 所示。

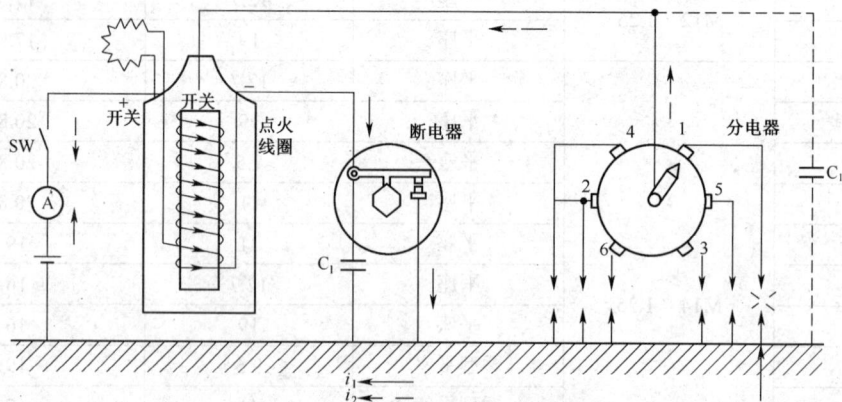

图 4.16　传统点火系统的工作原理

发动机工作时，断电器轴连同凸轮一起在发动机凸轮轴的驱动下旋转。凸轮旋转时，断电器触点交替闭合和打开。当触点闭合时，接通点火线圈一次绕组所在的低压电路，其电流走向如下。

蓄电池正极→电流表→点火开关 SW→点火线圈 "+" 开关→附加电阻→点火线圈的一次绕组→点火线圈 "—" 开关→断电器触点→搭铁→蓄电池的负极。

一次绕组通电，在铁芯中产生磁场能。

当触点断开时，切断一次绕组的电路，一次绕组中产生自感电动势，达 200~300V，二次绕组互感出与一次绕组匝数成正比的互感电动势，达 15~20kV，二次绕组产生的高压电动势击穿火花塞间隙，产生电火花，点燃可燃混合气体，二次绕组所在的高压电路构成回路，其电流走向如下：

二次绕组→附加电阻→点火开关→蓄电池正极→蓄电池负极→搭铁→火花塞→分缸高压导线→配电器旁电极→分火头→中央高压导线→二次绕组。

发动机工作期间，断电器凸轮每旋转一周，各缸按点火顺序分别点火一次。

触点闭合时，电路中的电流称为低压电流或一次电流，所在电路称为低压电路或者是一次电路，触点断开时电路中的电流称为高压电流或者是二次电流，所在的电路称为高压电路或者是二次电路。

4.2.4 传统点火系统的工作特性

1. 发动机转速与气缸数对二次电压的影响

点火系统所能产生的最高二次电压 U_{2max} 随发动机转速的变化而变化的。理论上讲，发动机转速越低，触点闭合时间越长，二次电压的最大值就越高。但实际上，在转速很低时，由于触点闭合时间长，触点间形成火花严重，损失部分磁场能，使二次电压的最大值减小。图 4.17 所示为传统点火系统的二次电压随转速的变化情况。

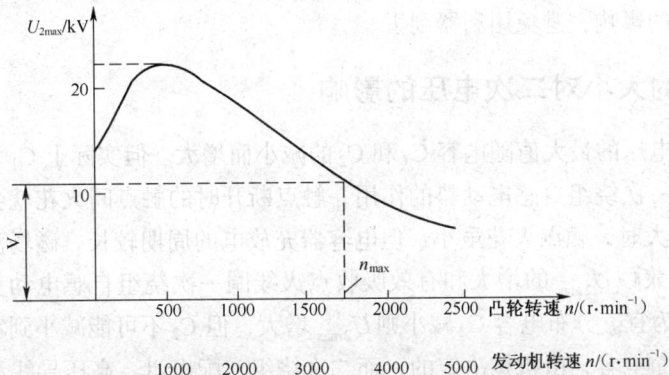

图 4.17 传统点火系统的工作特性

二次电压在转速达到一定值后，随转速升高而降低，是发动机高速时容易断火的原因。如果在图 4.17 中做一条相当于发动机所需的最低击穿电压，则此水平虚线与特性曲线的交点即为发动机的极限转速 n_{max}，超过此转速将不能保证可靠点火。

二次电压的最大值将随发动机气缸数的增加而降低。这是因为凸轮的凸角数与气缸数相同，发动机的气缸数越多，凸轮每转一周触点闭合与打开的次数就越多，于是触点的闭合时间缩短，二次电压的最大值也降低。

2. 火花塞积炭对二次电压的影响

未燃烧的汽油或机油粘附在火花塞绝缘体上，在混合气体燃烧时温度的影响下，起裂化反应而形成炭粒，这些炭粒的存积就形成积炭。由于积炭具有导电性，它覆盖在火花塞绝缘体的表面，相当于在火花塞电极间并联了一个电阻，如图 4.18 所示，使二次电路形成闭合回路。当触点打开，二次电压增长时，在二次电路内会通过积炭泄漏电流，消耗部分磁场能，从而使 U_{2max} 降低。当积炭严重时，由于漏电严重，会使 U_{2max} 低于火花塞击穿电压，火花塞将不能点火，发动机就不能工作。

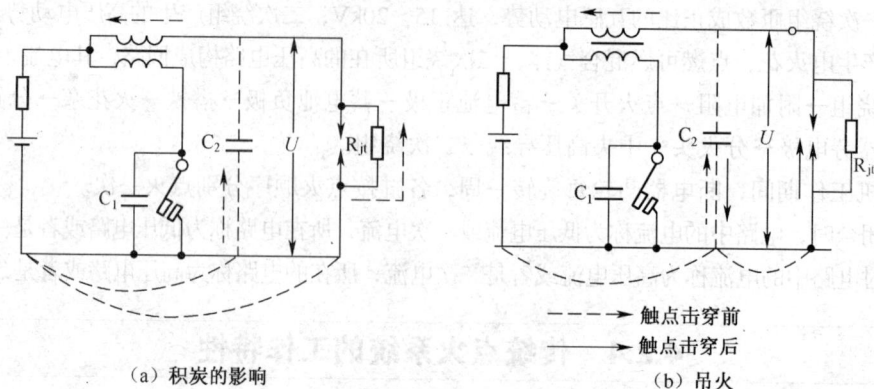

（a）积炭的影响 （b）吊火

图 4.18 火花塞积炭对二次电压的影响

当火花塞由于积炭严重而不能点火时，可用"吊火"的方法临时补救。即拔出高压导线使它与火花塞间保留 3～4mm 的间隙也称附加火花间隙，如图 4.18（b）所示，使二次电压上升过程中不发生泄漏，当二次电压上升到较高值后，将附加火花间隙和火花塞间隙同时击穿。但"吊火"是在提高二次电压的条件下工作的，会使点火线圈负担过重而损坏。因此，在积炭严重时，应及时清除，轻者用铜丝刷清除，严重时将火花塞放到煤油或者是丙酮里浸泡后再用铜丝刷除去，消除积炭的影响，避免用利器刮去。

3. 电容值的大小对二次电压的影响

理论上，二次电压的最大值随电容 C_1 和 C_2 的减小而增大。但实际上 C_1 太小，就不能很好起到吸收点火线圈一次绕组自感电动势的作用，触点断开时的触点间火花就会加大，反而使二次电压降低。C_1 过大时，触点火花虽小，但电容器充放电的周期较长，磁场消失减慢，也会使二次电压降低。为兼顾 U_{2max} 的增大和有效吸收点火线圈一次绕组自感电动势，一般 C_1 值在 0.15～0.25μF 之间为宜。分布电容 C_2 减小则 U_{2max} 增大，但 C_2 不可能减小到零。这是因为，C_2 是二次电路中的分布电容，由机构决定的，而二次绕组、配电盘、高压导线和火花塞本身都具有一定的电容量，受结构限制不可能过小，C_2 一般为 40～70μF。

4. 触点间隙对二次电压的影响

触点间隙是指断电器凸轮将动触点顶开至最大位置时触点间的距离，如图 4.19 所示。触点间隙增大，触点闭合角 β 减小，相对闭合时间缩短，二次电压最大值 U_{2max} 降低。反之，若触点间隙减小，触点闭合角增大，相对闭合时间增加，U_{2max} 提高。但如触点间隙过小，会因触点火花严重而降低二次电压。因此触点间隙应按制造商规定进行调整，国产分电器断电器触点间隙一般为 0.35～0.45mm。

5. 点火线圈温度对二次电压的影响

使用中当点火线圈过热时，由于一次绕组的电阻增大，使一次电流减小，二次电压下降。

而且温度过高时容易造成点火线圈内部的绝缘物质熔化。

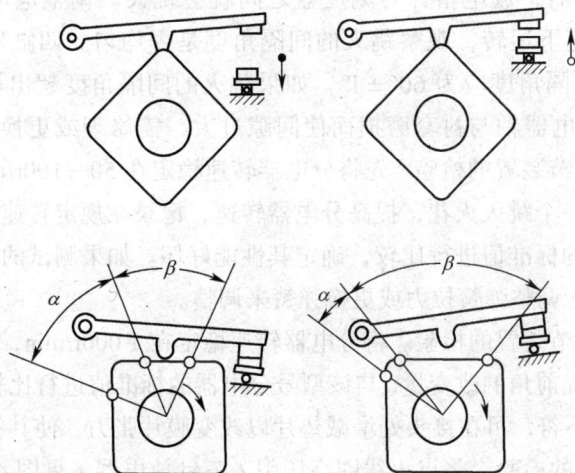

（a）触点间隙大　　（b）触点间隙小

图 4.19　触点间隙对闭合角的影响

4.2.5　传统点火系统的试验、检修、维护

1. 传统点火系统的试验

点火系统的性能测试应在电气设备试验台上进行。

下面仅介绍分电器的性能测试

分电器性能测试是检验分电器点火的均匀性、点火提前调节机构的点火提前角调节性能等。测试时将被测分电器安装在试验台上，并将触点间隙调整为规定值，选用良好的点火线圈，并按图 4.20 所示接线。

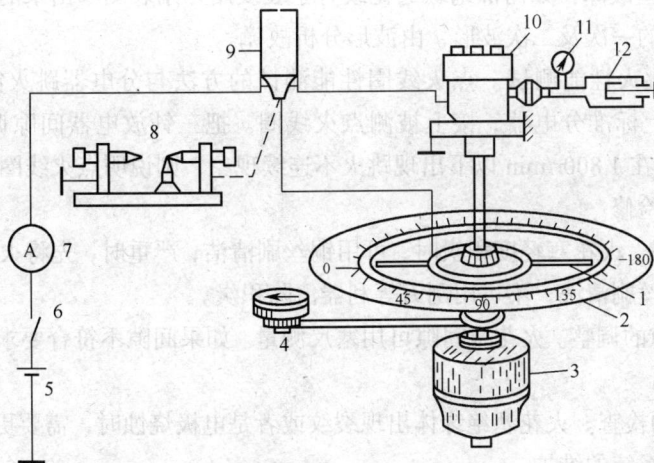

图 4.20　分电器的性能测试

1—放电指针　2—刻度盘（固定）　3—电动机　4—转速表　5—蓄电池　6—点火开关　7—电流表
8—三针放电器　9—点火线圈　10—分电器　11—真空表　12—真空泵

① 点火均匀性检验。当分电器轴由电动机驱动，放电指针随分电器同步旋转，将点火线圈的高压引入放电针后，放电指针与刻度盘之间就会跳火。调整电动机转速，使分电器在 50～100r/min 的转速下运转，观察跳火的间隔角度是否均匀。四缸发动机间隔角度应为 90°±1°；六缸发动机间隔角度应为 60°±1°。如果跳火的间隔角度超出该范围，表明断电器凸轮磨损不均匀，或分电器轴与衬套磨损而使间隙过大，需修理或更换分电器。

② 离心点火提前调节装置的检验。先将分电器转速稳定在 50～100r/min，调整刻度盘，将刻度盘上 0 刻度线对准一个跳火火花，提高分电器转速，记录在规定转速时点火提前角的改变量，再与该型号分电器的标准值进行比较，确定其性能好坏。如果测试的结果与标准不符，可通过扳动调节弹簧支架、调整弹簧拉力或更换弹簧来调整。

③ 真空点火提前调节装置的检验。将分电器转速稳定在 1 000r/min，抽动真空泵，记录下在规定的真空度时点火提前角的改变量，与该型号分电器的标准值进行比较，确定其性能好坏。如果测试的结果与标准不符，可在接头处增减垫片以改变膜片张力，使其符合要求。

④ 分电器跳火能力的检验。将点火线圈高压引入三针放电器（见图 4.20），将三针放电器间隙调整至 7mm，逐渐提高分电器转速，测出放电指针处的跳火连续不间断的转速，与标准值比较。如果测得的分电器最高不断火转速低于规定值，则说明分电器跳火能力不足。

2. 传统点火系统的检修

（1）点火线圈检修

① 点火线圈电阻测试。点火线圈的常见故障是一次绕组、二次绕组断路、短路；绝缘老化、漏电；内部接触不良等。造成无二次高压或高压太低不能跳火，或者出现偶尔断火的现象，使发动机不易起动、怠速不稳、加速不良。

点火线圈的检测通常是用万用表测一次、二次绕组的电阻来判断是否有绕组开路或短路现象。一般维修手册都给车型点火线圈的电阻参数，若实测的阻值超出这个范围，则应更换点火线圈。

② 点火线圈的绝缘性能测试。点火线圈的绝缘性能可用万用表测接线柱及外壳间的电阻来粗略判断，绝缘电阻应为无穷大，若小于 50MΩ，则说明绝缘性太差。

点火线圈的有些故障，如内部绝缘老化或有小裂纹用万用表测不出来的，这时最好是用示波仪查看点火线圈的一次及二次波形，由波形分析故障。

③ 点火线圈跳火性能测试。点火线圈性能测试的方法与分电器跳火能力试验相似（见图 4.20），但需装上标准分电器，接上被测点火线圈。把三针放电器间隙调整为 7mm，提高分电器转速，如果在 1 800r/min 以下出现跳火不连续现象，则说明点火线圈性能不良。

（2）火花塞的检修

① 火花塞积炭。火花塞轻度积炭时，可用铜丝刷清洁；严重时，先将火花塞在丙酮或者煤油中浸泡，再用铜丝刷清洗，不可用刮刀等利器清除积炭。

② 火花塞间隙的调整。火花塞间隙可用塞尺测量。如果间隙不符合要求，可以用特殊工具弯曲侧电极来调整。

③ 绝缘情况的检查。火花塞绝缘体出现裂纹或者是电极烧蚀时，需要更换。

（3）传统点火系统的维护

为保证发动机正常运转，车辆行驶 6 000～8 000km 后，应进行二级保养。保养的内容如下。

① 清除分电器盖和壳体内表面的灰尘和油污。

② 清除火花塞积炭。

③ 清除点火线圈外表面的污垢。

④ 检查并紧固一次电路的各连接处及触点的连接情况。

⑤ 检查高压导线绝缘状况及连线情况。

⑥ 润滑分电器总成。

4.2.6 传统点火系统常见故障分析

汽车运行期间发动机不能起动或起动后动力性差等故障大都因点火系统故障所致。点火系统的故障主要表现为断火、缺火、火花弱和点火正时不良等，使发动机不能工作或工作不正常。

1. 发动机不能起动

（1）故障现象

起动发动机时，起动机运转正常，但无着火征兆，或虽有着火征兆，但不能发动，发动机随起动机停转而熄火。

（2）故障分析

上述故障现象通常是因点火系统线路故障造成，可按下列步骤查找故障：

确定电源是否正常。可按扬声器或开大灯检查，如扬声器不响，大灯不亮，表示电源有故障。也可能是蓄电池电压过低，容量不足；或电流表到蓄电池之间，蓄电池到搭铁之间有接触不良之处。

判断故障在高压电路还是在低压电路。接通点火开关，用手摇柄摇转发动机曲轴，观察电流表，若指针指示3～5A，并间歇地摆回"0"位，表示电流表动态正常，说明低压电路是正常的。此时，再试高压总火，若火强，为高压电路有故障；若总火弱或无火，则为低压电路有故障或点火线圈损坏。若电流表指针停于"0"位，说明低压电路断路，指示3～5A不动或10A以上大电流放电，说明低压电路有短路故障。

2. 发动机运转不均

（1）故障现象

发动机工作时，排气管发出有节奏的"突突"声，并稍冒黑烟，甚至进气管回火。

（2）故障分析

上述故障原因主要有高压分线漏电或脱落，分电器盖漏电，凸轮磨损不均，火花塞工作不良或不工作等。个别气缸不工作的分析查找故障的方法和步骤如下。

① 找出缺火的气缸：可用一字旋具将火花塞接线柱逐个搭铁，如果搭铁后发动机运转不均匀现象加剧，则表明此缸工作正常；如果搭铁后发动机的运转状况无变化，则表明此缸缺火。

② 找出缺火原因：将缺火气缸的高压分线拆下，使线端距火花塞接线柱3～4mm，起动发动机，该间隙中如有连续火花且该气缸开始正常工作，表明火花塞积炭；如无火花则表明高压分线或配电器盖有故障。这时应将高压分线一端装回火花塞，而从分电器盖侧旁电极接柱孔中拔出另一端，使线端距座孔2～3mm进行跳火试验，如有连续火花，则表明高压分线的绝缘有损坏；如无火花，则分电器盖漏电。如几个气缸同时缺火，应从分电器盖中央电极座孔中拔出高压导线，使线端距座孔2～3mm，进行跳火试验，如有连续火花，则表明高压电供给正常，而分电器盖绝

缘不良，或几个火花塞有故障；如跳火有断续现象，则表明断电器、电容器或点火线圈有故障。

3. 发动机动力不足

（1）故障现象

汽车在行驶过程中突然加大油门时，转速不能随之迅速提高，反而感到发"闷"无力，甚至产生发动机过热、排气管放炮、进气管回火、发动困难等现象。

（2）故障分析

上述故障主要原因是点火时间过迟或断电器触点间隙过小。分析查找故障的方法和步骤如下。

① 检查分电器外壳固定螺栓：用手转动分电器外壳，如能转动，则应检查是否因分电器外壳固定螺栓松动而引起点火时间过迟。

② 检查点火时间：用手逆着分火头旋转的方向转动分电器外壳，若发动机工作情况好转，则说明点火时间过迟。

③ 检查触点间隙：用厚薄规检查断电器触点间隙是否过小。

4.3 电子点火系统

电子点火装置又称为半导体点火装置，是在传统点火系统的基础上加以改进的，主要针对一次电路中的触点进行改造，用电子元件代替这个具有开关作用的触点，因而它的性能得到了很大的提高。

4.3.1 电子点火系统的优点

电子点装置可以增大一次电流，提高二次电压和点火能量，改善高速性能；减少触点火花，延长触点寿命；容易维护，起动性能好，混合气体燃烧完全，排污少；有利于向多缸、高速方向发展。

4.3.2 电子点火系统的分类

1. 按控制点火线圈一次电路通断的主要电子器件或装置分类

按控制点火线圈一次电路通断的主要电子器件或装置分晶体管式点火装置、集成电路式点火装置、计算机控制点火装置。

2. 按有无触点分类

按有无触点可分类触点式电子点火装置、无触点式电子点火装置。

3. 按有无分电器盖和分火头分类

按有无分电器盖和分火头可分有分电器式电子点火装置、无分电器式电子点火装置。

4. 按照储能方式分类

按照储能方式分电感储能式电子点火装置、电容储能式点火装置。

5. 按照点火信号发生器种类分类

按照点火信号发生器种类分霍尔式电子点火装置、电磁式电子点火装置、光电式电子点火装置。

4.3.3 触点式电子点火系统

触点式电子点火系统是使用最早的一种电子点火装置，它将一只晶体管串联在点火线圈的一次电路中，代替原有的触点，起到开关作用，断电器的触点串联在三极管的基极电路中，控制三极管的导通和截止。

1. 电感储能触点式电子点火系统

（1）实例：国产 BD—71F 型点火装置组成

BD—71F 型触点式晶体管点火装置可与传统分电器配套使用，其电路图如图 4.21 所示，主要由触点、点火控制器、点火线圈、火花塞等组成。

（2）工作原理

接通点火开关 S，当断电器触点 K 闭合时，因三极管 VT$_1$ 的基极与蓄电池的负极相连，故 VT$_1$ 截止。这时蓄电池通过 R$_2$、VD、R$_1$ 构成回路，在 R$_2$、R$_1$ 的分压作用下，三极管 VT$_2$ 获得正向偏压而饱和导通，接通一次电路，其电路是：蓄电池正极→点火开关 S→一次绕组 L$_1$→附加电阻 R$_f$→三极管 VT$_2$ 集电极、发射极→搭铁→蓄电池负极。此时，点火线圈一次绕组储存磁场能。

当触点 K 打开时，蓄电池通过 R$_3$ 向三极管 VT$_1$ 提供基极电流，使 VT$_1$ 导通，VT$_2$ 截止，点火线圈一次绕组中的电流中断，磁场迅速消失，于是在二次绕组中产生高压电，击穿火花塞间隙，点燃可燃混合气体。

如图 4.21 所示电阻 R$_1$、R$_2$ 是 VT$_2$ 的偏流电阻，R$_2$ 同时又是 VT$_1$ 管的负载电阻；R$_3$ 是 VT$_1$ 管的偏流电阻；电容 C 用来保护 VT$_2$ 管；二极管 VD 是用来保证 VT$_1$ 管导通时 VT$_2$ 管能可靠截止。

（3）电感储能触点式电子点火系统的优点

与传统点火系统比较，主要优点如下。

① 延长触点的使用寿命。由于触点只通过很小的基极电流，约为一次电流的 1/5～1/10，使触点火花大为减小，延长了触点的使用寿命，减少了触点的维护和调整。

图 4.21 BD—71F 型晶体管辅助触点点火装置

② 改善点火性能。因一次电流不通过触点，可适当增加一次电流值，且触点断开时无火花，能量损失少，可使二次电压提高。

③ 改善发动机性能。由于点火能量增大，不仅使汽车起动比较容易，整车动力性以及高、低速稳定性均有明显提高，而且油耗下降，排气污染也相对减小。

④ 成本低。由于仍可采用传统点火系统的分电器，因此，适合于旧车型点火系统的改造，并且安装调试简单。在行车途中若点火控制器出现故障后可很容易地恢复为传统点火系统，而

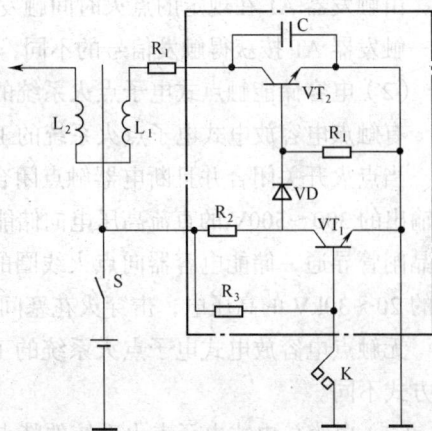

不会影响行车。

2. 电容储能触点式电子点火系统

电容放电式电子点火系统与传统点火系统和电感式电子点火系统的不同在于它用于产生火花的能量是以电场的形式储存在专门的储能电容中。在需要点火时，储能电容向点火线圈的一次绕组放电，在二次绕组中感应出高压电，击穿火花塞间隙，产生电火花，点燃可燃混合气体。

（1）电容储能触点式电子点火系统的组成

电容放电式电子点火系统的基本组成如图 4.22 所示。该点火系统与电感式的不同之处在于增加了直流升压器、储能电容、晶闸管和触发器等。

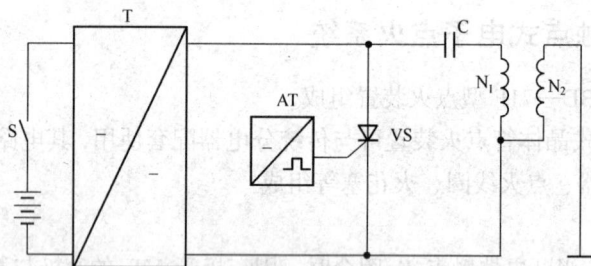

图 4.22　电容放电式电子点火系统的基本组成

直流升压器 T 的作用是将电源的 12V 低压直流电转变为交流电并升压，再经整流器整流为 $300\sim500V$ 的直流电，向储能电容器充电。储能电容用于储存点火能量。晶闸管 VS 起开关作用，由触发器 AT 在规定的点火时间触发晶闸管。

触发器 AT 按获得触发信号的不同，又可分为有触点式和无触点式两类。

（2）电容储能触点式电子点火系统的工作原理

有触点电容放电式电子点火系统的工作原理如下。

当点火开关闭合并且断电器触点闭合时，触发器发出指令信号，使晶闸管截止，直流升压器输出的 $300\sim500V$ 的直流高压电向储能电容器充电；当触点打开时，触发器也发出指令信号，使晶闸管导通，储能电容器向点火线圈的一次绕组放电，在二次绕组中感应出和线圈匝比成正比的 $20\sim30kV$ 的高压电，击穿火花塞间隙，产生电火花，点燃气缸内的可燃混合气体。

无触点电容放电式电子点火系统的工作原理与上述基本相同，其区别仅在于触发信号的获得方式不同。

（3）电容放电式电子点火系统的特点

与电感储能式点火系统相比，电容放电式电子点火系统具有如下优点。

① 二次电压不受发动机转速影响。由于储能电容的充电电压高，充、放电时间极短，而晶闸管的导通速率又极高。因此，二次电压几乎不受发动机转速的影响。故特别适用于高速发动机。

② 对火花塞积炭不敏感。因二次电压上升的时间极短，一般为 $3\sim20\mu s$，故在火花塞积炭或污染时，仍能产生较高的二次电压，保持良好的点火性能。

③ 延长点火线圈的使用寿命。由于电容储能方式只在点火的瞬间有较大的电流通过点火线圈，而其他时间里点火线圈不通电流。因此，点火线圈的平均电流小，其工作温度低，使用寿命长。

④ 对蓄电池极为有利。由于电容储能方式电能的消耗随发动机转速的增加而增加，而在发动机怠速时电能消耗最少。因此对蓄电池极为有利。

⑤ 能量利用率高。由于整个储能过程能量损失小，点火线圈的能量转换效率高。

电容放电式点火系统的上述优点是很吸引人的，但是至今其应用远不及电感储能式的多，原因是它有如下缺点：点火持续时间过短、对无线电产生严重干扰、成本高等。

由于上述缺陷，限制了电容放电式点火系统在一般汽油机上的推广使用，而仅用于转速较高的汽油机，如赛车发动机等。

4.3.4　无触点式电子点火系统

无触点电子点火系统取消了断电器的触点，首先对触点进行"固化"处理，因而也称为第一代固态点火系统。第一代固态点火系统用点火信号发生器产生点火信号，控制点火系统工作。它可以避免由触点引起的各种故障，减少了保养和维护工作；还可以增大一次电流，提高二次电压和点火能量；改善混合气体的燃烧状况，提高发动机的动力性和经济性，并减少排气污染。因此，无触点点火系统已在国内外得到广泛应用。

1．无触点电子点火系统的组成

无触点电子点火系统一般由电源、点火开关、分电器、点火信号发生器、电子控制器、点火线圈、火花塞等组成，如图 4.23 所示。

电源、点火开关、分电器、点火线圈、火花塞的结构原理与传统点火系统的相同，这里主要介绍一下点火信号发生器和电子控制器。

（1）点火信号发生器

① 点火信号发生器的作用。点火信号发生器安装在分电器内，它是一种将非电量转化为电量的传感器，通过一定的转换方式，将汽车发动机曲轴转过的角度或者是活塞在气缸中所处的位置转换成相应的电脉冲信号，最后传送到电子控制器。

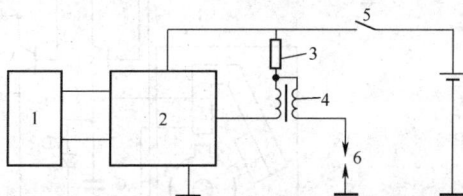

图 4.23　无触点电子点火系统的基本组成
1—点火信号发生器　2—电子控制器　3—附加电阻
4—点火线圈　5—点火开关　6—火花塞

② 点火信号发生器的分类。常见的点火信号发生器有磁脉冲式、光电式、霍尔效应式三种。

（2）电子控制器

① 电子控制器的作用。电子控制器又称为点火组件或者是电子点火器。它将点火信号发生器传来的脉冲信号经过相应的放大或者其他的处理后，控制点火线圈的一次绕组所在电路的通断。

② 电子控制器的组成及其作用。尽管电子控制器电路各异，但是其基本组成与功能是一样的，一般由脉冲整形电路、点火线圈通电时间控制电路、功放电路和稳压电路组成。

脉冲整形电路的作用是将点火信号发生器送来的脉冲信号整形，使其信号幅值不受发动机转速的影响。

点火线圈通电时间控制电路的作用是把经过整形电路送出的数字脉冲信号输入到通电时间控制电路，以确定一次绕组通电时间的开始时刻，从而达到控制一次绕组通电时间长短以适应发动机转速变化的目的。

功放电路的作用是把通电时间控制电路送来的信号放大，以便对一次电流控制。

稳压电路的作用是提供点火装置所需要的稳定电压，以保证点火装置正常工作。

2. 无触点电子点火系统的工作原理

分电器转动时，使点火信号发生器产生脉冲电压信号，此脉冲电压信号经电子控制器大功率晶体管前置电路的放大、整形等处理后，控制串联在点火线圈一次电路的大功率晶体管的导通和截止。大功率晶体管导通时，点火线圈一次电路通路，点火系统储能；当输入电子控制器的点火信号脉冲电压使大功率晶体管截止时，点火线圈一次电路断路，二次绕组便产生高压电，击穿火花塞间隙，产生电火花，点燃燃烧室内的可燃混合气体。

3. 磁脉冲式无触点电子点火装置

图4.24所示为丰田汽车常用的磁脉冲式无触点电子点火装置。它主要由点火信号发生器、电子控制器、分电器、点火线圈、火花塞等组成。

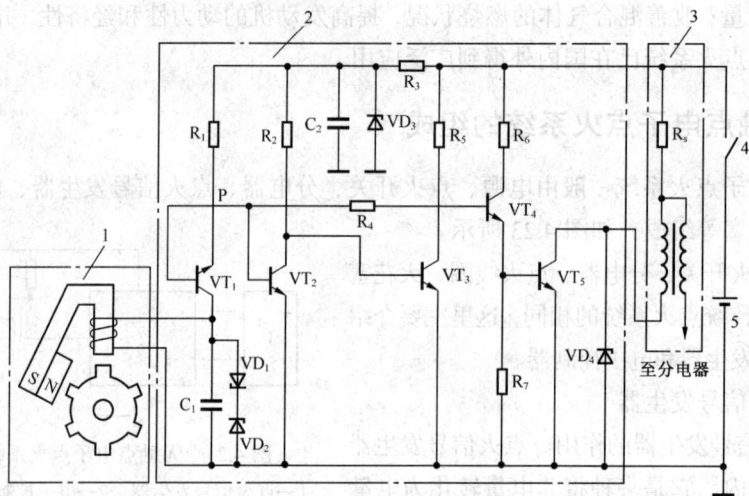

图4.24 日本丰田20R型发动机电子点火器的内部电路图

（1）磁脉冲式点火信号发生器的工作原理

磁脉冲式点火信号发生器安装在分电器内，由分电器轴带动的信号转子、永久磁铁和绕在支架上的传感器线圈等组成，如图4.25所示。其信号转子上的凸齿数与发动机的气缸数相同。永久磁铁的磁通经信号转子凸齿、线圈铁芯构成回路。

当信号转子由分电器轴带动旋转时，转子凸齿与线圈铁芯间的空气间隙将发生变化，磁路的磁阻随之改变，使通过传感器线圈的磁通量发生变化，因而在传感器线圈内感应出交变电动势，如图4.25所示。

磁脉冲式点火信号发生器具有一个特点：其点火信号电压的大小会随发动机转速的变化而变化。发动机转速升高时，点火信号发生器磁路的磁阻变化速率提高，相应磁通量的变化速率也提高，传感器线圈产生的信号电压也就随之增大。这一结果会使点火的击穿电压提前到达，点火相应提前。

利用这一特点，若将其结构设计合理，使点火提前角随发动机转速的变化正好满足发动机转速变化对点火提前角的实际需要，就可以省去离心点火提前调节装置。目前丰田、三菱多采用此种方式的点火信号发生器。

（2）电子控制器的工作原理

电子控制器将从点火信号发生器得到的信号进行整形、放大以控制点火线圈低压电路的通断。

它由点火信号检出电路（三极管 VT_2）、信号放大电路（三极管 VT_3、VT_4）和功率放大电路（大功率三极管 VT_5）等组成。其工作原理如下：VT_2 为触发管，当它导通时，其集电极的电位降低，使 VT_3 截止。VT_3 截止时，蓄电池通过 R_5 向 VT_4 提供偏流，使 VT_4 导通。VT_4 导通时 R_7 上的电压降又加在 VT_5 的发射极上，使 VT_5 导通。这样一次绕组便有电流通过，其电路是：蓄电池正极→点火开关 SW→附加电阻 R_f→点火线圈一次绕组 L_1→大功率三极管 VT_5→搭铁→蓄电池负极。

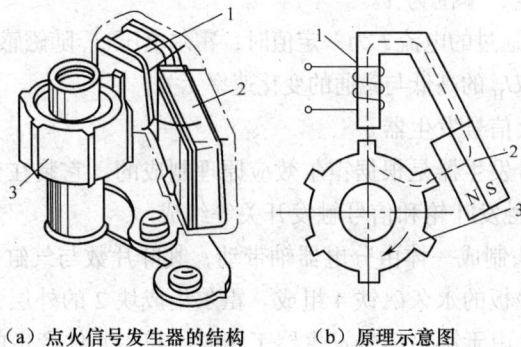

（a）点火信号发生器的结构　　（b）原理示意图

（c）输出信号

图 4.25　磁脉冲式点火信号发生器的工作原理

1—传感器线圈　2—永久磁铁　3—信号转子

当 VT_2 截止时，蓄电池通过 R_2 向 VT_3 提供偏流，使 VT_3 导通。VT_3 导通则 VT_4 截止，VT_5 也截止，于是，点火线圈的一次电流被切断，二次绕组产生高压电，击穿火花塞间隙，点燃混合气体。

电路中三极管 VT_1 的基极和发射极相连，相当于发射极为正、集电极为负的二极管，起温度补偿作用。其原理如下：当温度升高时，VT_2 的导通电压会降低，使 VT_2 导通提前而截止滞后，从而导致点火推迟。VT_1 与 VT_2 型号相同，具有同样的温度特性系数。故在温度升高时，VT_1 的正向导通电压也会降低，使 P 点电位 U_P 下降，正好补偿了温度升高对 VT_2 工作电位的影响，而使 VT_2 的导通和截止时间与常温时相同。

4. 霍尔效应式无触点电子点火装置

（1）霍尔效应

霍尔效应的原理如图 4.26 所示。

当电流 I 通过放在磁场中的半导体基片（霍尔元件）且电流方向和磁场方向垂直时，在既垂直于电流又垂直于磁场的半导体基片的横向侧面上会产生一个电压，这种现象叫霍尔效应，这个电压称为霍尔电压 U_H。霍尔电压的高低与通过的电流和磁感应强度成正比，可用公式 4.1 表示：

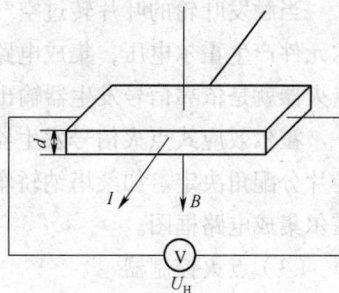

图 4.26　霍尔效应原理

$$U_{\mathrm{H}} = \frac{R_{\mathrm{H}}}{d} IB \tag{4.1}$$

式中，R_{H}——霍尔系数；

d ——半导体基片厚度，单位为 m；

I ——电流，单位为 A；

B ——磁感应强度，单位为 T。

由公式 4.1 可知，当通过的电流 I 为一定值时，霍尔电压 U_{H} 随磁感应强度 B 的大小而变化；同时也可看出，霍尔电压 U_{H} 的高低与磁通的变化速率无关。

（2）霍尔效应式点火信号发生器

霍尔效应式点火信号发生器是根据霍尔效应原理制成的，它装在分电器内。其基本结构如图 4.27（a）所示，它由触发叶轮和信号触发开关等组成。

触发叶轮 1 与分火头制成一体由分电器轴带动，其叶片数与气缸数相等。信号触发开关 3 由霍尔集成块 2 和带导磁板的永久磁铁 4 组成。霍尔集成块 2 的外层为霍尔元件，同一基板的其他部分制成集成电路。由于霍尔信号发生器工作时，霍尔元件产生的霍尔电压 U_{H} 是毫伏级，信号很微弱，还需要信号处理，这一任务由集成电路完成。这样霍尔元件产生的霍尔电压 U_{H} 信号，经过放大、脉冲整形，最后以整齐的矩形脉冲（方波）信号输出。触发叶轮 1 的叶片在霍尔集成块 2 和永久磁铁 4 之间转动。

霍尔信号发生器的工作原理如图 4.27（b）和图 4.27（c）所示。触发叶轮转动时，每当叶片进入永久磁铁与霍尔元件之间的空气隙时，磁场即被叶片断路，这时霍尔元件上不产生霍尔电压。集成电路输出极的三极管处于截止状态，信号发生器输出高电平。

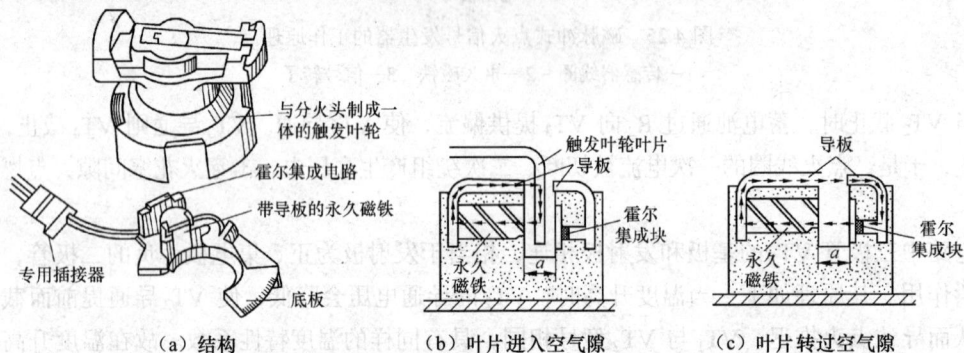

图 4.27　霍尔效应式点火信号发生器的组成和原理

当触发叶轮的叶片转过空气隙时，永久磁铁的磁通便通过霍尔元件经导磁板构成回路，霍尔元件产生霍尔电压，集成电路输出级的三极管处于导通状态，信号发生器输出低电平。电子点火器就是依靠信号发生器输出的方波信号进行触发并控制点火系统工作的。

霍尔效应式点火信号发生器输出的点火信号（波形）中，高低电平的时间比由触发叶轮的叶片分配角决定。如桑塔纳轿车的霍尔式分电器中，高低电平的时间比为 7:3。图 4.28 所示为霍尔集成电路框图。

（3）点火控制器

与霍尔效应式点火信号发生器相匹配的点火控制器，一般多由专用点火集成块 IC 和一些外围电路组成。该点火器除具有丰田汽车点火器的开关功能外，还具有许多功能，如限流控制、闭合角控制、停车断电保护等功能。由于该点火器具备较多的功能，因而使该点火系统显示出更多的优越性，如点火能量高，且在发动机转速范围内基本保持恒定，高速不断火，低速耗能少，起动可靠等优点。

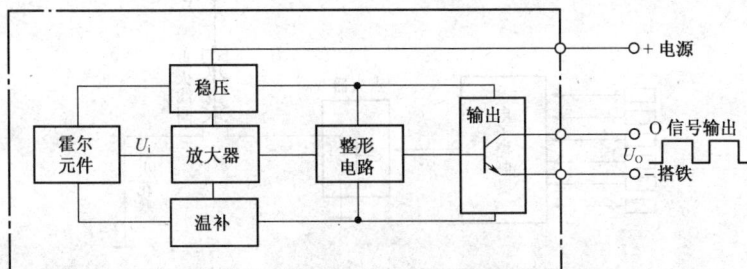

图 4.28　霍尔集成电路框图

5. 光电式无触点电子点火装置

光电式无触点电子点火装置是采用光电式点火信号发生器产生点火信号，控制电子点火器和点火系统的工作。光电式点火信号发生器也安装在分电器内，它由安装在分电器轴上的转盘和安装在分电器底板上的光触发器组成。转盘的外缘开有与发动机气缸数相对应的缺口。光触发器由发光二极管和光敏三极管组成，当发光二极管的光线照射光敏三极管时，光敏三极管导通，产生与曲轴位置相对应的电压脉冲，即点火信号，如图 4.29 所示。

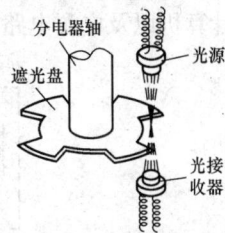

图 4.29　光电式点火信号发生器的工作原理图

光电式点火信号发生器的缺点是抗污能力差，发光元件和光敏元件沾上灰和油污就会影响正常信号电压的产生，故这种点火信号发生器对分电器的密封性要求很高。因此，光电式点火信号发生器的应用不如磁脉冲式和霍尔效应式广泛。主要是在早期的伏尔加车上有所应用。

4.3.5　计算机控制电子点火系统

计算机控制点火系统是通过计算机综合各传感器输入信息，从存储器中选出适当的点火提前角，再根据曲轴位置传感器判别出曲轴转速和位置及几个气缸处于压缩上止点，然后控制大功率晶体管的导通和截止，控制点火线圈一次电路的通断，从而控制点火线圈一次电流的变化而产生高压电点火的。采用计算机控制点火系统，可使发动机实际点火提前角接近理想点火提前角。在各种运转条件下，点火提前角可以获得复杂而精确的控制。在怠速时，最佳点火提前角的主要目标是在保证运转的情况下转速尽可能的低，从而实现运转平稳，排放污染最低，油耗最小；在部分负荷时，主要目标是降低油耗和提高行驶特性；在大负荷时，重点是提高最大转矩和避免工作中产生爆震。不同的工况对点火提前角有不同的要求，只有通过计算机控制点火时刻，才能很好地实现这些目标。

1. 计算机控制点火系统的组成

计算机控制点火系统主要由传感器、电子控制器、点火器、点火线圈等组成，如图 4.30 所示。
（1）传感器（包括各种开关）
传感器主要有曲轴位置传感器、空气流量计或压力型传感器、进气温度传感器、氧传感器、水温传感器、节气门位置传感器、车速传感器、爆震传感器、空调开关信号、动力转向开关信号等。

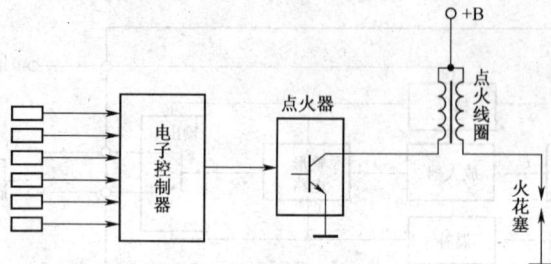

图 4.30　计算机控制点火系统示意图

（2）电子控制器

电子控制器的作用是根据发动机各传感器输入的信息及内存的数据，进行对比、分析、运算、处理、判断，然后输出指令控制相关执行器的动作，达到快速、准确控制发动机工作的目的。电子控制电器的基本构成如图 4.31 所示。它主要包括输入回路、输出回路、A/D 转换器、微型计算机以及电源电路、备用电路等。

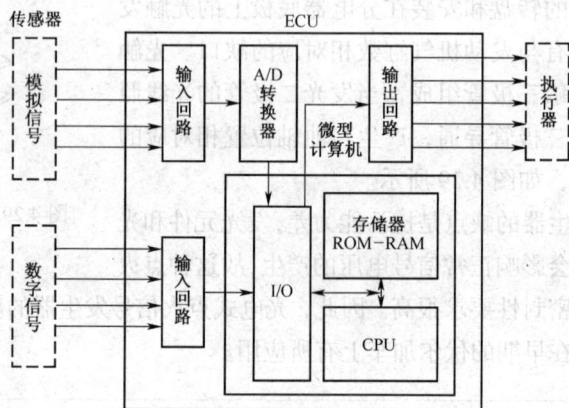

图 4.31　电子控制器的基本组成

在计算机的只读存储器 ROM 中，存放着各种程序和该车在各种工况下最优化的点火提前角等数据。发动机工作时，计算机根据各传感器及开关信号输入的发动机信息，时刻检测曲轴位置、活塞运行位置及发动机负荷和转速，根据此时的发动机负荷和转速，查出此时此刻的基本点火提前角，并根据此时的工况进行修正，计算出最佳的点火提前角。计算机适时按最佳点火提前角向输出回路发出指令，控制点火器切断点火线圈一次电路电流，产生高压电，并按发动机的点火顺序分配到各缸火花塞进行点火。

（3）点火器

点火器也可以称为点火组件，是控制点火的执行器。它的作用是根据电子控制器输出的指令，通过内部的大功率晶体管的导通和截止，控制一次电流的通断，完成点火工作。

2. 计算机控制点火系统的类型

计算机控制点火系统根据控制方式、器件等有不同的分类方式。

（1）计算机控制点火系统根据控制的方式分类

计算机控制点火系统根据控制的方式分为两种：开环控制和闭环控制。目前多数汽车都采用了闭环控制。

① 开环控制方式。开环控制方式是指计算机检测发动机各种工作状态信息，并根据这些信息，从内部存储器中查出相应的点火提前角，然后输出控制信号对点火时刻进行控制。这种控制方式对控制结果不予反馈。开环控制所用的控制数据是经过大量的试验优化的结果，是综合考虑到经济性、动力性、排放等要求而确定的。

② 闭环控制方式。闭环控制方式是指计算机以一定的点火提前角控制发动机工作时，同时还不断地检测发动机的有关工作状态，然后根据检测到的反馈信号的相关信息再对点火提前角进行修定从而更理想地控制点火。在进行闭环控制时，可以有多种对信号进行反馈控制的传感器，如爆震传感器、氧传感器、转速信号、气缸压力信号等，但是目前汽车上最实用的是使用爆震传感器检测发动机是否有爆震信号，对点火提前角实现最佳控制。

（2）计算机控制点火系统按照有无分电器分类

计算机控制点火系统按照有无分电器可分为两种：有分电器式和无分电器式。目前越来越多的车采用无分电器式。无分电器点火系统又分两种方式，一种方式是每两缸共用一个点火线圈，两缸同时点火，如图 4.32 所示；另外一种方式是每缸一个点火线圈，各缸独立进行控制，如图 4.33 所示。

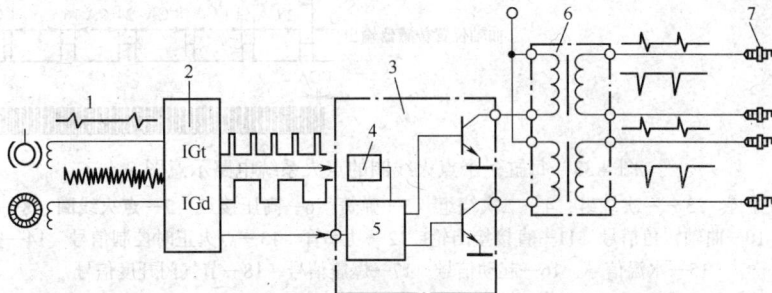

图 4.32　两缸共用一个点火线圈的点火系统电路示意图

1—曲轴位置传感器　2—电子控制装置　3—点火器　4—点火基准判断　5—点火分配器　6—点火线圈　7—火花塞

3. 计算机控制点火系统的工作原理

（1）计算机控制点火系统的基本工作原理

计算机控制点火系统是通过计算机综合各传感器输入信息，从存储器中选出适当的点火提前角，再根据曲轴位置传感器判别出曲轴转速、位置及几个气缸处于压缩上止点，然后控制大功率晶体管的导通和截止，来控制点火线圈一次电路的通断，从而来控制点火线圈一次电流的变化。下面以日产汽车 ECCS 点火系统为例加以叙述。

ECCS 系统控制的项目包括点火时刻及闭合角的控制。计算机根据各传感器输入信息，从存储器中选出最佳点火提前角，根据电磁感应式曲轴位置传感器输入的 120° 信号和 1° 信号判别活塞位置，适时控制大功率晶体管截止，使一次电流中断。

例如，在某种运转状态下，计算机选出最佳点火提前角为上止点前 40°。因为日产 L20E 型发动机在上止点前 70° 时开始输入 120° 的信号，因此当计算机读到 120° 信号时，即表示此时某缸活塞处于压缩上止点 70° 的位置，这时计算机开始计数 30 个 1° 信号，在第 31 个信号输入的同时截止大功率管。由于 120° 信号输入时，4° 后计算机开始计数，因此当计算机计数到 26 个 1° 信号后发出信号，截止大功率晶体管。点火基准信号如图 4.34 所示。

大功率晶体管导通时间的控制方法，一般是计算机根据电源电压查表得到的导通时间，如

图 4.35 所示，再根据发动机的转速换算成曲轴的转角，以决定闭合角大小。

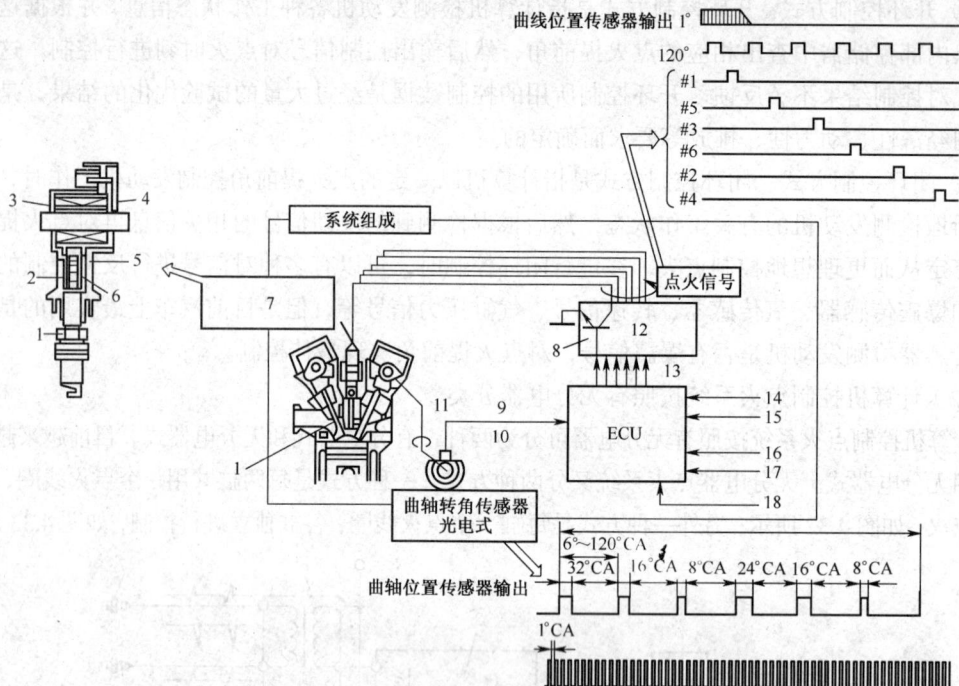

图 4.33 每缸一个点火线圈的点火系统电路示意图

1—火花塞　2—护套　3——次绕组　4—二次绕组　5—弹簧　6—高压接点　7—点火线圈　8—装在缸头盖上
9—转速信号　10—曲轴转角信号　11—直接接凸轮　12—功率管　13—点火正时控制信号　14—空气流量信号
15—水温信号　16—起动信号　17—爆震信号　18—节气门开度信号

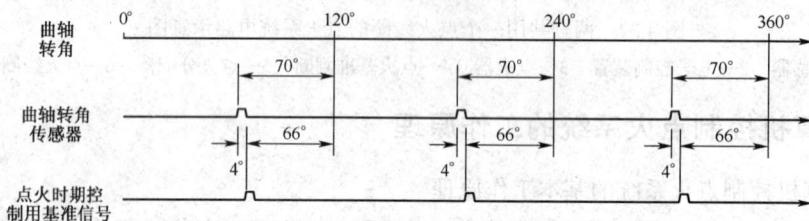

图 4.34　L20E 型发动机控制点火时刻的各种信号

例如，电源电压为 14V，则大功率管导通时间为 5ms，若此时发动机转速为 2 000r/min，则导通 5ms 相当于曲轴转角为

$$\frac{360°\times2\,000}{60}\times\frac{5}{1\,000}=60°$$

在这种情况下,大功率晶体管从导通到截止,必须保持 60° 的曲轴转角,即闭合角为 60°。又因为六缸发动机的动力间隔为 120°,即大功率晶体管截止到下一次截止为 120°。在此期间大功率晶体管截止时,曲轴转角为 120°-60°=60°,那么计算机从大功率晶体管截止开始计数 60 个 1° 信号,第 61 个 1° 信号时大功率晶体管开始导通,即为一次电流开始导通,如图 4.36 所示。

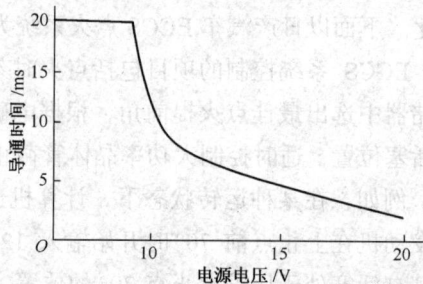

图 4.35　电源电压与功率晶体管导通时间的关系

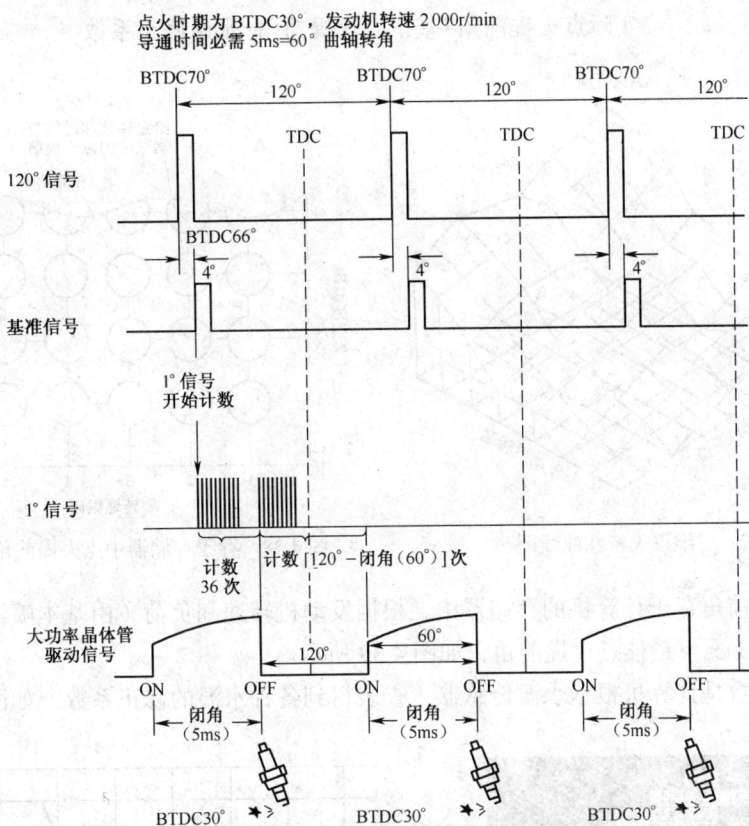

图 4.36　大功率晶体管导通时间的控制

（2）点火提前角控制

因为点火提前角的大小对发动机的油耗、功率、排放污染、爆震、行驶特性等会产生较大的影响，而点火提前角大小两个主要因素是发动机的转速和负荷。根据汽车实际运行状况及不同工况的要求，在实验室中可以获得各种工况下的最佳点火提前角，并将此数据储存在计算机的存储器中。例如，在怠速时，最佳点火提前角就是使有害气体排放最低、运转平稳和油耗最小的点火提前角，在部分负荷范围，主要要求提高行驶特性和降低油耗；在大负荷工况下，重点是提高最大扭矩，避免产生爆震。

图 4.37 所示为存于存储器中的一个标准的三维点火特性曲线图。如图 4.37 所示，三个轴分别代表发动机的转速、负荷、点火提前角。如果已知转速和负荷就可以从图中找出相应的最佳点火提前角。

图 4.38 所示为存于存储器中点火提前角数据的另外一种方法。它有两个轴，分别代表发动机的转速和负荷。例如，当从转速和负荷传感器接收到的数字信号是 3 和 2 时，从其交点可以读出 33，就代表此工况下的最佳点火提前角为 33°。

实际上点火提前角的控制，依据厂家不同，其控制方法也不相同。下面分别以日产汽车 ECCS 系统和丰田 TCCS 系统为例，讲解其实际点火提前角的控制方法。

① 日产汽车 ECCS 系统的点火提前角控制。

日产 ECCS 系统依据发动机工况不同，对点火提前角采用如下控制方法。

a. 平常行驶时点火提前角的控制。当计算机接受到节气门位置传感器怠速触点打开的信号时，即进入平常行驶时点火提前角的控制模式。其实际点火提前角为

实际点火提前角=基本点火提前角×水温修正系数

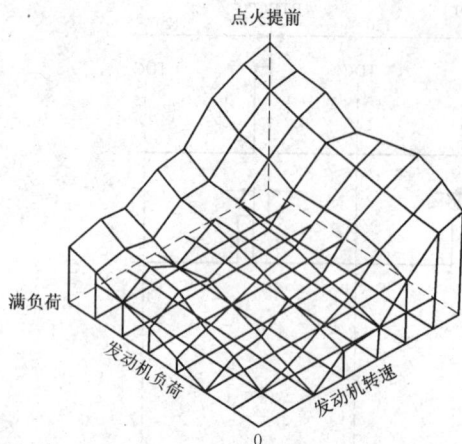

图 4.37　三维点火特性曲线图

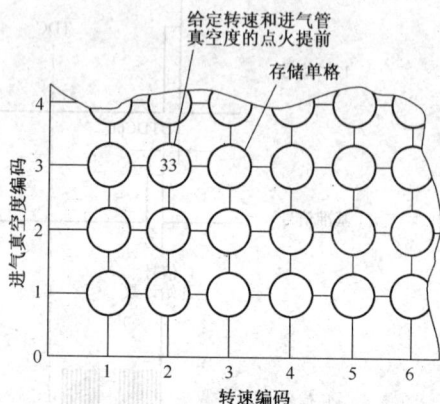

图 4.38　存于存储器中点火提前角数据

基本点火提前角存于计算机的存储器中，根据发动机转速和负荷（由基本喷油时间表示）可查表得到各种工况下最佳点火提前角，如图 4.39 所示。

水温修正系数是计算机根据水温传感器，查表得到各种水温的修正系数，如图 4.40 所示。

图 4.39　基本点火提前角

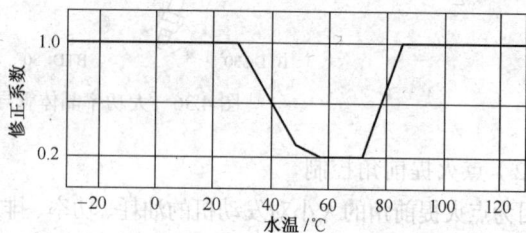

图 4.40　水温修正系数

b. 急速及减速时点火提前角控制。当节气门位置传感器怠速触点闭合时，计算机即进入怠速或减速时的点火提前角控制模式。此时，计算机根据发动机转速、冷却水温及车速控制点火提前角的大小，如图 4.41 所示。

当冷却水温在 50℃以下，车速不大于 8km/h，发动机转速在 1 200r/min 以上时，点火提前角几乎保持在上止点前 10°。其目的是推迟点火，加速发动机及催化反应器达到正常工作温度。

c. 起动时点火提前角的控制。发动机起动时，起动开关置于"ON"，即计算机进入起动时点火提前角的控制模式，如图 4.42 所示。

由图 4.42 可以看出，当水温在 0℃以上起动时，其点火提前角均为 16°。当水温在 0℃以下时，根据冷却水温适当地增加点火提前角。

当起动转速低于 100r/min 时，为了可靠点火，点火提前角应根据起动转速的下降而适当降低点火提前角，其点火提前角为

$$平常起动时的点火提前角×\frac{起动转速}{100}$$

② 丰田汽车 TCCS 系统依据下列因素对点火提前角进行控制。

实际点火提前角=原始设定点火提前角+基本点火提前角+修正点火提前角

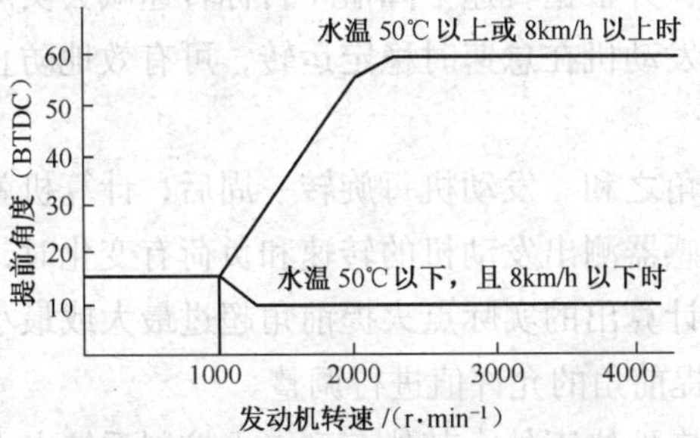

图 4.41 急速及减速时的点火提前角

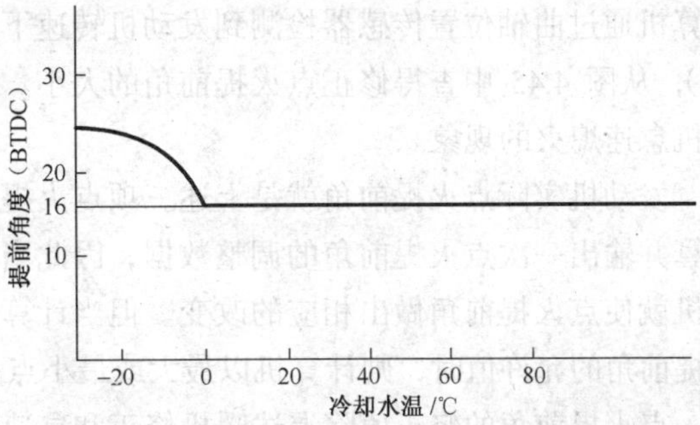

图 4.42 起动时点火提前角的控制

a. 原始设定点火提前角。原始设定点火提前角也称为固定点火提前角，对于丰田汽车的 IG—GEL 发动机，其值为上止点前 10°。在以下几种情况下，其实际的点火提前角为固定点火提前角。发动机转速变化大，无法正确计算点火提前角；发动机转速在 400r/min 以下；节气门位置传感器急速触点闭合且车速在 2km/h；发动机 ECU 内后备系统开始工作。

b. 基本点火提前角。基本点火提前角储存在计算机的存储器 ROM 中。它分为急速的基本点火提前角和平常行驶时的基本点火提前角两种。

急速的基本点火提前角，是指节气门位置传感器的急速触点闭合时的基本点火提前角。其值又根据空调是否工作而略有不同，空调工作时其基本点火提前角为 80°，不工作时其值为 4°。也就是在同样急速运转时，空调工作时实际点火提前角将从上止点前 14° 增加到 18°，以防因空调负荷使发动机运转不稳。

平常行驶的基本点火提前角是指节气门位置传感器急速触点打开时的基本点火提前角。其值是计算机根据发动机的转速和负荷（用进气量表示），从计算机的 ROM 中进行查表，选出最佳点火提前角，如图 4.43 所示。

c. 修正点火提前角。原始设定点火提前角加上基本点火提前角所得点火提前角，必须根据相关因素加以修正。修正的点火提前角具有暖机和稳定急速两种点火提前特性，分述如下。

图 4.44 所示为暖机点火提前特性，指在节气门位置传感器急速触点闭合时，计算机根据冷却水温进行修正点火提前角。当冷却水温较低时，必须增大点火提前角，以促使发动机尽快暖机。当水温较高时，如超过 90℃，为避免发动机过热，其点火提前角必须减小。

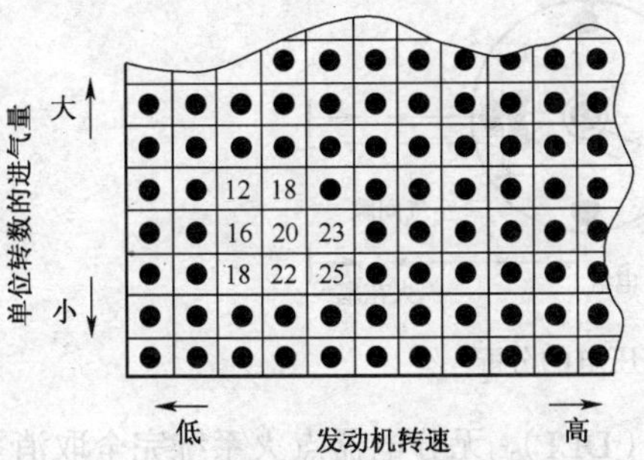

图 4.43 平常行驶时的基本点火提前角

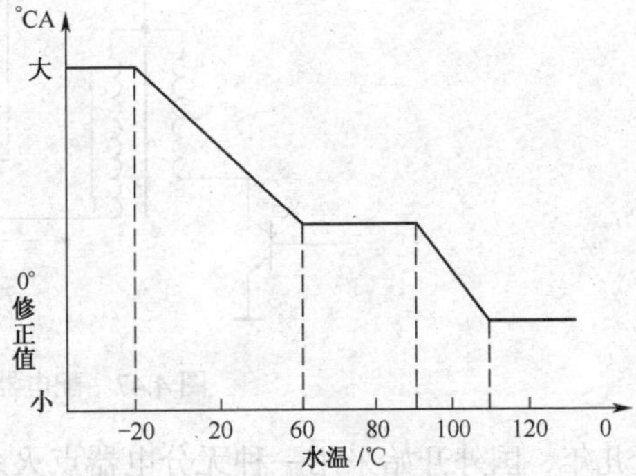

图 4.44 暖机时点火提前特性

稳定急速点火提前特性是指为了使急速稳定运转而控制修正点火提前角。即随着急速转速的变动而改变点火提前角。稳定急速点火提前特性如图 4.45 所示。例如，当动力转向等作用时，计算机通过曲轴位置传感器检测到发动机转速下降，并根据转速下降值（目标转速减去实际转速），从图 4.45 中查得修正点火提前角的大小。使发动机在怠速时稳定运转，可有效地防止发动机怠速熄火的现象。

发动机实际点火提前角就是上述三项点火提前角之和。发动机每旋转一周后，计算机就可计算并输出一次点火提前角的调整数据，因此当传感器测出发动机的转速和负荷有变化时，计算机就使点火提前角做出相应的改变。但当计算机计算出的实际点火提前角超过最大或最小点火提前角的允许值时，则计算机以最大或最小点火提前角的允许值进行调整。

点火提前角的修正值除上述暖机修正和怠速稳定性修正外，其他车型点火控制系统点火提前角的修正还包括空燃比反馈修正。

装有氧传感器的电子控制燃油喷射系统，计算机根据氧传感器的反馈信号对空燃比进行修正。随着修正喷油量的增加和减少，发动机的转速在一定范围内波动。为了提高发动机转速的稳定性，在反馈修正油量减少时，点火提前角应适当地增加，如图 4.46 所示。

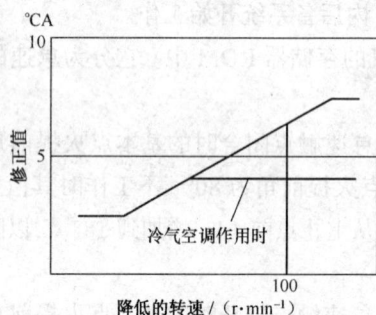

图 4.45　稳定怠速时点火提前特性

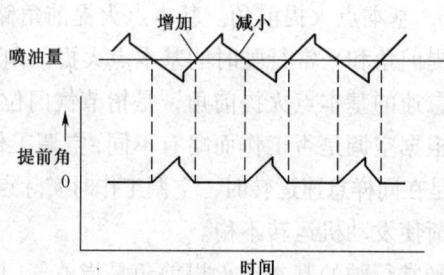

图 4.46　空燃比反馈修正的点火提前角

4. 无分电器点火（DLI）系统

前面研究的点火系统，不管是一般电子点火系统或是计算机控制点火系统，都是只有一个点火线圈产生高压电，然后由配电器按照点火顺序，依次分配到各气缸火花塞上进行点火，如图 4.47 所示。

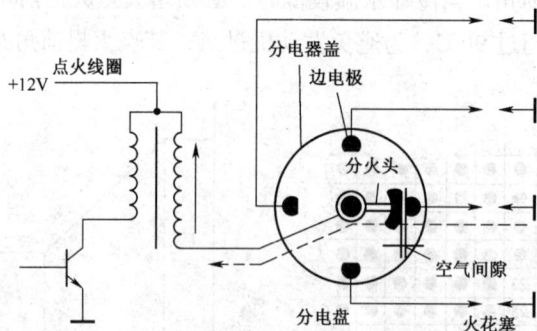

图 4.47　配电器对高压电的分配

近几年，国外开始采用一种无分电器点火系统（DLI）。无分电器点火系统完全取消了传统的分电器，没有分电器盖和分火头。由于点火线圈产生的高压电直接送到火花塞，因此也叫直接点火系统。

无分电器点火系统具有以下优点。它具有上述计算机控制点火系统的一切优点；由于废除分电器，节省空间；由于没有配电器，不存在分火头与分电器盖旁电极间产生的火花，因此可有效地降低点火系统对无线电的干扰。

无分电器点火系统目前常采用以下两种方式：一是同时点火方式。指每两个气缸合用一个点火线圈，即一个点火线圈有两个高压输出端，分别与一个火花塞相连，点火线圈产生的高压电分别输送给相应的火花塞，火花塞产生电火花同时对两缸进行配电。采用同时点火方式的汽车的气缸总数必须是双数。二是单独点火方式，指每个气缸的火花塞上配用一个点火线圈，点火线圈单独对所对应的气缸进行点火。

（1）无分电器同时点火方式

图 4.48 所示为在六缸汽车中，第一缸和第六缸同时点火的电路。同时配电的两个气缸，一个气缸在排气末期，另一气缸在压缩末期，两个气缸同时点火，但是只有压缩末期的气缸点火能够做功。

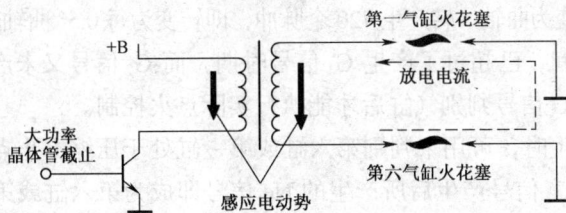

图 4.48　双缸点火时的放电电路

图 4.49 所示为丰田皇冠汽车所采用的无分电器电子点火系统，下面以此图为例加以说明。

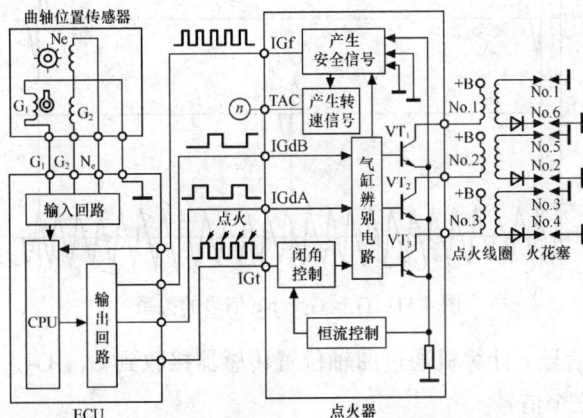

图 4-49　无分电器式同时点火方式电控点火系统电路图

① 来自曲轴位置传感器的信号。曲轴位置传感器由 G_1、G_2 及 Ne 3 个线圈组成，其功能是判别气缸，检测曲轴的转角，以及决定点火时期的原始设定位置。

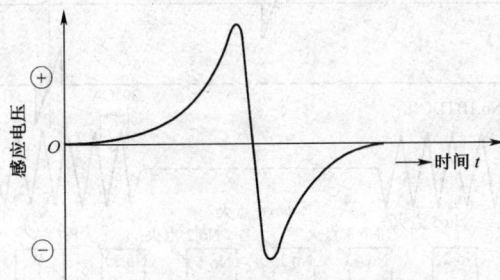

图 4.50　G_1 线圈的感应电压波形

● G_1 信号。利用 G_1 信号可判别出第六缸在压缩上止点的附近。其产生信号的原理与普通电子点火系统的信号发生器的原理相同。

G_1 传感器线圈产生电压波形，是设定在第六缸压缩上止点附近时产生的，因此只要 G_1 线圈产生信号，就表示第六缸处于压缩上止点附近，其点火提前角和闭合角由计算机根据 Ne 信号决定。

● G_2 信号。G_2 信号波形与 G_1 信号波形相同，G_2 信号与 G_1 信号相隔 180°（曲轴转角 360°）。当 G_2 信号产生时，即表示第一缸活塞处于压缩上止点的附近，应完成其点火准备，其点火正时也由 Ne 信号决定。

● Ne 信号。Ne 正时转子有 24 个齿，它每转一圈，Ne 传感器线圈产生 24 个信号波形，其波形与 G_1、G_2 信号波形相似，每个波形表示 Ne 正时转子角度为 15° 或发动机曲轴转角 30°。这个数值在点火控制中会引起较大误差，为了保持一定的精度，需将这些脉冲电压信号整形，再通过转角脉冲发生器，把 24 个脉冲转变为曲轴一转产生 720 个脉冲，即转变为每 0.5° 曲轴转角发生 1 个脉冲。

当发动机起动的瞬间，已超过了产生 G_1 信号时期，而 G_2 信号又未产生，此时无法判别气缸，因此必须等到产生 G 信号判别气缸后才能执行实际点火控制。

当 G_1 或 G_2 信号产生时，可用来判别第六缸或第一缸处于压缩上止点前，因此必须对该气缸完成点火准备，G_1 或 G_2 信号产生后所产生的 Ne 信号即成为第六缸或第一缸的点火正时的基准信号，如图 4.51 所示。

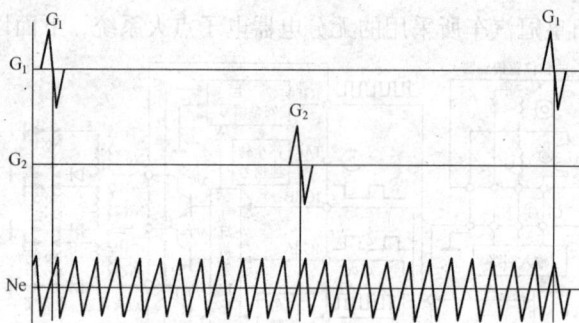

图 4.51 G_1、G_2、Ne 信号的关系

② 计算机的输出信号。计算机通过曲轴位置传感器接收到 G_1、G_2、Ne 信号，向点火器输出 IGt、IGdA、IGdB 三个信号。

● IGt 信号。IGt 信号就是点火正时信号，如图 4.52 所示。

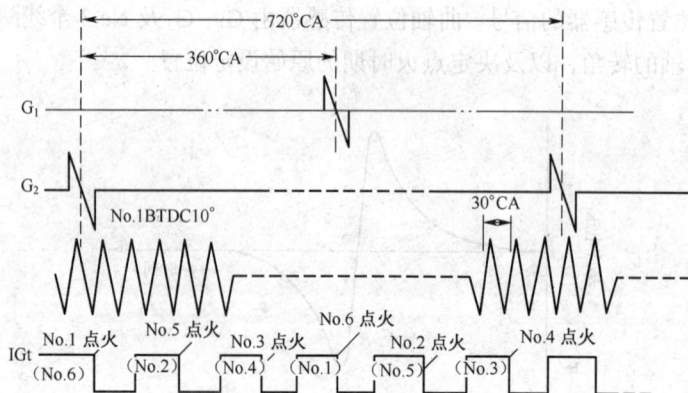

图 4.52 IGt 信号

当 G_1 或 G_2 信号产生时,计算机以此信号为基准,根据 Ne 信号控制其后的 3 次点火信号,即每 4 个 Ne 信号产生一次点火信号(4 个 Ne 信号为 60°,相当于曲轴转角为 120°),而每产生 3 次点火信号后,再经 G 信号重新设定其后的 3 次点火信号。

点火提前角的控制仍然由计算机利用各传感器,根据发动机转速、真空度、节气门位置、水温等信号进行控制。闭合角的控制由点火器中的闭合角控制电路进行控制。

● IGdA、IGdB 信号。IGdA、IGdB 信号是计算机输送给点火器的判缸信号,它存于计算机的存储器中,如图 4.53 所示。计算机根据 G_1、G_2 及 Ne 信号查表选择 IGdA、IGdB 的信号状态(见表 4.6),以确定发动机各缸的点火顺序。

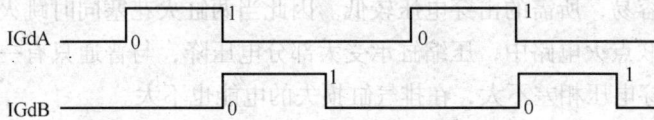

图 4.53　IGdA、IGdB 信号

表 4.6　　　　　　　　　　　　　　　GdA、IGdB 信号状态

点火线圈 ╲ 信号状态	IGdA	IGdB	结果
No.1、No.6	0	1	点火
No.5、No.2	0	0	点火
No.3、No.4	1	0	点火

③ 点火器。点火器内有气缸判别、闭合角控制、恒流控制、安全信号等电路,其主要功能是接收计算机发出的 IGt、IGdA、IGdB 信号,并依次驱动各个点火线圈工作。另外它还向计算机输入安全信号 IGf。其具体工作过程如下。

点火器中的气缸判别电路根据判缸信号 IGdA、IGdB 的信号状态,决定哪条驱动电路接通,并将 IGt 点火正时信号送往与此驱动电路相连接的点火线圈,完成对某缸的点火。例如,如果 IGdA、IGdB 的信号状态分别为 0 和 1 时,气缸判别电路使 VT_1 导通,将点火正时信号送给一缸和六缸的点火线圈,使其工作,完成对一缸和六缸的点火。整个点火正时流程图如图 4.54 所示。

安全信号 IGf,是将点火器断续点火线圈的初级电流信号反馈给计算机的信号,使点火器具有安全功能。

在电子控制燃油喷射发动机中,喷油器的驱动信号来自曲轴位置传感器。如果点火系统出现故障使火花塞不点火,而曲轴位置传感器工作正常时,喷油器会照常喷油,造成气缸内喷油过多,结果会出现再起动困难或行车

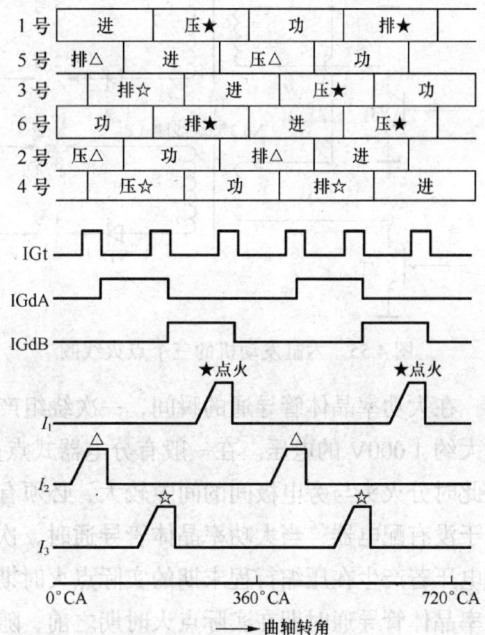

图 4.54　日本丰田车系无分电器电控点火系统中 ECU 输出的点火控制信号

时三元催化反应器过热。为避免这种现象发生,当 IGf 信号连续 3～5 次无反馈信号送入计算机时,则计算机判断点火系统有故障并强制停止喷油器工作。

④ 点火线圈。一般传统点火线圈的二级绕组的一端通过配电器接火花塞,一端与一次绕组相接。无分电器点火系统采用小型闭磁路的点火线圈,二次绕组的两端分别与两个气缸上的火花塞相连接。气缸的组合原则为,一缸处于压缩行程的末期,另一缸处于排气行程的末期,曲轴旋转 360°后两缸所处的行程正好相反。对于六缸发动机来讲,其气缸的组合为第一缸与第六缸、第二缸与第五缸、第三缸与第四缸,即每两缸一个点火线圈,火花塞串联同时点火,如图 4.55 所示。

由于压缩缸的气缸压力较高,放电较为困难,因此所需击穿电压较高,而排气缸的压力接近大气压力,放电容易,所需的击穿电压较低。因此当两缸火花塞同时跳火时,其阻抗几乎都在压缩缸。即在串联点火电路中,压缩缸承受大部分电压降,与普通只有一个火花塞跳火的点火系统相比较,击穿电压相差不大,在排气缸损失的电能也不大。

点火线圈与传统点火系统的结构类是由一次绕组、二次绕组、铁芯、高压二极管、外壳等组成。

点火系统产生高压电的方法,是利用载流的初级线圈周围充满磁场时,迅速切断一次电流,使其周围的磁场立即消失,二次绕组产生使火花塞跳火的高压电。然而,实际上并非只有一次电流断开时才有磁场变化,当大功率晶体管导通时,也有磁场的变化,并产生感应电动势,如图 4.56 所示。

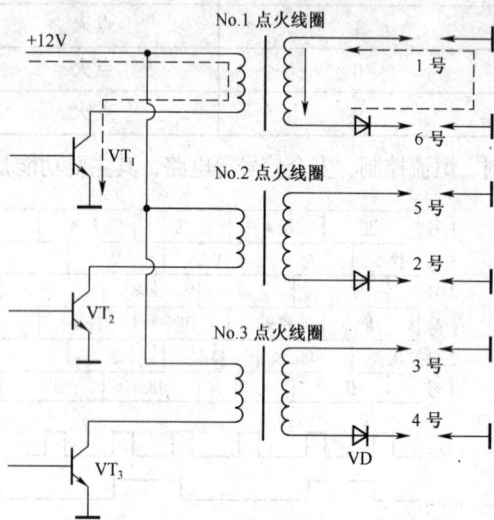

图 4.55　六缸发动机的三个点火线圈

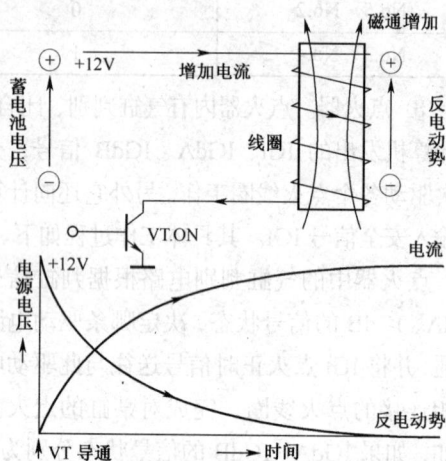

图 4.56　大功率晶体管 VT 导通时的反电动势

在大功率晶体管导通的瞬间,一次绕组产生最大反电动势为电源电压 12～14V,二次绕组产生大约 1 000V 的电压。在一般有分电式点火系统,1 000V 的高压电不可能使火花塞跳火。因为此时分火头与旁电极间的间隙较大,必须有较高的电压才能跳过其间隙。而无分电器点火系统由于没有配电器,当大功率晶体管导通时,次级线圈产生的 1 000V 电压全部作用于火花塞上。此电压若产生在压缩行程末期的实际点火时期,由于气缸压力高,并不能使火花塞跳火。只有大功率晶体管导通时期在实际点火时期之前,随发动机转速而异,大约发生在进气行程末期与压缩行程的初期之间。这时气缸内的压力甚至低于大气压力,因此 1 000V 的高压电很可能使火花塞跳火。特别是火花塞间隙较小,而充电系统电压又大于规定值 14V 时,火花塞跳火的可能性更大。

若发动机在进气行程末期或压缩行程初期火花塞跳火,则发动机将不能正常运转,会产生回火等现象,使车辆无法正常行驶。由于采用恒流及闭合角控制,发动机低速运转时,大功率晶体管导通时已完全进入压缩行程，火花塞跳火的可能性较小。而当发动机高速运转时，大功率晶体管大约在进气行程的末期时导通，火花塞跳火的可能性很大。为防止这种现象的产生，在点火线圈的二次绕组内串联一个高压二极管，如图 4.57 所示。当大功率晶体管导通时，由于二极管的反向截止功能，1 000V 的高压电就无法使火花塞跳火。而当大功率晶体管截止时，次级线圈产生高压电，二极管对此不产生影响，可使火花塞顺利地跳火。

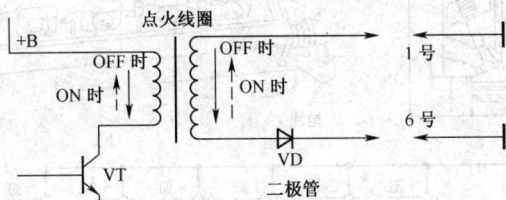

图 4.57　高压二极管的作用

（2）无分电器单独点火方式

此点火方式是德国 Bosch 公司于 1983 年开发并采用的。这种点火方式特别适合在四气门（每个气缸有两个进气门两个排气门）发动机上配用，如图 4.58（a）所示。从图中可以看出，火花塞安装在两根凸轮轴的中间，然后每根火花塞上直接压装一个点火线圈，在布置上很容易实现。

图 4.58（b）所示为奥迪车四气门五缸发动机的点火线圈安装情况。每个点火线圈通过导向座用 4 个螺钉固定在气缸盖的盖板上，然后再扣压到各缸火花塞上。

这种单独点火方式，其控制电路大致相同，但随车型不同也存在一些差异。图 4.58（c）所示为日产公司无分电器点火系统的电控原理图。它主要由各缸分别独立的点火线圈和点火器、电控单元（ECU）等组成。各缸点火线圈的初级绕组分别由点火器中的一个功率管控制。整个点火系统的工作由电控单元（ECU）进行控制。发动机工作时，计算机根据曲轴转角位置传感器、空气流量传感器、点火基准信号传感器、冷却液温度传感器、爆震传感器、点火开关等和有关开关输入信号，根据存储器（ROM）存储的数据，经计算适时地输出点火信号至点火器，由点火器中的功率管分别接通和切断各缸点火线圈的初级电路。当切断点火线圈初级电流时，在次级绕组产生高压电并点燃气缸内的混合气。

电控单元的主要功能有判断点火气缸、计算点火提前角和闭合角以及将点火信号分配到指定的气缸。

图 4.58（d）所示为奥迪五缸发动机无分电器点火系统的电控原理图。该点火系统的 5 个点火线圈分别接到两个点火器 N122、N127 上。其中 N122 控制 1、2、3 缸的点火线圈，N127 控制 4、5 缸的点火线圈。两个点火器分别用导线（点火信号输出线）与电控单元相连。发动机工作时，电控单元通过 1、2、23、20、21 各接柱上的点火信号输出线，适时对各缸输出点火信号，通过点火器，控制各缸点火。

这种单独点火方式有以下突出的优点：由于无机械分电器和高压导线，因而能量传导损失、漏电损失小，机械磨损或破坏的机会均减少，加之各缸的点火线圈和火花塞均由金属罩包覆，其电磁干扰大大减小；由于采用了与气缸数相同的特制的点火线圈，该点火线圈的点火时间常比传统的点火线圈少，因而线圈充电时间极短，能在高达 9 000r/min 的宽广转速范围内，提供足够点火能量和高电压；由于无机械分电器，又恰当地将点火线圈安装在双凸轮轴的中间，充分利用了有限空间，因而节省了发动机周围的安装空间，这对小轿车发动机室的合理布置有着特别重要的意义。

(a)

(b)

地线

(c)

(d)

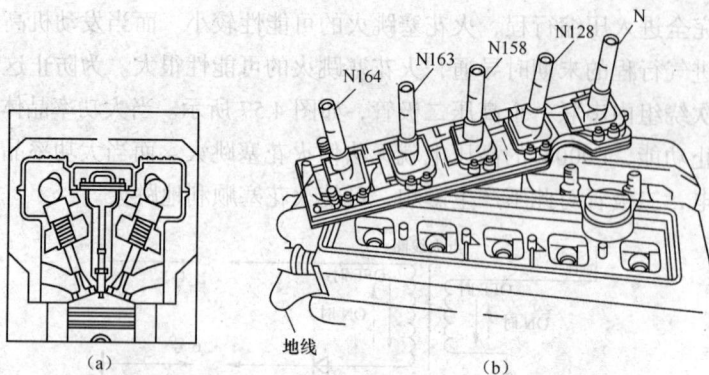

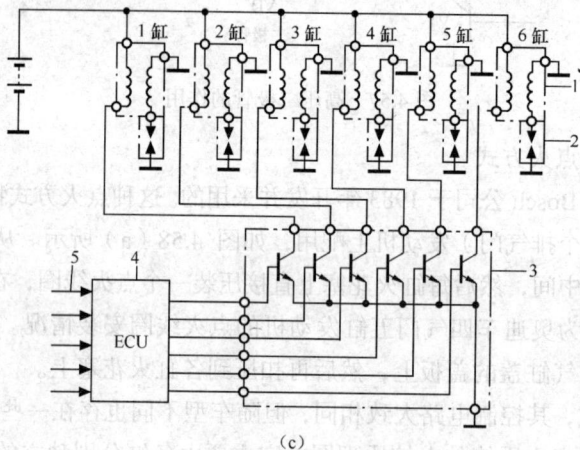

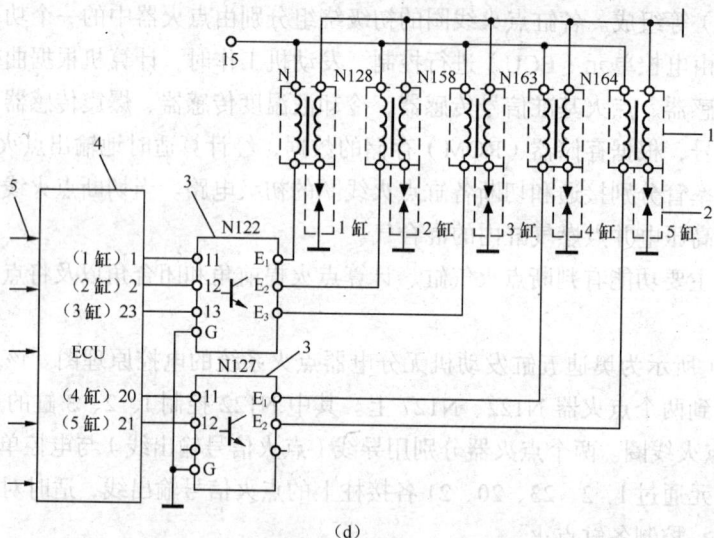

4.58　无分电器单缸独立点火系

1—点火线圈　2—火花塞　3—点火器　4—电控单元　5—各传感器和开关输入信号

4.3.6　电子点火系统的检修

如果发动机因为点火系统的故障而不能起动，检修时先对点火装置的有关连接导线、搭铁线、电源线及工作电压等进行检查，因为这些部位的故障率要比点火信号发生器和电子控制器的故障率高。如果这些正常后再对其他的部件进行检查。

1. 点火信号发生器的检查

（1）电磁感应式的点火信号发生器的检修

① 测量传感器的电阻值。测量后与标准的值去对比，如果与标准的值相差较大，说明传感器已经损坏。如果电阻值为无穷大，说明传感器线圈有断路，一般断路点大都在导线的接头处。

② 检查间隙。检查信号转子与线圈铁芯之间的间隙值可以用厚薄规进行，该间隙一般为0.2～0.4mm，如不符合，要进行调整。

③ 检查电压。查点火信号发生器的电压可以用万用表交流电压挡测量，转动分电器，信号发生器应该有交流电压输出，其输出电压的大小应与分电器转速成正比，否则有故障。

（2）霍尔式点火信号发生器的检修

霍尔式点火信号发生器因车型的不同内部结构也有所不同，但是检查的基本规律是一样的，因为它是个有源器件，所以检查时可先通过直流电压表测量其插接器正负极间的电压，如果电压表的值接近蓄电池的电压 11～12V 说明正常，否则说明电子控制器没有给它输送工作电压，应该检查电子控制器。如果正常则进一步测量点火信号发生器的输出电压是否正常，当触发叶片在霍尔发生器的空气隙中时，电压表应该显示与输入电压值接近的电压，而当触发叶轮的叶片不在信号发生器的空气隙中时，电压表所显示的电压应该接近零。否则说明点火信号发生器有故障。

（3）电子控制器的检修

电子控制器因为配带的点火信号发生器的不同，它的结构也有所不同，同一类型的电子控制器也有不同的厂家，因此，应该根据其配用的点火信号发生器的形式、原理、电路特点、功能及在车上的具体连接等方面来选用适当的方式来检查和判断。

① 用干电池电压作为点火信号进行检查。这种方法适用于配有电磁感应式的点火信号发生器，利用干电池的电压作为电子控制器的点火信号，然后用万用表或者是试灯来判断点火信号发生器的好坏。

② 跳火法。在确定低压电路导线、插接器、点火线圈完好的情况下，可以采用跳火的方法来检查电子控制器的好坏。如东风 EQ1090 汽车装用的 JFD667 型、解放 CA1092 汽车装用的 6TS2107 型电磁感应式的，以及桑塔纳、奥迪等汽车装用的霍尔式电子点火装置都可以采用这种方式。

③ 替换法。也就是用同一规格的电子控制器替换可能有故障的电子控制器，如果替换后，故障消失，说明原有的电子控制器有故障，否则正常，这种方法是判断电子控制器的最简单、最有效的方法，但是要注意的是必须用同一规格的正常的电子控制器来替换。

4.3.7 电子点火系统常见故障分析

电子点火系统的故障比较复杂，现分析几种典型的因为点火系统的故障导致车不能正常工作的现象。

1. 发动机不能起动或不易起动

（1）故障现象

起动发动机时，起动机能够带动发动机运转，但没有任何着车的征兆。

（2）故障分析与排除

① 进行发动机故障自诊断，检查有无故障码，如有故障码，可按显示的故障代码查找故障部位。读取故障码的方法（以丰田车系为例）：

* 将点火开关置于"ON"，但不起动发动机。
* 用跨接线跨接诊断插座上的插孔"TE₁"和"E₁"，如图 4.59 所示。

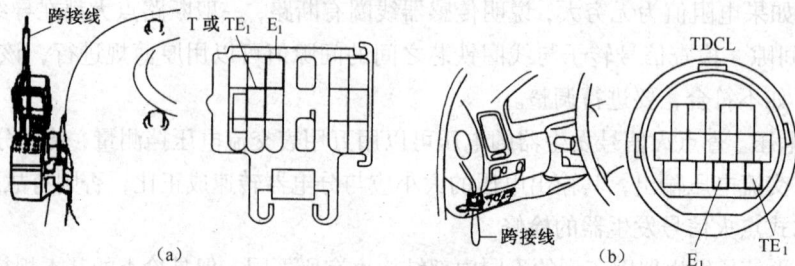

图 4.59　诊断插座

* 如图 4.60 所示，仪表板 "CHECK ENGINE" 故障指示灯将闪烁，按照故障产生的先后顺序，显示故障码。故障波形如图 4.61 所示。

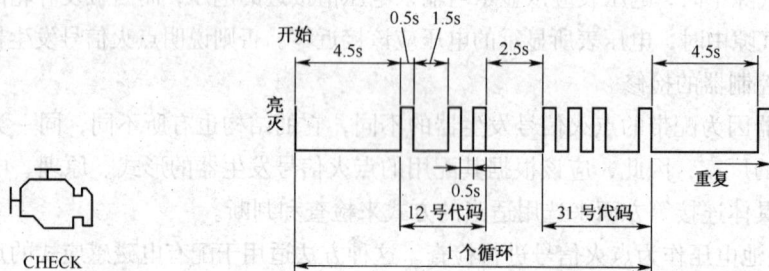

图 4.60　故障指示灯　　　　　图 4.61　故障波形

* 完成检查后，拆下诊断跨接线。
* 对故障部位进行修理后，记录在 ECU 中的故障码必须被清除。方法是将点火开关关闭，从熔丝盒中拆下 EFI 熔丝（如图 4.62 所示 15A）10s 以上即可。

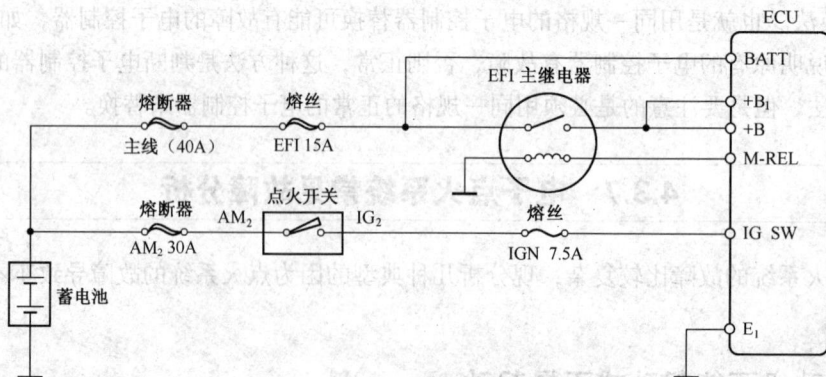

图 4.62　电源电路

② 检查熔丝盒，重点是如图 4.62 所示的 EFI、IGN 等熔丝是否熔断。

③ 起动时，闻排气管废气，如有较浓的汽油味，点火系统故障的可能性较大，检查点火系。

④ 高压试火。从分电器上拔下高压总线或从缸体上拔下高压分线，让线端金属距离缸体 5～6mm。起动发动机，观察高压线端有无强烈的蓝色高压火花。如果没有高压火花或高压火花很弱，说明点火系统有故障。

⑤ 点火系统的检查。打开点火开关，检查线圈低压线路，如图 4.63 所示。从点火线圈（+）端到搭铁应有正常的 12V 电压，点火器+B 端电压应为 12V，否则应检查电源电路；点火器 C 端应有接近 12V 电压，否则应检查点火线圈；起动机带动发动机运转时，用示波器分别检测点火器 IGt、IGf 端，应有如图 4.64 所示方波脉冲产生，曲轴位置传感器输出端 Ne、G_1、G_2 到 G 端应有如图 4.65 所示信号产生。如曲轴位置传感器无信号产生，应检修该传感器，如曲轴位置传感器有信号产生而 IGt 无信号，则 ECU 有故障，如 IGt 端有信号而 IGf 端无信号，则点火器有故障。

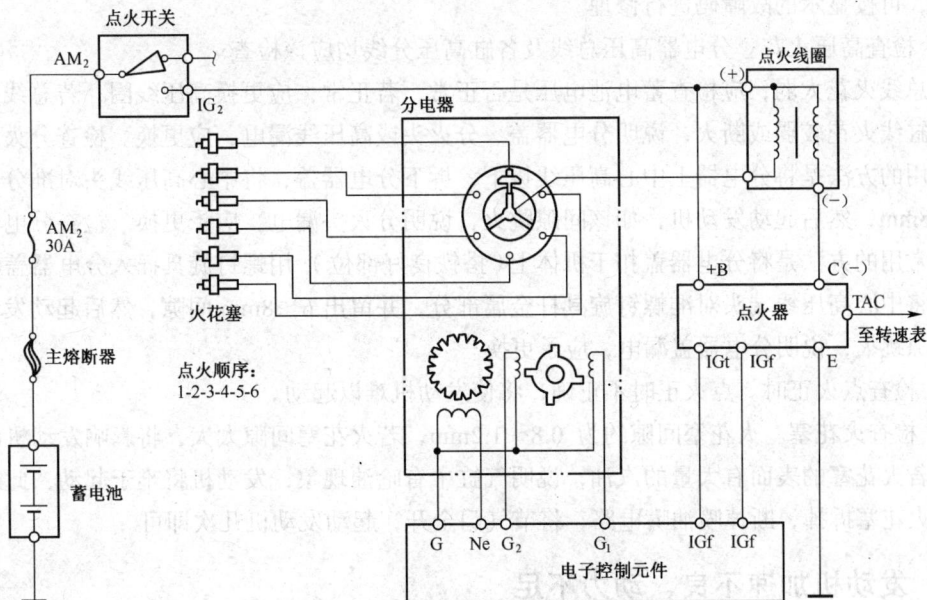

图 4.63　点火线路

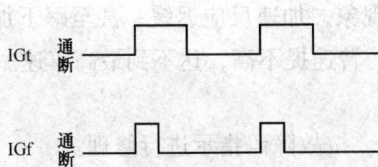

图 4.64　信号波形

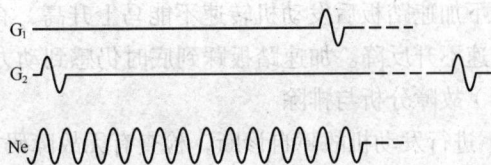

图 4.65　信号波形

⑥ 查点火正时，如果点火正时相差太远，发动机将无任何起动迹象。点火正时的检查方法如下。
- 将正时灯与发动机连接（将正时灯的线钳夹在第 1 缸高压线上）。
- 发动机怠速运转。
- 用跨接线将诊断座上的端子 TE_1，与 E_1，连接，如图 4.59 所示。
- 如图 4.66 所示，用正时灯检查点火正时，一般为上止点前 10°。
- 脱开诊断座上的跨接线，用正时灯进一步检查点火正时，正时记号在 10° 的每侧移动量不超过 5°，如果点火正时不对，应检查调整。方法：有些车型在分电器上有调整螺钉，可拧松该螺钉，左右旋转分电器可改变点火正时，否则应检查凸轮轴与曲轴的装配关系，如正时皮带是否装配正确，等等。

2. 有着车征兆但发动机不能起动

（1）故障现象

起动发动机的时候，起动机能带动发动机正常运转，有轻微的着车征兆，但不能起动。

（2）故障分析与排除

① 进行发动机故障自诊断，读出故障码。如有故障码，可按显示的故障码进行修理。

图 4.66　检查正时

② 检查高压火花。分电器高压总线及各缸高压分线均应该检查。

若总线火花太弱，应检查蓄电池电压是否正常，若正常，应更换高压线圈；若总线火花正常而分缸线火花较弱或断火，说明分电器盖、分火头或高压线漏电，应更换。检查分火头是否漏电常用的方法是将分电器上中心高压线拔下，拆下分电器盖，将中心高压线头对准分火头离开 6～8mm，然后起动发动机，如该间隙跳火，说明分火头漏电，应予更换。检查分电器盖是否漏电常用的方法是将分电器盖扣于机体上（搭铁良好部位），用螺钉旋具插入分电器盖各高压线孔，将中心高压线端头对准螺钉旋具杆金属部分，并留出 6～8mm 间隙，然后起动发动机，如该间隙跳火，说明分电器盖漏电，应予更换。

③ 检查点火正时。点火正时不正确，将使发动机难以起动。

④ 检查火花塞。火花塞间隙约为 0.8～1.2mm，若火花塞间隙太大，将影响发动机的起动性能。若火花塞的表面有大量的汽油，说明气缸中有呛油现象，发动机将难于起动，此时，应将全部火花塞拆掉，断掉喷油嘴电路，将节气门全开，起动发动机几次即可。

3. 发动机加速不良，动力不足

（1）故障现象

踩下加速踏板后发动机转速不能马上升高，有迟滞现象，加速反应迟缓，甚至踩下加速踏板后转速不升反降。加速踏板踩到底时仍感到动力不足，转速提不高，达不到最高车速。

（2）故障分析与排除

① 进行发动机故障自诊断，检查有无故障码，如有，按故障码指示进行修理。

② 检查点火正时。在发动机怠速时点火提前角应为 10°～15°左右，如不正确，应调整发动机的点火提前角。加速时点火提前角应能自动地加大到 20°～30°，如有异常，应检查点火控制系统或更换电脑。

③ 拆检火花塞。如火花塞经常缺火，应予更换。

④ 高压试火。如跳火不正常、检查点火器、点火线圈是否接触不良。

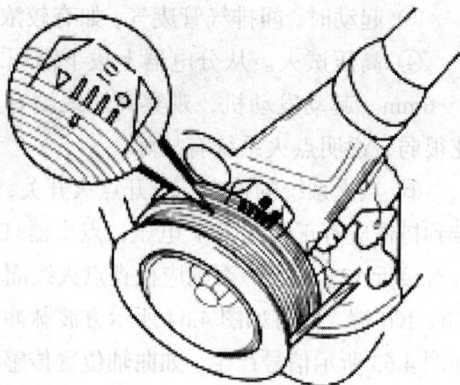

4.3.8　点火系统的使用注意事项

① 在停车、检查或进行必要的拆装时，应先关闭点火开关。

② 蓄电池处于充足电的状态，点火系统中各导线要连接良好，搭铁状态要好。

③ 要注意静电对电子元件引起的损坏。

④ 更换点火部件时，一般要更换同型号的。

⑤ 在车上进行焊接时，要先拆除蓄电池搭铁线。

⑥ 冲洗车辆时，应避免水溅入分电器及电子器件内。

⑦ 电子点火系统的点火线圈一般都是专用的高能点火线圈，不能用普通点火线圈代替。

⑧ 电子点火系统必须有可靠的搭铁，尽量减少搭铁处的电阻，以确保电路稳定可靠的工作。

⑨ 当发动机要以起动转速运转，不让发动机着车（如测量气缸压力）时，应把带分电器点火系统中的高压导线从分电器上拔下，并将其接地。

⑩ 发动机运转时，不可拆去蓄电池连接线，也不可用试火的方法检查发电机的发电情况，以避免产生瞬时过电压而损坏点火系统的电子元件。

思 考 题

1. 传统点火系统的组成及各组成的作用。
2. 发动机对点火系统的要求。
3. 传统点火系统的工作原理。
4. 哪些因素对传统点火系统的二次电压有影响？
5. 传统点火系统的常见故障有哪些？
6. 电子点火系统的分类。
7. 电子点火系统的优点。
8. 触点电感式电子点火系统的工作原理。
9. 触点电容式电子点火系统的工作原理。
10. 无触点电子点火系统的组成。
11. 点火信号发生器的作用。
12. 电子控制器的常见组成电路。
13. 常见的点火信号发生器有几种？都是什么？
14. 电子点火系统的使用注意事项有哪些？
15. 计算机控制点火系统的特点。
16. 计算机控制点火系统的常见故障及诊断情况。

第5章

照明信号与仪表显示系统

【学习提示】

汽车行驶时，照明灯具是不可缺少的。汽车灯具主要的功能有两点：一是照明功能，即照亮道路、交通标志、行人、其他车辆等，以识别标志和障碍物；二是信号功能，即显示车辆的存在和传达车辆行驶状态的信号。汽车仪表同样是汽车控制不可缺少的组成部分，可使驾驶员及时了解并掌握汽车的运行状态，妥善处理各种情况。目前，由先进的传感器与显示装置构成的电子仪表已开始全面取代传统的机电式仪表，现在汽车仪表技术正向数字化方面发展。

【学习目标】

- 了解现代汽车灯光系统的组成及作用
- 掌握前照灯的结构原理及检测方法
- 掌握典型前照灯电路结构
- 了解智能化汽车照明系统的作用原理
- 了解常用信号灯的类别
- 掌握转向灯闪光器的结构原理
- 掌握常规仪表及报警系统的结构原理
- 了解电子显示仪表的特点及结构原理

【考核标准】

- 能够认清汽车灯光系统各结构的作用，会使用汽车灯光系统
- 能够叙述汽车前照灯的基本组成结构
- 能够分辨各类型汽车前照灯的结构特点，能说明其工作原理
- 会使用屏幕检验法调整前照灯
- 能够通过汽车仪表板读取汽车运行参数及状态
- 认识汽车报警装置各图标，明白其含义

5.1 | 照明与信号系统

为了汽车的使用方便和行驶安全，在汽车上装有许多照明设备和灯光信号装置，简称"汽车灯系"。随着汽车工业的发展和行车速度的提高，汽车灯系成为汽车重要的安全部件，汽车照明的质量正受到人们越来越多的重视。

随着光源工业的发展，汽车光源也不断更新，以适应不断提高的汽车照明的要求。最先使用的是煤油灯和乙炔灯，接下来开始使用电光源，经历了从真空白炽灯、充气白炽灯，到卤钨灯、气体放电灯的发展过程。

5.1.1 灯光系统的组成

现代汽车灯光系统主要由两部分组成，一是照明灯，作用是照亮道路、交通标志、行人、其他车辆等，以识别标志和障碍物。其包括前照灯、雾灯、倒车灯、牌照灯、阅读灯等。二是信号灯，显示车辆的存在和传达车辆行驶状态的信号。其包括转向灯、制动灯等。

灯系组成结构与安排位置在不同厂家和不同型号的汽车上一般各不相同，主要包括以下几种。

1. 前照灯

前照灯装在汽车头部的两侧，用来照亮车前的道路，俗称大灯，有两灯制和四灯制之分。两灯制是指在汽车前端左右各装一个前照灯，四灯制是指在汽车前端左右各装两个前照灯。

2. 雾灯

雾灯常装在前照灯下方，一般离地面约 0.50m。在有雾、下雪、降雨或尘埃弥漫等情况下，用来改善道路的照明情况。其射出的光线倾斜度大，光色一般为光波较长、透雾性能好的黄色或橙色。

3. 示宽灯（俗称前小灯）

示宽灯装在汽车前部两侧的边缘，在汽车夜间行驶时，标示汽车的宽度。

4. 转向信号灯

转向信号灯有前、后、侧转向信号灯之分。光色一般为橙色。汽车转弯时，发出明暗交替的闪光信号，以表明汽车向左或向右转向行驶。

5. 尾灯

尾灯装在汽车的尾部，夜间行驶时，用来警示后面的车辆，以便保持一定的距离。

6. 制动灯

制动灯装在汽车的尾部，每当踏下制动踏板时，便发出较强的红光，以示制动。近年来出现了装在后车窗上部的高位制动灯。

7．倒车灯

倒车灯用来照亮车后方路面，并警告车后方的车辆和行人，表示该车正在倒车。

8．牌照灯

牌照灯用来照亮汽车牌照。

9．停车灯

停车灯用于夜间停车时，标志汽车的存在。

10．仪表灯

仪表灯装在汽车仪表板上，用于仪表照明。

11．车内照明灯

车内照明灯装在车厢或驾驶室内顶部，用作车内照明。按具体安装位置可分为顶灯、阅读灯、化妆镜灯、脚坑灯、内把手灯、烟灰缸灯、杂物箱灯、行李箱灯等。

12．工作灯

为了便于夜间或光线不良状态下对汽车的检修，设有工作灯，可通过插座与电源相连。

在汽车灯系中，前照灯必须具有独特的光学结构，而其他灯在光学上无严格要求。所以下面将着重介绍前照灯。

5.1.2　前　照　灯

随着汽车行驶速度的提高，汽车前照灯的性能和照明效果已成为直接影响夜间行车安全的非常重要的因素。因而世界各国的交通管理部门多以立法规定汽车前照灯的照明标准。

1．对汽车前照灯的基本要求

① 在夜间，前照灯应保证车辆前方100m以内路面上有明亮而均匀的光照，使驾驶员能辨明车前的任何障碍物。随着汽车行驶速度的提高，汽车前照灯的照明距离也必须相应增长。目前汽车前照灯的照明距离已达200～250m。

② 在夜间会车时，为避免造成对面驾驶员炫目而导致交通事故，前照灯应具有防炫目装置。

③ 在横向上，前照灯的光束应有一定的散射，以便让驾驶员在直行时能看清来自侧面的运动物体，转弯时能看清路面。

④ 在车辆满载或乘客满员时，前照灯的照明效果不随车灯高度降低而有所下降。

2．前照灯光学系统的结构

前照灯的光学系统由反射镜、配光镜和灯泡三部分组成。

（1）反射镜

反射镜一般用 0.6～0.8mm 的薄钢板冲压而成，也可以用热固性塑料制造。反射镜的表面形状为旋转抛物面，如图 5.1 所示。其内反射表面经过镀银、镀铝或镀铬处理，然后抛光。现在多采用真空镀铝方式，其反射系数较高，可以达到 94%以上，机械强度也较好。

反射镜的作用是将灯泡射出的光线聚合并导向前方。由于前照灯灯泡灯丝本身发出的光度有限，功率仅 40～60W，无反射镜时只能照亮汽车前方大约 6m 范围的路面。而有了反射镜之后，前照灯照明可达 150m 或更远。如图 5.2 所示，灯丝位于

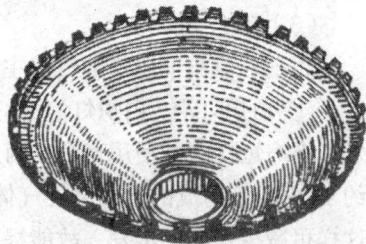

图 5.1　半封闭式前照灯的反射镜

反射镜焦点 F 上，灯丝的绝大部分光线向后在立体角 ω 范围内，经反射镜反射后变成平行光束射向远方，使光度增强，达到 20 000～40 000cd，从而将车前方 150m，甚至 400m 内的路面照得足够清楚。从灯丝射出的位于立体角 $4\pi\sim\omega$ 范围内的光线则向各方散射。其中散射向侧方和下方的部分光线，可照明车侧面 5～10m 的路面，而其余散射向上方的光线则不起照明作用。

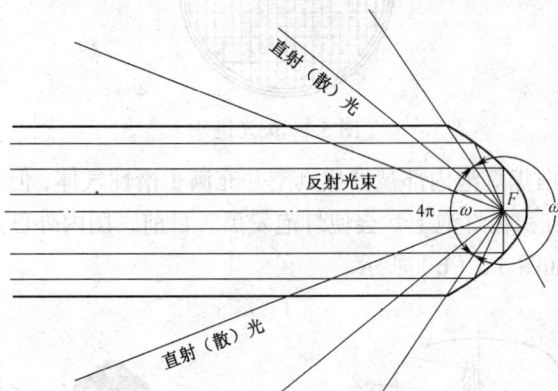

图 5.2　反射镜的聚光作用

（2）配光镜

灯泡射出的光线经反射后平行射向前方，其光束较窄，且照明范围小，不能满足使用要求。配光镜可将反射镜反射出的平行光束进行横向折射，使车前路面和路缘都有良好而均匀的照明。前照灯装上配光镜后，光束的分布情况如图 5.3 所示。

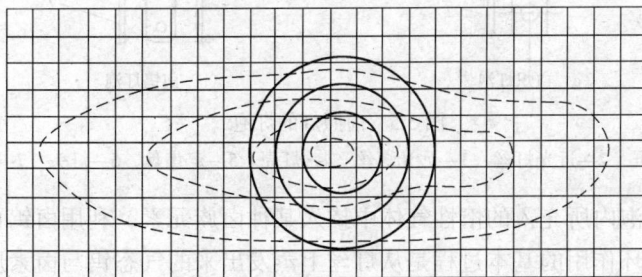

------ 有配光镜的前照灯光束分布曲线
—— 无配光镜的前照灯光束分布曲线

图 5.3　前照灯的光束分布

配光镜又称散光玻璃，是很多块具有特殊形状的棱镜和透镜的组合，采用透光玻璃压制而

成。其几何形状比较复杂，外形一般为圆形和矩形，如图 5.4 所示。近年来已开始使用塑料配光镜，不但质量轻且耐冲击性能好。

（3）灯泡

目前，汽车前照灯的灯泡主要有以下两种。

① 白炽灯泡。白炽灯泡的灯丝用熔点高、发光强度大的钨丝制成。但由于钨丝受热后会蒸发，将缩短灯泡的使用寿命。因此制造时，要先从玻璃泡内抽出空气，然后充以约 86% 的氩和约 14% 的氮构成的混合惰性气体。在充气灯泡内，由于惰性气体受热膨胀会产生较大的压力，这样可减少钨丝的蒸发。故能提高灯丝的温度，增强发光效率，从而延长灯泡的使用寿命。

为了缩小灯丝的尺寸，常把灯丝制成紧密的螺旋状，这对聚合平行光束是有利的。图 5.5（a）所示为白炽灯泡的结构。

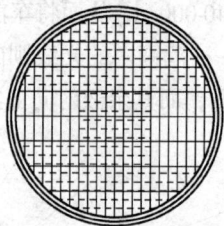

图 5.4　配光镜

② 卤钨灯泡。虽然白炽灯泡内部被抽成真空并充满了惰性气体，但是灯丝的钨仍然要蒸发损耗。而蒸发出来的钨沉积在灯泡上，会使灯泡发黑。目前，国内外已广泛使用一种新型的光源，即卤钨灯泡。结构如图 5.5（b）所示。

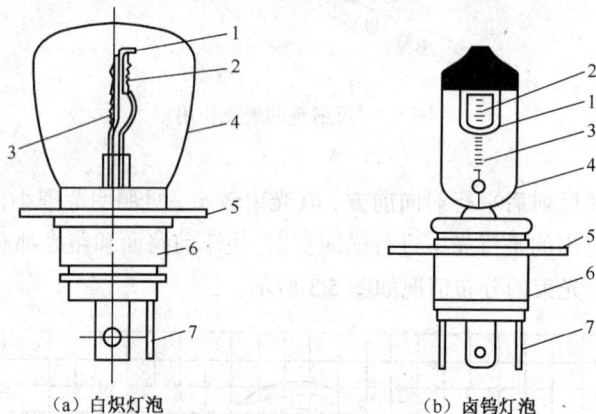

（a）白炽灯泡　　　　　　　（b）卤钨灯泡

图 5.5　前照灯的灯泡

1—配光屏　2—近光灯丝　3—远光灯丝　4—灯壳　5—定焦盘　6—灯头　7—插片

卤钨灯泡是在灯泡内所充入的惰性气体中掺入某种卤族元素，利用卤钨再生循环反应的原理制成。卤钨再生循环作用的基本过程是从灯丝上蒸发出来的气态钨与卤素反应生成了一种挥发性的卤化钨，它扩散到灯丝附近的高温区又受热分解，使钨重新回到灯丝上，被释放出来的卤素继续扩散参与下一次循环反应，如此周而复始地循环下去，从而防止了钨丝的蒸发和灯泡的黑化现象。卤钨灯泡尺寸小，灯壳用耐高温、机械强度较高的石英玻璃或硬玻璃制成，所以可充入压力较高的惰性气体，且因工作温度高，灯内的工作气压将比其他灯泡高很多，故钨的蒸发也受到更为有力的抑制。在相同功率下，卤钨灯的亮度为白炽灯的 1～5 倍，寿命为 2～3 倍。现在使用的卤素一般为碘或溴，称为碘钨灯泡或溴钨灯泡。我国目前生产的主要是溴钨灯泡。

通常灯泡的额定电压有 6V、12V 和 24V 3 种。灯泡的灯丝由功率较大的远光灯丝和功率较小的近光灯丝组成。国产前照灯远光灯丝的功率一般为 45～55W，近光灯丝一般为 30～40W。安装时，为了保证使远光灯丝位于反射镜的焦点，近光灯丝位于焦点上方，故将灯泡的插头制成如图 5.5 所示的插座式，灯泡座上装有插头凸缘，其上有半圆形开口，与反射镜上灯头的半圆形凸起配合定位。

国产灯泡的规格由以下三部分组成。

第一部分表示电光源名称，QT 表示汽车拖拉机灯泡、LQ 表示卤钨灯泡、QF 表示封闭式汽车灯泡。

第二部分为额定电压（单位为 V）。若为 QF，则第二部分表示为玻璃壳最大直径。

第三部分为额定功率（单位为 W）。若为 QF，则第三部分表示为结构特征。

型号举例：QF178—1255/50P 表示此灯泡为全封闭式汽车灯泡，其玻璃壳最大直径为 178mm，额定电压为 12V，额定功率为（55/50）W，结构特征为非对称光形优良防炫灯。

3. 前照灯防炫目措施

功率足够大而光学系统设计得又十分合理的前照灯，可明亮而均匀地照明车前 200m 甚至 400m 范围内的路面。但是前照灯射出的强光会使对面来车的驾驶员炫目。所谓"炫目"是指人的眼睛突然被强光照射时，由于视神经受刺激而失去对眼睛的控制，本能地闭上眼睛，或只能看到亮光而看不见暗处物体的生理现象。这时极易发生交通事故。

为了避免前照灯的炫目作用，保证汽车夜间行车安全，一般在汽车上都采用双丝灯的前照灯。灯泡的一根灯丝为"远光"灯丝，另一根为"近光"灯丝，远光灯丝功率较大，位于反射镜的焦点，近光灯丝功率较小，位于焦点上方（或前方）。当夜间行驶无对面来车时，可接用远光灯丝，使前照灯光束射向远方，便于提高车速。当两车相遇时，接用近光灯丝，使光束倾向路面，从而避免对面来车驾驶员的炫目，同时将车前 50m 内的路面也照得十分清楚。远光和近光可通过变光开关相互换。我国交通法规规定，夜间会车时，须在相距对面来车 150m 左右时互闭远光灯，改用防炫目近光灯。

4. 前照灯的分类

前照灯按结构不同，可分为半封闭式、封闭式和投射式三类。

（1）半封闭式前照灯

其配光镜与反光镜用粘结剂或其他方式固定，灯泡可以从反射镜后端装入，其结构如图 5.6 所示。半封闭式前照灯的优点是一旦灯丝烧断则只需更换灯泡即可，缺点是密封性不良。

（2）封闭式前照灯

其反射镜和配光焊接为一个整体而形成灯泡，灯丝焊在反射镜底座上，结构如图 5.7 所示。反射镜的反射面经真空镀铝，灯内充入惰性气体及卤素。其优点是密封性能好，反射镜可免受大气污染，反射效率高，使用寿命长。但是一旦灯丝烧坏后，需整体更换，成本较高。

（3）投射式前照灯

投射式前照灯采用了凸形配光镜，反射镜为椭圆形，因而其外径较小，如图 5.8 所示。由于投射式前照灯的反射镜是椭圆形，有两个焦点。在第一个焦点处安置灯泡，光束经反射后汇聚至第二个焦点。凸形配光镜的焦点与第二焦点相重合，灯泡发出的光被反射镜聚到第二焦点，其通过配光镜后将聚集的光投射到远方。投射式前照灯使用的光源为卤钨灯泡。在第二焦点附近设有遮光板，可用于遮住投向上半部分的光，形成明暗分明的配光。它的这种配光特性即可适用于前照灯近、远光灯，也可用作雾灯。

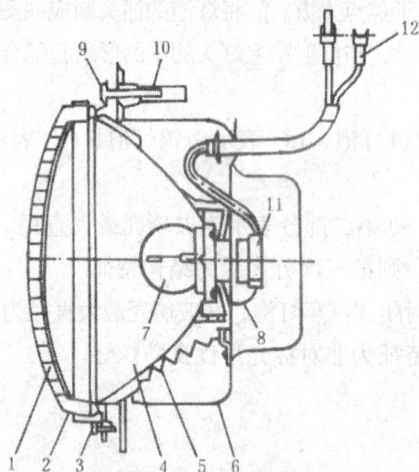

图 5.6　半封闭式前照灯

1—配光镜　2—固定圈　3—调整圈　4—反射镜
5—拉紧弹簧　6—灯壳　7—灯泡　8—防尘罩
9—调节螺栓　10—调整螺母　11—胶木插座　12—接线片

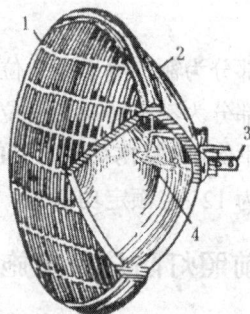

图 5.7　封闭式前照灯

1—配光镜　2—反射镜　3—插头　4—灯丝

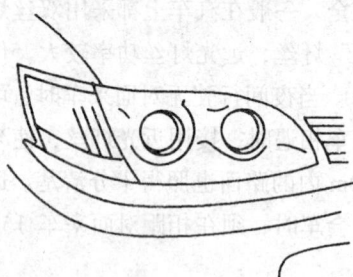

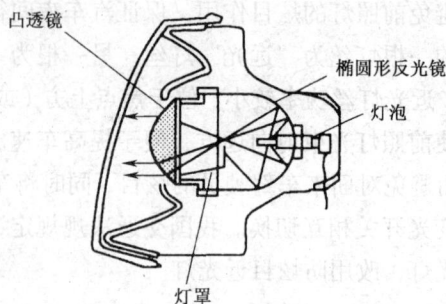

图 5.8　投射式前照灯的结构

采用投射式前照灯，可利用的光束增多。若将反射镜做成扁长断面，很多光束便可横向扩散，不仅结构紧凑，而且经济实用。

前照灯按所采用的光源不同，除了前面介绍的白炽灯和卤钨灯外，近年来又出现了新型 HID 灯以及 LED 灯。

（4）HID 灯

如图 5.9 所示，HID 灯（High Intensity Discharge Lamp）是一种含有氙气的新型前照灯，又称高强度放电灯、气体放电灯或氙灯。目前奔驰 E 级车、宝马 7 系列、丰田雷克萨斯、本田阿库拉等高档车都使用了这种新型前照灯。HID 灯亮度大，发出的亮色调与太阳光比较接近，消耗功率低，可靠性高，不受车上电压波动影响。

HID 灯由小型石英灯泡、变压器和电子单元组成。接通电源后，通过变压器，在几微秒内可产生 2 万伏以上的高压脉冲电，将其加在石英灯泡内的金属电极之间，激励灯泡内的物质（氙气、少量的

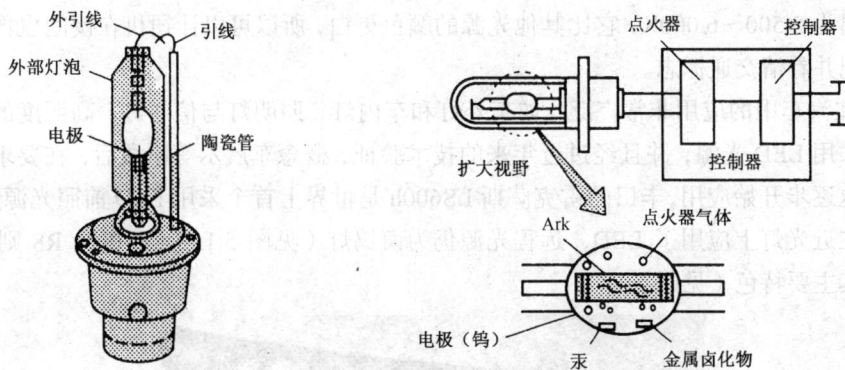

图 5.9　HID 灯

水银蒸气、金属卤化物）在电弧中电离产生光亮。由于高温导致碰撞激发，并随压力升高使线光谱变宽形成带光谱。在灯开关接通的一瞬间，HID 灯即产生与 55W 卤钨灯一样的亮度，约 3s 可达到全部光通量。HID 灯灯泡的玻璃用坚硬的耐温耐压石英玻璃（二氧化硅）做成，灯内充入高压氙气，缩短了灯被点亮的时间，灯的发光颜色则由充入灯泡内的氙气、水银蒸气和少量金属卤化物所决定。

电子控制器系统是一个独立的系统，包括变压器和电子控制单元，具有产生点火电压和工作电压两种功能。变压器将低电压变为高电压输出，电子控制单元的主要功能是限制 HID 灯泡的工作电流，并向灯泡提供 2 万伏以上的点火电压和维持 80V 左右的工作电压。

HID 灯与卤钨灯的主要区别在于前者通过气体电离发光，后者通过加热钨丝发光。虽然氙灯的发光电弧与卤钨灯的钨丝长度直径一样，但发光效率和亮度却提高了大约 2 倍。由于不用灯丝，没有了传统灯丝易脆断的缺陷，寿命也提高了 4 倍。据测试，一个 35W 的 HID 灯光源可产生 55W 卤素灯 2 倍的光通量，使用寿命与汽车差不多。因此，安装 HID 灯不但可以减少电能消耗，还相应提高了车辆的性能。

（5）LED

发光二极管（Light Emitting Diode，LED）的核心部分是由 P 型半导体和 N 型半导体组成的晶片，在 P 型半导体和 N 型半导体之间有一个过渡层，称为 P-N 结。在某些半导体材料的 P-N 结中，注入的少数载流子与多数载流子复合时会把多余的能量以光的形式释放出来，从而把电能直接转换为光能。这就是 LED 的电致发光原理。

与传统车灯光源比较，LED 的优势如下。

① 寿命长，免维护。LED 的预期使用寿命为 5 万个小时，而卤钨灯为 2 万个小时，白炽灯为 3 千个小时。LED 的结构坚固，不容易受振动影响，使用过程中光输出亮度也不会明显下降。在整个汽车使用期限之内有可能不用再更换灯具。

② 非常节能。LED 耗电非常低，一般来说 LED 的工作电压是 2～3.6V，工作电流是 0.02～0.03A。比同等亮度的白炽灯节能至少在一半以上。

③ 亮灯无延迟，响应速度快。普通白炽灯灯泡的起动时间一般为 100～300ms，而 LED 灯通常不足 70ns。对于制动灯来说，这样的时间差距意味着高速行驶时相差 4～7m 的制动距离，从而使汽车追尾事故发生率降低 5%。

④ 体积小，设计灵活性大，可以大幅缩小前照灯整组灯具的体积，让出一些空间给其他相关装置，也可以随意变换灯具模式，适用各种造型的汽车。

⑤ 发光色谱接近于日光。HID 灯的淡蓝光色温是 4 000K，卤素灯光为黄色 3 000K，而 LED

车灯的色温为 5 500~6 000K，它比其他光源的颜色更白，所以可以让司机在夜间也像白天那样方便地发现并看清交通标志。

LED 在汽车中的应用非常广泛，如车外灯和车内灯、照明灯与信号灯、高照度的与低照度灯均大量采用 LED 光源，并且经过近年来的技术验证，概念车展示等阶段后，在要求最严格的前照灯上也逐步开始应用，丰田的雷克萨斯 LS600h 是世界上首个采用 LED 前照光源的上市车，不过它只在近光灯上应用了 LED，远程光源仍为卤钨灯（见图 5.10）。而奥迪 R8 则以全 LED 前照灯为其主要特色（见图 5.11）。

图 5.10　丰田雷克萨斯 LS600h 前照灯

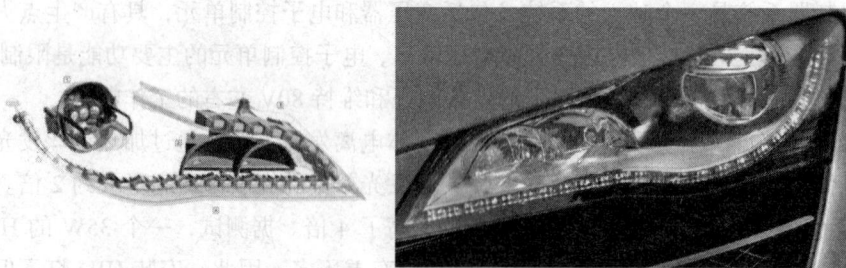

图 5.11　奥迪 R8 前照灯

不过，LED 灯要在汽车前照灯中取代传统光源，并非是一件容易的事情，还需要解决以下几方面的问题。

一是亮度输出。前照灯的亮度要求为近灯 900 lm，远灯 1 100 lm，整体为 2 000 lm，约是 40 个 1W 的 LED 灯在 25℃时的总光源输出。这类 LED 当环境温度升至 50℃时，效率会降至 80% 左右。为提高亮度，需要更多数量的 LED，这不仅会引起成本增加，而且会使 LED 的故障率增加。

二是散热问题。传统光源产生的热虽然远远高于 LED 的，但不会因高温而降低其光输出。然而，LED 光输出却会因 P-N 结温度升高而下降。因此，散热问题在 LED 前照灯灯具设计工作中至关重要。为防止 LED 过热而烧毁，需要为其加装散热片。由于前照灯需用很多个 LED，加设散热片后体积会过于庞大，难以纳入灯具之中。

三是光学设计。利用 LED 作为光源设计灯具，需要对传统的柱光源变为面光源。为得到需要的流明输出，LED 需要较大的封装面积，致使光学设计难度增大。在目前一些概念车上，都以模块化设计取代现有的单一灯室设计，利用多组灯光源来达到传统灯具的照明水平，从而减小了光学设计难度，并增加了车体造型设计感。

随着 LED 技术的不断进步与发展，新型 LED 特性将更加趋于完美，这将对 LED 在照明领域带来更深更大的市场。

（6）其他分类

前照灯按形状不同，分为圆形、矩形和异形前照灯；按发射的光束类型不同可分为远光灯，近光灯和远、近光灯；按安装方式的不同，又分为内装式和外装式。现代汽车为了加强流线型、避免车身突出部分，因此大多数汽车选用内装式前照灯。

5. 前照灯的检测与调整

前照灯在使用过程中，会因灯泡老化、反射镜变暗、照射位置不正而使前照灯的发光强度不足或照射位置不正确，影响汽车行驶速度和行车安全，因此必须对前照灯进行检验和调整。

前照灯的检验可以采用屏幕检验法或仪器检验法。无论采用何种方式，检验调整前都应做到：轮胎气压应符合规定；前照灯配光镜表面应清洁；汽车空载，驾驶室内只准许乘坐 1 名驾驶员；场地平整。

（1）屏幕检验法调整前照灯

对装用远、近光双丝灯泡的前照灯以调整近光光形为主。图 5.12 所示为 EQ1090 型汽车前照灯的调整过程。

① 使车头正对幕布或白墙壁，并使前照灯距离幕布或白墙壁 10m。

② 在屏幕上距地面高度 1 086mm 的地方画一条水平线 AA′，在此线下 262mm 处画一条水平线 BB′再在屏幕上画 3 条垂直线。一条为中垂线，使它与汽车的中心

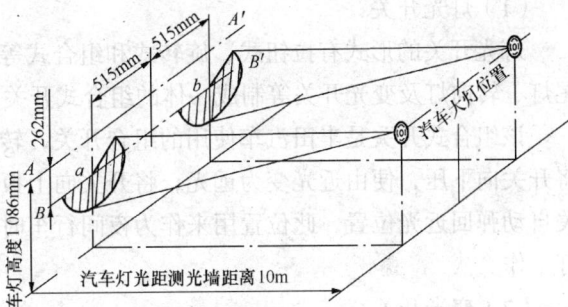

图 5.12　屏幕式非进称形前照灯的调整

线对正，另外两条分别位于垂线的两侧，它们与中垂线的距离均为两前照灯中心距离的一半（515mm），这两条垂直线分别与水平线 BB′相交于 a 和 b 点，再画出明暗截止线。

③ 调整左前照灯时，将右前照灯遮住，接通近光灯丝，则左前照灯的近光光束中心应对准 a 点，明暗截止线应与屏幕上的近光明暗截止线相重合，即为合格。如不合规定，可调整前照灯外罩上方和水平方向的调整螺钉，使其符合要求即可。然后以同样的方法调整右前照灯，使其光束对准 b 点。

（2）前照灯检验仪法检验与调整前照灯

用屏幕只能检测前照灯的光束照射位置，不能检测发光强度。

前照灯的发光强度是指光源在给定方向上所发出的光线强度（单位：坎，单位符号：cd）。国家标准对汽车前照灯远光光束的发光强度有明确的要求，具体标准见表 5.1。

表 5.1　　　　　　　　　　　　前照灯远光光束发光强度要求/cd

车辆类型	新注册机动车		在用机动车	
	两灯制	四灯制	两灯制	四灯制
汽车、无轨电车	15 000	12 000	12 000	10 000
四轮农用运输车	10 000	10 000	8 000	6 000

目前汽车维修企业和汽车检测站广泛采用前照灯检测仪来检测前照灯的发光强度和光束照射位置，据此来检验和调整汽车前照灯的发光强度和光轴偏斜量。前照灯检测仪检测光强度是利用光电池受光线照射后产生电动势，再由光度计（实质上是一个电流表）来指示前照灯的发光强度。前照灯的发光强度越高，光电池产生的电流越大，光度计指示的值就越高。检测前照灯的光束位置一般是将 4 块光电池组合在一起，位于上、下的光电池接有上下偏斜指示计，位

于左、右的光电池接有左右偏斜指示计。当前照灯照射在光电池上后，上下偏斜指示计和左右偏斜指示计将发生摆动，据此可测出前照灯的光束照射位置。

前照灯检测仪按测量方法不同分为聚光式、屏幕式、投影式、自动追踪光轴式、全自动式等多种，使用方法虽各不相同，但检测原理大同小异，具体的使用方法可以参考其说明书操作。

6. 前照灯的电路

车外灯的控制电路随车种的不同而不同，即使同一种类不同配置的汽车也有很大区别。图5.13所示为CA1091型汽车的前照灯电路原理图。其电路主要由灯光开关、变光开关、前照灯继电器及前照灯组成。

（1）灯光开关

灯光开关的形式有拉钮式、旋转式和组合式等多种，现代汽车上使用较多的是将前照灯、尾灯、转向灯及变光开关等制成一体的组合式开关，如图5.14所示。

该组合式开关是丰田汽车使用的组合开关，转动开关端部，便可依次接通尾灯和前照灯，将开关向下压，便由近光变为远光，将开关向上扳，亦可变为远光，其不同的是，松手后，开关自动弹回近光位置，此位置用来作为夜间行车时的超车信号。前后扳动开关，可使左右转向灯工作。

（2）变光开关

变光开关可以根据需要切换远光和近光。它有脚踏变光开关和组合式开关两种。普通脚踏变光开关结构如图5.15所示，当用脚踏动按钮时，推杆推动转轮向一个方向转动60°，从而交替接通远、近光。

目前车辆上多采用组合式变光开关，安装在转向盘下方，便于驾驶员操作。脚踏式变光开关已不多见。组合式变光开关的功能前已述及，此处不再重复。

（3）前照灯继电器

前照灯的工作电流较大，特别是四灯制的汽车，如用车灯开关直接控制前照灯，车灯开关易烧坏，因此在灯光电路中设有灯光继电器。

图5.16所示为触点常开式前照灯继电器的结构和引线端子，端子SW与前照灯开关相连，端子E搭铁，端子B与电源相连，端子L与变光开关相连。当接通前照灯开关后，继电器铁芯通电，触点闭合，通过变光开关向前照灯供电。

（4）前照灯的电路原理

汽车灯系的控制电路看上去很复杂，但对任何一个灯的控制电路来说都可以简化为如图5.17所示的简单电路。图5.17（a）所示是最基本的控制电路，例如，低档次标准型汽车制动灯的控制就属此类，它由跟制动踏板联动的制动开关直接控制制动灯。当驾驶员在行车中遇到紧急情况踩下制动踏板后，这时制动开关闭合，电路给制动灯泡两端加上了工作电压，使制动灯点亮工作，以提醒后面车辆的驾驶员预防追尾。在现代汽车上，大部分灯的控制电路如图5.17（b）所示，一个灯不止由一路开关控制，而是由多路信号共同控制的。控制开关将信号先送到汽车灯系电脑，在汽车灯系电脑中将该信号会同其他信号经过运算分析后决定是否让车灯进行工作。汽车灯系电脑，即多路集成控制系统（MICS），因生产厂家不同、型号不同，集成的功能和所使用的软件也不同。

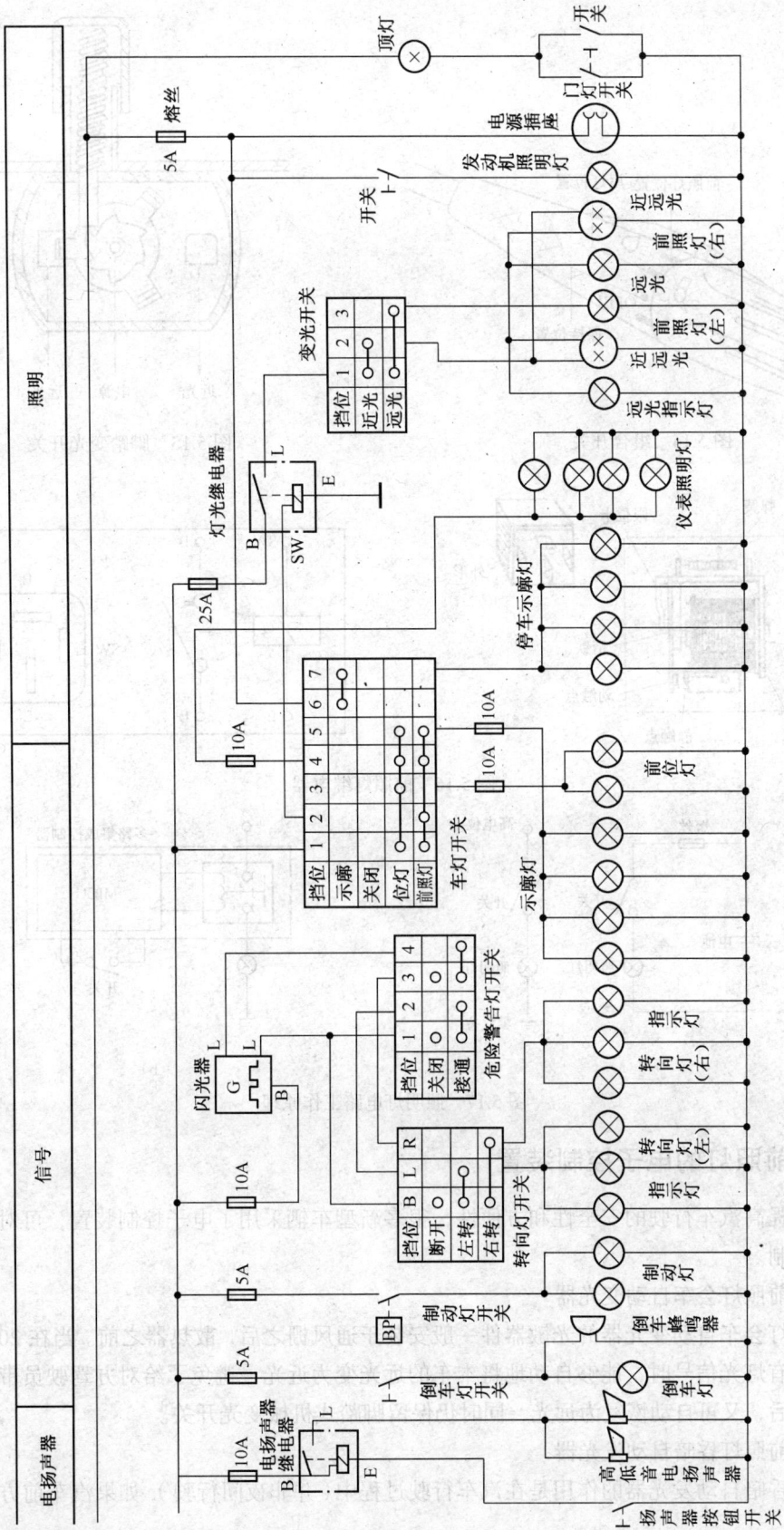

图 5.13　CA1091 汽车前照灯电路

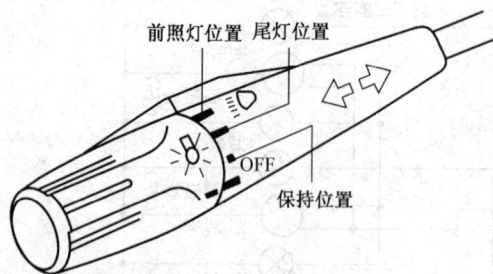

图 5.14　组合开关

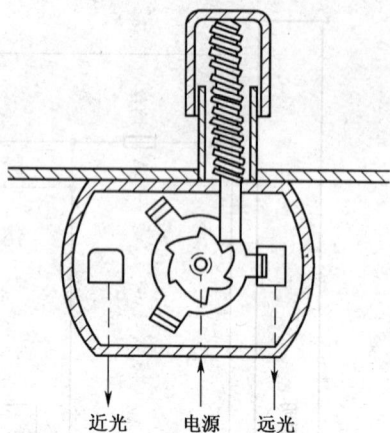

近光　电源　远光

图 5.15　脚踏变光开关

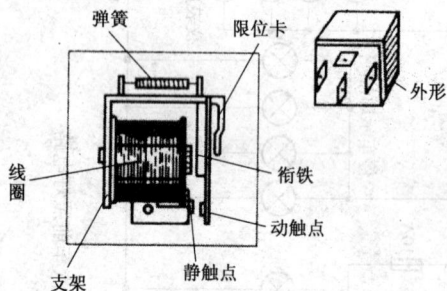

图 5.16　前照灯继电器

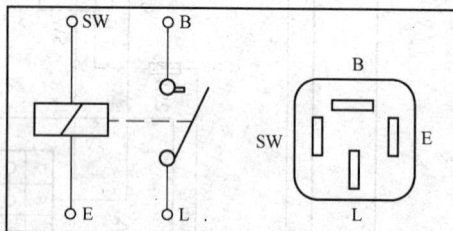

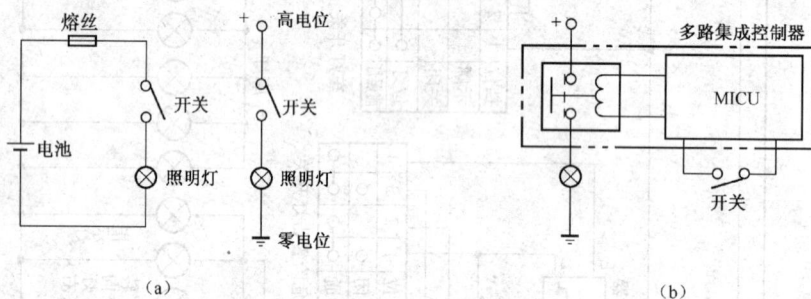

（a）　　　　　　　　　　　　（b）

图 5.17　照明灯电路工作原理

7. 前照灯的电子控制装置

为了提高汽车行驶的安全性和方便性，很多新型车辆采用了电子控制装置，可对前照灯自动进行控制。

（1）前照灯会车自动变光器

前照灯会车自动变光器的光敏器件一般安装于通风栅之后，散热器之前。当在 200m 以外，对方车辆有灯光信号时，能够自动地将本车的远光变为近光，避免了给对方驾驶员带来炫目。两车交会后，又可自动恢复为远光，同时仍保留脚踏式机械变光开关。

（2）前照灯昏暗自动发光器

这种昏暗自动发光器的作用是在汽车行驶过程中（并非夜间行驶），如果汽车前方自然光的强度降低到一定程度；如汽车通过高架桥、林荫小道、树林、竹林或天空突然乌云密布等，发光器便自动将前照灯电路接通，开灯行驶以确保行车安全，如图 5.18 所示。

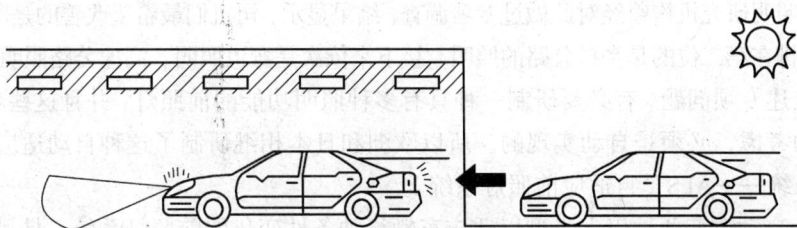

图 5.18　前照灯昏暗自动发光

（3）灯光提示警报系统及自动关闭系统

这种系统的作用是在点火开关关闭后，但驾驶员忘记关闭灯光控制开关时，能够自动发出警报，警告驾驶员关闭前照灯和尾灯，或者自动关闭灯光，如图 5.19 所示。

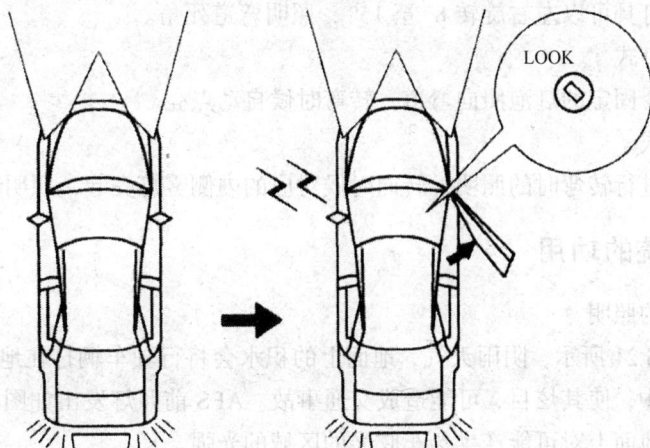

图 5.19　前照灯提示警报系统

（4）前照灯自动关闭延时器

前照灯自动关闭延时器是一种自动关闭前照灯的控制装置。当汽车停驶时，为驾驶员下车离去提供一段照明时间。

在有些汽车上还装有日间行车灯系统，这样可以自动减弱前照灯在白天使用时的发光强度，以延长灯泡的使用寿命，降低电能的消耗。另外，有些汽车的后备箱里装有灯光损坏传感器，可以在前照灯、尾灯或制动灯等灯泡损坏时，发出警报，以提醒驾驶员。

5.1.3　智能化汽车照明系统

随着科学技术的发展，全世界汽车工业的研发部门都在努力开发智能化的辅助驾驶系统，以减轻驾驶员的负担，并进一步提高汽车行驶的安全性和舒适度。在汽车照明方面，人们也在开发智能汽车照明系统。

传统的前照灯系统是由近光灯、远光灯、行驶灯和前雾灯组合而成。在实际的行驶中，传统的前照灯系统存在着诸多问题。例如，现有近光灯在近距离上的照明效果很不好，特别是在交通状况比较复杂的市区，经常会有很多司机在晚上将近光灯、远光灯和前雾灯统统打开。车辆在转弯的时候也存在照明暗区，严重影响了司机对弯道上障碍的判断。车辆在雨天行驶的时候，地面积水反射前照灯的光线，产生反射眩光等。

欧洲汽车照明研究机构曾经对此做过专项调查，结果显示，司机们最希望改善的是阴雨天气积水路面的照明，排在第二位的是乡村公路的照明，接下来依次是弯道照明、高速公路照明和市区照明。

为解决上述专项问题，有必要研制一种具有多种照明功能的前照灯，并且这些功能的切换，出于安全上的考虑，必须是自动实现的。所以欧洲和日本相继研制了这种自动适应汽车行驶状态的前照灯系统——AFS（自适应前照灯系统）。

AFS 指能自动改变两种以上光型以适应车辆行驶条件变化的前照灯系统。是目前国际上在车灯照明领域最新的技术之一，同时也是一个和行车安全息息相关的主动安全系统。

1. AFS 系统的类型

（1）主动转向大灯式

汽车大灯的内灯具可以左右旋转 8° 至 15°，照明弯道死角。

（2）侧向辅助灯式

在灯具里有一个固定的灯泡照向弯道，转弯时候自动点亮。

（3）雾灯辅助式

利用左右雾灯进行转弯时的照明，转向时候对应的内侧雾灯亮起，照明弯道死角。

2. AFS 系统的功用

（1）阴雨天气的照明

如图 5.20、图 5.21 所示，阴雨天气，地面上的积水会将行驶车辆打在地面上的光线反射至对面会车司机的眼中，使其炫目，可能造成交通事故。AFS 前照灯发出如图 5.20、图 5.21 所示的特殊光型，减弱地面上对可能产生会车眩光的区域的光强。

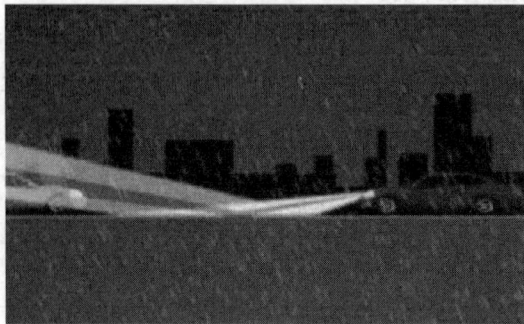

图 5.20　雨天积水对 AFS 光线的反射（侧视）　　图 5.21　雨天积水对 AFS 光线的反射（俯视）

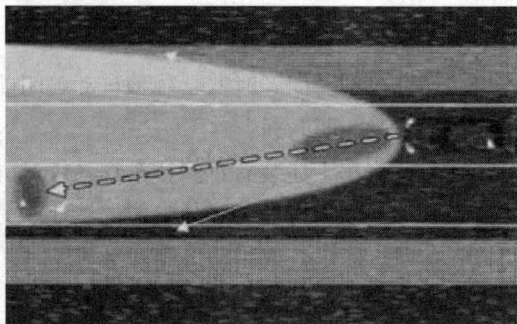

（2）乡村道路的照明

在环境照明不好的乡村道路上高速行驶的车辆，需要得是照得远、照得宽的光型。同时 AFS 也不会产生使对面会车司机炫目的光线。

（3）转弯道路的照明

如图 5.22 所示，传统前照灯的光线方向因为和车辆行驶方向保持着一致，所以不可避免地存在照明的暗区。一旦在弯道上存在障碍物，极易因为司机对其准备不足，引发交通事故。AFS

系统车辆在进入弯道时，产生如图 5.23 所示旋转的光型，给弯道以足够的照明。

（4）高速公路照明

车辆在高速公路上行驶，因为具有极高的车速，所以需要前照灯比乡村道路照得更远，照得更宽。而传统的前照灯却存在着高速公路上照明不足的问题，如图 5.24 所示。AFS 采用了如图 5.25 所示的更为宽广的光型解决这一问题。

图 5.22　传统前照灯的弯道照明问题

图 5.23　AFS 的弯道旋转照明

图 5.24　现有前照灯在高速公路照明的问题

图 5.25　AFS 在高速公路上的照明

（5）城市道路的照明

城市中道路复杂、狭窄。传统前照灯近光如图 5.26 所示，因为光型比较狭长，所以不能满足城市道路照明的需要。AFS 在考虑到车辆市区行驶速度受到限制的情况下，可以产生如图 5.27 所示的比较宽阔的光型，有效地避免了与岔路中突然出现的行人、车辆可能发生的交通事故。

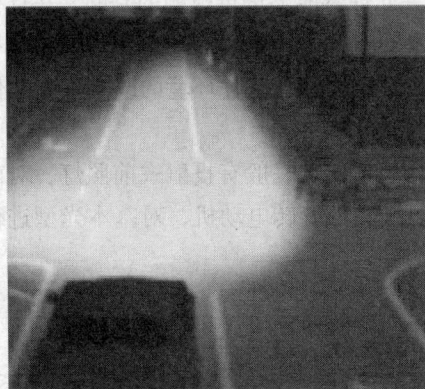

图 5.26　传统前照灯近光照明的问题

图 5.27　AFS 城市道路的照明

3. AFS 系统的组成原理

AFS 是一个由传感器组、传输通路、处理器和执行机构组成的系统。由于需要对多种车辆行驶状态做出综合判断，客观上决定了 AFS 是一个多输入多输出的复杂系统。图 5.28 所示为 AFS 模块化系统简图。

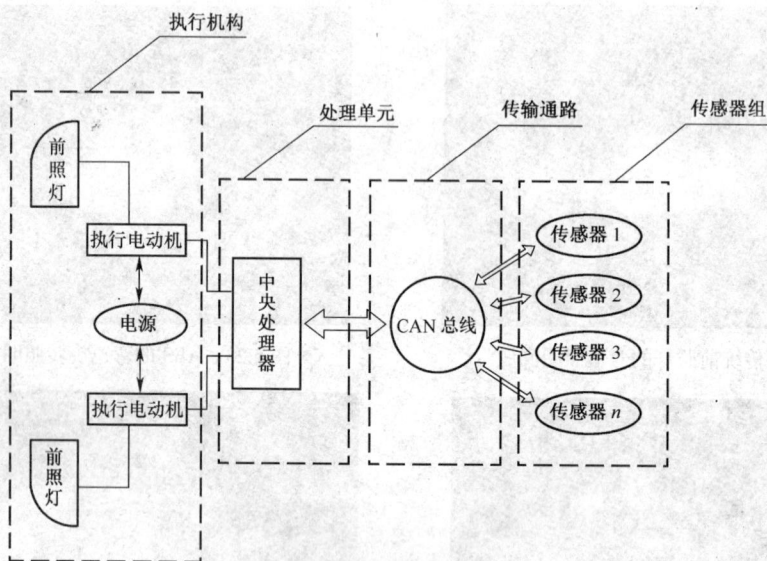

图 5.28 AFS 模块化系统简图

要实现不同的功能，AFS 必须要从不同的传感器取得车辆的不同行驶信息。比如，为了实现弯道旋转照明的功能，除了要从车速传感器获取车速、方向盘角度传感器获取方向盘转角、车身高度传感器获取车身倾向角度以外，还必须通过一些特殊的传感器，获取车辆实际转向角度的信息。为了实现阴雨天照明的功能，就要从湿度传感器获得是否阴雨的信息等。

因为在通常的情况下，AFS 所需获得部分信息也被其他控制系统采用，即 AFS 实际上要和其他的系统共用一些传感器，所以，必须通过总线这一传输通路以后，才能实现这些传感器信息的共享。

AFS 接收到的信息，除了车速，车身转角和车身倾斜角等少数信息是可以定量的以外，其他传感器发回的信息大多只能到定性的程度，诸如地面平不平，雨下的大不大等车身之外的环境信息，都是不能精确量化的。这就要求 AFS 的中央处理器能够进行模糊的判断。并且很多信息之间是相互关联的。比如，在阴雨天气，路面积水的情况下，车辆的转角和晴天相比有极大的差异，AFS 的中央处理器不仅要做模糊的判断，而且还要随着这种环境的改变不断地修正系统参数，这使得 AFS 最终成为一个自适应的模糊系统。

AFS 的执行机构是由一系列的电动机和光学机构组成的，一般有投射式前照灯，对前灯垂直角度进行调整的调高电动机，对前灯水平角度进行调整的旋转电动机，对基本光型进行调整的可移动光栅，此外还有一些附加灯如角灯等。

5.1.4 信 号 系 统

汽车的信号系统主要包括各种信号灯和扬声器。信号灯按其用途可分为车外信号灯，如转向灯、停车灯、倒车灯、制动灯、遇险警报灯等；提示信号灯，如驻车制动指示灯、转向信号指示灯、远近光指示灯和暖风电动机指示灯等。

1. 转向信号灯和闪光器

为指示车辆的行驶方向，便于交通指挥，汽车上都装有转向灯。转向灯一般由 4 个转向信号灯、两个转向指示灯、转向开关、闪光器等组成。

当汽车转向时，通过闪光器使左边或右边的前、后转向信号灯闪烁发光。闪光器按结构和工作原理可分为电热丝式（俗称电热式）、电容式、翼片式、水银式、晶体管式等多种。目前国内使用最广泛的是电热丝式闪光器，它结构简单，制造成本低，但闪光频率不够稳定，使用寿命短，信号灯的亮暗不够明显，今后将趋于淘汰。而电容式闪光器闪光频率稳定；翼片式闪光器结构简单、体积小、闪光频率稳定、监控作用明显、工作时伴有响声；晶体管式闪光器性能稳定、可靠，故均已广泛应用。

（1）电热丝式闪光器

SD56 型电热丝式闪光器的结构与工作原理如图 5.29 所示。

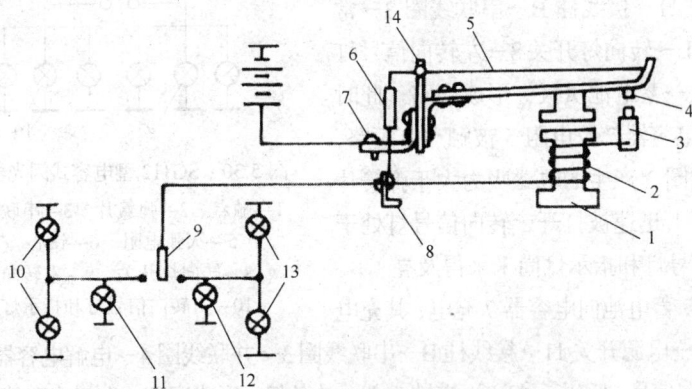

图 5.29　SD56 型电热丝式闪光器的结构与工作原理

1—铁芯　2—线圈　3—固定触点　4—活动触点　5—镍铬丝　6—附加电阻丝
7、8—接线柱　9—转向开关　10—左（前、后）转向灯　11—左转向指示灯
12—右转向指示灯　13—右（前、后）转向灯　14—调节片

在胶木底板上固定着工字形的铁芯 1，其上绕有线圈 2，线圈 2 的一端与固定触点 3 相连，另一端与接线柱 8 相连，镍铬丝 5 具有较大的线膨胀系数，一端与活动触点 4 相连，另一端固定在调节片 14 的玻璃球上，附加电阻 6 也由镍铬丝制成。不工作时，活动触点 4 在镍铬丝 5 的拉紧下与固定触点 3 分开。当汽车向右转弯时，接通转向开关 9，电流便从蓄电池正极→接线柱 7→活动触点臂→镍铬丝 5→附加电阻 6→接线柱 8→转向开关 9→右（前、后）转向灯 13 和仪表板上的右转向指示灯 12→搭铁→蓄电池负极，形成回路。此时由于附加电阻 6 和镍铬丝 5 串入电路中，电流较小，故转向信号灯不亮。经过一段较短时间后，镍铬丝受热膨胀而伸长，使触点 3、4 闭合。触点闭合后，电流由蓄电池正极→接线柱 7→活动触点臂→触点 4、3→线圈 2→接线柱 8→转向开关 9→右（前、后）转向灯 13 和右转向指示灯 12→搭铁→蓄电池负极，形成回路。此时由于附加电阻 6 和镍铬丝 5 被短路，而线圈 2 中有电流通过产生电磁吸力使触点 3、4 闭合更为紧密，线路中的电阻小，电流大，故转向灯发出较亮的光。但镍铬丝因被短路逐渐冷却而收缩，又打开触点 3、4，附加电阻又重新串入电路，灯光又变暗。如此反复变化，触点时开时闭，附加电阻交替地被接入或短路，使通过转向信号灯的电流忽大忽小，从而使转向信号灯一明一暗地闪烁，表示车辆行驶的方向。

转向灯的闪光频率为 50～110 次/min，但一般控制在 60～95 次/min。若转向信号灯闪光频率过高或过低，可用尖嘴钳扳动调节片 14，改变镍铬丝 5 的拉力以及触点间隙来进行调整。

（2）电容式闪光器

电容式闪光器的结构与工作原理如图 5.30 所示。

它主要是由一个继电器和一个电容器组成。在继电器的铁芯 6 上绕有串联线圈 3 和并联线圈 4，电解电容器 7 采用大容量的电解电容器（约 1 500μF）。电容式闪光器是利用电容器充、放电延时特性，使继电器的两个线圈产生的电磁吸力时而相加，时而相减，继电器便产生周期的开关动作，从而使转向信号灯闪烁。其工作原理如下。

当汽车向左转弯时，接通转向灯开关 8，左转向信号灯和指示灯 9 就被串入电路中，电流从蓄电池正极→电源开关 11→接线柱 B→串联线圈 3→常闭触点 1→接线柱 L→转向灯开关 8→左转向信号灯和指示灯 9→搭铁→蓄电池负极，形成回路。此时并联线圈 4、电解电容器 7 及电阻 5 被触点 1 短路，而电流通过串联线圈 3 产生的电磁吸力大于弹簧片 2 的作用力，触点 1 迅速被打开，转向信号灯处于暗的状态（转向信号灯和指示灯尚未来得及亮）。

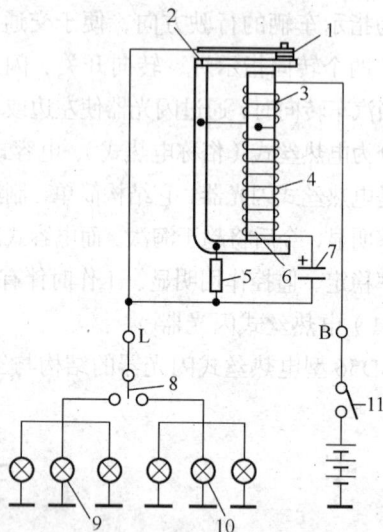

图 5.30 SG112 型电容式闪光器的结构与工作原理
1—触点 2—弹簧片 3—串联线圈 4—并联线圈
5—灭弧电阻 6—铁心 7—电解电容器
8—转向灯开关 9—左转向信号灯和指示灯
10—右转向信号灯和指示灯 11—电源开关

触点 1 打开后，蓄电池向电容器 7 充电，其充电电流由蓄电池正极→电源开关 11→接线柱 B→串联线圈 3→并联线圈 4→电解电容器 7→接线柱 L→转向灯开关 8→左转向信号灯和指示灯 9→搭铁→蓄电池负极，形成回路。由于串联线圈 4 电阻较大，充电电流很小，不足以使转向信号灯亮。则转向信号灯仍处于暗的状态。同时充电电流通过串联线圈 3 和并联线圈 4 产生的电磁吸力方向相同，使触点继续打开，随着电容器的充电，电容器两端的电压逐渐升高。其充电电流逐渐减小，串联线圈 3 和并联线圈 4 的电磁吸力减小，使触点 1 重又闭合。

触点 1 闭合后，转向信号灯和指示灯处于亮的状态，此时电流由蓄电池正极经接线柱 B→串联线圈 3→常闭触点 1→接线柱 L→转向灯开关 8→左转向信号灯和指示灯 9→回到蓄电池负极。与此同时，电容器通过并联线圈 4 和触点 1 放电，其放电电流通过并联线圈 4 时产生的磁场方向与线圈 3 相反，所产生的电磁吸力减小，故触点仍保持闭合，左转向信号灯和指示灯 9 继续发亮。随着电容器的放电，电容器两端电压逐渐下降，其放电电流减小，则并联线圈 4 的退磁作用减弱，串联线圈 3 的电磁吸力增强，触点 1 重又打开，灯变暗。如此反复，继电器的触点不断开闭，使转向信号灯和指示灯发出闪光。灭弧电阻 5 与触点 1 并联，用来减小触点火花。

使用注意事项。

① 必须按规定的电压和灯泡的总功率使用。

② 接线必须正确，否则闪光器不闪光，且电容器易损坏。在负极搭铁的车辆上，接线柱 B 应接蓄电池，L 接转向开关。

（3）叶片弹跳式（翼片式）闪光器

叶片弹跳式闪光器是利用电流的热效应，以热胀条的热胀冷缩为动力，使叶片产生突变动作，接通和断开触点，使转向信号灯闪烁。根据热胀条受热情况的不同，可分为直热式和旁热式两种。

直热叶片弹跳式闪光器的结构与工作原理如图 5.31 所示。它主要是由叶片 2、热胀条 3、动触点 4、静触点 5 及支架 1、8 等组成。叶片 2 为弹性钢片，平时靠热胀条 3 绷紧成弓形。热胀条由膨胀系数较大的合金钢带制成，在其中间焊有动触点 4，在动触点 4 的对面安装有静触点 5，整个弹跳组件被焊在支架 1 上，支架的另一端伸出底板外部作为接线柱 B。静触点 5 焊在支架 8 上，支架 8 伸出底板外部作为另一接线柱 L。热胀条 3 在冷态时，使触点 4、5 闭合。

汽车转向时，接通转向灯开关 6，蓄电池即向转向信号灯供电，电流由蓄电池正极→接线柱 B→支架 1→叶片 2→热胀条 3→动触点 4→静触点 5→支架 8→接线柱 L→转向开关 6→转向信号灯 9 和转向指示灯 7→搭铁→蓄电池负极，形成回路，转向信号灯 9 立即发亮。这时热胀条 3 因通过电流而发热伸长，叶片 2 突然绷直，动触点 4 和静触点 5 分开，切断电流，于是转向信号灯 9 熄灭。当通过转向信号灯的电流被切断后，热胀条开始冷却收缩，又使叶片突然弯成弓形，动触点 4 和静触点 5 再次接触，接通电路，转向信号灯再次发光，如此反复变化使转向信号灯一亮一暗地闪烁，标示车辆的行驶方向。

国产 SGl24 型闪光器就是旁热叶片式闪光器，其结构与工作原理如图 5.32 所示。它的主要功能零件是不锈钢制成的叶片 6（也称弹簧片），叶片上固定有热胀条 1，热胀条上绕有电阻丝 2，电阻丝的一端与热胀条 1 相连，另一端与静触点 5 相连，叶片 6 靠热胀条 1 绷紧成弓形。动触点 4 固定在叶片 6 上，整个弹跳组件焊在支架 7 上，由支架伸出底板外部作接线柱 B，静触点与接线柱 L 相连。闪光器不工作时，动触点 4 和静触点 5 处于分开状态。

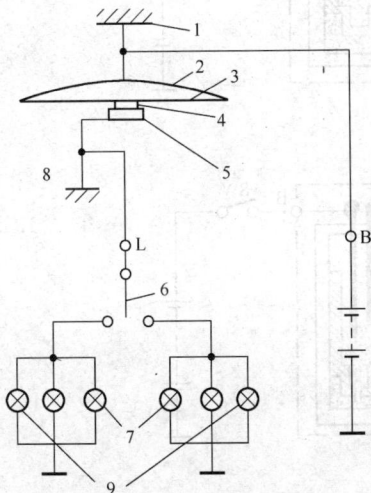

图 5.31　直热叶片弹跳式闪光器的结构与工作原理　　图 5.32　SG124 型旁热叶片式闪光器的结构与工作原理

1、8—支架　2—叶片　3—热胀条　4—动触点　　　1—热胀条　2—电阻丝　3—闪光器　4—动触点　5—静触点　6—叶片
5—静触点　6—转向开关　7—转向指示灯　　　　　7—支架　8—转向灯开关　9—左转向信号灯和指示灯
9—转向信号灯　　　　　　　　　　　　　　　　　10—右转向信号灯和指示灯

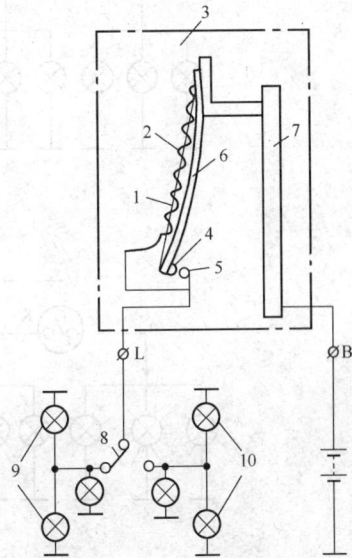

当汽车向左转弯时，接通转向灯开关 8，电流由蓄电池正极→接线柱 B→支架 7→电阻丝 2→静触点 5→接线柱 L→转向灯开关 8→左转向信号灯和指示灯 9→搭铁→蓄电池负极，形成回路。这时信号灯虽然有电流通过，但由于电阻丝 2 的电阻较大，电路中电流较小，此时信号灯不亮。同时，电阻丝加热热胀条 1，使热胀条受热伸长，于是叶片 6 依靠自身弹性使触点 4 与 5 闭合，电流则从蓄电

池正极→接线柱 B→支架 7→叶片 6→动触点 4→静触点 5→接线柱 L→转向灯开关 8→左转向信号灯和指示灯 9→搭铁→蓄电池负极，形成回路。此时由于电流不再通过电阻丝 2，电流增大，转向信号灯和指示灯发亮。同时，因触点 4 与 5 闭合，电阻丝被短路，使热胀条 1 逐渐冷却收缩，拉紧叶片，触点 4 与 5 再次分开，如此反复变化，使转向信号灯 9 一明一暗地闪烁，标示车辆行驶方向。

（4）水银式闪光器

水银式闪光器的结构如图 5.33 所示。

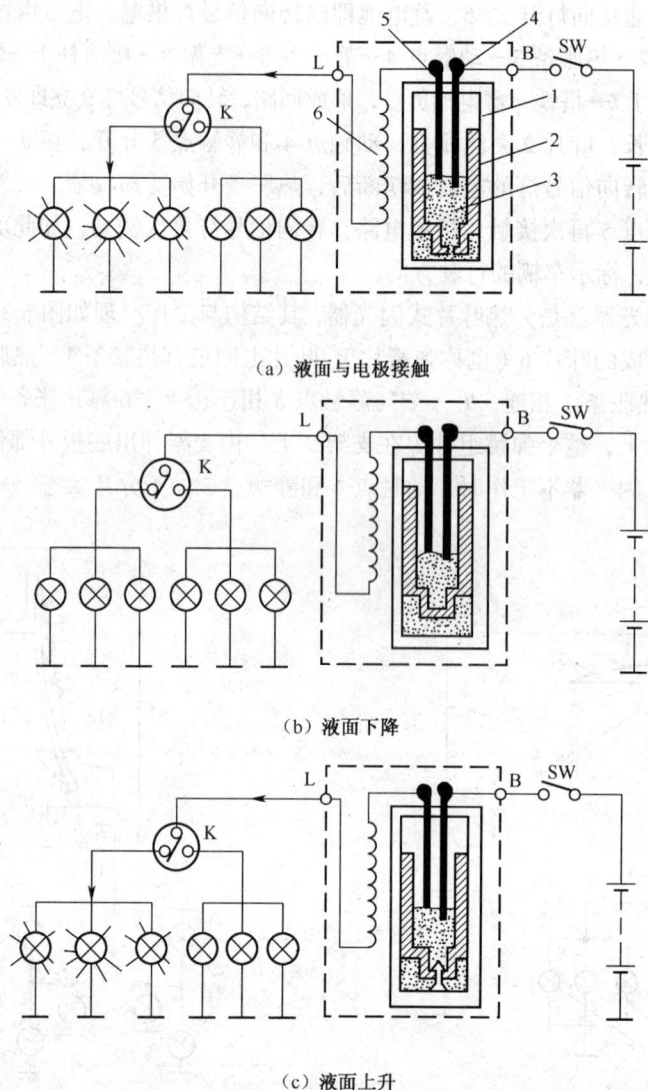

（a）液面与电极接触

（b）液面下降

（c）液面上升

图 5.33　水银式闪光器

1—外壳　2—柱塞　3—水银　4、5—电极　6—线圈

在圆筒形的外壳 1 内，装有柱塞 2 和水银 3，两电极 4、5 装在圆筒内的上部，电极 5 比电极 4 略短，柱塞 2 的下部有个小孔，水银可以自小孔处流入或流出，线圈 6 绕在圆筒的外部，并和电极 4、5 串接在转向灯电路中。

水银式闪光器不工作时，柱塞 2 因自身重量而位于下部，其内部水银液面高，故液面与电极 5 接触。当接通电源开关 SW 和转向灯开关 K 时，蓄电池向转向信号灯供电，电流由蓄电池正极→电源开关 SW→电极 4→水银介质 3→电极 5→线圈 6→转向灯开关 K→转向信号灯和指示灯→搭铁→蓄电池负极，使转向信号灯和指示灯亮，如图 5.33（a）所示。由于线圈 6 中通过电流而产生电磁吸力，使柱塞 2 向上移动，柱塞内部的水银由柱塞下部小孔流入圆筒 1 中，如图 5.33（b）所示。由于水银的液面下降，使电极 5 和水银介质分离，转向信号灯电路被切断，于是转向信号灯和指示灯熄灭。转向信号灯电路被切断后，线圈 6 中无电流通过，电磁吸力消失，柱塞 2 在其重力的作用下向下运动，圆筒 1 中的水银介质又通过柱塞下部的小孔进入柱塞内部，使水银的液面升高，如图 5.33（c）所示。当液面和电极 5 再次接触时，转向信号灯电路又接通，转向信号灯亮，如此反复，转向信号灯便发出闪光。

水银式闪光器由于水银流动而延迟了柱塞动作，其延迟时间决定闪光器闪烁的次数。使用此种闪光器时，应注意垂直安装，否则不能正常工作。

（5）电子闪光器

电子闪光器的结构和线路繁多，常用的有全晶体管式无触点闪光器、由晶体管和小型继电器组成的有触点晶体管式闪光器以及由集成块和小型继电器组成的有触点集成电路闪光器。其中后两种电子闪光器应用较多。

带继电器的有触点晶体管式闪光器如图 5.34 所示。它主要由一个晶体管的开关电路和一个继电器组成。

当汽车向右转弯时，接通电源开关 SW 和转向灯开关 K，电流由蓄电池正极→电源开关 SW→接线柱 B→电阻 R_1→继电器 J 的常闭触点 J→接线柱 S→转向灯开关 K→右转向信号灯→

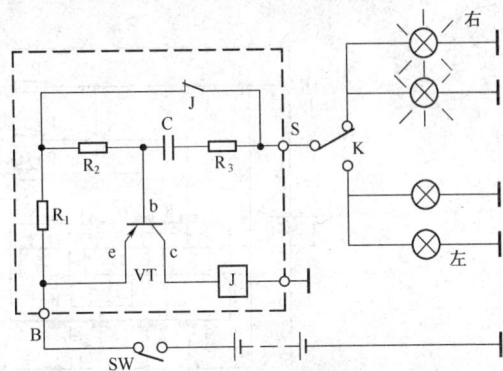

图 5.34　带继电器的有触点晶体管式闪光器

搭铁→蓄电池负极，右转向信号灯亮。当电流通过 R_1 时，在 R_1 上产生电压降，晶体管 VT 因正向偏压而导通，集电极电流 I_c 通过继电器 J 的线圈，使继电器常闭触头立即断开，右转向信号灯熄灭。

晶体管 VT 导通的同时，VT 的基极电流向电容器 C 充电。充电电路是蓄电池正极→电源开关 SW→接线柱 B→VT 的发射极 e、基极 b→电容器 C→电阻 R_3→接线柱 S→转向灯开关 K→右转向信号灯→搭铁→蓄电池负极。在充电过程中，随着电容器电荷的积累。充电电流 I_b 逐渐减小，晶体管 VT 的集电极电流 I_c 也随之减小，当此电流不足以维持衔铁的吸合而释放时，继电器 J 的常闭触点 J 又重新闭合，转向信号灯再次发亮。这时电容器 C 通过电阻 R_2、继电器的常闭触点 J、电阻 R_3 放电。放电电流在 R_2 上产生的电压降为 VT 提供反向偏压，加速了 VT 的截止，使继电器 J 的常闭触点 J 迅速断开。当放电电流接近零时，R_1 上的电压降又为 VT 提供正向偏压使其导通。这样，电容器 C 不断地充电和放电，晶体管 VT 也就不断地导通与截止，控制继电器的触点反复地闭合、断开，使转向信号灯发出闪光。

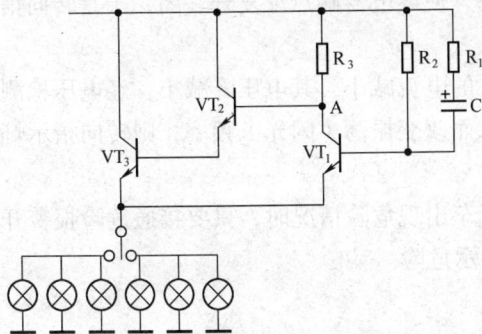

图 5.35　SG131 型无触点闪光器

图 5.35 所示为国产 SG131 型无触点闪光器的电路图。它利用电容器充放电延时的特性控制晶体管 VT_1 的导通和截止，来达到闪光的目的。

接通转向开关后，晶体管 VT_1 的基极电流由两路提供，一路经电阻 R_2，另一路经 R_1 和 C，使 VT_1 导通，VT_1 导通时，则 VT_2、VT_3 组成的复合管处于截止状态。由于 VT_1 的导通电流很小，仅 60mA 左右，故转向信号灯暗。与此同时，电源对电容器 C 充电，随着 C 的两端电压升高，充电电流减小，VT_1 的基极电流减小，使 VT_1 由导通变为截止。这时 A 点电位升高，当其电位达到 1.4V 时，VT_2、VT_3 导通，于是转向信号灯亮。此时电容器 C 经过 R_1、R_2 放电，放电时间为灯亮时间。C 放完电，接着又充电，VT_1 再次导通使 VT_2、VT_2 截止，转向信号灯又熄灭，C 的充电时间为灯灭的时间。如此反复，使转向信号灯发出闪光。改变 R_1、R_2 的电阻值和 C 的大小以及 VT_1 的 β 值，即可改变闪光频率。

由集成块和小型继电器组成的有触点集成电路闪光器的电路原理如图 5.36 所示。它的核心器件 ICU243B 是一块低功耗、高精度的汽车电子闪光器专用集成电路。U243B 的标称电压为 12V，实际工作电压范围为 9～18V，采用双列 8 脚直插塑料封装，其引脚及内部框图如图 5.36 所示。内部电路主要由输入检测器 SR、电压检测器 D、振荡器 Z 及功率输出级四部分组成。

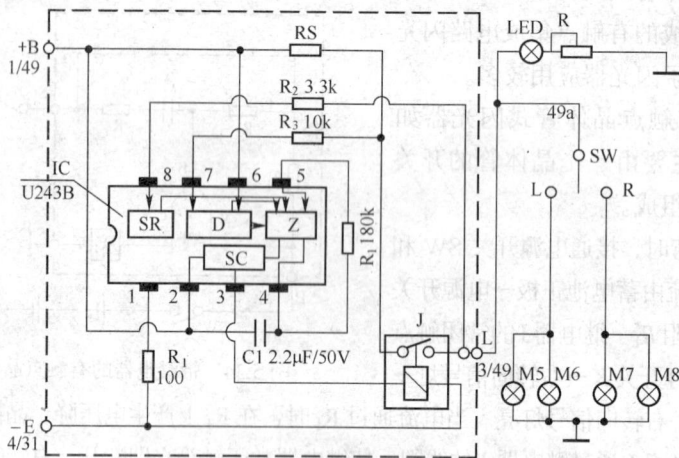

图 5.36 有触点集成电路闪光器的电路原理

SR—输入检测 D—电压检测 Z—振荡器 SC—输出级 RS—取样电阻 J—继电器

输入检测器用来检测转向信号灯开关是否接通。振荡器由一个电压比较器和外接 R_1 及 C_1 构成。内部电路给比较器的一端提供了一个参考电压（其值的高低由电压检测器控制），比较器的另一端则由外接 R_1 及 C_1 提供一个变化的电压，从而形成电路的振荡。

振荡器工作时，输出级便控制继电器线圈的电路，使继电器触点反复开、闭，于是转向信号灯和转向指示灯便以 80 次/min 的频率闪光。

如果一只转向信号灯烧坏，则流过取样电阻 RS 的电流减小，其电压降减小，经电压检测器识别后，便控制振荡器电压比较器的参考电压，从而改变振荡（闪光）频率，则转向指示灯的闪光频率加快一倍，以示需要检修更换灯泡。

有些汽车利用闪光器还可作危险报警之用，当汽车出现危险情况时，只要接通危险报警开关，则汽车前、后、左、右的转向信号灯同时闪烁以示危险。

闪光器、电子闪光器的型号：QC/T 73—93。

产品代号：SG—闪光器；SGD—电子闪光器。

电压等级代号：1～12V；2～24V。

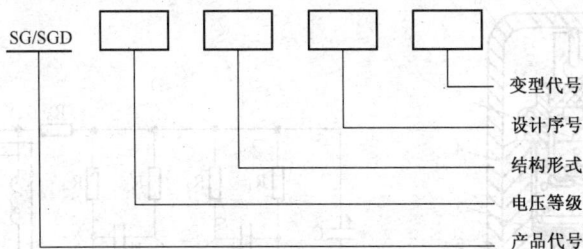

其结构形式代号见表 5.2。

表 5.2　　　　　闪光器与电子闪光器的结构形式代号（根据 QC/T 73—93）

代号 结构形式	1	2	3	4	5	6	7	8	9
闪光器	电容式	电热丝	叶片弹跳						
电子闪光器				无触点	有触点	无触点 复合	有触点 复合	带蜂鸣无 触点复合	带蜂鸣有 触点复合

2. 制动信号灯

制动信号灯安装在车辆尾部，通知后面车辆该车正在制动，以避免后面车辆与其后部相撞，其简化电路如图 5.37 所示。

由电路图可知，制动信号灯由制动开关控制，从控制的方式不同可分为气压式、液压式和机械式 3 种。其中，气压式和液压式制动开关一般装在制动管路中，工作情况都是利用气压或液压使开关中两接柱相连，从而导通制动信号灯电路，这两种开关经常在载货汽车上使用。小型轿车经常使用机械式开关，一般安装在制动踏板下方。当踩下制动踏板时，制动开关内的活动触点便将两个接线柱接通，使制动灯亮，当松开踏板后，断开制动灯电路。

3. 倒车灯与倒车蜂鸣器

倒车灯安装于车辆尾部，给驾驶员提供额外照明，使其能够在夜间倒车时看清汽车的后部，也警告后面车辆，该汽车驾驶员想要倒车或正在倒车。当点火开关接通变速器换至倒车挡时，倒车灯点亮，其简化电路如图 5.38 所示。

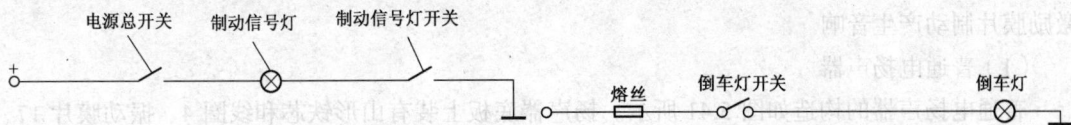

图 5.37　制动信号灯电路示意图　　　　　　　图 5.38　倒车灯电路示意图

倒车开关的结构如图 5.39 所示。当把变速杆拨到倒车挡时，由于倒车开关中的钢球 1 被松开，在弹簧 5 的作用下，触点 4 闭合，于是倒车灯、倒车蜂鸣器或语音倒车报警器便与电源接通，使倒车灯发出闪烁信号、蜂鸣器发出断续的鸣叫声。

倒车蜂鸣器是一种间歇发声的音响装置，图 5.40 所示为 CA1090 型汽车装用的倒车蜂鸣器的电路。其发音部分是一只功率较小的电扬声器，控制电路是一个由无稳态电路和反相器组成的开关电路。

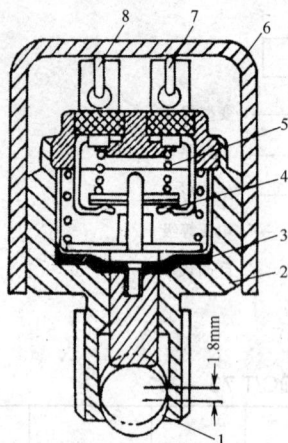

图 5.39　倒车开关的结构

1—钢球　2—壳体　3—膜片　4—触点
5—弹簧　6—保护罩　7、8—导线

图 5.40　倒车蜂鸣器的电路

晶体管 VT₁、VT₂ 组成一个无稳态电路（也叫多谐振荡器），由于 VT₁ 和 VT₂ 之间采用电容器耦合，所以 VT₁ 和 VT₂ 只有两个暂时的稳定状态，或 VT₁ 导通 VT₂ 截止，或 VT₁ 截止 VT₂ 导通，这两个状态周期地自动翻转。

VT₃ 在电路中起开关作用，它与 VT₂ 直接耦合，VT₂ 的发射极电流就是 VT₃ 的基极电流。当 VT₂ 导通时，VT₃ 基极有足够大的基极电流也导通。电流便从电源（+）极，经 VT₃、蜂鸣器的常闭触点 K、线圈流回电源（–）极。线圈通电后，使线圈中的铁芯磁化，吸动衔铁，带动膜片变形，发出声音。当 VT₂ 截止时，VT₃ 无基极电流也截止，于是线圈断电，铁芯退磁，衔铁与膜片回位，如此周而复始，VT₃ 按照无稳态电路的翻转频率不断地导通、截止，从而使汽车的蜂鸣器发出间歇的鸣叫。

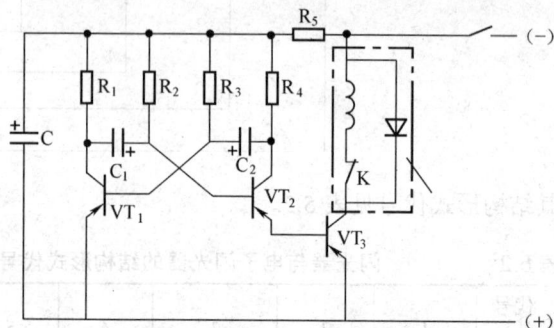

4．扬声器

为了警告行人和其他车辆，以引起注意，保证安全，汽车上都装有扬声器。

汽车扬声器按发音动力划分有气扬声器和电扬声器两种。气扬声器是利用气流使金属膜片振动产生音响，外形一般为筒形，多用在具有气压制动装置的载重汽车上。电扬声器使利用电磁力使金属膜片振动产生音响，广泛应用于各种类型的汽车上。

电扬声器按有无触点可分为普通电扬声器和电子电扬声器。普通电扬声器主要是靠触点的闭合断开，控制电磁线圈激励膜片振动而产生音响；电子电扬声器中无触点，利用晶体管电路激励膜片制动产生音响。

（1）普通电扬声器

普通电扬声器的构造如图 5.41 所示。扬声器底板上装有山形铁芯和线圈 4、振动膜片 17、触点支架和触点 7，衔铁 3 通过中心螺栓 16 与振动膜片 17 相联，膜片 17 下固定有共鸣盘 14，在膜片下部是扬声筒 15（可为螺旋形或筒形）。

其工作原理如下：按下扬声器按钮 9，电流通过线圈 4 产生磁场，从而使山形铁芯吸下衔铁 3；同时触点 7 断开，线圈的电磁力则消失，振动膜片 17 在其自身的弹性和弹簧钢片 2 的作用下，同衔铁 3 一道返回原位，触点 7 重新闭合，电路又重新接通。如此反复循环，膜片 17 不断振动，从而发出一定频率的声波，共鸣盘 14 与膜片 17 刚性连接，目的是使膜片振动时发出的声音更加悦耳。为减小触点火花，保护触点，在触点 7 间并联了一个电容器。

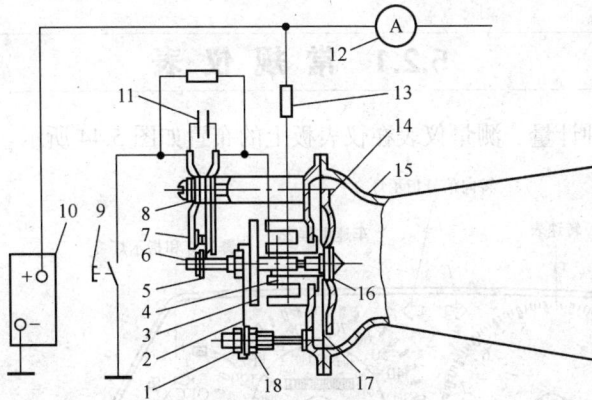

图 5.41　普通电扬声器

1、6—锁紧螺母　2—弹簧钢片　3—衔铁　4—线圈　5、18—调整螺母　7—触点　8—触点臂　9—扬声器按钮
10—蓄电池　11—电容器　12—电流表　13—熔断器　14—共鸣盘　15—扬声筒　16—中心螺栓　17—振动膜片

（2）电子电扬声器

电子电扬声器的结构如图 5.42 所示，其电路如图 5.43 所示。

当电路接通电源后，由于晶体管 VT 加正向偏压而导通，线圈中便有电流通过，产生电磁力，吸引上衔铁，连同绝缘膜片和共鸣板一起动作。当上衔铁与下衔铁接触而直接搭铁时，晶体管 VT 失去偏压而截止，切断线圈中的电流，电磁力消失，膜片与共鸣板在弹力作用下复位，上、下衔铁又恢复为断开状态，晶体管 VT 重又导通，如此反复地动作，膜片不断振动便发出音响。

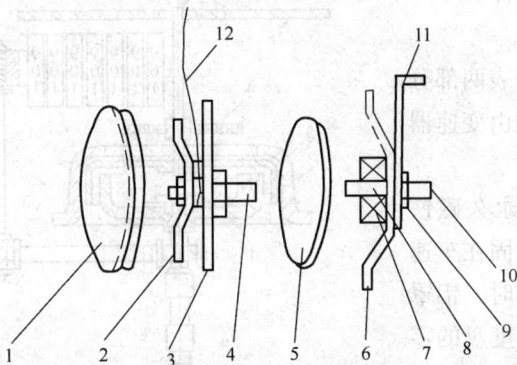

图 5.42　电子电扬声器的结构

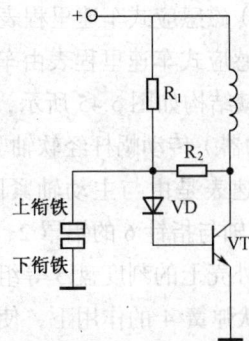

图 5.43　电子电扬声器电路图

1—罩盖　2—共鸣板　3—绝缘膜片　4—上衔铁　5—绝缘垫圈　6—扬声器体
7—线圈　8—下衔铁　9—锁紧螺母　10—调节螺母　11—托架　12—导线

5.2

仪表与显示系统

为了使驾驶员随时掌握汽车的主要运行参数和重要部位的状态参数，及时发现和排除可能出现的故障，以保证行车安全和提高车辆的可靠性，在汽车的仪表台上装有一系列仪表和报警装置。

汽车仪表和报警应具有结构简单，工作可靠，耐震，抗冲击的特点，此外仪表的示数必须准确、稳定。

5.2.1　常　规　仪　表

汽车驾驶室的各种计量、测量仪表在仪表板上的布置如图 5.44 所示。

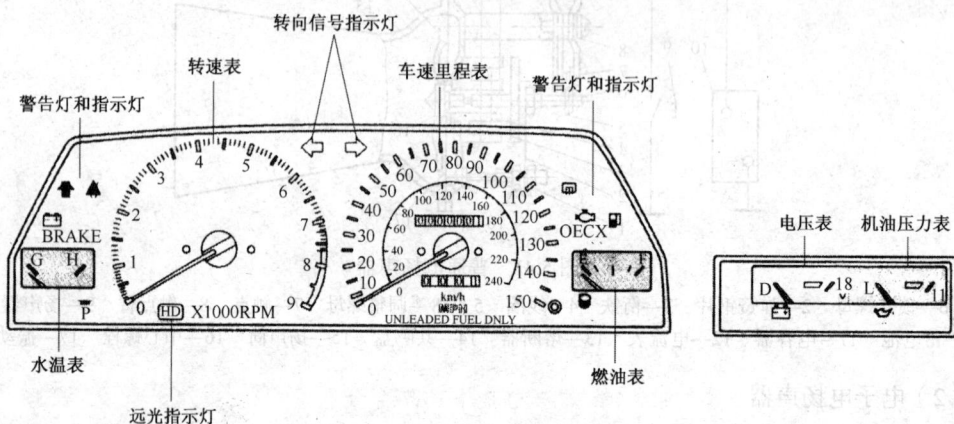

图 5.44　仪表板总成

1. 车速里程表

车速里程表是用来指示汽车行驶速度和累计行驶里程数的仪表。有磁感应式与电子式两种。

（1）磁感应式车速里程表

磁感应式车速里程表由车速表和里程表两部分组成，其结构如图 5.45 所示，它的主动轴由变速器（或分动器）传动蜗杆经软轴驱动。

车速表是由与主动轴紧固在一起的永久磁铁 1、带有轴与指针 6 的铝罩 2、磁屏 3 和紧固在车速里程表外壳上的刻度盘 5 等组成。不工作时，铝罩 2 在盘状弹簧 4 的作用下，使指针位于刻度盘的零位。当汽车行驶时，主动轴带着永久磁铁 1 旋转，永久磁铁的磁力线在铝罩 2 上引起涡流，这涡流也产生一个磁场。旋转的永久磁铁磁场与铝罩磁场相互作用产生转矩，克服盘状弹簧的弹力，使铝罩 2 朝永久磁铁 1 转动的方向旋转，与盘状弹簧相平衡。于是铝罩带动指针转过一个与主动轴转速大小成比例的角度，也即对应汽车行驶速度的角度，指针便在刻度盘上指示相应的车速。车速越高，永久磁铁 1 旋转越快，铝罩 2 上的涡流也就越大，因而转矩越大，使铝罩 2 带着指针偏转的角度越大，因此指针在刻度盘上指示的速度也就越高。

里程表由涡轮蜗杆机构和数字轮组成。涡轮蜗

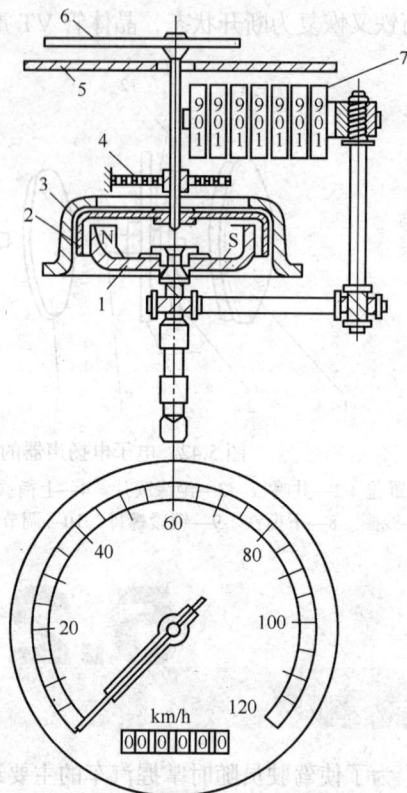

图 5.45　磁感应式车速里程表结构
1—永久磁铁　2—铝罩　3—磁屏　4—盘状弹簧
5—刻度盘　6—指针　7—数字轮

杆和主动轴具有一定的传动比。汽车行驶时，软轴带动主动轴，并由主动轴经三对涡轮蜗杆驱动里程表最右边的第一数字轮。第一数字轮上所刻的数字代表 0.1km。每两个相邻的数字轮之间，又通过本身的内齿和进位数字轮转动齿轮，形成 10:1 的传动比。即当第一数字轮转动一周，数字由 9 翻转到 0 时，便使相邻的左面第二数字轮转动 1/10 周，成十进位递增。这样汽车行驶时，就可累计出其行驶里程数。

（2）电子式车速里程表

奥迪 100 型轿车的组合仪表中装有指针式电子车速里程表。它主要由车速传感器、电子电路、车速表和里程表四部分组成。

车速传感器由变速器驱动，能够产生正比于汽车行驶速度的电信号。它由一个舌簧开关和一个含有 4 对磁极的转子组成，如图 5.46 所示。转子每转一周，舌簧开关中的触点闭合 8 次，产生 8 个脉冲信号，汽车每行驶 1km，车速传感器将输出 4 127 个脉冲。

电子电路的作用是将车速传感器送来的具有一定频率的电信号经整形、触发后，输出一个与车速成正比的电流信号。该电子电路主要包括稳压电路、单稳态触发电路、恒流源驱动电路、64 分频电路和功率放大电路，如图 5.47 所示。仪表精度由电阻 R_1 调整，仪表初始工作电流由电阻 R_2 调整，电阻 R_3 和电容 C_3 用于电源滤波。

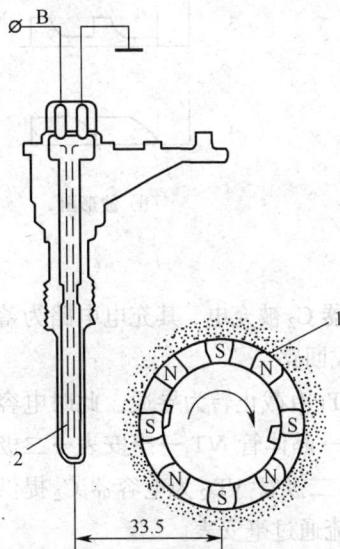

图 5.46　车速传感器
1—转子　2—舌簧开关

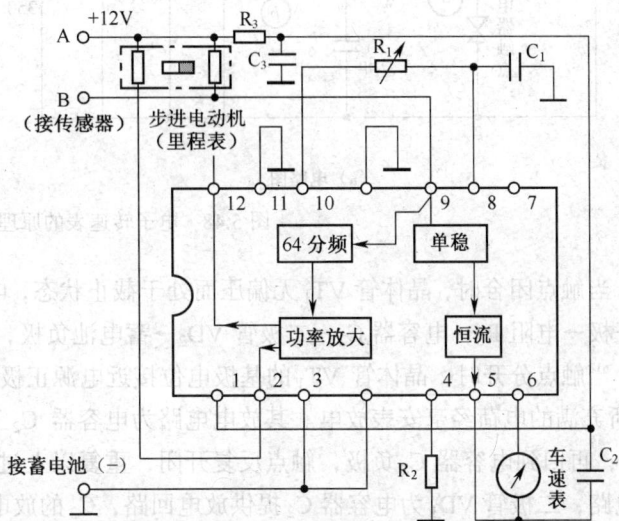

图 5.47　指针式电子车速里程表的电子电路

车速表实际上是一个磁电式电流表，当汽车以不同车速行驶时，从电子电路接线端 6 输出的与车速成正比的电流信号便驱动车速表指针偏转，即可指示相应的车速。

里程表由一个步进电动机和 6 位数字的十进制齿轮计数器组成。步进电动机是一种利用电磁铁的作用原理将脉冲信号转换为线位移或角位移的电动机。车速传感器输出的频率信号，经 64 分频后，再经功率放大器放大到具有足够的功率，驱动步进电动机，带动 6 位数字的十进制齿轮计数器工作从而积累行驶里程。

2. 发动机转速表

为了检查调整发动机，监视发动机的工作状况，更好地掌握换挡时机，利用经济车速等，在汽车仪表盘上装有发动机转速表。

发动机转速表有机械式和电子式两种。机械式转速表的结构与工作原理与上述磁感应式车速表基本相同。电子式转速表由于显示平稳、结构简单、安装方便已被广泛使用。

（1）电容器充放电式电子转速表

电容器充放电式电子转速表的原理图如图 5.48 所示。转速信号取自点火系统的分电器触点（如为电子点火系统，则取自点火线圈"–"接线柱）。当发动机工作时，分电器触点不断开闭，其开闭次数与发动机转速成正比（曲轴每转一圈，四冲程四缸发动机触点开闭 2 次；六缸发动机触点开闭 3 次）。触点开闭产生断续电流，经积分电路 R_1、R_2、C_1 整形送至晶体管 VT_1，从而取得一个具有固定幅值（电流值）和脉冲宽度（时间）的矩形波电流，此电流通过毫安表。

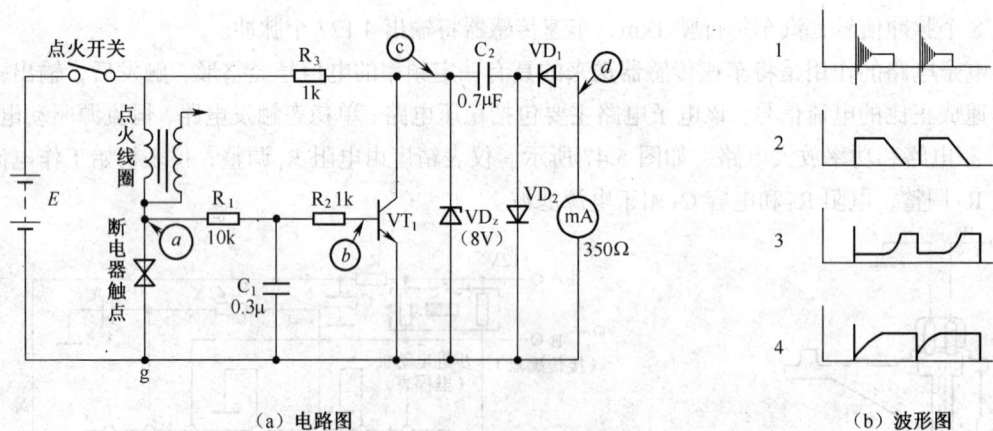

图 5.48 电子转速表的原理图

当触点闭合时，晶体管 VT_1 无偏压而处于截止状态，电容器 C_2 被充电，其充电电路为蓄电池正极→电阻 R_3→电容器 C_2→二极管 VD_2→蓄电池负极，构成回路。

当触点分开时，晶体管 VT_1 的基极电位接近电源正极，VT_1 由截止转为导通。此时电容器 C_2 所充满的电荷经毫安表放电。其放电电路为电容器 C_2 正极→晶体管 VT_1→毫安表→二极管 VD_1，再回到电容器 C_2 负极，触点反复开闭，重复以上过程。二极管 VD_2 为电容器 C_2 提供充电电路，二极管 VD_1 为电容器 C_2 提供放电回路，C_2 的放电电流通过毫安表。

因为电容器 C_2 每次充、放电电量 Q 和其容量 C 以及电容器两端电压 U 成正比，即 $Q = CU$，所以每个周期（T）内平均放电电流为

$$I = \frac{Q}{T} = \frac{CU}{T} = CUf \quad (5.1)$$

式中，I——平均电流，单位为 A；

Q——电容器充、放电量，单位为 C；

T——周期，单位为 s；

C——电容值，单位为 F；

U——电容器端电压，单位为 V；

f——频率，单位为 Hz。

在电源电压稳定，充电时间常数 $\tau = R_3C_2$ 不变的情况下，C 和 U 是固定值，则通过毫安

表的电流平均值，只与触点的开闭频率 f 成正比，因此毫安表的读数即可直接反映发动机的转速。

（2）磁感应式电子转速表

图 5.49 所示为其磁感应式传感器的结构原理图。它由永久磁铁 3、感应线圈 6、心轴 5、外壳 2 等组成。心轴外面绕有感应线圈，它的下端靠近飞轮与飞轮齿顶间有较小的空气隙（1mm ± 0.3mm）。永久磁铁的磁力线从 N 极出来，通过心轴、空气隙，回到 S 极构成回路。

当飞轮转动时，齿顶与齿底不断地通过心轴。空气隙的大小发生周期性变化，使穿过心轴的磁通也随之发生周期性地变化。于是在感应线圈中感应出一交变电动势。该交变电动势的频率与心轴中磁通变化的频率成正比。也即与通过心轴端面的飞轮齿数成正比。

磁感应式转速传感器输出的近似正弦基波频率信号加在转速表线路（见图 5.50）的输入端。经 R_9、VD_1 和晶体管 VT_1 整形放大，输出一近似矩形波。再经过 C_2、R_8、R_4、R_3 组成的微分电路，送至晶体管 VT_2，信号经 VT_2 放大后，输出具有一定的幅值和宽度的矩形波，用来驱动毫安表。

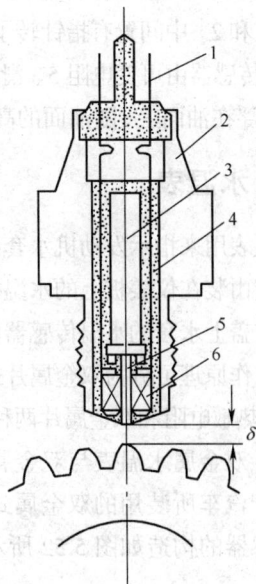

图 5.49 磁感应式传感器的结构原理
1—接线片 2—外壳 3—永久磁铁 4—连接线
5—心轴 6—感应线圈 δ—空气隙

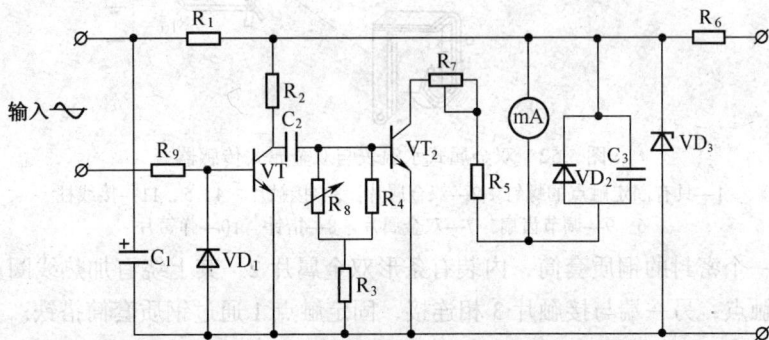

图 5.50 ZZ44D—5 型感应式电子转速表电路

由于输入的信号频率与通过心轴的飞轮齿数成正比，信号的频率和幅值与发动机转速成正比，当转速升高时，频率升高，幅值增大，使通过毫安表中的平均电流增大，则指针摆动角度也相应增大，于是转速表指示的转速就高。

3. 燃油表

燃油表用来指示燃油箱内燃油的储存量。它由装在仪表板上的燃油指示表和装在燃油箱内的传感器两部分组成。燃油表有电磁式、动磁式、双金属电热式，近年来新出现了电子燃油表，传感器均为可变电阻式。

下面简单介绍电磁式燃油表。

电磁式燃油表与可变电阻式传感器的构造及工作原理如图 5.51 所示。

指示表中有左、右两只铁芯，铁芯上分别绕有线圈 1 和 2。中间置有指针转子 3。转子上连有指针 4。传感器由可变电阻 5、滑片 6 和浮子 7 组成。浮子浮在油面上，随油面的高低而改变位置。

4. 水温表

水温表用来指示发动机水套中冷却水的工作温度。它由装在仪表板上的水温指示表和装在发动机气缸盖上水套的水温传感器两部分组成。水温表按工作原理可分为双金属片式和电磁式两种水温表，热敏电阻和双金属片两种类型的传感器。

（1）双金属水温表与双金属式传感器

国产汽车所装用的双金属式水温表与双金属式传感器的构造如图 5.52 所示。

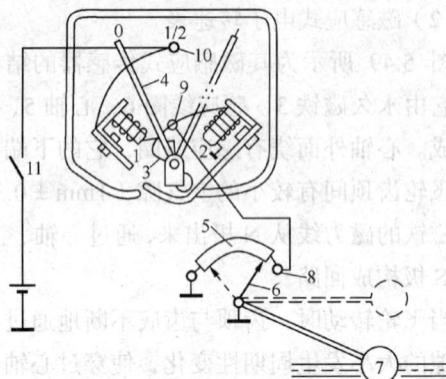

图 5.51　电磁式燃油表与可变电阻式传感器的构造及工作原理

1、2—线圈　3—指针转子　4—指针　5—可变电阻
6—滑片　7—浮子　8、9、10—接线柱　11—点火开关

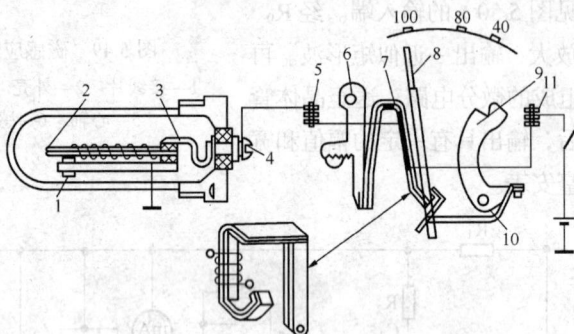

图 5.52　双金属式水温表与双金属式传感器

1—具有固定触点的螺钉　2—双金属片　3—接触片　4、5、11—接线柱
6、9—调节齿扇　7—双金属片　8—指针　10—弹簧片

传感器是一个密封的铜质套筒，内装有条形双金属片 2，其上绕有加热线圈。线圈的一端接双金属片的触点，另一端与接触片 3 相连接，固定触点 1 通过钢质套筒搭铁。其双金属片具有一定的初始压力。当水温升高时，向上翘曲使触点间的压力减弱。

当点火线圈接通时，电流从蓄电池正极→点火开关→指示表双金属片 7 加热线圈→传感器双金属片 2 加热线圈→触点 1→搭铁→蓄电池负极。双金属片 2 经加热线圈加热变形，使触点分离，切断电路。经过一段时间后，双金属片冷却伸直，触点重又闭合，电路又被接通，如此反复，电路中形成一脉冲电流。该脉冲电流的有效值则取决于水温。

当水温较低时，双金属片变形不大，触点间压力较大，触点闭合时间长，且触点分离后，双金属片很快冷却，触点分离的时间减少，因此电路中电流的有效值较大，指示表的双金属片 7 变形也大，指针向右偏转大，指向低温。反之，当水温较高时，传感器中双金属片 2 向上翘曲，触点压力减弱，且触点分离的时间延长，电路中电流的有效值减小，指示表中双金属片 7 的变形不大，指针向右偏转小，指向高温。

（2）双金属式水温表与热敏电阻式传感器

双金属式水温表与热敏电阻式传感器和电源稳压器配套的工作原理如图 5.53 所示。热敏电阻式传感器的主要元件为负温度系数的热敏电阻（由镍、钴、锰、铜烧结而成），其特性是温度升高，电阻值减小。利用热敏电阻可以将水温的变化转换成电阻的变化。从而控制电路中电流的大小，使水温表指针指出相应的温度。

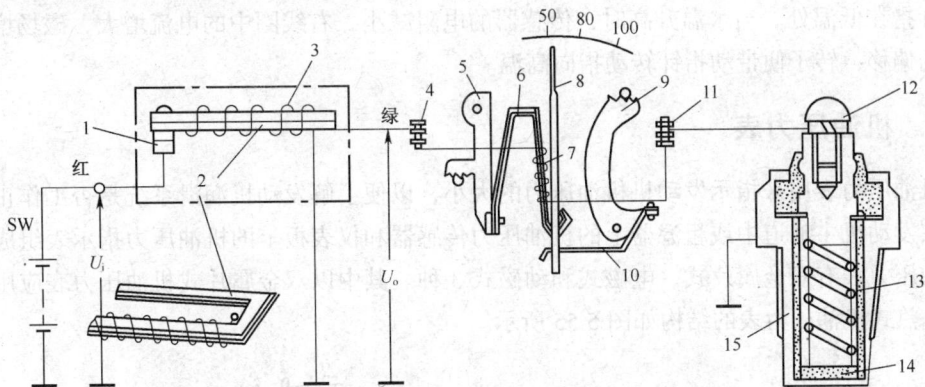

图 5.53　双金属式水温表与热敏电阻式传感器和电源稳压器配套的工作原理

1—触点　2—双金属片　3—加热线圈　4、11、12—接线柱　5、9—调节齿扇　6—双金属片
7—加热线圈　8—指针　10、13—弹簧　14—热敏电阻　15—外壳

接通点火开关时，电流由蓄电池正极→点火开关→稳压器触点 1→稳压器加热线圈→搭铁。同时，稳压器触点 1→指示表的加热线圈 7→传感器接线柱 12→热敏电阻 14→外壳 15→搭铁→蓄电池负极。

当发动机冷却水温度较低时，传感器的热敏电阻阻值大，所以电路中电流的有效值小，则水温表中双金属片弯曲变形小，使指针指向低温。当冷却水温度升高时，热敏电阻阻值变小，电路中电流的有效值变大，水温表的双金属片弯曲变形增大，使指针指向高温。

（3）电磁式水温表与热敏电阻式传感器

在美、日生产的汽车上，多装用电磁式水温表，与热敏电阻式传感器配套工作，其工作原理如图 5.54 所示。

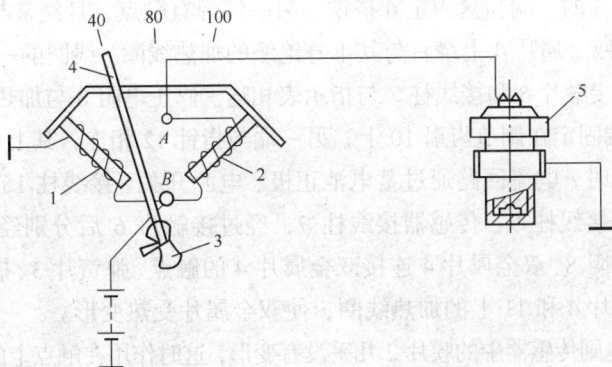

图 5.54　电磁式水温表与热敏电阻式传感器

1—左线圈　2—右线圈　3—铁转子　4—指针　5—负温度系数热敏电阻传感器

电磁式水温表内有左、右两只铁芯，铁芯上分别绕有左线圈 1 和右线圈 2，其中左线圈 1 与电源并联，右线圈 2 与传感器串联。两个线圈的中间置有铁转子，转子上连有指针。

当接通点火开关时，电流从蓄电池正极分别经左线圈 1 和右线圈 2、传感器热敏电阻两条线路搭铁，到蓄电池负极形成回路。这时左、右线圈各形成一个磁场，同时作用于铁转子了，铁转子3便在合成磁场的作用下转动，使指针指在某一刻度上。

当电源电压不变时，通过左线圈1的电流不变，因而它所形成的磁场强度是一个定值。而通过右线圈2的电流则取决于与它串联的传感器热敏电阻值的变化。而热敏电阻为负温度系数。当水温较低时，热敏电阻值大，右线圈中电流变小，磁场减弱，合成磁场主要取决于左线圈，使指针指在低温处。当水温升高时，传感器的电阻减小，右线圈中的电流增大，磁场增强，合成磁场偏移，转子便带动指针转动指向高温。

5. 机油压力表

机油压力表用来指示发动机机油压力的大小，以便了解发动机润滑系统是否工作正常。它由装在发动机主油道中或粗滤器上的机油压力传感器和仪表板上的机油压力指示表组成。常用的机油压力表有双金属片式、电磁式和动磁式3种。其中以双金属片式机油压力表应用最为广泛。电热式机油压力表的结构如图5.55所示。

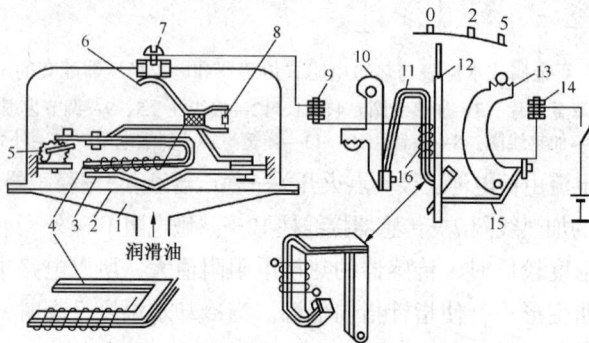

图 5.55　电热式机油压力表的结构

1—油腔　2—膜片　3、15—弹簧片　4—双金属片　5—调节齿轮　6—接触片　7、9、14—接线柱
8—修正电阻　10、13—调节齿扇　11—指示表双金属片　12—指针　16—加热丝

双金属式传感器内装有膜片2，膜片下的内腔1与发动机主油道相通，膜片2的中心顶着弯曲的弹簧片3。弹簧片的一端与盒固定并搭铁，另一端焊有触点，且经常与上面的"∩"形双金属片4的触点接触。双金属片4上绕有与其本身绝缘的加热线圈。线圈的一端直接与双金属片的触点相连，另一端经接触片6和接线柱7与指示表相连。修正电阻8与加热线圈并联。油压指示表双金属片11的一端固定在调节齿扇10上，另一端与指针12相连，其上也绕有加热线圈。

当电源开关接通时，电流回路通过蓄电池正极、电源开关、接线柱15、指示表双金属片11的加热线圈、指示表接线柱9、传感器接线柱7，经过接触片6后分别经由传感器双金属片4的加热线圈和校正电阻8、双金属片4连接双金属片4的触点、弹簧片3、搭铁回到蓄电池负极。由于电流流过双金属片4和11上的加热线圈，使双金属片受热变形。

如果油压很低时，则传感器中的膜片2几乎没有变形，这时作用在触点上的压力很小。电流通过不久，温度略有上升，双金属片就弯曲，使触点分开，电路即被切断。经过一段时间后，双金属片冷却伸直，触点又闭合，电路又被接通。但不久触点又分开，如此循环不息，开闭频率每分钟约5～20次。因此当油压很低时，只要流过加热线圈较小的电流，温度略升高，触点就会分开。这样使触点打开的时间长，闭合的时间短，因而电路中电流有效值小，使指示表中双金属片11（见图5.55）因温度较低而弯曲程度小，指针12（见图5.55）向右偏移角度就小，即指出较低油压。

当油压增高时，膜片向上拱曲，加在触点上的压力增大，双金属片向上弯曲程度增大，这样，只有在双金属片温度较高时，也就是要加热线圈通过较大的电流，较长的时间后，触点才能分开，而且当触点分开不久，双金属片稍一冷却触点又很快闭合。因此当油压高时，触点断开状态的时间缩短，频率增高。

为使油压的指示值不受外界温度的影响，双金属片 4 制成 "∩" 形。其上绕有加热线圈的一边称为工作臂，另一边称为补偿臂。当外界温度变化时，工作臂的附加变形被补偿臂的相应变形所补偿，使指示表的示值保持不变。在安装传感器时，必须使盒上的箭头（安装记号）向上，不应偏出垂直位置 30°。因为只有这样安装才能保证 "∩" 形双金属片的工作臂位于补偿臂之上，使工作臂产生的热气上升时，不致对补偿臂产生影响，造成示值失准。

发动机低速运转时，机油压力最低不应小于 0.15MPa，正常压力应为 0.2～0.4MPa，最高压力不超过 0.5MPa。

6．电流表

电流表串接在蓄电池充电电路中，主要用来指示蓄电池充、放电电流值，同时还可通过其检视电源系统的工作是否正常。电流表通常为双向工作方式，表盘中间的示值为 "0"，两侧分别标有 "+"、"−" 标记，其最大读数为 20 或 30。当发动机向蓄电池充电时，示值为 "+"，蓄电池向用电设备发电时，示值为 "−"。汽车上使用的电流表主要有动磁式和电磁式两种。

（1）动磁式电流表

东风 EQ1090 型汽车的动磁式电流表结构如图 5.56 所示。导电板 2 固定在绝缘底板上，两端与接线柱 1 和 3 相连，中间夹有磁轭。与导电板 2 固装在一起的针轴上装有指针 5 和永久磁铁转子 4 总成（称磁钢指针）。

当没有电流通过电流表时，永久磁铁转子 4 通过磁轭 6 构成磁回路，使指针保持在中间 "0" 的位置。当放电电流通过导电板 2 时，在它的周围产生磁场，使浮装在导电板中心的磁钢指针向 "−" 向偏转，示出放电电流安培数。电流越大，偏转越多，则示出安培数越大。若充电电流通过导电板 2 时，则指针偏向 "+"，示出充电电流的大小。

（2）电磁式电流表

电磁式电流表的工作原理如图 5.57 所示。黄铜板条 4 固定在绝缘底板上，两端与接线柱 1 和 3 相连，下面夹有永久磁铁 6。磁铁的内侧，在转轴 7 上装有带指针 2 的软钢转子 5。

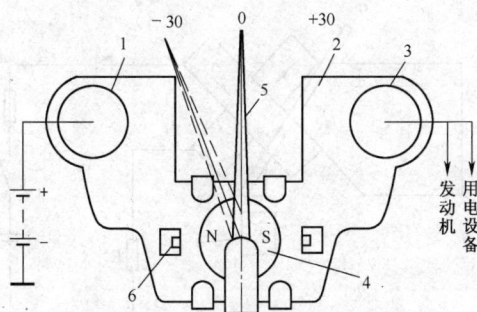

图 5.56　动磁式电流表
1、3—接线柱　2—导电板　4—永久磁铁转子
5—指针　6—磁轭

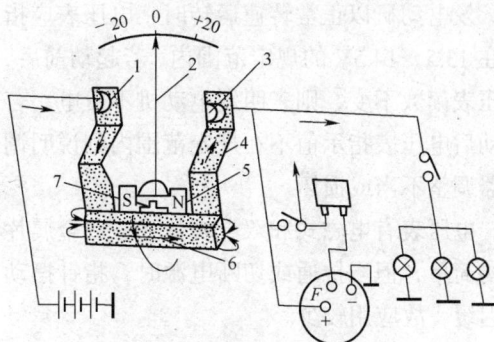

图 5.57　电磁式电流表
1、3—接线柱　2—指针　4—黄铜板条
5—软钢转子　6—永久磁铁　7—转轴

当没有电流通过电流表时，软钢转子 5 在永久磁铁的作用下被磁化，软钢转子 5 磁化后的极性与永久磁铁的极性相反，因而两者互相吸引，使指针保持在中间"0"的位置。

当电流由接线柱 1 流向接线柱 3 通过黄铜板条 4 时，在它的周围便产生磁场，其方向可按右手螺旋定则判定，与永久磁铁的磁场方向相垂直，因此，便产生了一个合成磁场。这个合成磁场磁力线的方向，与永久磁铁磁力线方向成一个角度，因此软钢转子便带着指针偏转一个角度，也就是转到合成磁场的方向。电流越大，合成磁场就越强，则软钢转子便带着指针偏转角度也就越大。如果电流反向通过，那么指针也反向偏转。

电流表不但能指出蓄电池是处于充电还是放电状态，而且能测量出充放电电流的大小。

电流表的接线柱是有极性的，接线时不可接错。其"−"接线柱与蓄电池组相接，"+"接线柱与发电动机的输出接线柱（B、A、+）相接。

7．电压表

电压表用来指示电源系统的工作情况。它不仅能指示发电动机和调节器的工作状况，同时还能指示蓄电池的技术状况，比电流表和充电指示灯更为直观与实用。故近年来装有电压表的车辆不断增多。

电压表与蓄电池、发电动机和负载并联，并由点火开关控制，电路连接如图 5.58 所示。

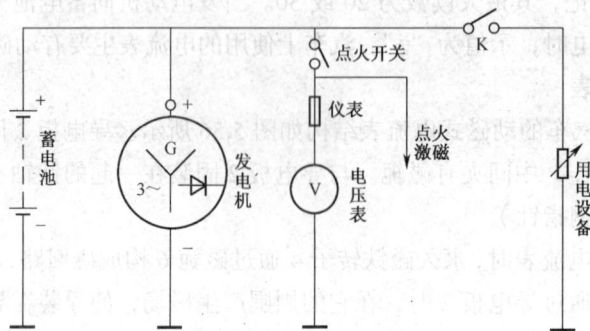

图 5.58　电压表的电路连接

接通点火开关，电压表即可指示蓄电池的端电压，对 12V 电系的车辆一般为 11.5～12.6V，接通起动机的瞬间，电压将下降至 9～10V 则为正常，如起动时电压表指示值过低则说明蓄电池亏电或有故障。

发电动机以正常转速运转时，电压表应指示在 13.5～14.5V 的规定范围内，若起动前后，电压表读数不变，则表明发电动机不发电。若起动后电压表指示值不在规定范围内则说明调节器调整不当或损坏。

电压表有电磁式和双金属片式。双金属片结构简单，但当接通或切断电源时，指针摆动较迟缓，故应用较少。

8．空气压力计

空气压力计是用来指示储气筒内压缩空气

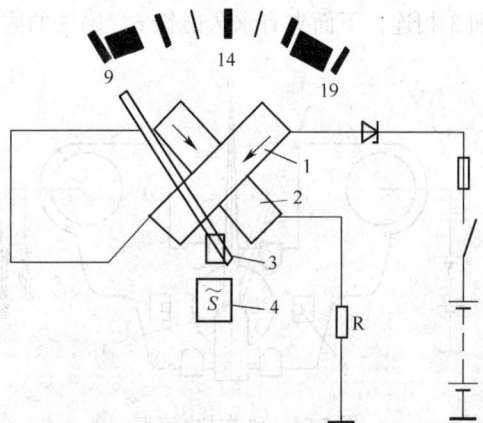

图 5.59　电磁式电压表
1、2—线圈　3—转子带指针　4—永久磁铁

压力的大小，它对驾驶员来讲也很重要。若储气筒内压力不够大，则气制动装置无法正常工作，汽车不能完成制动过程，影响行车安全。

空气压力计采用弹簧管作为压敏元件。对只有一个储气筒的汽车，采用单弹簧管式空气压力计；有两个以上储气筒的汽车则往往采用双针双管压力计，即在一个表壳内装有两个弹簧管，各与一个指针相连，分别指示两个储气筒内的气压值。

单弹簧管空气压力计的结构简图如图 5.60 所示。空气弹簧管 1 的一端焊接固定在带有连接螺纹的接头 2 的槽里，弹簧管的空心孔与接头的通气孔连通。弹簧管的另一端即自由端，则用封口塞 11 密封焊牢，通过与封口塞铰接的连接板 12 与扇形齿轮 3 连接，扇形齿轮和针轴上的小齿轮 4 啮合并带动针轴上的指针 9 转动，从而指示气压的大小。盘状弹簧 5 压在针轴上，其外端通过盘状弹簧插销固定在轴8上。

其工作过程为：当压缩空气从接头 2 进入弹簧管 1 后，弹簧管发生变形。由于弹簧管截面为扁圆形，它在变形中截面的短轴增长而长轴缩短，所产生的压力迫使弹簧管伸直。此时，自由端的位移带动连接板 12 移动，连接板带动扇形齿轮 3，从而引起指针转动，指示出相应的气压。当压力下降到零时，在盘状弹簧 5 的作用下使指针回到零位。

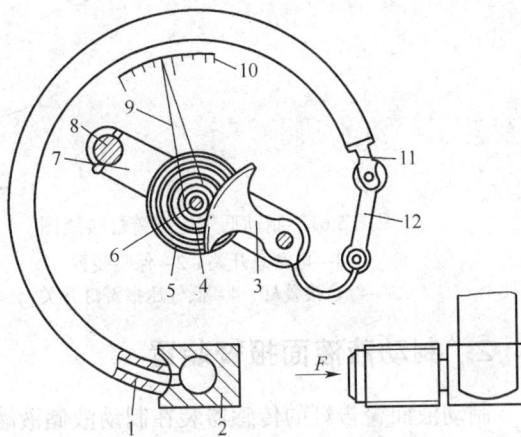

图 5.60　弹簧管式空气压力计的结构简图
1—弹簧管　2—接头　3—扇形齿轮　4—小齿轮
5—盘状弹簧　6—针轴　7—夹板　8—固定轴
9—指针　10—刻度盘　11—封口塞　12—连接板

5.2.2　报警指示装置

现代汽车为了保证行车安全和提高车辆的可靠性，安装了许多报警装置。如在制动系统气压过低、真空度过低、机油压力过低、燃油储存量过少、冷却水温度过高以及当汽车制动液液面高度不足等情况下便发出报警信号。报警装置一般均由传感器和红色警告灯组成。

1．制动系统低气压报警装置

对采用气压制动的车辆来讲，当制动系统内的气压过低时，就会使制动机构失灵，造成交通事故。为了能使驾驶员注意到气压过低而避免行车事故，在汽车上安装了制动低压报警灯。当气压低于某一数值时，报警灯亮，以引起驾驶员注意。其线路如图 5.61 所示。

制动低压报警灯传感器装在制动系统储气筒或制动阀压缩空气输入管路中，结构如图 5.62 所示。其工作过程为：接通电源开关，当装有传感器的制动系统储气筒的气压降到 0.37～0.45MPa 时，由于作用在低压报警灯开关膜片 3 上的压力减小，于是膜片 3 在回位弹簧的作用下向下移动，而使触点 4 和 5 闭合，电路接通，低压报警灯发亮，当储气筒的气压回升到 0.45MPa 时，由于开关中的膜片 3 所受的推力增大，而使回位弹簧压缩，触点 4 与 5 脱离，电路切断，报警灯熄灭。

因此，当低压报警灯突然发亮，则表明制动系中气压过低，此时应予特别注意。

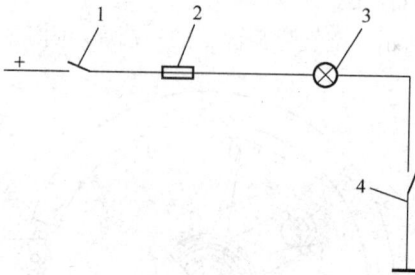

图 5.61　制动低气压报警灯接线图
1—电源总开关　2—保险装置
3—红色报警灯　4—低气压报警灯开关

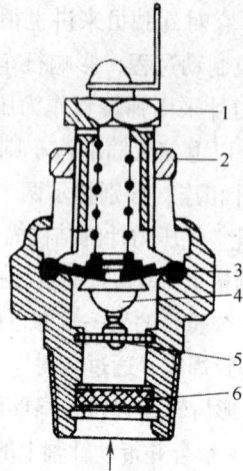

图 5.62　低压报警灯开关
1—调整螺钉　2—锁紧螺母　3—膜片
4—活动触点　5—固定触点　6—滤清器

2. 制动液液面报警装置

制动液面警告灯的传感器装在制动液储液罐内，其结构如图 5.63 所示。外壳内装有舌簧开关，开关的两个接线柱与液面警告灯、电源相接，浮子上固定着永久磁铁。

当浮子随着制动液面下降到规定值以下时，永久磁铁的吸力吸动舌簧开关，使之闭合，连接通警告灯亮，发出警告。制动液面在规定值以上时，浮子上升，吸力不足，舌簧开关在自身弹力的作用下，断开警告灯电路。

3. 制动信号灯断路报警装置

如图 5.64 所示，在制动信号灯电路中连接两个电磁线圈 4、6 及舌簧开关，警告灯与舌簧开关串联。在正常情况下制动时，踩下制动踏板，制动灯开关接通，电流分别经电磁线圈 4 和 6，使左右制动信号灯亮。此时，两线圈所产生的磁场互相抵消，舌簧开关 5 在自身弹力作用下断开触点，警告灯不亮。若左（或右）制动信号灯灯线断路（或灯丝烧断）时制动，则电磁线圈 4（或6）无电流通过，而通电的线圈所产生的磁场吸力吸动舌簧开关触点闭合，警告灯 3 亮，以示警告。

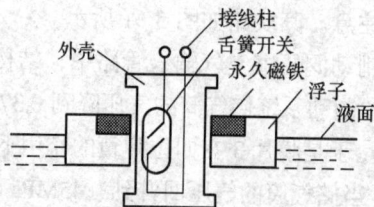

图 5.63　制动液液位报警开关结构

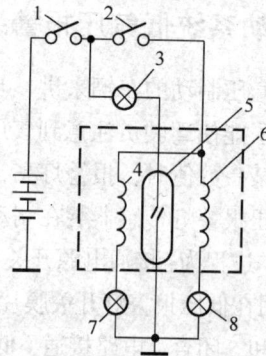

图 5.64　制动信号灯断线警告灯电路图
1—点火开关　2—制动灯开关　3—警告灯　4、6—电磁线圈
5—舌簧开关　7、8—制动信号灯

4. 机油压力报警装置

在某些汽车上，除装有油压表外，还装有机油压力报警装置。其目的是为了使驾驶员能注意到润滑系统中的机油压力降低到了允许下限，从而提醒驾驶员迅速采取措施。

报警装置由机油压力报警灯传感器和报警信号灯组成，其线路如图 5.65 所示。机油压力报警灯开关有膜片式和弹簧管式两种。

（1）膜片式机油压力报警灯开关

图 5.66 所示为膜片式机油压力报警灯传感器结构。活动触点 3 固定在膜片 2 上，固定触点 4 设置在壳体上。无油压或油压低于某一数值时，弹簧压合触点，接通电路，使报警灯发亮。当油压达到某一定值时，膜片上凸触点分开，警告灯熄灭。

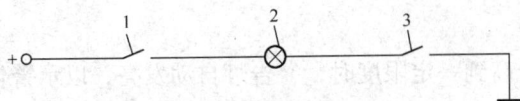

图 5.65 机油压力报警灯接线图
1—电源总开关 2—报警灯 3—报警灯开关

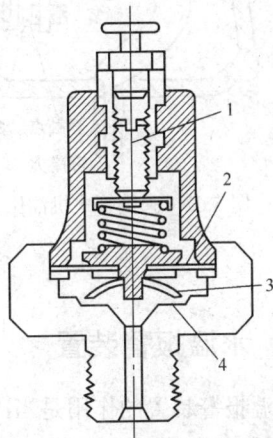

图 5.66 膜片式油压力报警灯传感器结构
1—调整螺钉 2—膜片 3—活动触点 4—固定触点

（2）弹簧管式机油压力报警灯开关

东风 EQ1090 型载货汽车装用的弹簧管式机油压力警告灯的工作原理如图 5.67 所示。

传感器为盒形，内有一管形弹簧。管形弹簧一端经管接头与润滑系主油道相通，另一端则与活动触点相接。固定触点经接触片与接线柱相连。

当机油压力低于 0.5～0.9MPa 时，管形弹簧变形很小，于是触点闭合，电路接通，使警告灯发亮，指出主油道机油压力过低，应及时停机维修。当机油压力超过 0.5～0.9MPa 时，管形弹簧产生的弹性变形大，使触点打开，电路切断，警告灯即熄灭。说明润滑系工作正常。

5. 真空度报警装置

为了保证行车安全，减轻驾驶员的劳动强度，有些汽车上装置了真空增压器，使作用于车轮的制动力增大数倍。

为了指示真空筒内的真空度，在仪表板上装有一个红色真空度警告灯，它由装在真空筒上的真空度报警传感器控制。图 5.68 所示为真空度报警传感器的结构示意图。

当真空筒内的真空度下降到 0.053 2MPa 时，在压力弹簧 6 的作用下，膜片 5 向上拱曲，使触点 4 与接线柱 1 接触，接通警告灯电路，于是红色真空度警告灯发亮。

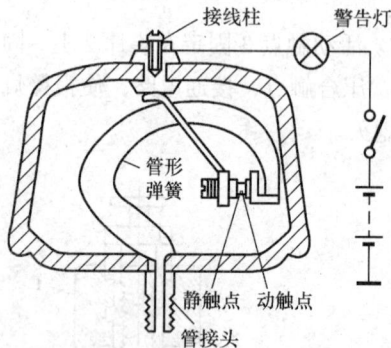

图 5.67 弹簧管式机油压力报警电路

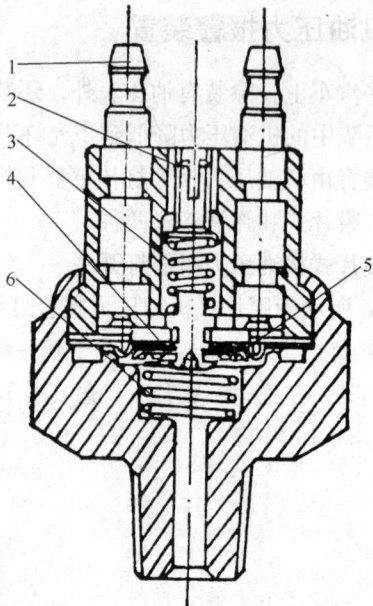

图 5.68 真空度报警传感器的结构示意图
1—接线柱 2—调整螺钉 3—调整弹簧
4—触点 5—膜片 6—压力弹簧

6. 水温报警装置

水温报警装置的作用是当冷却系水温升高到一定限度时，警告灯自动发亮，以示警告。水温报警装置的电路如图 5.69 所示。在传感器的密封套管 1 内装有条形双金属片 2，双金属片 2 自由端焊有动触点，而静触点 4 直接搭铁。当温度升高到 95℃～98℃时，双金属片 2 向静触点方向弯曲，使两触点接触，红色警告灯便通电发亮。

7. 燃油油量报警装置

当燃油箱内燃油减少到某一规定值时，为告知驾驶员，以引起注意。在有些汽车上，装有燃油油量报警装置，其工作原理如图 5.70 所示，它由热敏电阻式燃油油量报警传感器和警告灯组成。

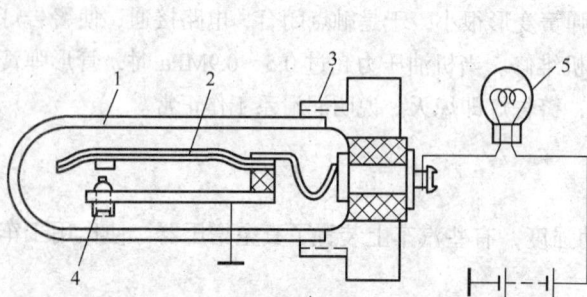

图 5.69 水温警告灯电路
1—水温报警传感器套筒 2—双金属片 3—螺纹接头
4—静触点 5—水温警告灯

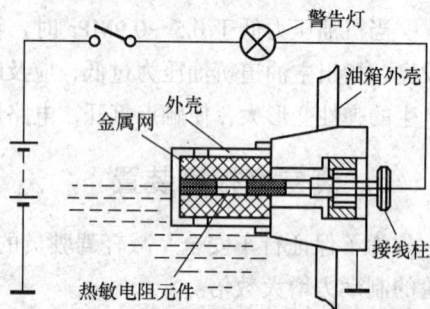

图 5.70 燃油油量报警装置工作原理

当燃油箱内燃油量多时，负温度系数的热敏电阻元件浸没在燃油中散热快，其温度较低，电阻值大，所以电路中电流很小，警告灯处于熄灭状态。当燃油减少到规定值以下时，热敏电阻元件露出油面，散热慢，温度升高，电阻值减小，电路中电流增大，则警告灯发亮，以示警告。

另外，在许多汽车上还装配有其他一些报警灯或指示装置，如远光指示灯、近光指示灯、转向信号灯、机油稳定报警灯、驻车制动指示灯以及空调指示灯等。其标识符号如图 5.71 所示。

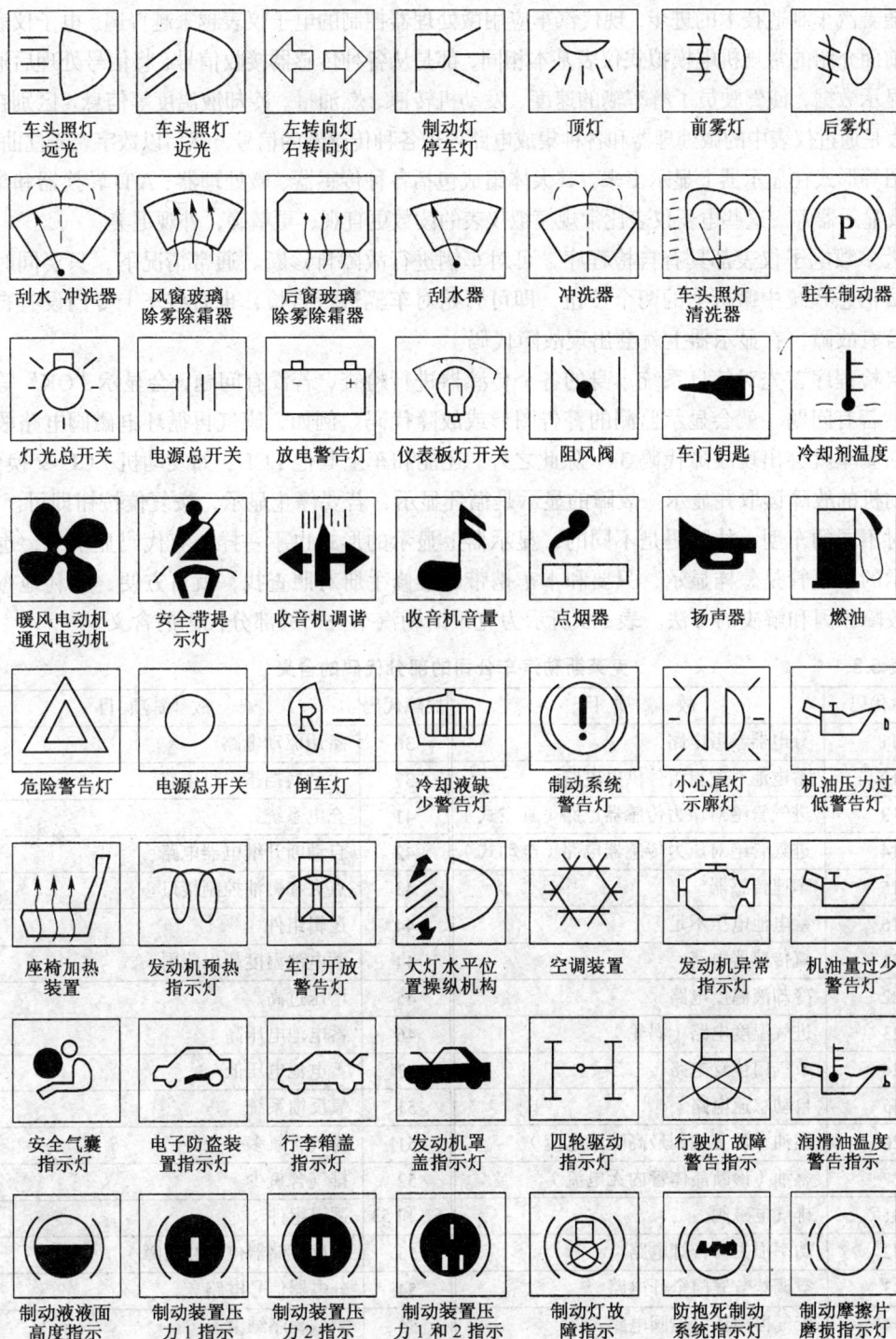

图 5.71　汽车的指示标识信号与符号

5.2.3　电子显示仪表与驾驶员信息系统

1．电子显示仪表的组成和原理

随着汽车制造技术的进步，现代汽车应用微处理器控制的电子仪表越来越普遍。电子仪表的作用与前面介绍的常规机电模拟仪表基本相同，都是从各种传感器接收信号，将信号处理后通过显示器显示数据，使驾驶员了解车辆的速度、发动机转速、燃油量、冷却液温度等信息。区别在于电子仪表是通过仪表中的微处理器和各种集成电路处理各种传感器的信号，然后以数字、光柱曲线图、光条图等形式在显示器上显示出来。其大体组成包括各种传感器、微处理器、A/D 转换器和集成电路以及显示器等。这些电子仪表比常规模拟仪表的读数更直观、更精确，外观更美。

大多数电子仪表都具有自检程序，可对车辆进行故障自诊断。通常情况下，只要同时按下驾驶员信息系统中微机上的两个按钮，即可开始对车辆进行自检，也有些车上专门设有自检按钮。若有故障，在显示器上就会出现故障代码。

自检程序首先对信息系统本身的各个传感器进行检查，若没有问题，会显示"OK"等显示信息；若有问题，就会显示监测的警告图形或故障代码。例如，废气再循环电磁阀电路故障，克莱斯勒车就会出现故障代码34。除此之外，还能和车上其他 ECU，如发动机 ECU 交换信息，将发动机的故障读取并显示。故障的显示是循环显示，若要停止显示，按复位按钮即可。

对不同的车型，故障码是不同的，显示器上显示的形式也不一样，有代码显示的，也有字母显示的。不管是怎样显示，只要和本车携带的维修手册对照查找，就可方便、顺利地查到系统的故障原因和解决的方法。表 5.3 所示为克莱斯勒汽车公司的部分代码的含义。

表 5.3　　　　　　　　　　克莱斯勒汽车公司的部分代码的含义

故障代码	故障项目	故障代码	故障项目
11	分电器参考电路	36	备用驱动电路
12	蓄电池对逻辑组件供电电路	37	手动换挡指示灯电路
13	进气管绝对压力传感器电路（真空式）	41	充电系统
14	进气管绝对压力传感器电路（电动式）	42	自动断开继电器电路
15	车速传感器	43	点火和燃油控制接口
16	蓄电池电压不足	44	逻辑组件
21	氧传感器电路	44	蓄电池温度超出范围
22	冷却液温度电路	45	增压过高
23	进气温度电路（涡轮）	46	蓄电池电压高
24	节气门位置电路	47	蓄电池电压低
25	自动急速电路	51	氧反馈系统
26	燃油（没有达到最高喷油电流）	51	排气含氧多
27	燃油（诊断晶体管内无电流）	52	排气含氧少
31	排气电磁阀	52 和 53	逻辑组件
32	功率损失警告灯电路	53	只读存储器位和数故障
33	空调器节气门全开电路	54	分电器信号电路
34	废气再循环电磁阀电路	55	测试程序结束
35	风扇继电器电路	88	测试程序开始

2. 常用汽车电子仪表

（1）车速/里程表

汽车车速/里程表主要用来指示汽车时速和累计行驶里程。一般都将车速表和里程表组合使用。车速表通常采用电磁式，主要由永磁转子、带有轮和指针的感应磁碗、盘形弹簧和刻度盘组成。里程表则为一个车轮转速计数器，需要车轮转很多圈才能累计一个数，由涡轮蜗杆和计数轮等组成。电子式车速/里程表的结构框图如图5.72所示。

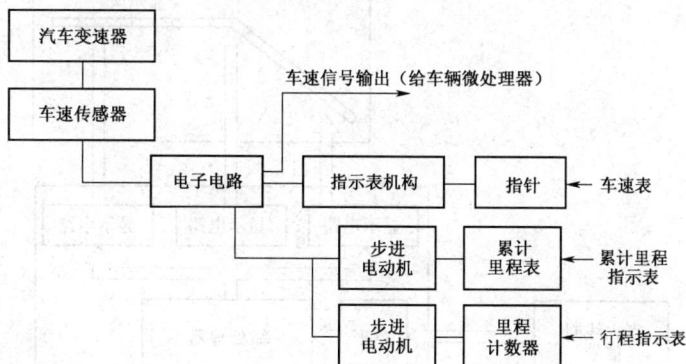

图 5.72　通用汽车公司电子式车速/里程表的结构框图

电子电路将车速传感器送来的具有一定频率的电信号转变为有用的方波电压信号，以控制车速电路驱动里程表的步进电动机，电子电路如图5.73所示。该电路用密封的触点来控制，即将密封的触点产生的脉冲信号输入施密特触发器2，然后再控制多谐振荡器3。而多谐振荡器既控制着电流发生器，也控制着分压器8和滤波器9以及电压比较器K。工作时，集成电路的接线端能够获得与输入信号频率成正比的平均输出电流，以使车速表正常工作而测量出车速。分压器是一个五级两挡分压器，可使输入频率在1:32之间变化，输出频率为0~10Hz，用于控制步进电动机。步进电动机的每一转角都对应于汽车所通过的行驶里程，而与汽车行驶速度和方向无关，以保证计数器与汽车转动部分的几何参数协调一致，从而实现里程表计数并累计汽车行驶里程。

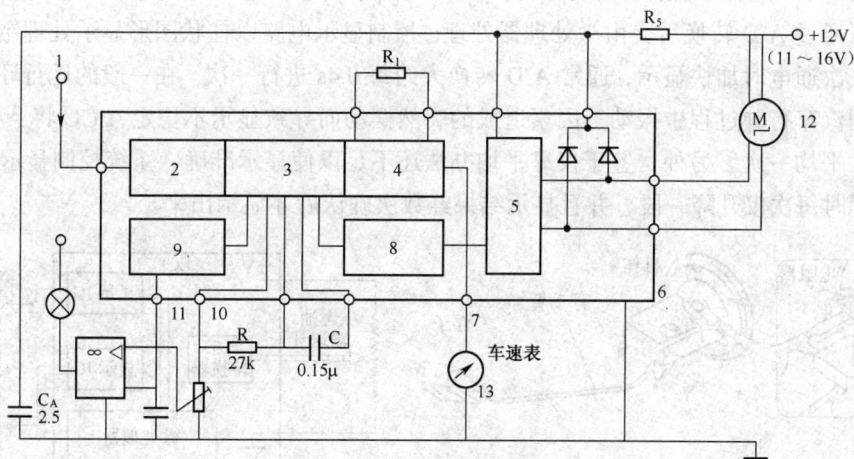

图 5.73　电子式车速/里程表电子电路

1—输入端　2—施密特触发器　3—多谐振荡器　4—信号发生器　5—输出极　6—集成电路　7—接线端
8—分压器　9—滤波器　10、11—输出端　12—步进电动机（里程表）　13—车速表

（2）发动机转速表

多数发动机转速表以柱状图形来表示发动机转速的大小，并可通过发动机点火线圈的前沿触发信号来测量（脉冲信号时间反比于发动机转速），这种前沿脉冲信号通过中断口输入到微处理器。为减小计算误差，脉冲的周期通常采用4个周期的平均值来计算。显示的时间随脉冲周期大小变化而不同，并随发动机的转速由大到小按比例缩短，以便与人的感觉相同。转速表控制系统如图5.74所示。

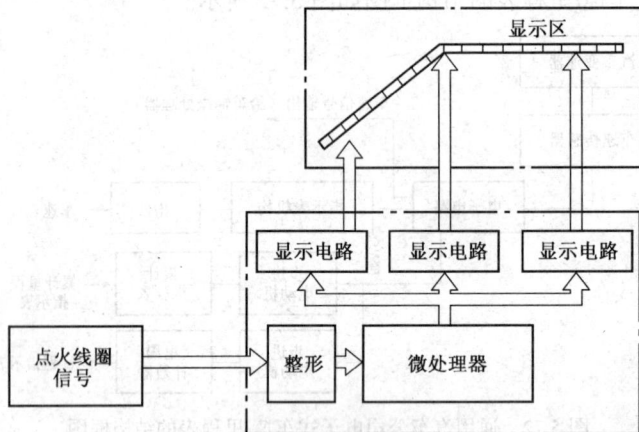

图5.74　转速表控制电路

（3）电子燃油表

汽车的燃油表一般采用柱状或其他图形方式来提醒驾驶员油箱内可用的剩余燃油量。图5.75（a）所示为一种广泛应用的燃油传感器结构，由一个随燃油液面高度升降的浮子，一个带有电阻器的机体和一个浮动臂组成。机体固定在油箱壁上，当浮子随燃油液面的高度升降时，带动浮动臂使接触片在电阻器上滑动，从而使检测回路产生不同的电信号。当在电阻外部接上固定电压时，燃油高度可根据接触片相对搭铁线的电压变化测出。

图5.75（b）所示为燃油表控制系统。ECU对燃油传感器施加+5V电压，并将燃油传感器输出的电压通过A/D转换后交由微处理器处理，控制显示电路以柱状图形显示处理结果。为了在系统第一次通电时加快显示，通常A/D转换大约每0.4s进行一次。在一般的运行环境下，为防止浮子因汽车行驶过程中振动等因素造成的突然摆动而导致显示不稳定，ECU将A/D转换的结果每26s平均一次。另外，鉴于仅靠平均办法还不足以使显示准确，系统控制显示器只允许在更新数据时每次仅升降一段，并且显示结果经数次确认后才显示出来。

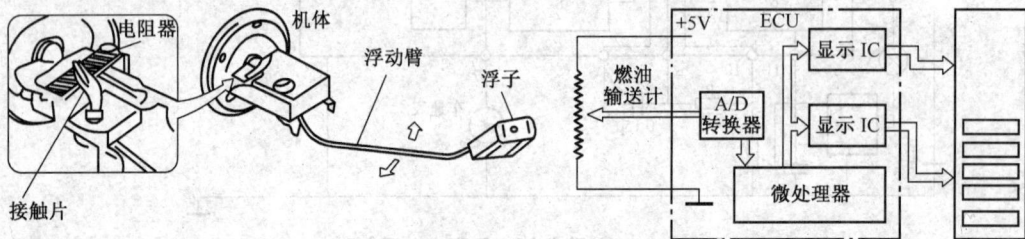

（a）燃油传感器结构　　　　　　　（b）燃油表控制系统

图5.75　电子式燃油表

（4）其他数字仪表

用于显示温度、机油压力和充电电压的仪表，大多采用光条图显示，如图5.76所示，显示的每一条分度线都代表不同的显示值。还有一种流行的显示方式是用浮动光标，如图5.77所示。

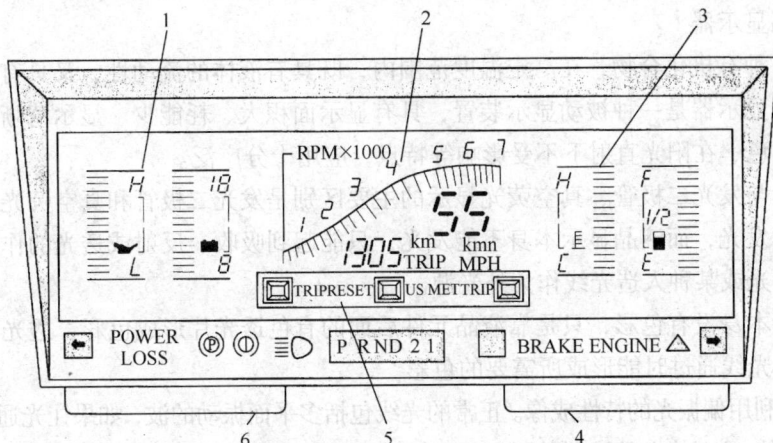

图5.76　光条图式电子仪表

1—机油压力表和充电电压表显示器　2—车速、里程和发动机转速显示器
3—水温表和燃油表显示器　4、6—指示灯　5—按钮式控制器

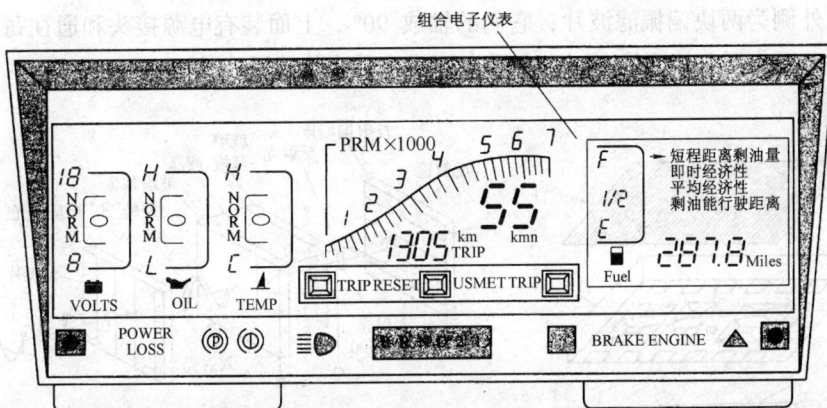

图5.77　浮动光标式电子仪表

温度表一般接收来自NTC（负温度系数）热敏电阻的输入。当发动机冷却的时候，热敏电阻的阻值高，使低电压输入给微处理器。此输入信号在仪表上表现为低的温度读数。热敏电阻阻值随着发动机冷却液升温而下降。当冷却液温度到达预定值时，微处理器便发出发动机温度超高的报警，提醒驾驶员注意。

充电电压表通过仪表板模块供电电压与基准电压信号进行比较，算出充电电压。机油压力表的工作原理与常规模拟仪表相似，采用压敏传感器。

数字仪表执行自检验。若发现故障，便向驾驶员显示报警信号，"CO"表示电路开路，"CS"表示电路短路，这些信号直到故障排除后才消失。

3. 电子显示仪表显示器的结构原理

电子显示器在驾驶员信息系统中担负着重要的角色，直接影响和制约驾驶员信息系统的应用和发展。目前，汽车上使用的显示器主要有液晶显示器（LCD）、荧光显示器（VFD）、发光二极管（LED）和阴极射线管显示器（CRT）等。

（1）液晶显示器

液晶是一种有机化合物，在一定温度范围内，既具有液体的流动性，又具有晶体的某些光学特性。液晶显示器是一种被动显示装置，具有显示面积大、耗能少、显示清晰、通过滤光镜可显示不同颜色、在阳光直射下不受影响等特点，应用十分广泛。

液晶显示与发光二极管、真空荧光显示的主要区别是发光二极管和真空荧光显示在电源的作用下自己能发光，而液晶显示本身不能发光，只能起到吸收、反射或透光的作用，因此液晶显示器需要日光或某种人造光线作为外光源。

液晶显示本身没有色彩，只是靠液晶元件后面的有色透光片形成色彩，透光片通常采用荧光液着色，当光线通过时能形成所需要的色彩。

液晶显示利用偏振光的特性成像。正常的光线包括多平面振动的波，如果让光通过有特殊性能的偏振滤波物体，则只有与滤波器轴同一平面的振动电波能够通过，其余大部分电波受阻不能通过。

液晶显示器的结构如图 5.78 所示，液晶显示器的工作原理如图 5.79 所示，前玻璃板的内表面涂有几层金属，用于显示符号笔画的形状，玻璃板背面也涂有金属。金属层均为导电透明的材料，兼做电极。玻璃板中间夹着长杆状向列型分子组成的液晶，厚度为 10μm，四周密封。两块玻璃板的外侧为两块偏振滤波片，它们的轴成 90°，上面装有电源接头和通往每个笔画的接头。当低频电压作用于笔画段上时，它受激而成为受光体或透光体。

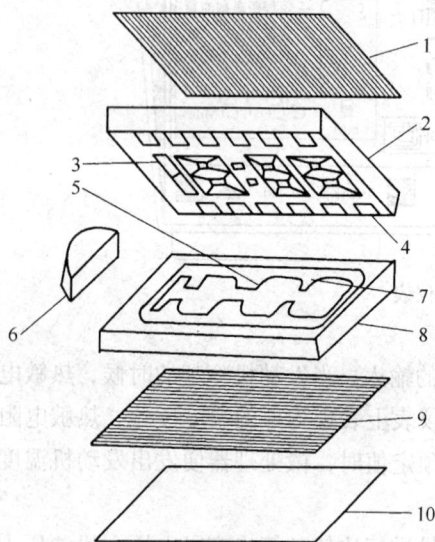

图 5.78　液晶显示器的结构

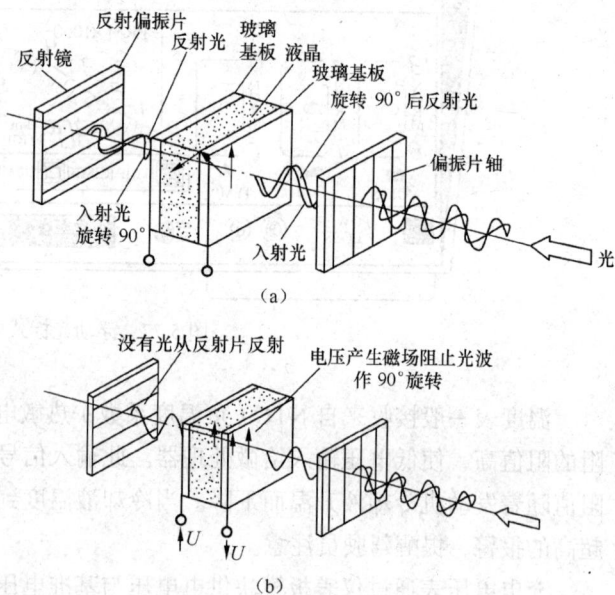

图 5.79　液晶显示器的结构

1—前偏振片　2—前玻璃片　3—笔画电极　4—接线端
5—背板　6—前端密封件 7—密封面　8—玻璃背板
9—后偏振片　10—反光镜

（2）真空荧光显示器

真空荧光显示器是一种主动显示系统，使用寿命长，色谱宽，易于和控制电路连接，环境温度适应性强，可改变显示亮度，适用于显示数字、单词和柱状图表等，但因封装在玻璃壳内而容易震碎。

真空荧光显示器由真空玻璃盒、阴极、栅极和荧光屏组成，如图 5.80 所示。

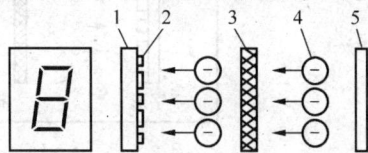

图 5.80　真空荧光显示器的工作原理
1—玻璃面板　2—阳极笔画段
3—加速栅网　4—电子
5—带涂层的灯丝（阴极）

恒定电压作用于阴极（或灯丝）上，当它被加热到 600℃左右，其表面释放出自由电子，因栅网和阳极都有较高的正电位，因而使自由电子加速，通过栅网射向阳极。阳极上的荧光物质因电子撞击而受激发光。阳极由不同的笔画段组成，在数字电路的控制下能显示不同字母和数字，如图 5.81 和图 5.82 所示。

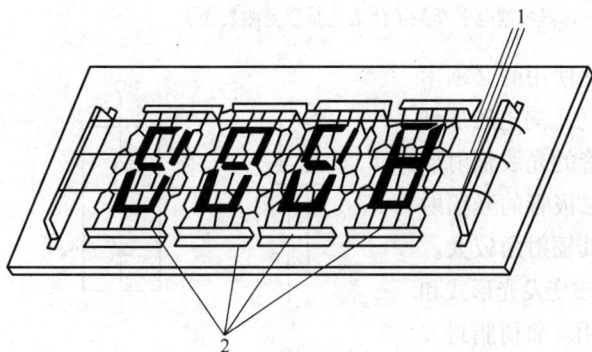

图 5.81　四位真空荧光屏显示器
1—阴极（灯丝）　2—栅网

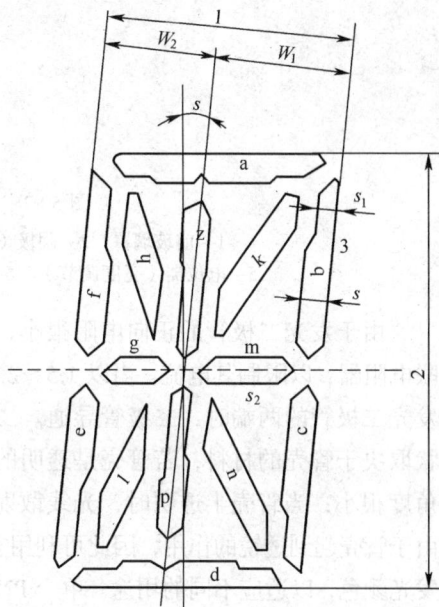

图 5.82　14 笔画段图形
1—图形宽度　2—图形高度　3—笔画宽度

真空荧光显示器显示图形有两种方式，即 7 笔画段（见图 5.80）和 14 笔画段（见图 5.82），14 笔画段能显示字母和数字。

数字式车速表使用的真空荧光显示器如图 5.83 所示，其阳极为 20 个字的笔画小段，上面涂有荧光体（或磷光体），各与一接线柱相连，且笔画内部相互连接。阴极为灯丝，在灯丝与笔画小段之间插入控制栅网。整个装置密封在真空玻璃罩内。

（3）发光二极管

发光二极管是一种固态发光器件，体积小，结构简单，耐用，使用寿命可超过 5 万小时，因此应用广泛。

发光二极管的结构如图 5.84 所示，它由特殊半导体材料构成一个 PN 结，当 PN 结的空穴从 P 区流向 N 区和电子从 N 区流向 P 区时，放出能量，发出一定波长的光。发光二极管的外加电压较低，但发出的光相当亮。

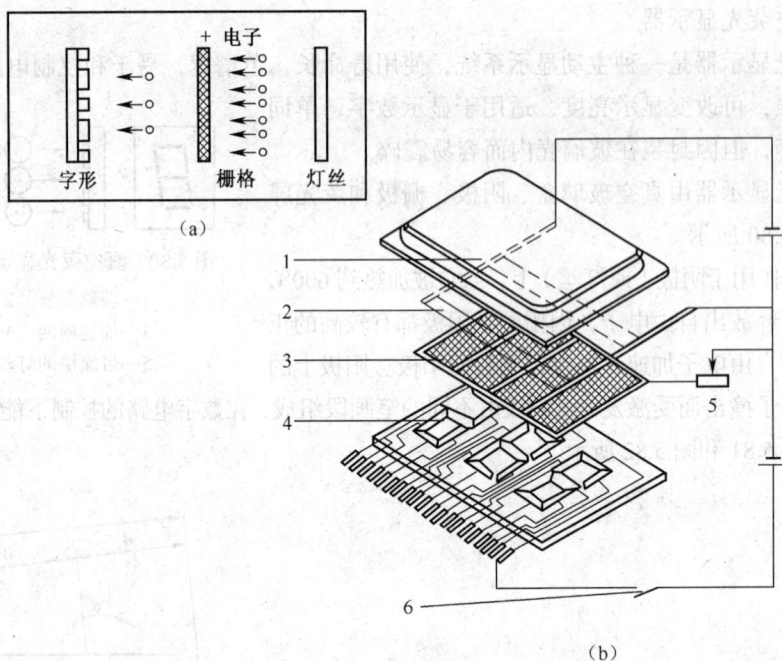

图 5.83　车速表使用的真空荧光显示器

1—前玻璃罩　2—阴极（灯丝）　3—控制栅网　4—笔画小段（阳极）
5—电位器（亮度调节）　6—微处理器控制电子开关（使某笔画段受激发光）

由于发光二极管的正向电阻很小，因此使用时必须串联电阻器，以限制其电流。当以 1.5～2.0V 的正向电压加到发光二极管的两端时，二极管导通。二极管的光线辐射形状取决于管壳的材料，若管壳是透明的，二极管的光辐射角度很小；当管壳半透明时，光线散射，其辐射角较大。由于管壳起到透镜的作用，因此可利用它来改变发光形式和发光颜色，以适应不同的用途。单个 PN 结用环氧树脂封装成半导体发光二极管，多个 PN 结可按段式或矩阵式封装做成半导体数码管或点阵显示器，如图 5.85 和图 5.86 所示。

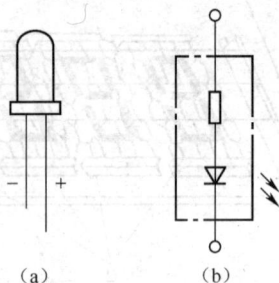

图 5.84　发光二极管的结构

由 8 个发光二极管可以组成一位七段数码管来表示一位数字和小数点。图 5.85（b）中，发光二极管的正极连接在一起，接到正电源上，称为"共阳极"数码管。按照显示需要，只要把对应的发光二极管的负极通过限流电阻接到负电源上，就能显示相应的数字。例如，要显示数字 4 时，只要将 b、c、f、g 接到负电源上，相应的发光二极管发光，就会显示出数字 4。

图 5.85（c）所示的数码管是将发光二极管的负极连接在一起接地，称为"共阴极"数码管，显示原理与共阳极数码管类似。

图 5.86 所示为 LED 的点阵显示方式，给行、列的管脚加上特定的信号就能显示相应的数字、字母或简单图形。

发光二极管的发光强度取决于通过发光二极管的结电流的大小。红色光的波长范围为 700～900nm（7 000～9 000A），对应相应颜色从粉红到栗色。如在砷化镓中掺入杂质，还可使发光二极管发出黄光、绿光。常用的有红色、橙色、黄色和绿色发光二极管。

(a) LED 管脚图　　(b) 共阳极 LED 结构示意图

（c）共阴极 LED 结构示意图

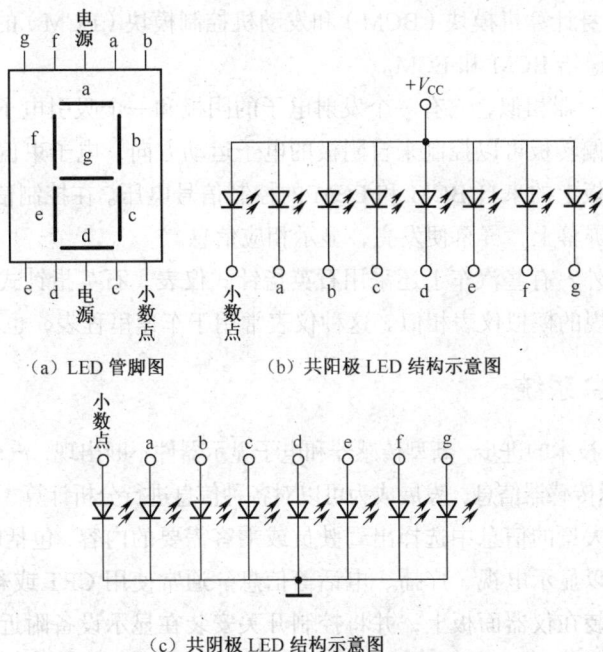

图 5.85　七段数码管结构示意图和管脚图

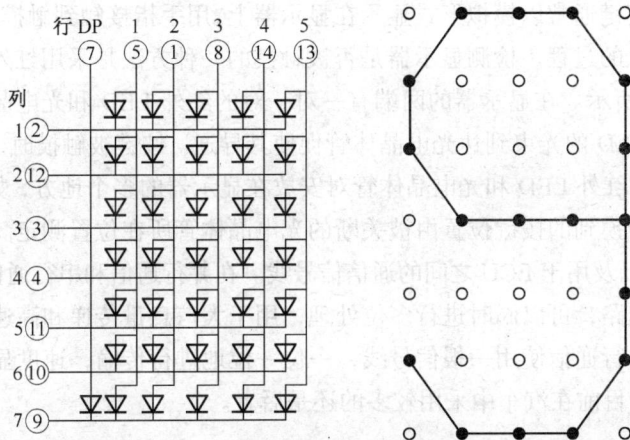

图 5.86　发光二极管构成的点阵显示器

当以反向电压加到发光二极管上时，发光二极管截止，不发光。发光二极管能在极短的时间（0.5ms）内通断。发光二极管还常用作汽车仪表上的警告指示灯。

发光二极管的缺点是当亮度较强时，需要相当大的驱动电流，功率消耗较大；亮度较低时，在阳光的直射下很难辨认，且难以实现大显示器显示。

（4）阴极射线管显示器

阴极射线管（CRT）显示器作为标准配置最早出现在美国通用汽车公司 1986 年版的别克利维阿娜（Buick Riviera）汽车上。CRT 屏幕是触摸式的，通过触摸屏幕上的按钮（菜单）便能变更显示的信息内容。这类仪表类似现在的计算机触摸屏，利用项目菜单提出显示内容。驾驶员可以根据菜单挑选显示指定的汽车工作内容。项目菜单包括收音机、空调、行程计算器和仪表板仪表信息。维修人员也可以通过 CRT 对汽车进行诊断。

CRT 接收来自车身计算机模块（BCM）和发动机控制模块（ECM）的信息。它还能通过屏幕将驾驶员的命令传递给 BCM 和 ECM。

CRT 与计算机显示器相似，它有一个发射电子的阴极和一个吸引电子的阳极，在阴极和阳极之间装有偏转板，偏转板可以控制来自阴极的电子运动方向，电子束偏转的方向和偏转量的大小取决于加在偏转板上的来自 BCM 和 ECM 的控制信号电压。在控制信号的作用下，从阴极发射的电子束轰击到屏幕上，屏幕便发亮，显示相应信息。

除上述显示形式外，有些汽车上还采用石英指针式仪表。石英指针式仪表由汽车微处理器驱动，在设计上与常规的模拟仪表相似。这种仪表常用于车速里程表，也可用于其他仪表。

4. 驾驶员信息系统

近年来，随着电子技术的进步，新型传感器和电子显示器件不断出现，汽车仪表电子化的发展尤为迅速，从简单地显示传感器信息，发展成为可以对各种信息进行分析计算、加工处理的信息中心。

信息中心能够从大量的信息中选择出驾驶员或乘客需要的内容，包括电子行车地图、维修、后视镜等信息，还可以显示电视、广播、电话等信息。通常使用 CRT 或彩色 LCD 作为显示设备。显示设备通常安装在仪器面板上，并将控制开关安装在显示设备附近，供驾驶员或乘客选择需要的信息。许多情况下也有将控制开关制作成显示在显示器上的模拟按键，驾驶员可通过触摸显示器按下按键，或者使用红外远程控制等方法进行操作。

显示系统的触摸键通常以模拟形式显示在显示器上，用手指接触到触摸键时即可进行操作，从而简化了获取信息的过程。检测显示器是否被触摸的一种方法是采用红外触发开关，其原理电路如图 5.87（a）所示。在显示器的两端有一对一对的红外 LED 和光电晶体管对。在显示器未被触摸时，红外 LED 的光束到达光电晶体管促使其导通。按键被触摸时，红外光被截断，光电晶体管随即关断。红外 LED 和光电晶体管对安放在显示器的多个地方，如图 5.87（b）所示。因此，显示器上被触摸到的按键位置由被关断的光电晶体管所在位置测定。信息中心每一项功能都有相应的 ECU 以及用于 ECU 之间的通信信号线。在并行通信和串行通信两种通信方法中，并行通信使用多条线路，可以同时进行多位处理，用于大信息量传递和高速通信，特点是需要使用多条信号线。串行通信使用一根信号线，一位一位地进行传输，速度显然较慢，但考虑到成本等方面的原因，目前在汽车中采用较多的还是后者。

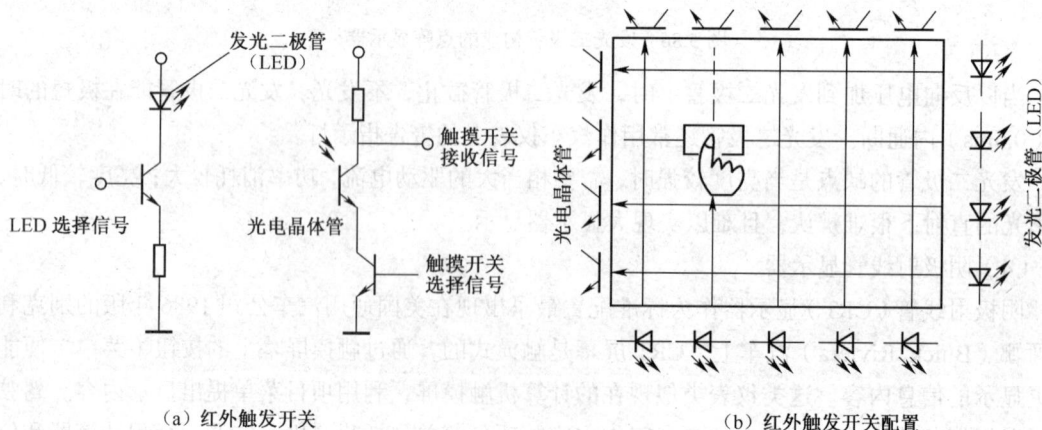

（a）红外触发开关　　　　　　　　　　　　（b）红外触发开关配置

图 5.87　红外触发开关

图 5.88 所示为典型信息系统配置图。

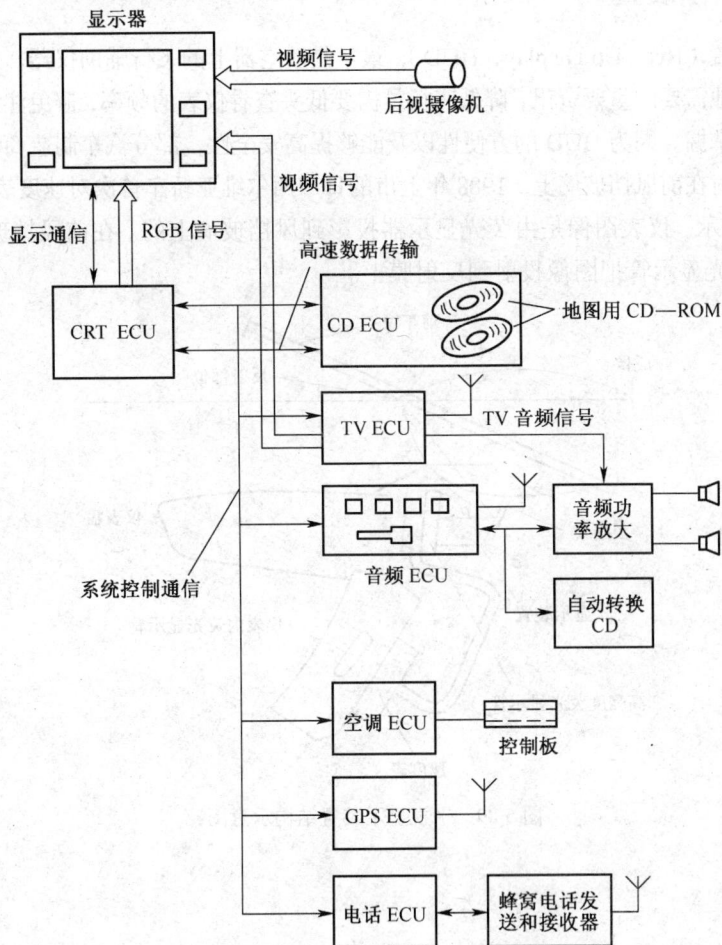

图 5.88　信息系统配置图

信息中心综合显示的信息种类有如下几种。

① 地图信息：公路图按多种不同的比例显示，与一般地图的区别在于它可以滚屏，使需要的部分被单独显示出来。另外，借助于导航系统，汽车的当前位置也可以显示在电子地图上，且导航系统可以直接在图上标注出汽车的当前位置。

② 行程信息：从出发开始的行程计算、所用时间和总的燃料消耗，并根据燃料消耗率和存油量显示以后可能行走的里程。

③ 维修信息：显示如发动机换油和更换轮胎后所行驶的距离等。

④ 日历：驾驶员的日历和日程表。

⑤ 空调信息：显示空调的操作模式和风扇的设置，通过触摸显示器上的按键可以操作空调。

⑥ 音响系统信息：通过触摸显示器上的按键，控制显示音响系统的音乐资料。

⑦ 电视广播：接收电视节目，但此功能一般只在停车时有效，而驾驶时显示器自动切换为其他内容。如果连接视频信号还可在停车时观看录像带。

⑧ 电话信息：显示诸如蜂窝电话号码的信息，并可通过触摸显示器实现拨号和挂机。

⑨ 后视照相机信息：在倒车时，能显示安装在车后部的镜头摄取的图像。

5. 平视显示装置

平视显示装置（Head Up Display，HUD），最早是航空器上的飞行辅助仪器。即飞行员不需要低头就能够看到他需要的重要资讯，降低飞行员需要低头查看仪表的频率，避免注意力中断以及丧失对状态意识的掌握。因为 HUD 的方便性以及能够提高安全性，部分汽车制造商也以类似的装置将仪表的内容投射在前风挡玻璃上。1988 年上市的日产西尔维亚轿车首次对速度表应用这种方式。

如图 5.89 所示，仪表图像是由荧光显示器投影到风挡玻璃上的。在前风挡玻璃上设置有反光膜，高亮度荧光显示管把图像投射到反射膜上。

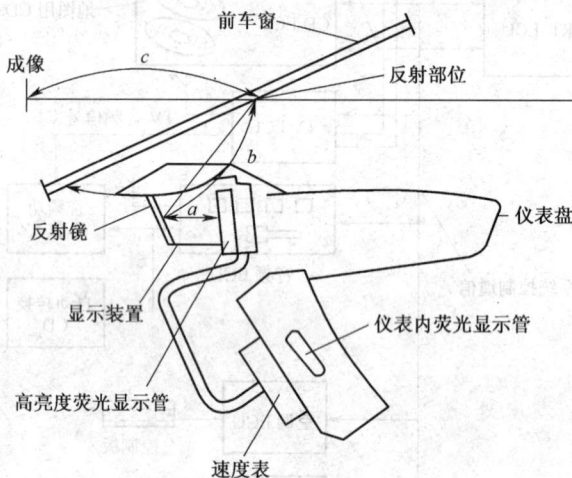

图 5.89　平视显示装置结构示意图

思 考 题

1. 汽车灯光系统的功用是什么？如何分类？
2. 汽车前照灯由哪几部分组成？有何要求？
3. 简述汽车前照灯的防炫目措施。
4. 简述 HID 前照灯有何优点？简述其工作原理。
5. 新型 LED 灯与传统车灯光源相比具有哪些优势和不足？
6. 如何用屏幕检验法对前照灯进行检测调整？
7. 前照灯电子控制装置有哪些？各有何作用？
8. AFS 系统有几种类型？其主要功用是什么？
9. 简述电热丝式闪光器的工作原理。
10. 汽车常规仪表包括哪些？
11. 简述电磁式车速里程表的工作原理。
12. 汽车电子仪表显示器有几种类型？各有何特点？
13. 驾驶员信息系统相比传统仪表具有哪些优势？

第6章
汽车附属电气设备

【学习提示】

汽车附属电气设备是为了保证车辆行车安全，提供良好的视野性、乘坐舒适性。本书介绍的汽车附属电气设备主要包括刮水器与洗涤设备、电动车窗、电动座椅、起动预热装置、电动后视镜、汽车空调等。

【学习目标】

- 掌握刮水器与洗涤设备的组成及工作原理
- 掌握电动车窗的组成及工作原理
- 掌握电动座椅的组成及工作原理
- 掌握电动后视镜的组成及工作原理
- 掌握汽车空调的作用、组成
- 掌握空调制冷装置的工作原理
- 了解典型空调电路分析

【考核标准】

- 能够叙述汽车主要附属电气设备的组成、工作原理
- 能够识别出各附属电气设备的组成部件
- 能够正确使用各附属电气设备，并能进行正确调整
- 能够独立完成空调制冷剂的填充

6.1
电动刮水器与清洁装置

6.1.1　电动刮水器

为了提高汽车在雨天和雪天行驶时驾驶员的能见度，专门设置了风窗玻璃刮水器。刮水器

有电动式、气动式两种。目前电动式刮水器应用较广。

1. 电动式刮水器构造和工作原理

电动刮水器由电动机和一套传动机构组成，如图 6.1 所示。电动机 11 旋转时，电动电枢轴端的蜗杆 10、涡轮 9 旋转，使与涡轮 9 相连的拉杆 3、7、8 和摆杆 2、4、6 运动从而带动刷架 1、5 作往复运动，带动雨刷橡胶片刷去风窗玻璃上的雨水、雪或灰尘。

（1）刮水器电动机的结构

刮水电动机现多采用永磁式电动机，如图 6.2 所示，它的磁极为铁氧体永久磁铁。铁氧体具有陶瓷的脆性、硬性和不耐冲击的特点，但它不易退磁，且价格低廉，所以在汽车上得到广泛使用。

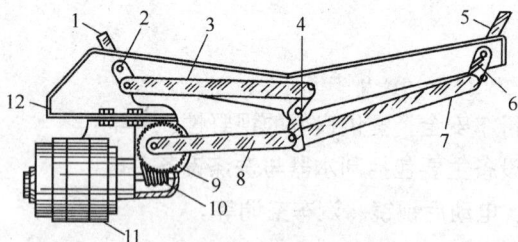

图 6.1 电动刮水器的基本组成

1、5—刷架　2、4、6—摆杆　3、7、8—拉杆　9—涡轮
10—蜗杆　11—电动机　12—底板

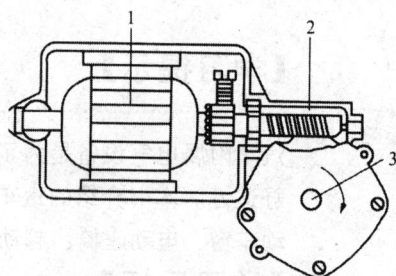

图 6.2 刮水器电动机总成

1—永磁直流电动机　2—涡轮蜗杆减速器
3—刮水器电动机输出轴

（2）变速原理

刮水器的变速原理是利用直流电动机的变速原理实现的，由公式 3.7 可知，如果是永磁式电动机，可以通过改变电路中的电阻 R 来改变转速。

另外，为了不影响驾驶员的视线，要求刮水器自动复位，不管在什么时候切断电源，刮水器的橡皮刷都能自动停止在风窗玻璃的下部。永磁式电动机刮水器采用铜环式自动复位机构，其电路原理图如图 6.3 所示。当刮水器开关断开后，如果刮雨片没有停到风窗玻璃的下部，如图 6.3（b）所示，此时触点 6 与铜环 9 接触，则电流继续流入电枢内部，电动机以低速运转到 6.3（a）所示的特定位置，电路中断，使电枢在停转前还能获得一短时间电流，由于电枢不能马上停下来，此时以发电方式工作，形成制动转矩而使电动机迅速停转，使刮雨器片复位到风窗玻璃的下部，保证驾驶员有良好的视线。

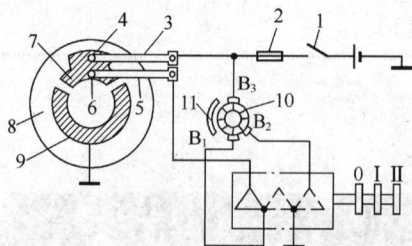

（a）刮水器回位时铜环位置　　　　（b）刮水器未回位时铜环位置

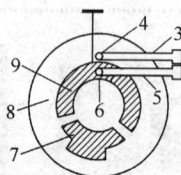

图 6.3 电动刮水器的复位原理

1—电源开关　2—熔断器　3、5—触点臂　4、6—触点
7、9—铜环　8—涡轮　10—电枢　11—永久磁铁

2. 间歇式电动刮水器

汽车在毛毛细雨或雾天、小雪天气中行驶时，如按前述的刮水器速度（哪怕是低速）进行刮拭，那么风窗玻璃上的微量水分和灰尘就会形成发黏的覆盖层。因此，不仅不能将风窗玻璃刮拭干净，反而会使玻璃模糊不清，留下污斑，影响驾驶员的视线。因此，现代汽车上电动刮水器都增设间歇控制功能，在遇到上述情况时，开动间歇开关，使刮水器按一定周期自动停止和刮拭，即每刮水一次停止 2～12s，这样，可使驾驶员获得良好的视野。

6.1.2 清 洁 装 置

为了消除附在风窗玻璃上的脏物，现代汽车上又增设了风窗玻璃洗涤器，并与刮水器配合工作，保持驾驶员的良好视野。

1. 组成

风窗玻璃洗涤器如图 6.4 所示，它由洗涤液罐、电动泵、聚氯乙烯软管、刮水器开关、三通、喷嘴等组成。

电动泵由永磁直流电动机和离心式叶片泵组成一体，如图 6.5 所示，喷射压力为 700～880kPa。喷嘴安装在风窗玻璃下面，其喷嘴方向可以调整，使水喷射在风窗玻璃的适当位置。电动泵连续工作时间一般不超过 1min，且应先开动电动泵，后开动刮水器。在喷水停止后，刮水器应继续刮 3～5 次，这样配合使用才能达到良好的洗涤效果。所以洗涤器的电路，一般都是与刮水器开关联合工作的。

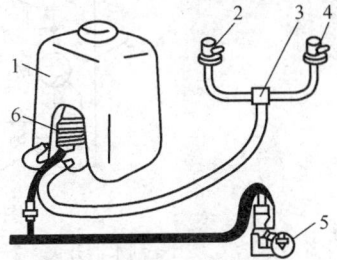

图 6.4 风窗玻璃洗涤器
1—洗涤液罐 2、4—喷嘴 3—三通
5—刮水器 6—洗涤液泵

永磁直流电动机和离心式叶片泵构成一个小总成，如图 6.6 所示，这个小总成安装在储液罐上，喷射压力为 700～880kPa。喷嘴安装在风窗玻璃下面，一般有两个。捷达轿车喷嘴的喷射位置按如图 6.6 所示的数值进行调整。

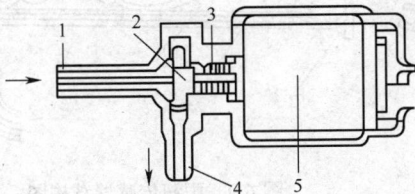

图 6.5 洗涤器电动机与洗涤液泵总成
1—进液口 2—叶轮 3—泵体 4—出水口 5—永磁直流电动机

图 6.6 风窗清洗装置构成及喷嘴调整
1—储液罐 2—密封圈 3—洗涤泵 4—软管 5—软管护套
6—喷嘴 $a = 345mm$ $b = 300mm$ $c = 320mm$ $d = 420mm$

2. 控制电路

如图 6.7 所示，当关闭刮水器时，开关 S_3 在位置"0"挡，刮水器的复位开关 S_2 和继电器 J 的常闭触点使 M_2 电枢短路，这时电容器 C 经继电器线圈、VD_3、R_6、R_7 充电。玻璃洗涤器开关 S_1 接通，电动泵 M_1 起动，开始向风窗玻璃喷水。电容器 C 经电阻 R_7 和开关 S_1 放电。当接通 S_1 时，继电器 J 的绕组经二极管 VD_4 和 S_1 搭铁形成回路，继电器 J 动作，常开触点闭合。当打开刮水器开关时，S_3 处于 1 挡。继电器 L 绕组的电感引起一定的延时，电流流经继电器闭合触点和电阻 R_4、R_3、R_2 组成的分压器，使 VT_1 导通，所以只有在 S_1 关闭时，电流才能流经继电器 J。当切断开关 S_1 时，放电电容器经电阻 R_6 和 R_7 重新充电，当 C 的电压充到足够使 VT_2 导通时，VT_2 导通，这时在由 R_1、R_3、R_2 组成的分压器网络下部，经导通的 VT_2 补充一个电阻 R_1，使 VT_1 的基极电位低于门限值，VT_1 截止，继电器 J 断电，刮水器电动机 M_2 停止工作。由电容器 C 和电阻 R_6 及 R_7 组成的延迟网络，决定切断电动机 M_2 的延迟时间。二极管 VD_1、VD_2 和 VD_3 起保护作用。

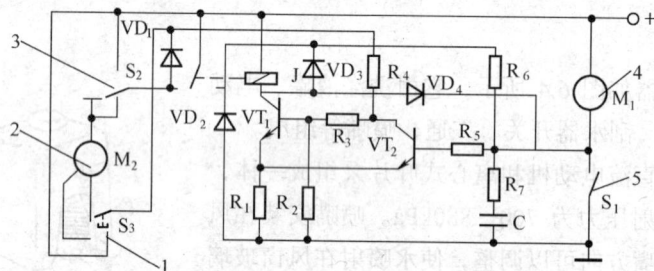

图 6.7 风窗玻璃洗涤器和电子刮水器电路

1—刮水器开关 2—刮水器电动机 3—复位开关 4—洗涤泵 5—洗涤器开关

3. 雨滴感知型刮水系统

电动刮水器虽然能够实现间歇控制，但不能随雨量的变化及时调整刮水频率。雨滴感知型刮水器能根据雨量的大小自动调节刮水器的刮水频率，使驾驶员始终保持良好的视线。

（1）雨滴感知型刮水器的组成

雨滴感知型刮水器主要由雨滴传感器、间歇刮水放大器、刮水器电动机组成，如图 6.8 所示。雨滴传感器的作用是将雨量的大小转变为与之相对应的电信号，其结构如图 6.9 所示。

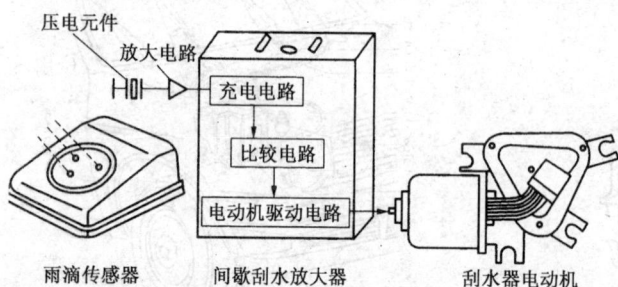

图 6.8 雨滴感知型刮水系统

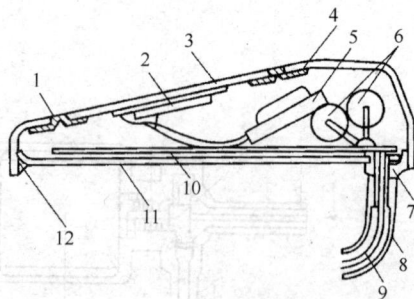

图 6.9 雨滴传感器结构图

1—阻尼橡胶 2—压电元件 3—振动片（不锈钢） 4—上盒（不锈钢） 5—集成电路 6—电容器 7—衬垫 8—线束套筒 9—线束 10—电路板 11—下盒（不锈钢） 12—密封件

（2）工作过程

雨滴感知型刮水器控制系统原理，如图 6.10 所示。工作时，由于雨滴下落撞击到传感器的振动片上，振动片将振动能量传给压电元件。压电元件受压而产生电压信号，电压值与撞击振动片的雨滴的撞击能量成正比。电压信号经过放大后送入电动刮水器电路，对刮水器的充电电路进行 20s 的定时充电，电容器电压上升。该电压输入比较电路，比较电路将其与基准电压 U_0 比较。当电容器电压达到 U_0 时，比较电路向刮水器电动机发出信号，使其工作一次。当雨量大时，压电元件产生的电信号强，充电电路电压达到电路的输出电压，即达到基准电压 U_0，刮水器动作一次。这样，雨滴感知型刮水器就把刮水器的间歇时间控制在 0～20s 范围，以适应不同雨量的需要。

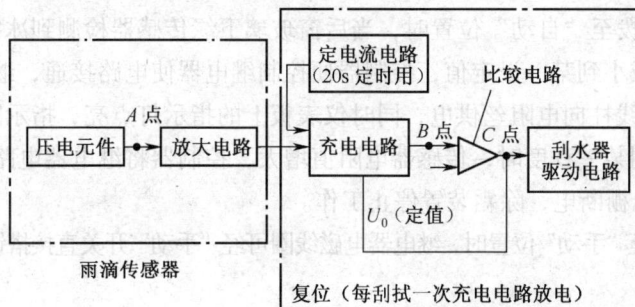

图 6.10　雨滴感知型刮水器控制系统原理图

到基准电压值 U_0 所需时间短，刮水器工作间歇时间就短；反之，雨量小时压电元件产生的电压小，充电电路电压达到基准电压 U_0 所需时间长，刮水器的工作间歇时间就长。当雨量很小，雨滴传感器没有电压信号输出时，只有定电流电路对充电电路进行充电（20s 后充电）。

4. 除霜除雾装置

冬季风窗玻璃上易结冰霜，用刮水器是无法清除的，除去冰霜有效的方法是加热玻璃。前风窗玻璃和侧窗玻璃可利用暖风进行除霜；后风窗玻璃一般利用电阻丝组成的电栅加热除霜，即电热式除霜，如图 6.11 所示。

后风窗玻璃除霜器一般是在玻璃成型过程中，将很细的电阻丝烧结在玻璃表面上。它由一组平行的含银陶瓷电阻丝组成，在玻璃两侧有汇流条，各焊有一个接线柱，其中一个用来供电，另一个是搭铁接线柱。这种除霜器的工作电流较大，因此电路中除设有开关外，有的还设有一个定时继电器。这种继电器在通电 10min 后即能自动断电，如霜还没有除净，驾驶员可再次接通开关，但在此之后每次只能通电 5min。除霜器的电阻随温度的变化而变化，具有正温度系数。温度低时，阻值减小，电流增大；温度高时，阻值增大，电流减小。因此，除霜器自身具有一定的调节功能。

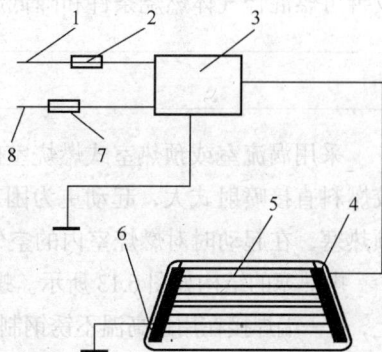

图 6.11　电热式后窗除霜电路原理图

1—接蓄电池　2—熔断器　3—开关　4—供电接线柱　5—后窗电栅　6—搭铁接线柱　7—熔断器　8—接点火开关

对电阻丝通电控制方式可分为手动和自动两种。自动控制除霜装置由开关、自动除霜传感器、自动除霜控制器、电阻丝电栅等组成，如图 6.12 所示，其工作过程如下：

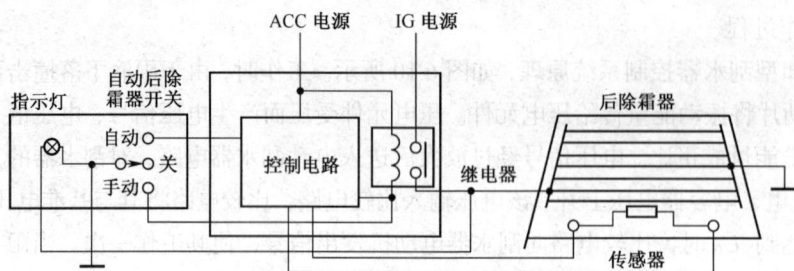

图 6.12　后窗自动控制除霜装置

① 除霜开关位于"关"位置时，除霜装置不工作。

② 将除霜开关拨至"自动"位置时，当后窗玻璃下缘传感器检测到冰霜达到一定厚度时，传感器电阻值急剧减小到某一设定值，控制器便控制继电器使电路接通，继电器触点闭合。于是由点火开关 IG 接线柱向电阻丝供电，同时仪表板上的指示灯点亮，指示除霜装置正在工作。当玻璃上冰霜减少到某一程度时，传感器电阻值增大，控制器将继电器电路切断，触点断开，指示灯熄灭，后窗电栅断电，除霜装置停止工作。

③ 除霜开关拨至"手动"位置时，继电器电磁线圈可经"手动"开关直接搭铁，使除霜电路接通。

6.2 柴油机预热装置

在寒冷地区和严寒季节起动发动机时，由于机油黏度增高，起动阻力矩增大，同时燃料汽化性能变坏，蓄电池的工作性能降低，使发动机起动困难。为此，在冬季应设法将进气、润滑油和冷却水加以预热。

柴油机冬季起动更为困难。为了使车用柴油机在冬季能迅速可靠地起动，常采用一些可以改善可燃混合气体燃烧条件和降低起动转矩的辅助装置，如电热塞和进气预热器装置等。

6.2.1　电　热　塞

采用涡流室或预热室式燃烧室的柴油机，由于燃烧室表面积大，在压缩过程中的热量损失较燃料直接喷射式大，起动更为困难。为此，一般在涡流室或预热室式柴油机的燃烧室中装有预热塞，在起动时对燃烧室内的空气加以预热。

电热塞的结构如图 6.13 所示。螺旋形电阻丝 2 用铁镍铝合金制成，其一端焊接于中心螺杆 9 上，另一端焊接在用耐高温不锈钢制成的发热体钢套 1 的底部，中心螺杆与外壳 5 之间有瓷质绝缘体 7。高铝水泥胶合剂 8 将中心螺杆固定于绝缘体上。外壳上端翻边，将绝缘体、发热体钢套、密封垫圈 6 和外壳相互压紧。在发热体钢套内填充具有绝缘性能、导热好、耐高温的氧化铝填充剂 3。

安装于各缸的电热塞相互并联与电源相接。起动发动机之前，首先接通电热塞的电路，电阻丝通电后迅速将发热体钢套加热到红热状态，使气缸内的空气温度升高，从而可以提高压缩终了时混合气的温度。电热塞通电的时间一般不超过 1min。发动机起动后，应立即将电热塞断电。若起动失败，应停歇 1min，再将电热塞通电，进行第二次起动，否则将降低电热塞的使用寿命。

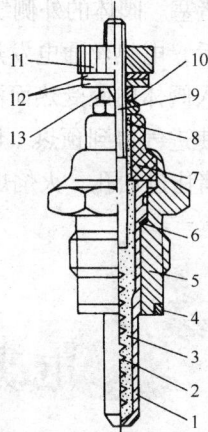

图 6.13　电热塞

1—发热体钢套　2—电阻丝　3—填充剂　4、6—密封垫圈　5—外壳　7—绝缘体　8—胶合剂　9—中心螺杆
10—固定螺母　11—压紧螺母　12—压紧垫圈　13—弹簧垫圈

6.2.2　进气预热器

在中、小功率柴油机上，常采用进气预热器作为冷起动预热装置。图 6.14 所示为电起动预热装置组成及线路图。其中，进气预热器构造如图 6.15 所示。空心阀体 2 由热膨胀系数较大的金属材料制成，其一端与油管接头 5 相连，另一端通过内螺纹与阀芯相连。在预热器不工作

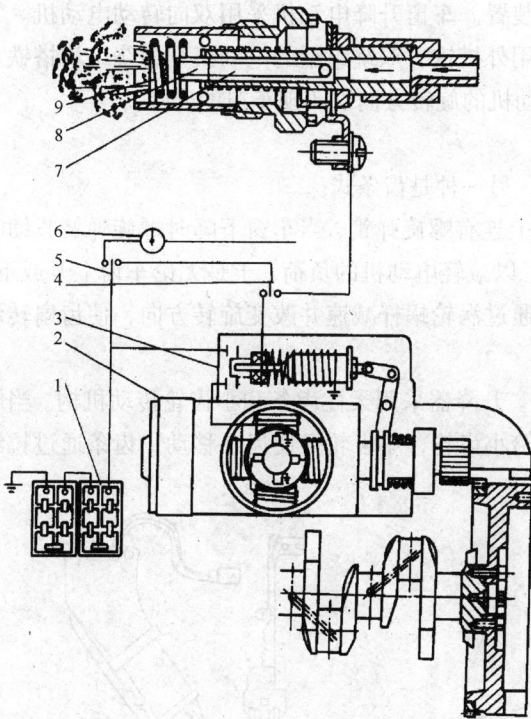

图 6.14　电起动预热装置组成

1—蓄电池组　2—起动机　3—电磁开关　4—起动按钮　5—电路钥匙
6—电流表　7—预热器阀体　8—预热器阀芯　9—电热丝

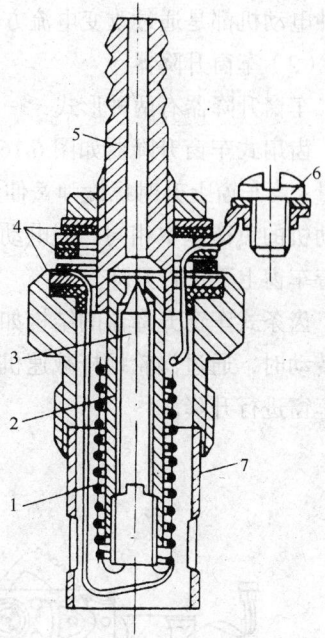

图 6.15　进气预热器

1—外壳绝缘的电热丝　2—阀体　3—阀芯　4—绝缘垫圈　5—油管接头　6—预热开关接线螺钉　7—稳焰罩

时，阀芯的锥形端将进油管的进油孔堵塞。阀体的外侧绕有外壳绝缘的电热丝 1。

起动发动机时，预热器开关接通后，电热丝通电发热并加热阀体，阀体受热伸长带动阀芯下移，其锥形端离开进油孔。燃油流入阀体内腔受热而汽化，从阀体的内腔喷出，并被炽热的电热丝点燃生成火焰喷入进气管道，使进气得到预热。切断预热开关时，电热丝断电，阀体温度降低而收缩，阀芯上移，其锥形端堵住进油孔，火焰熄灭，停止预热。

6.3 电动车窗

6.3.1 电动车窗

1. 组成

电动车窗是指以电为动力使门窗玻璃自动升降的门窗。它是由驾驶客或乘客操纵开关接通门窗升降电动机的电路，电动机产生动力，通过一系列的机械传动，使门窗玻璃按要求进行升降。其优点是操作简便，有利于行车安全。

电动车窗主要由车窗、电动机、车窗升降器、继电器、开关等组成。

（1）电动机

电动机是用来为车窗的升降提供动力的装置。车窗升降电动机采用双向转动电动机。它有永磁型和双绕组型两种。永磁型的电动机采用外搭铁，双绕组型的电动机则各绕组均搭铁。这两种电动机都是通过改变电流方向来改变电动机的旋转方向以实现车窗的升降。

（2）车窗升降器

车窗升降器有两种形式：一种是齿扇式，另一种是齿条式。

齿扇式车窗升降器如图 6.16 所示。齿扇上连有螺旋弹簧，当车窗下降时螺旋弹簧收缩吸收能量；当车窗上升时螺旋弹簧伸展释放能量，以减轻电动机的负荷。于是无论车窗上升或下降，电动机的负荷基本相同。当电动机转动时，通过涡轮蜗杆减速并改变旋转方向，使齿扇转动，带着车窗上下进行升降。

齿条式车窗升降器的结构如图 6.17 所示。升降器采用柔性齿条和小齿轮传动机构。当电动机转动时，通过涡轮蜗杆减速机构将动力传给小齿轮，小齿轮又使齿条移动，齿条通过拉绳带着车窗进行升降。

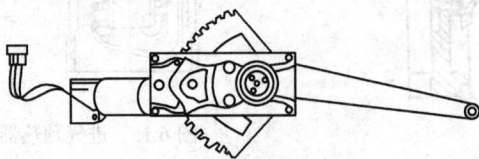

图 6.16　齿扇式车窗升降器　　　　　　图 6.17　齿条式车窗升降器

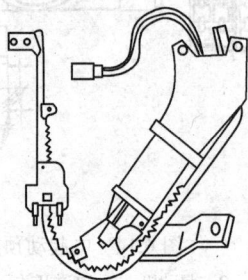

2. 工作原理

如图 6.18 所示，当点火开关转至点火挡时，电动车窗主继电器工作，触点闭合，给电动车窗电路提供了电源，此时，电源指示灯点亮。如将主开关上的窗锁开关闭合，那么所有车窗都可随时进入工作状态，乘客车窗的指示灯点亮。

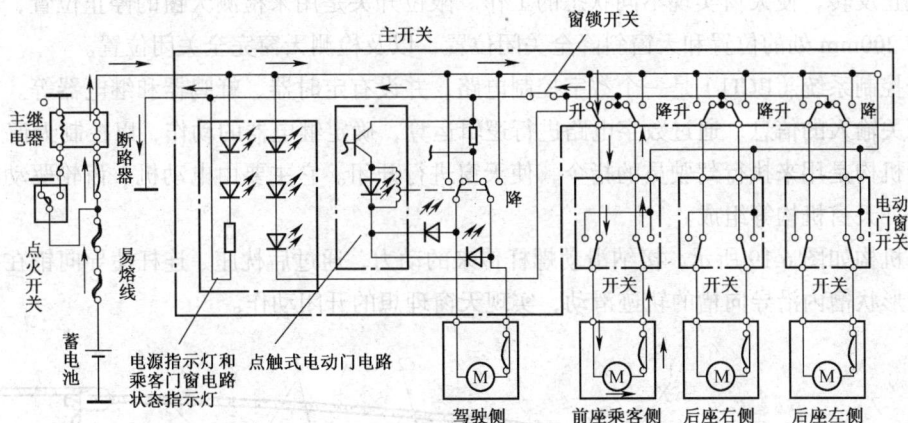

图 6.18　电动车窗的控制电路

（1）前右侧车窗升降

① 驾驶员操纵。当驾驶员按下主开关相应的前乘客车窗上升开关时，其电流由蓄电池的正极→易熔线→断路器→主继电器→主开关→前乘客开关左触点→电动机→断路器→乘客开关的右触点→窗锁开关→搭铁→蓄电池的负极，构成闭合回路。该电路中的电动机通电而工作，使车窗上升。当需要车窗下降时，驾驶员按下主开关上的下降开关，因电动机是永磁双向电动机，其电动机的电流方向相反，电动机通电反转使车窗下降。

② 乘客操纵。乘客接通前乘客车窗上升开关时，其电流由蓄电池的正极→易熔线→断路器→乘客开关左触点→电动机→断路器→乘客开关的右触点→窗锁开关→搭铁→蓄电池的负极，构成了闭合回路。该电路中的电动机通电而工作，使车窗上升。当需要车窗下降时，乘客按下开关上的下降开关，其电动机的电流方向相反，电动机通电反转使车窗下降。

（2）驾驶员侧的车窗升降

若主开关上的窗锁开关断开，则只有驾驶员侧车窗具备工作条件。另外，驾驶员侧的车窗开关由点触式电路控制。车窗在下降过程中，如果要使其停止在某一位置，只要再点触一下开关即可。当驾驶员侧的门窗需要下降时，可按下主开关上下降按钮，其电流由蓄电池的正极→断路器→主继电器→驾驶员侧下降开关触点→断路器→电动机→驾驶员侧开关的另一触点→蓄电池的负极，构成闭合回路。与此同时，触点式开关的电路也同时接通，下降指示灯点亮，继电器线圈也通电而产生吸力，保持开关处于下降工作状态直至下降到极限位置。在下降过程中，如果要使车窗停在某一位置，驾驶员可再点触一下开关，则继电器线圈断路，车窗下降停止。

其他后座乘客左右车窗的升降操纵与前乘客侧的操纵方法相同，不再叙述。

6.3.2　电 动 天 窗

驾驶员或乘客用汽车天窗来采光、通风、遮阳等。按天窗开闭能量来源可分为手动天窗和电动天窗。小轿车多采用电动天窗，电动天窗是靠电动机的动力来将天窗打开或关闭。一般大型客车和大型货车多是靠人力将天窗打开或关闭，大客车的天窗有向上平升、斜开和关闭3种状态。大货车的天窗只有斜开和关闭2个工作状态。

汽车上的电动天窗主要有开关、电子控制系统和执行机构等组成。

电动天窗的开关可分为开关组和限位开关。开关组的作用是用来使电动天窗执行机构的电动机实现正反转，使天窗实现不同状态的工作。限位开关是用来检测天窗的停止位置，即在完全关闭前200mm处的位置和天窗斜降全关闭位置，以及检测天窗完全关闭位置。

电子控制系统（ECU）是一个数字控制电路，并设有定时器、蜂鸣器和继电器等。其作用是接受开关输入的信息，通过数字电路进行逻辑运算，确定继电器的动作，以控制天窗开闭。

执行机构是用来执行驾驶员的指令，使天窗进行开闭。它主要由电动机、齿轮驱动机构、滑动螺杆、天窗机构等组成。

天窗机构如图6.19所示，接纳滑动螺杆传来的动力，通过后枕座、连杆使导向销在托架固定的几何形状槽内沿导向槽的轨迹滑动，实现天窗理想的开闭动作。

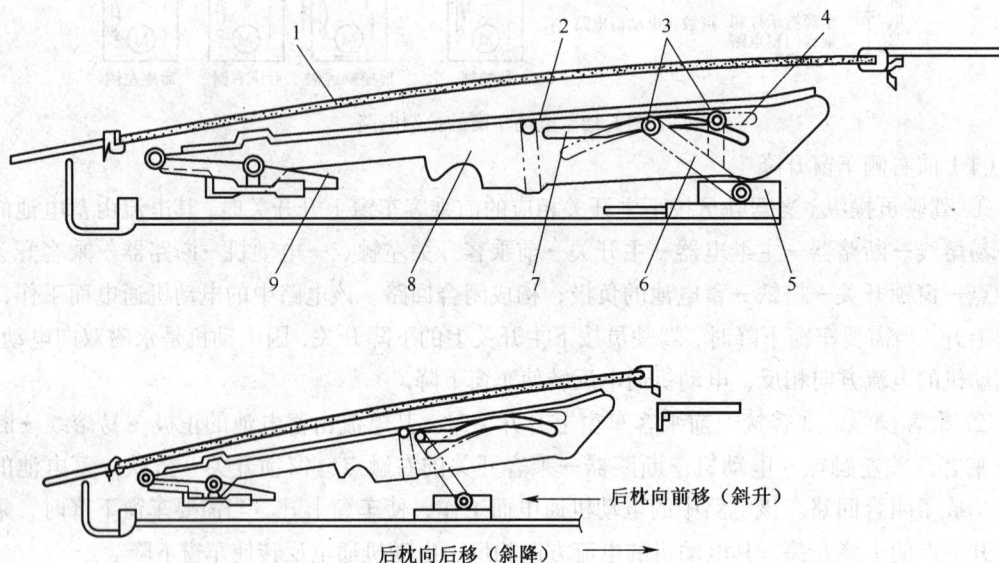

图6.19　电动天窗结构

1—天窗玻璃　2—导向块　3—导向销　4—导向槽　5—后枕座　6—连杆　7—导向槽　8—托架　9—前枕座

电动天窗有滑动打开、滑动关闭、关闭前200mm处停止、从停止到关闭、全关闭时的停止、斜升、斜升至全关闭位置时停止等工作状态。

6.4 电动后视镜

车辆上的后视镜位置直接关系到驾驶员能否观察到车后的情况，与行车的安全性有着密切的关系。而后视镜的调整一般来说比较麻烦，采用电动后视镜，可通过开关进行调整，操作十分方便。

6.4.1　电动后视镜的组成

电动后视镜由调整开关、电动机、传动和执行机构等组成。电动后视镜的背后装有两套电动机和驱动器，可操纵后视镜上下及左右转动。通常上下方向的转动用一个电动机控制，左右方向的转动由另一个电动机控制。通过改变电动机的电流方向，即可完成后视镜的上下及左右调整。有的电动后视镜还具有伸缩功能，由伸缩开关控制伸缩电动机工作，使整个后视镜回转伸出或缩回。

6.4.2　电动后视镜的工作原理

图 6.20 所示为可伸缩式电动后视镜控制系统电路图。电动后视镜控制开关的工作状态见表 6.1。

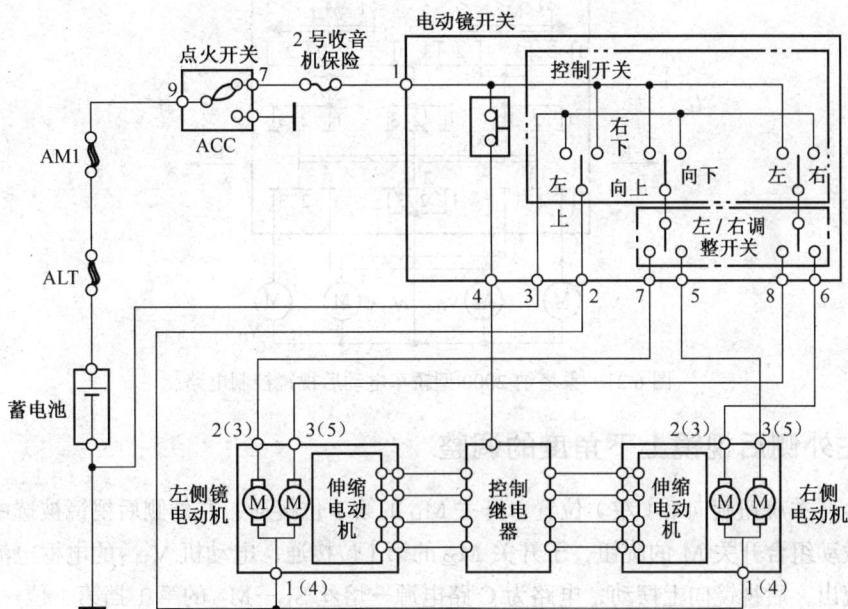

图 6.20　轿车可伸缩式电动后视镜控制系统电路图

表 6.1　　　　　　　　　　　电动后视镜控制开关的工作状态

调整状态 \ 触点	左上	右下	向上	向下	左	右
向左调整	●				●	
向右调整		●				●
向上调整	●		●			
向下调整		●		●		

●表示开关与触点接通。

进行调整时，首先通过左右调整开关选择要调整的后视镜。如调整左侧镜时，开关打向左侧，此时开关分别与接点 7、8 接通，再通过控制开关即可进行该镜的上下和左右调整。如果进行向上调整时，可将控制开关向上推，此时控制开关分别与向上接点、左向上接点结合。电路由蓄电池正极→熔断器→点火开关→控制开关向上接点→左/右调整开关→接点 7→左侧镜上下调整电动机→接点 1→电动镜开关接点 2→控制开关左上接点→电动镜开关接点 3→蓄电池负极，形成回路，左侧镜上下调整电动机运转，完成调整过程。其他调整过程与向上调整过程类似，通过接通不同的开关即可完成。

图 6.21 所示为桑塔纳 2000 型轿车电动后视镜控制电路。C 点是受点火开关控制的电源线，31 是搭铁线。电动机 V_{33-1} 调整右外侧后视镜左右摆动角度；电动机 V_{33-1} 调整右外侧后视镜上下摆动角度；电动机 V_{34-2}，调整左外侧后视镜左右摆动角度；电动机 V_{34-2} 调整左外侧后视镜上下摆动角度。所有电动机均由组合开关 M 控制，该开关既可旋动，又可上下、左右拨动。为叙述方便，将组合开关 M 分为具有 3 个独立控制功能的子开关 M_{11}、M_{21}、M_{22} 接通点火开关后，即可根据需要通过操纵组合开关 M 进行调整，具体方法如下。

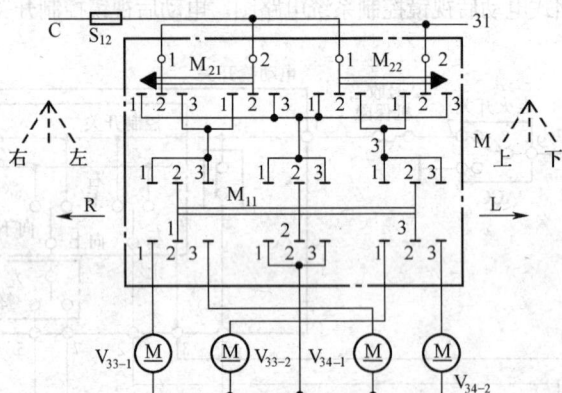

图 6.21　桑塔纳 2000 型轿车电动后视镜控制电路

1．左外侧后视镜上下角度的调整

将组合开关旋钮旋向 L（左）位置，开关 M_{11} 的第 3 位接通，左外侧后视镜被选中。此时，如果向上拨动组合开关 M 的旋钮，子开关 M_{22} 的第 1 位接通，电动机 V_{34-2} 的电枢电流从下方流入、上方流出，后视镜向上摆动，电路为 C 路电源→熔丝 S_{12}→M_{22} 的第 1 挡第 1 位→M_{11} 的第 2 挡第 3 位→电动机 V_{34-2}→M_{11} 的第 3 挡第 3 位→M_{22} 的第 2 挡第 1 位→搭铁→蓄电池负极。如果向下拨动组合开关 M 的旋钮，子开关 M_{22} 的第 3 位接通，电动机 V_{34-2} 的电枢电流从上方流入、下方流出，后视镜向下摆动，电路为 C 路电源→熔丝 S_{12}→M_{22} 的第 1 挡第 3 位→M_{11} 的第 3 挡第 3 位→电动机 V_{34-2}→M_{11} 的第 2 挡第 3 位→M_{22} 的第 2 挡第 3 位→搭铁→蓄电池负极。

2．左外侧后视镜左右角度的调整

在组合开关旋钮处于 L（左）位置时，向左拨动组合开关 M 的旋钮，子开关 M_{21} 的第 3 位接通，电动机 V_{34-1} 的电枢电流从下方流入、上方流出，电动机旋转带动左外侧后视镜向左摆动，电路为 C 路电源→熔丝 S_{12}→M_{21} 的第 2 挡第 3 位→M_{11} 的第 2 挡第 3 位→电动机 V_{34-1}→M_{11} 的第 1 挡第 3 位→M_{21} 的第 1 挡第 3 位→搭铁→蓄电池负极。当向右拨动组合开关 M 的旋钮时，子开关 M_{21} 的第 1 位接通，电动机 V_{34-1} 的电枢电流从上方流入、下方流出，电动机旋转方向改变，从而带动左外侧后视镜向右摆动，电路为 C 路电源→熔丝 S_{12}→M_{21} 的第 2 挡第 13 位→M_{11} 的第 1 挡第 3 位→电动机 V_{34-1}→M_{11} 的第 2 挡第 3 位→M_{21} 的第 1 挡第 1 位→搭铁→蓄电池负极。

同理，调整右外侧后视镜角度时，将组合开关 M 的旋钮旋至 R（右）位置，左、右拨动组合合开关 M 的旋钮，可控制电动机 V_{33-1} 电枢电流方向，带动右外侧后视镜左右摆动；上下拨动组合开关 M 的旋钮，可控制电动机 V_{33-2} 电枢电流的方向，带动右外侧后视镜上下摆动。

6.5 电动座椅

　　车辆座椅的主要功能是为驾驶员及乘客提供便于操作、舒适又安全的驾驶位置。此外，通过调节还可以改变坐姿，减少长时间乘车的疲劳。

　　座椅调节正向多功能方向发展，其种类很多，还可以有不同的组合方式。如具有 8 种调节功能的电动座椅，其动作方式有座椅前后调节、上下调节、座椅前部的上下调节、靠背的倾斜调节、侧背支撑调节、腰椎支撑调节以及靠枕上下、前后调节。

　　电动座椅前后方向的调节量一般为 100～160mm，座位前部与后部的调节量为 30～50mm。全程移动所需时间为 8～10s。

　　电动座椅一般由双向电动机、传动装置和座椅调节器等组成，如图 6.22 所示。

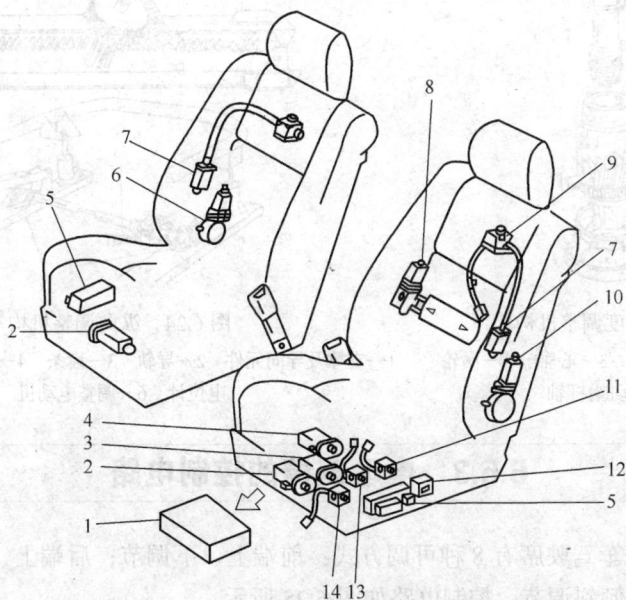

图 6.22　电动座椅的结构

1—电动座椅 ECU　2—滑动电动机　3—前垂直电动机　4—后垂直电动机　5—电动座椅开关　6—倾斜电动机　7—头枕电动机　8—腰垫电动机　9—位置传感器（头枕）
10—倾斜电动机和位置传感器　11—位置传感器（后垂直）　12—腰垫开关
13—位置传感器（前垂直）　14—位置传感器（滑动）

6.5.1　电　动　机

电动机的数量取决于电动座椅的类型，通常两向移动座椅装有 2 个电动机，四向移动的座椅装有 4 个电动机,最多可达 6 个电动机。大多数电动座椅使用永磁式电动机,通过开关来操纵电动机按不同方向旋转。

6.5.2 传 动 机 构

电动机的旋转运动,通过传动机构实现座椅的空间位置改变。

1. 高度调整机构

高度调整机构由蜗杆轴、涡轮和心轴等组成,如图 6.23 所示。调整时蜗杆轴在电动机的驱动下,带动涡轮转动,从而保证心轴旋进或旋出,实现座椅上升与下降。

2. 纵向调整机构

纵向调整机构由蜗杆、涡轮、齿条、导轨等组成,如图 6.24 所示。齿条装在导轨上。调整时,电动机转矩经蜗杆传至两侧的涡轮 4 上,经导轨上的齿条,带动座椅前后移动。

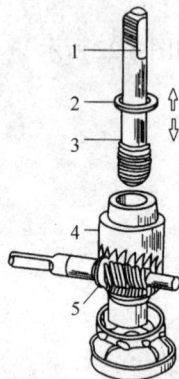

图 6.23 高度调整机构

1—铣平面 2—止推垫片 3—心轴 4—涡轮 5—挠性驱动蜗杆轴

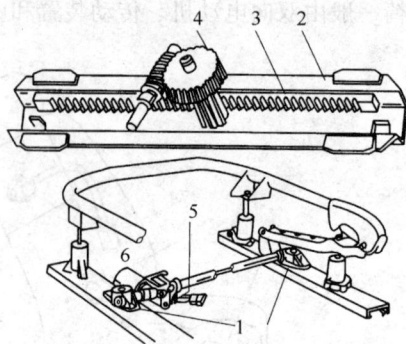

图 6.24 纵向调整机构

1—支撑及导向元件 2—导轨 3—齿条 4—涡轮 5—反馈信号电位计 6—调整电动机

6.5.3 电动座椅的控制电路

广州本田雅阁轿车驾驶席有 8 种可调方式:前端上、下调节;后端上、下调节;前、后滑移调节;向前、向后倾斜调节。控制电路如图 6.25 所示。

通过电动座椅调节开关,即可完成不同的调节功能,如电动座椅前端上、下调节,其电路原理如下。

1. 向上调节

当将电动座椅前端上、下调节开关打到"向上"位置时,电流路线为蓄电池正极→黑线→(发动机盖下熔断器/继电器盒)No.42(100A)、No.55(40A)→黄/绿线(前乘客席侧仪表板下熔断器/继电器盒)No.2(20A)→红线→电动座椅开关端子 B2→前端上、下调节开关端子 A3→红/黄线→前端上、下调节电动机端子 1→前端上、下调节电动机→前端上、下调节电动机端子 2→红线→A4→B5→黑线→搭铁→蓄电池负极。前端上、下调节电动机工作，座椅前端向上移动。

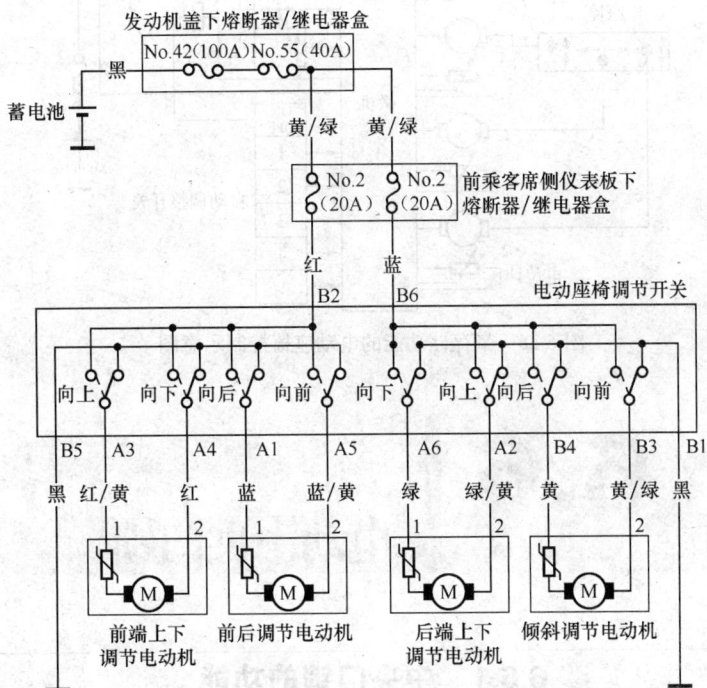

图 6.25　广州本田雅阁轿车驾驶席电动座椅电路

2．向下调节

当将电动座椅前端上、下调节开关打到"向下"位置时，电流路线为蓄电池正极→黑线→（发动机盖下熔断器/继电器盒）No.42（100A）、No.55（40A）→黄/绿线（前乘客席侧仪表板下熔断器/继电器盒）No.2（20A）→红线→电动座椅开关端子 B2→电动机座椅开关端子 A4→红线→前端上、下调节电动机端子 2→前端上、下调节电动机→前端上、下调节电动机端子 1→红/黄线→A3→B5→黑线→搭铁→蓄电池负极。前端上、下调节电动机工作，座椅前端向下移动。

6.5.4　带存储功能电动座椅

带存储功能的电动座椅采用计算机控制，它能将选定的座椅调节位置进行存储，使用时只要按指定的按键开关，座椅就会自动地调节到预先选定的座椅位置上。带存储功能电动座椅的控制如图 6.26 所示。该系统有一个存储器，存储装置通过 4 个电位计来控制座椅的调定位置。只要座椅位置调定后，驾驶员按下存储器的按钮，电子控制装置就把这些电压信号存储起来，作为重新调整位置时的基准。使用时，只要一按按钮，就能按存储时的状态来调整座椅位置。

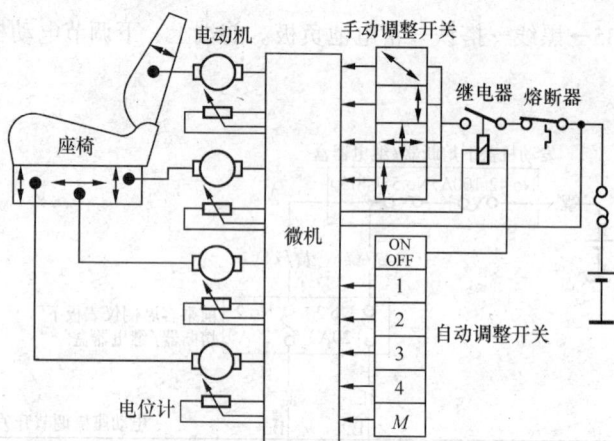

图 6.26 带存储功能的电动座椅控制示意图

6.6 | 电动中央门锁

6.6.1 中央门锁的功能

汽车装备中央门锁后可实现如下功能。

① 将驾驶员车门锁扣按下时，其他几个车门及行李舱门都能自动锁定；如用钥匙锁门，也可同时锁好其他车门和行李舱门。

② 将驾驶员车门锁扣拉起时，其他几个车门及行李舱门锁扣都能同时打开；用钥匙开门，也可实现该动作。

③ 在车室内个别车门需打开时，可分别拉开各自的锁扣。

④ 配合防盗系统，实现防盗。

6.6.2 中央门锁的构造

中央门锁主要由控制电路和执行机构等组成，如图 6.27 所示。控制电路主要由门锁开关、定时装置和继电器等组成。

门锁开关实质上是一个电门开关，它是用来控制各车门和行李舱锁筒的锁止和开启。用钥匙来拨动门锁锁芯转过一定的角度，即可接通门锁执行机构的电路，使电磁线圈产生吸力将门锁锁止或开启。

定时装置的基本原理是利用电容器的充放电特性，来控制执行机构的通电时间，使执行机构锁止或开启，电容器的电恰好放完，继电器的电流中断，从而丧失吸力使触点断开。

中央门锁执行机构的作用是执行驾驶员的指令，将门锁锁止或开启。门锁执行机构常见的有电磁线圈式、电动机式和永磁型电动机式。

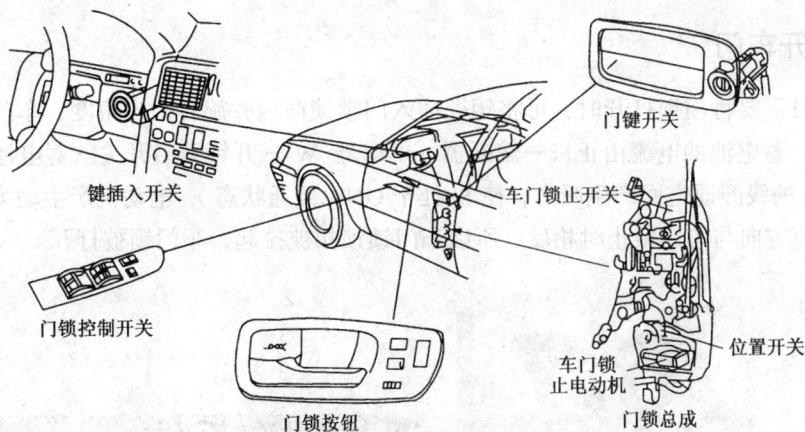

图 6.27　中央门锁的组成

6.6.3　中央门锁的工作原理

典型中央门锁的控制电路图如图 6.28 所示，其工作过程如下。

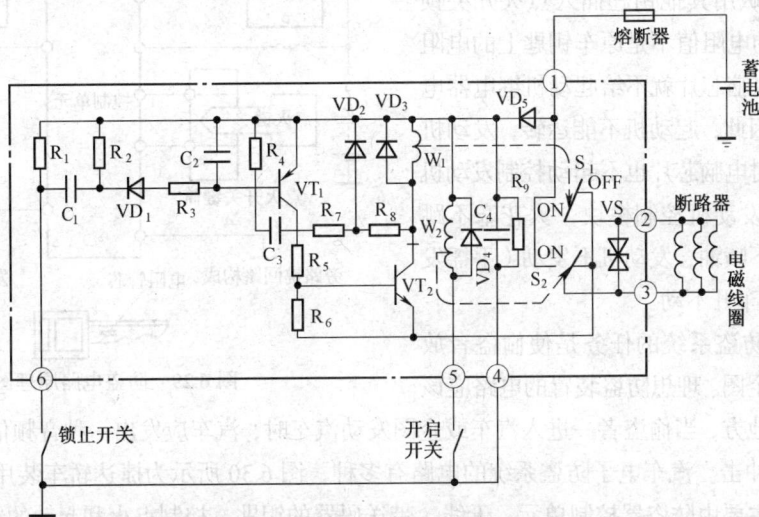

图 6.28　中央门锁的控制电路图

1. 锁止车门

当将钥匙插入锁筒内并旋转一定的角度后车门门锁开关接通控制电路，通过一系列的控制使继电器 W_1 的电磁线圈通电，吸合 S_1 触点，使门锁电动机的电路导通并构成闭合回路，电动机转动将门锁锁扣锁止。其电路为蓄电池的正极→熔断器→二极管 VD_5→三极管 VT_1 发射极→电阻 R_3→二极管 VD_1→电容器 C_1→锁止开关→蓄电池的负极。C_1 充电瞬间，VT_1、VT_2 导通，继电器 W_1 线圈有电流通过而产生吸力将 S_1 触点吸到 ON 的位置。当电容器 C_1 充电完毕时，三极管 VT_1 无基极电流通过而截止，三极管 VT_2 也随之截止，这时的电流由蓄电池的正极→熔断器→S_1→执行机构（电动机）→S_2→蓄电池的负极。电动机有电流通过产生动力拉下车门锁扣杠杆，锁止车门。继电器线圈 W_1 失电而吸力消失，开关 S_1 断开，电动机停止工作，锁止车门结束。

2. 打开车门

当驾驶员需要将门锁打开时，可将钥匙插入门锁锁筒内并旋转一定角度，车门锁开启开关闭合。这时，蓄电池的电流由正极→熔断器→继电器 W_2→开锁开启开关→蓄电池的负极。由于继电器 W_2 的线圈通电而产生吸力，使 S_2 处于 ON（接通状态），电动机产生动力，由于通过电动机的电流方向与车门锁止时相反，所以车门锁锁扣被拉起，车门锁被打开。

6.7 遥控防盗系统

汽车防盗系统是当前高档车的必有装备，目的是使汽车被盗时发不动，开不走，其大致原理相同，如图 6.29 所示。点火开关钥匙上有一电阻管芯，即精密电阻，此阻值已输入控制单元。如果盗贼用其他钥匙插入点火开关锁孔，串入电脑的电阻值不是原车钥匙上的电阻管芯的阻值，电脑芯片就不给起动机继电器电磁线圈通电，因此，起动机不能运转，发动机起动不了；同时电脑芯片也不起动控制发动机点火和喷油的发动机控制模块，火花塞不跳火，喷油器也不喷油，发动机不发动（手摇发动也不行），汽车开不动。

汽车电子防盗系统的任务是使偷盗者放弃偷盗汽车的企图。理想防盗装置的电路应该

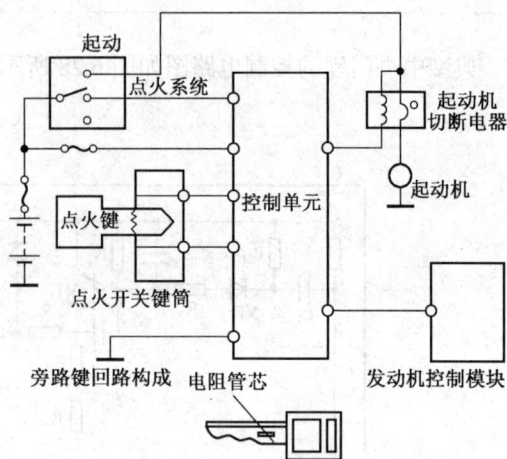

图 6.29　防盗电路原理图

安装在隐蔽的地方，当偷盗者一进入汽车或企图发动汽车时，汽车应发出一种音频信号，给偷盗者一种心理上的冲击。汽车电子防盗系统的电路有多种，图 6.30 所示为捷达轿车装用的西门子电子防盗系统。它主要由防盗器控制单元、天线、带送码器的钥匙、控制点火和起动的继电器等组成。当带有送码器的钥匙插入装备天线的锁腔中，送码器在天线发射的电磁场中获取能量，送码器时钟由载波频率获得，防盗器控制单元通过调整发射天线的电流来调整电磁场的负荷，从而向送码器传送数据，提出质询，送码器通过内部预置的算法计算应答值。通过电磁场的负荷向控制单元传送应答值，使送码器（钥匙）和防盗器控制单元进行相互识别。如送码器的信息不能被控制单元识别，则防盗器控制单元控制起动继电器和点火继电器不工作，发动机不能被起动。另外，装有电控燃油喷射系统的发动机还可实现发动机控制单元与防盗器控制单元之间的相互通信，增强防盗效果。

遥控门锁不用钥匙插入门锁，可实现远距离开锁和闭锁，即使在夜间或黑暗中使用也非常方便。遥控门锁系统主要由发射机、分配器、接收机及保险装置等组成，其原理如图 6.31 所示。发射机将次载波的频率按照数字识别代码信号进行频率偏移调制（FSK），再进行 FM 调制和发射，而不受外来杂音的干扰。FM 波由汽车无线电调频机的 FM 天线进行接收，通过分配器进入接收机 ECU 的高频增幅处理器进行处理，与存储的识别代码进行比较。如果正确，则输入控制电路，控制执行元件工作。

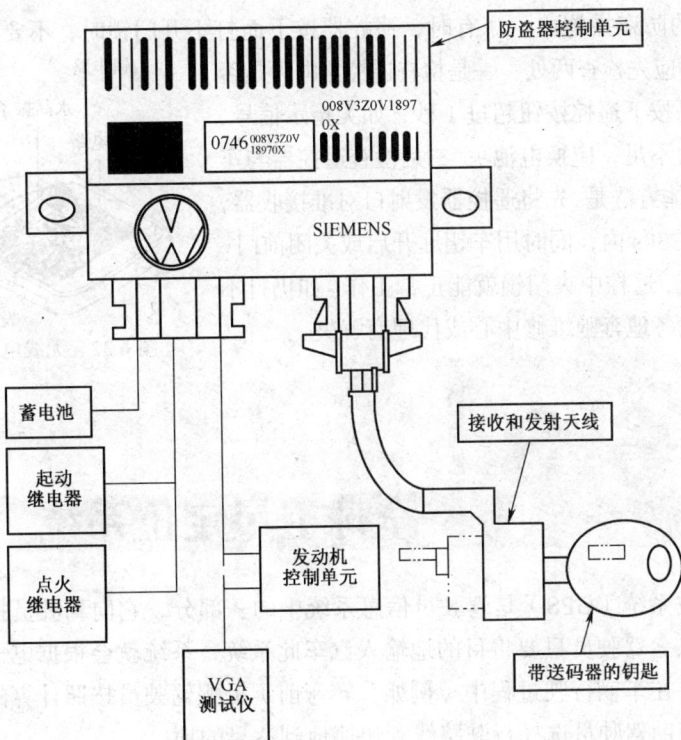

图 6.30　西门子电子防盗系统

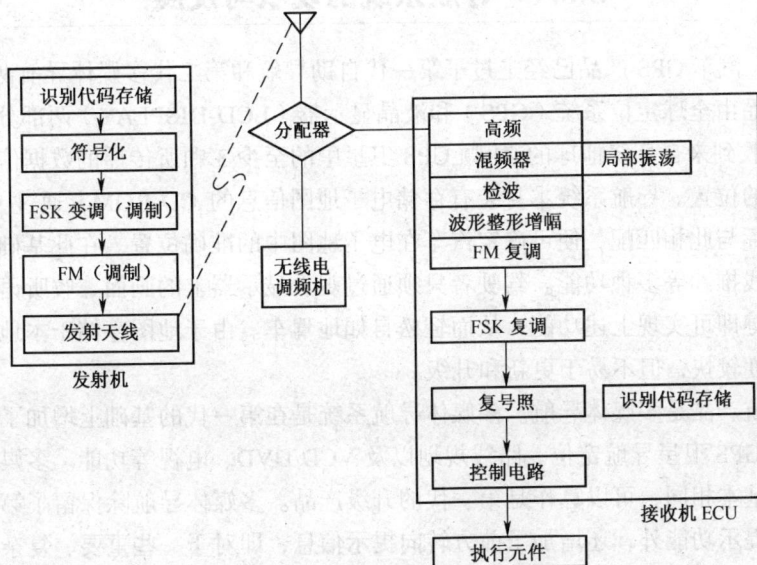

图 6.31　遥控门锁控制原理

　　发射机在键板上与通信电路组成一体，如图 6.32 所示。从识别代码存储回路到 FSK 调制回路，由于采用单芯片集成电路而使体积小型化，集成电路的背面为锂电池。发射开关每按一次，接收器便接收一次上锁或解锁命令。

　　现代轿车上越来越多地开始安装红外遥控门锁装置，如红外遥控中央门锁是奔驰轿车的标准装备之一。在一般情况下，若遥控器已将中央门锁锁住，此时，用车钥匙是无法起动发动机的，这是奔驰车的防盗措施之一。有时，遥控器按下而打不开门锁时，不要过早认为是遥控器或门锁坏了，这时应先检查两处：一是检查遥控器电力是否充足（检查方法是按下遥控按钮超过 1 秒，如无指示信号，则表明遥控器电力不足，应换电池）；二是检查遥控器与车钥匙是否同步，具体方法是，先将遥控器发射口对准接收器，按下遥控按钮，在 30s 内，同时用车钥匙开启或关闭前门，若能恢复同步系统，遥控中央门锁就能正常工作。如仍打不开门锁，则需要找各地奔驰维修中心或代理商解决。

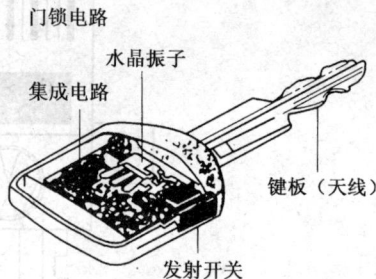

图 6.32　无线电遥控器（发射机）

6.8 全球卫星定位系统

全球卫星定位系统（GPS）是驾驶员信息系统中的一部分，它向驾驶员提供在行驶路线上所需要的一些信息。驾驶员只要将目的地输入汽车此系统，系统就会根据电子地图自动计算出最合适的路线，并在车辆行驶过程中（例如，转弯前）提醒驾驶员按照计算的路线行驶。在整个行驶过程中，帮助驾驶员选择行驶路线，快捷地到达目的地。

6.8.1　导航系统的现状与发展

迄今为止，汽车 GPS 产品已经走过了第一代自助导航和第二代多媒体导航两个阶段。第一代自助导航产品由全球定位系统（GPS）和液晶显示器（LCD-DISPLAY）两部分构成。内置的 GPS 天线能接收到来自环绕地球的 24 颗 GPS 卫星中的至少 3 颗所传递的数据信息，由此测定汽车当前所处的位置。导航系统本身装有存储电子地图信息的 CD-ROM，通过 GPS 卫星信号确定的位置坐标与此相匹配，便可确定汽车在电子地图中的准确位置。在此基础上，将会实现行车导航、路线推荐等多种功能。驾驶者只须通过观看显示器上的画面、收听语音提示，操纵显示器上的按键即可实现上述功能，从而轻松自如地驾车。由于地图存储于本地，所以在路径的计算方面速度较快，但不易于更新和升级。

第二代导航产品是多媒体导航。多媒体导航系统是在第一代的基础上增加了电话间播放功能，一般具有 GPS 卫星导航定位、路线规划以及 VCD/DVD、电视等功能。多媒体导航的基本原理和第一代基本相同，可以算作是第一代的升级产品。多媒体导航除保留了第一代的电子地图和电子语音提示功能外，还增加了前方转向提示信息，即对于一些重要、复杂的交通路口，能提前在屏幕上显示路口的放大地图，并用醒目地提示指引正确的行驶方向。

第三代导航系统导航功能的实现可以说是革命性的。由于无线通信的快速发展，导航系统与无线通信的结合，实现连网功能的导航系统已成为有目共睹的一个发展趋势。人们称之为"第三代导航系统"。很显然，与无线通信的结合，除导航之外还可以赋予汽车更多的信息内容。一是地图可以在信息服务中心和车上两地存储，目的地的寻找无需由驾驶员在地图上寻找，可由服务中心代劳，因此，在导航起步时也不必停车；二是可有效利用实时交通信息实现"疏堵式"导航，自动避开堵车路段；三是服务中心地图更新，即实现全网更新，即使是存储在车上的地图也可以随时通过无线下载实现更新。同时由于第三代导航是基于平台式运作，还可以增加安全控制、远程检测、Web 连接、求助救援等服务内容。这样，不仅可以大大提高汽车的综合性能，提高行车质量，减轻驾驶者的负担，而且还可以使驾驶者始终保持与外界的紧密联系。

目前国内一些汽车运营企业安装的"汽车导航系统"，主要功能是调度与监测。与前面说明的汽车导航系统不同，因此还不能算是汽车自动导航系统。

6.8.2　导航系统的组成及工作过程

汽车导航系统包括两部分：全球定位系统和车辆自动导航系统。汽车导航设备一般由 GPS 天线、集成了显示屏幕和功能按键的主机，以及语音输出设备（一般利用汽车音响系统输出语音提示信息）构成。受车内安装位置的限制，一般汽车导航设备和汽车视像音响合成在一起，可以播放 CD、VCD 和 DVD 碟，其中 DVD 驱动器负责读取电子地图 DVD 光盘，因此，一些汽车导航系统又称为 DVD 导航系统。

全球定位系统（Global Positioning System，GPS）是由空间卫星、地面监控和用户接收三大部分组成。空间卫星由 24 颗卫星组成一个分布网络，分别分布在 6 条离地面 2 万千米、倾斜角为 55° 的地球准同步轨道上，每条轨道上有 4 颗卫星。GPS 卫星每隔 12 小时绕地球一周，使地球上任一地点能够同时接收 7～9 颗卫星的信号。

地面上共有 1 个主控站和 5 个监控站，负责对卫星的监视、遥测、跟踪和控制。它们负责对每颗卫星进行观测，并向主控站提供观测数据。主控站收到数据后，计算出每颗卫星在每一时刻的精确位置，并通过 3 个注入站将它传送到卫星上去，卫星再将这些数据通过无线电波向地面发射。

汽车自动导航系统的作用是根据 GPS 接收机提供的车辆当前位置和用户输入的车辆目的地、参照电子地图计算的行驶路线，并在行驶中将信息提供给驾车者。目前世界上应用较多的是自主导航，其主要特征是每套车载导航设备都自带电子地图，定位和导航功能全部由车载设备完成。它的工作过程主要步骤如下。

（1）输入数据信息

出发前，车主将目的地输入到导航设备中，在系统显示的电子地图上直接点击选取地点，或者是借助某种输入方法，将目的地名称输入到系统中。为了便利，目前人们也在开发语音识别技术的产品。

（2）显示电子地图

汽车导航系统中至关重要的一部分是存储在光盘或内置存储器（如硬盘）中的电子地图，电子地图中存储了一定范围内的地理、道路和交通管制信息，与地点对应存储了相关的经纬度信息。汽车导航主机从 GPS 接收机得到经过计算确定的当前地点经纬度，通过与电子地图数据的对比，就可以随时确定车辆当前所在的地点。

一般汽车导航系统将车辆当前位置默认为出发点，在用户输入了目的地之后，导航系统根据电子地图上存储的地图信息，就可以自动计算出一条最合适的推荐路线。在有的系统中，用户还可以指定途中希望经过的途经点，或者指定一定的路线选择规则（如不允许经过高速公路、按照行驶路线最短的原则等）。推荐的路线将以醒目的方式显示在屏幕上的地图中，同时屏幕上也时刻显示出车辆的当前位置，以提供参考。如果行驶过程中车辆偏离了推荐的路线，系统会自动删除原有路线并以车辆当前点为出发点重新计算路线，并将修正后的路线作为新的推荐路线。

汽车导航系统通过车轮传感器、地磁传感器和偏航传感器 3 种传感器获取数据，确定汽车的速度和位置。车轮传感器记录车轮的速度，产生的脉冲信号用于定时计算行驶距离和方向变化。地磁传感器通过励磁绕组感应出电压脉冲，测量出沿途地磁场水平分量的大小与起始点磁场的比较，为车载电脑提供补偿数据。电子地图存储容量能够存储汽车运行区域的所有数据，车载电脑与存储道路网络数据不断比较判断，更正定位误差从而确定最佳行驶路径。

6.9 巡航系统（CCS）

汽车自动巡航控制系统（CCS），又称为恒速行驶系统或巡行控制系统。它是利用先进电子技术对汽车的行驶速度进行自动调节，从而实现以事先设定的速度行驶的一种电子控制装置。在高速公路上长时间行驶时，打开该系统的自动操纵开关后，巡航控制系统将根据行车阻力自动增减节气门开度，使汽车行驶速度保持一定。它可以降低驾驶员踩踏加速踏板的频率，减轻了驾驶员的疲劳程度。由于巡航控制系统能自动地维持车速，避免了不必要的加速踏板的人为变动，进而也改善了汽车的燃油经济性和发动机的排放性能。

6.9.1 巡航系统的组成与工作原理

汽车巡航控制系统主要由传感器、操作开关、巡航控制 ECU 和执行机构等组成。传感器和开关将信号送入巡航控制 ECU，ECU 根据这些信号计算适当的节气门开度，并给执行器发出信号，自动调节节气门开度，实现对车速的恒定控制。

1．传感器

（1）车速传感器

车速传感器用于提供一个与汽车实际车速成比例的交变振荡脉冲信号，巡航控制将此信号进行处理后，对行驶车速进行控制。车速传感器与发动机电控系统及自动变速器共用。

（2）节气门位置传感器

节气门位置传感器给巡航控制提供一个与节气门位置成正比的电信号，该传感器也与发动机电控系统共用。

（3）节气门控制摇臂传感器

节气门控制摇臂传感器可为巡航控制提供节气门摇臂位置的电信号，目前节气门控制摇臂传感器应用较多的是滑线电位计式。当节气门控制摇臂转动时，滑线电位计随之转动，便输出一个与控制摇臂位置成比例且连续变化的电信号。

2．操作开关

操作开关主要用于设置巡航车速或将其重新设置为另一车速以及取消巡航控制等。它主要包括主开关、控制开关和退出巡航控制开关。

（1）主开关

主开关（MAIN）是巡航控制系统的主电源开关，采用按键方式，每次将其推入，该系统的电源就接通或断开，主开关接通时，如将点火开关关闭，即使点火开关再次接通，主开关仍保持关闭。

（2）控制开关

手柄式控制开关有 5 种控制功能：SET（设置）、COAST（减速）、ACC（加速）、RES（恢复）CANCEL（取消）。SET 和 COAST 模式共用一个开关。

3．巡航控制 ECU

巡航控制 ECU 由处理芯片、A/D、D/A、IC 及保护电路等组成，ECU 接收来自转速传感器和各种开关的信号，按照存储的程序进行处理，当车速偏离设定的巡航车速时，给执行器一个电信号，控制执行器的动作，使实际车速与设定车速相一致。图 6.33 所示为一个典型的以单片机为主的巡航控制 ECU 方框图。

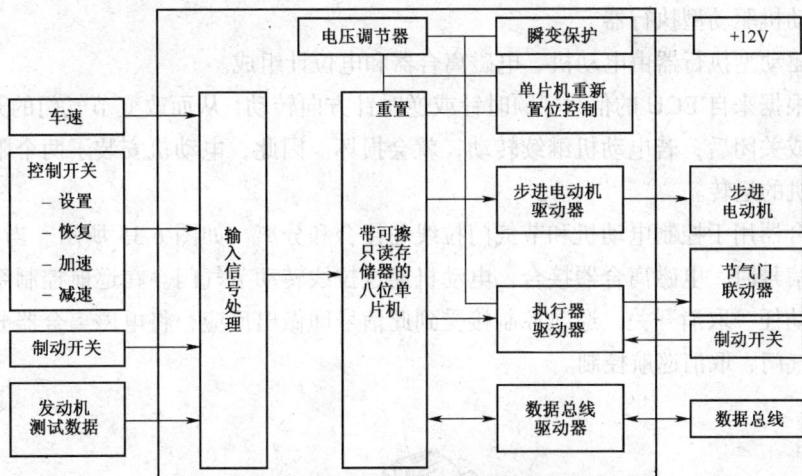

图 6.33　巡航控制系统图

汽车在巡航控制状态时，一般当车速低于 40km/h 时，ECU 将巡航控制取消，这样使汽车在制动、转弯时，巡航控制不起作用。当车速超过设定车速 6～8km/h 时，也将自动取消巡航控制，以确保行车安全。

4．执行机构

执行器可将 ECU 输出的电流或电压信号转变为机械运动，进而控制节气门的开度，最终达到控制车速的目的。目前使用的执行器有两种类型，一种是真空驱动型，另一种是电动机驱动型。前者由负压操纵节气门，后者由电动机操纵节气门。

（1）真空驱动型执行器

真空驱动型执行器可用于发动机进气歧管真空度控制，当进气歧管负压太低时，用真空泵提高负压进行控制。真空驱动型执行器的工作原理如图 6.34 所示。

执行器活塞连杆与节气门拉杆相连，当活塞连杆对节气门拉杆无作用时，弹簧力使节气门关闭。当节气门的输入信号 Ve 对电磁阀线圈通电时，压力控制阀阀芯克服阀弹簧力下移，执行器活塞气缸与进气歧管相通。由于进气歧管内为真空，于是执行器气缸压力迅速下降，执行器活塞带动节气门拉杆向左运动，从而使节气门平顺渐进地打开。活塞上的作用力随气缸中平均压力的变化而变化，而气缸中的平均压力则通过快速通断压力控制阀来控制。

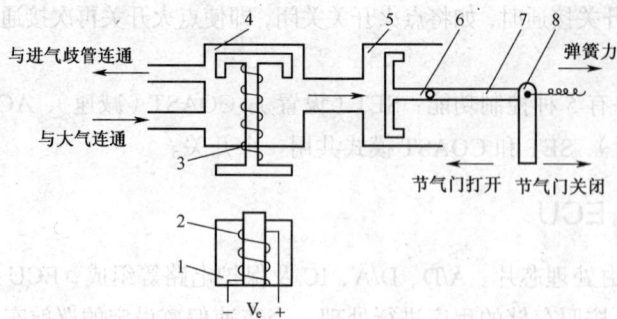

图 6.34　真空驱动型执行器的工作原理

1—电磁铁　2—电磁线圈　3—阀弹簧　4—压力控制阀　5—气缸　6—活塞　7—连杆　8—节气门拉杆

（2）电动机驱动型执行器

电动机驱动型执行器由电动机、电磁离合器和电位计组成。

电动机根据来自 ECU 的信号，顺时针或逆时针方向转动，从而改变节气门的开度。节气门已完全打开或关闭后，若电动机继续转动，就会损坏。因此，电动机安装了两个限位开关，用于控制电动机的运转。

电磁离合器用于控制电动机和节气门拉线的接合和分离，如图 6.35 所示。当 ECU 给执行器发出控制信号时，电磁离合器接合，电动机通过拉线转动节气门。在巡航控制系统工作室，或驾驶员按动任一取消开关，巡航控制接受到此信号即做出反应，将电磁离合器分离，阻止电动机转动节气门，取消巡航控制。

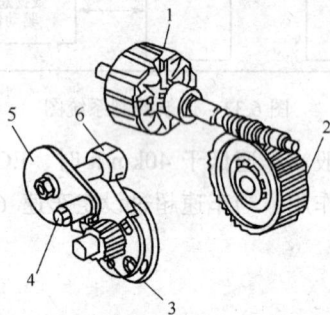

（a）电磁离合器结构

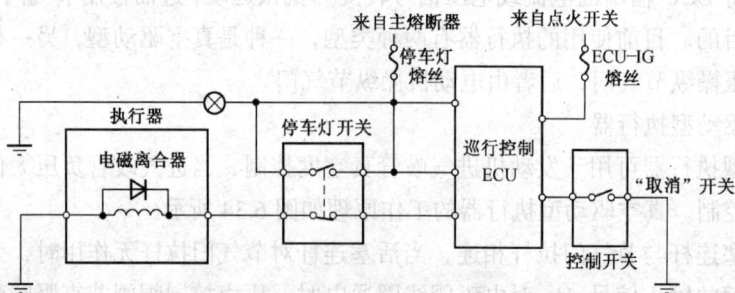

（b）电磁离合器控制电路

图 6.35　电磁离合器及其控制电路

1—驱动电动机　2—涡轮　3—离合器片　4—节气门至节气门拉线
5—控制臂　6—主减速器

6.9.2　巡航系统其他功能

1．匀速控制功能

ECU 将实际车速与设定车速进行比较，若车速高于设定车速，控制执行器将节气门适当关闭；若车速低于设定车速，控制执行器将节气门适当开启，使车速保持一定值。

2．设定功能

当主开关接通，车辆在巡航控制车速范围（40～200km/h）内行驶时，若 SET/COAST 开关接通后松开，巡航控制 ECU 便将此车速存储于存储器内，并使车辆保持这个速度行驶。

3．滑行功能

当车辆以巡航控制模式行驶时，若 SET/COAST 开关接通后不松开，执行器就会关闭节气门，使车辆减速。ECU 将开关松开时的车速存储，并保持此车速行驶。

4．加速功能

当车辆以巡航控制模式行驶时，若 SET/COAST 开关接通，执行器就会将节气门适当开启，使车辆加速。ECU 将开关松开时的车速存储，并保持此车速行驶。

5．自动取消功能

当车辆以巡航控制模式行驶时，若出现伺服调速电动机或安全电磁阀晶体管驱动电流过大，伺服电动机始终朝节气门打开方向转动时，存储器中设置的车速被清除，安全电磁阀离合器断电，巡航控制取消，控制开关同时关闭。

在巡航控制行驶期间，若出现车速低于 40km/h，巡航控制系统的电源中断时间超过 5 秒巡航控制也被取消，但存储器中设定的速度尚未取消，巡航控制功能可用 SET 或 RES 开关恢复。

6．诊断功能

巡航控制系统发生故障时，ECU 确定故障并使组合仪表上的故障指示灯闪烁，以提示驾驶员。同时 ECU 存储相应的故障代码，故障代码可通过故障指示灯显示给驾驶员。

6.9.3　巡航控制系统的使用

巡航控制系统的操纵手柄有 4 个挡位开关的位置，手柄的端部有按钮，这个按钮是巡航控制系统的主开关，按下按钮时，仪表板上巡航控制系统的 CRUISE ON-OFF 指示灯亮，表示巡航控制系统进入运行状态；如再按一下，则按钮弹起，指示灯灭，表示巡航控制系统处于关闭状态。操纵手柄朝下扳动是巡航速度的设定开关，向上推则是巡航速度取消开关，朝转向盘方向扳起是车速恢复开关。巡航控制系统的使用方法如下。

1．设定巡航速度

为确保行车安全，巡航控制系统的低速控制点一般为 40km/h，低于此速度时，巡航系统不工作。设定巡航速度的方法：第一，开启巡航控制系统，按下 CRUISE ON-OFF 按钮，踩下加速踏板，使车辆加速。第二，当车速达到设定值时，将巡航控制系统操纵手柄置于 SET/COAST 位置并释放，即进入自动行驶状态，驾驶员可将加速踏板松开，巡航控制系统会根据汽车行驶时阻力的变化，自动调节节气门的开度，使车速保持在设定的范围内。若驾驶员想要加速，如需超越前方车辆时，只要踩下加速踏板即可。超车完毕后再释放加速踏板，汽车便又恢复到已设定的巡航速度行驶。

2. 取消设定巡航速度

取消设定的巡航速度，有几种方法可供选择：第一，将巡航控制系统操纵手柄置于 CANCEL 位置并释放。第二，踩下制动踏板使汽车减速。第三，装备手动变速器（MT）的汽车，踩下离合器踏板即可；装备自动变速器（AT）的汽车将换挡操纵手柄置于空挡即可。

当车速低于 40km/h 时，则设定的巡航速度将自动取消；当汽车减速后，汽车的行驶速度低于巡航车速时，巡航控制系统也将自动停止工作。

3. 使用注意事项

（1）为了让汽车获得最佳控制，当遇到交通阻塞，在雨、冰、雪等湿滑路面上行驶时，或遇上大风天气时，不要使用巡航控制系统。

（2）在不使用巡航控制系统时，务必使巡航控制系统的控制开关处于关闭状态。

（3）汽车行驶在陡坡上时，使用巡航控制系统，会引起发动机转速变化过大，因此最好不要使用巡航控制系统。下坡时，若车辆的实际行驶速度比设定车速高出太多，则可不用巡航系统，可将变速器换入低挡，利用发动机制动使车速得到控制。

（4）使用巡航控制系统要注意观察仪表指示灯是否闪亮，若闪亮，则表明巡航控制系统处于故障状态。发现故障时，应停止使用巡航控制系统，待排除故障后再使用巡航控制系统。

（5）ECU 是巡航系统的中枢，对电磁环境、湿度及机械振动等有较高的要求。应保持 ECU 电源接插件接线正确、连接可靠。在维修中重新接线，必须注意电源的极性及电源线的位置。电源接插件应保持清洁，金属部分应保持无氧化、无变形和无油污。

6.10
空调系统

汽车空调系统是汽车空气调节系统的简称，它是空气调节的重要分支。利用汽车空调可以获得新鲜而舒适的车室内环境。目前汽车空调控制的主要发展方向是电控自动控制和计算机及总线技术控制。

6.10.1 空调系统概述

汽车空调系统是人为的调节车内空气状况的设备，包括暖风和冷风两部分。空调系统的正确使用，可以起到通风、除湿、加热和制冷作用；同时预防或除去附在风窗玻璃上的雾、霜或冰雪，以确保驾驶员的视野清晰与行驶安全。空调系统可以使车内有足够的新鲜空气，以减轻乘员出现的疲劳、头痛和恶心等症状；能够按照乘员的要求，对气流的温度和分布进行调节，使车内保持稳定的舒适温度。

1. 空调质量指标

衡量空调系统质量的指标主要有 4 个，即温度、湿度、流速和清洁度。

2. 制冷剂及润滑油

（1）制冷剂

空调系统是利用蒸汽压缩制冷装置来制冷的，是由制冷剂循环流动实现的。液体制冷剂在蒸发器中低温下吸取被冷却对象的热量而汽化，使被冷却对象温度降低。然后，又在高温下把热量传给周围介质而冷凝成液体。如此不断循环，借助于制冷剂的状态变化，达到制冷目的。在制冷设备中，如果没有制冷剂，制冷装置就无法实现制冷，其作用就像人的血液一样。制冷剂的性能直接影响制冷循环的技术经济指标。应根据不同制冷装置的特点，合理选择制冷剂，使制冷装置正常工作和安全运行。

制冷剂的种类及使用情况如下。蒸汽压缩制冷机使用的制冷剂，绝大部分都是氟里昂，国际上用英文字母 R 来表示（英文制冷剂 Refrigerant 的第一个字母）。氟里昂是饱和碳氢化合物的卤族元素衍生物，含有卤族元素的氟、氯，有时加入溴原子取代饱和碳氢化合物，如甲烷、乙烷、丙烷、丁烷的氢原子所得的化合物，因而氟里昂品种繁多。在汽车空调系统中，常用的制冷剂有两种，分别是 R12 和 R134a。长期以来，汽车空调系统大多采用 R12 作为制冷剂。众所周知，R12 泄漏后进入大气会破坏地球的臭氧保护层，危害人类的健康和生存环境，引起地球的温室效应。目前，汽车空调系统已经全部使用 R134a 制冷剂。

（2）润滑油

制冷设备使用的润滑油一般称冷冻油。润滑油是压缩机正常运转的必要条件，保证压缩机正常可靠工作和延长使用寿命。

冷冻油的作用有以下几项。

① 润滑作用。压缩机是高速运动的机器，轴承、活塞、活塞环、连杆曲轴等零件表面需要润滑，减少阻力和磨损、延长使用寿命、降低功耗、提高制冷系数。

② 密封作用。汽车使用的压缩机，都是半封闭式，压缩机输入轴需油封来密封，防止 R12 泄漏，有润滑油，油封才起密封作用。同时，活塞环上的润滑油，不仅起减小摩擦的作用，而且起密封压缩蒸汽的作用。

③ 冷却作用。运动的摩擦表面，产生高温，需要用冷冻油来冷却。冷冻油冷却不足，会引起压缩机温度过热、排气压力过高、降低制冷系数，甚至烧坏压缩机。

④ 降低压缩机噪声。润滑油是溶解在制冷剂里的，小型制冷设备的润滑油和制冷剂一起进行循环。不同的制冷设备有不同的排气温度和压力。对润滑油的性能要求也不尽相同。正确选用润滑油是非常重要的。

对于汽车空调使用的冷冻油，一般用国产冷冻油 18 号或 25 号，其性能见表 6.2。

表 6.2   国产冷冻油

序号 技术参数	13 号	18 号	25 号	30 号
运动黏度（50℃）/厘斯	11.5～14.5	>18	>25.4	<30
凝固点/℃	<-40	<-40	<-40	<-40
开口闪点/℃	<160	<160	<170	<180

续表

序号 技术参数	13 号	18 号	25 号	30 号
酸值/（mg/<KOH/g）	<0.14	<0.03	<0.02	<0.01
机械杂质/%	无	无	无	无
灰分/%	<0.012			
水分/%	无	无	无	无

6.10.2 空调系统总体构造及制冷循环过程

1. 空调系统组成

空调系统是由压缩机、冷凝器、干燥器、压力开关、膨胀阀、蒸发器、鼓风机等部件组成。典型的空调系统如图 6.36 所示。

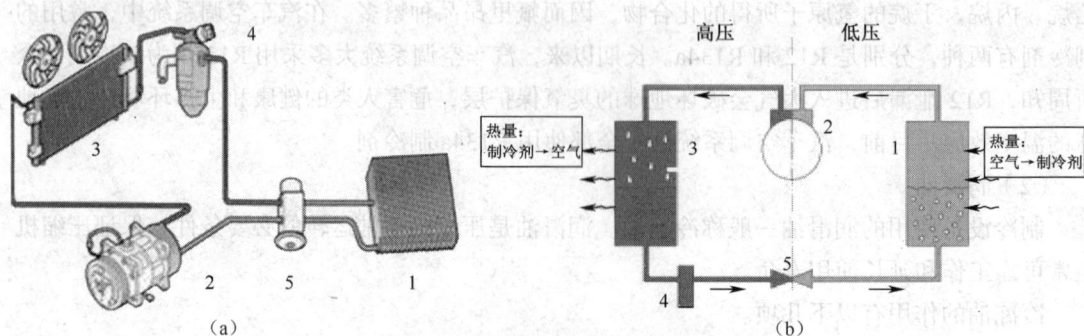

图 6.36 空调系统组成及工作循环图
1—蒸发器 2—压缩机 3—冷凝器 4—干燥器 5—膨胀阀

2. 空调系统制冷循环过程

各部件由下列 3 种管路连成空调系统：高压软管，用于连接压缩机和冷凝器；液体管路，用于连接冷凝器和蒸发器；回气管路，用于连接蒸发器和压缩机。压缩机输出侧、高压管路、冷凝器、储液干燥器和液体管路构成高压侧；蒸发器、回气管路、压缩机输入侧构成低压侧。压缩机是空调系统高、低压侧的分界点；膨胀阀或孔管是高、低压侧的另一分界点。R134a 制冷剂的压缩、冷凝、膨胀和蒸发，是汽车空调的基本过程，而实现这一过程是依靠高、低压侧的各种组件完成的。

从压缩机出来的高温、高压制冷蒸汽通过高压软管进入冷凝器。由于车外温度低于进入冷凝器的制冷剂温度，借助于冷凝风扇的作用，在冷凝器中的制冷剂的大量热量被车外空气带走，从而高温、高压气体被冷凝成高温、高压的液体。这种高温、高压液体流过节流膨胀阀时，由于节流作用，体积突然变大而降压，变成低温、低压的雾状物（液体）进入蒸发器，在定压下汽化。由于制冷剂在管内汽化时的温度低于蒸发器管外的车内循环风，故它能自动吸收管外空气中的热量，从而使流经蒸发器的空气温度降低，产生了制冷降温的效果，汽化了的制冷蒸汽被压缩机抽吸压缩，变成高温、高压的气体，又通过高压软管送向冷凝器。这样就完成了一个制冷系统的热力循环。工作系统如图 6.37 所示。

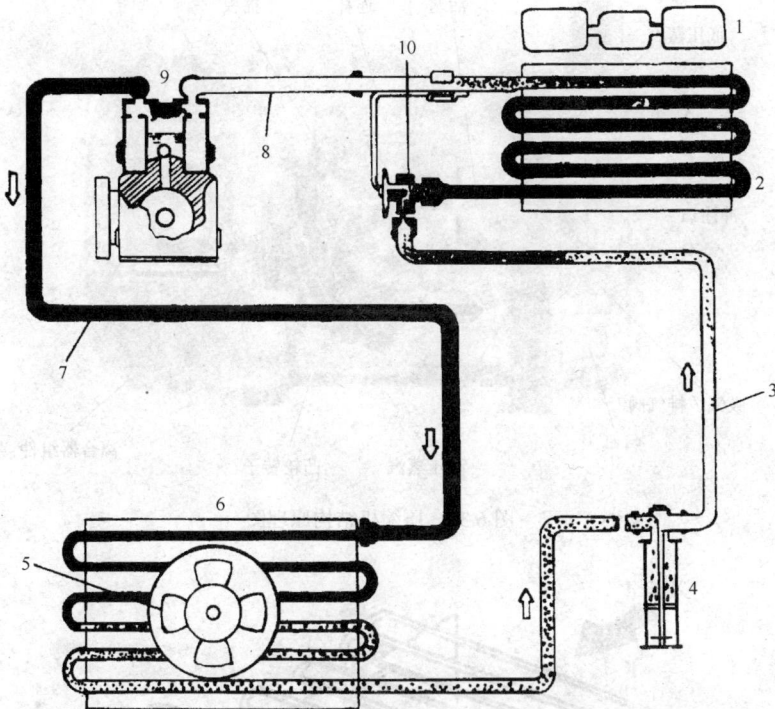

图 6.37 制冷系统热力循环图

1—鼓风机 2—蒸发器 3—液管 4—储液干燥器 5—风扇 6—冷凝器
7—排气管 8—吸气管 9—压缩机 10—膨胀阀

6.10.3 空调系统主要部件

1. 压缩机

压缩气体并使气压增高的机器称为压缩机。空调系统的压缩机工作时吸气阀吸入制冷剂，压缩后从排气阀排出。其原理与普通空气压缩机相似，只是密封程度的要求比空压机的要高。压缩机的形式有曲轴活塞压缩机（并列双缸、V形双缸）、斜盘活塞压缩机、翘板活塞压缩机、旋转叶片压缩机等。以摆动斜盘式压缩机为例，如图 6.38 所示，它是一种往复式单向活塞结构的压缩机。由斜盘操作的活塞在气缸内往复运动。与活塞连接的行星盘，在一对防旋齿轮的作用下，在斜盘的推动下只能做摆动，不能跟斜盘一道旋转。当斜盘转动时推动行星盘改变角度，引起活塞的往复运动，将制冷剂气体吸入到压缩机，开始压缩，然后将高压气体排出到冷凝器。

2. 冷凝器

冷凝器是由管道、散热片、框架组成，如图 6.39 所示。

其管道进出口用螺纹连接，便于拆装。冷凝器管道成蛇形，管上密布着散热片，它由很薄的铝合金片做成，用框架将其组成长方形，由支撑架用螺栓固定在车箱外的车体上，形状与发动机的散热器相似，它的管道一般采用铝合金，也有的采用铜管。

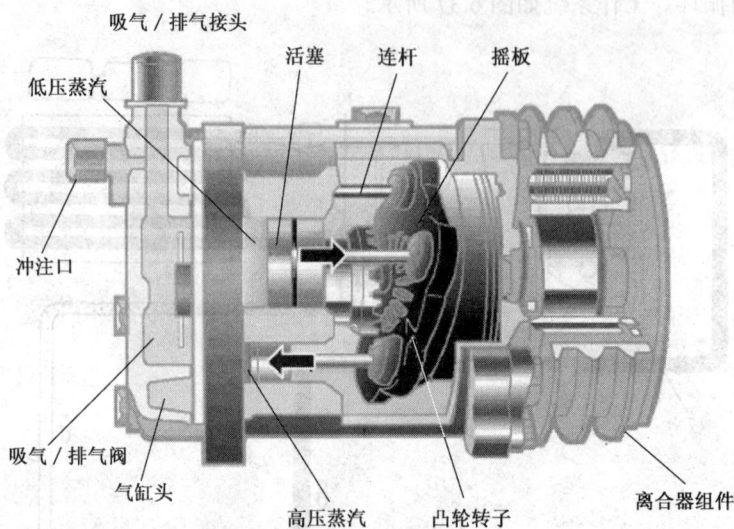

图 6.38　压缩机结构原理图

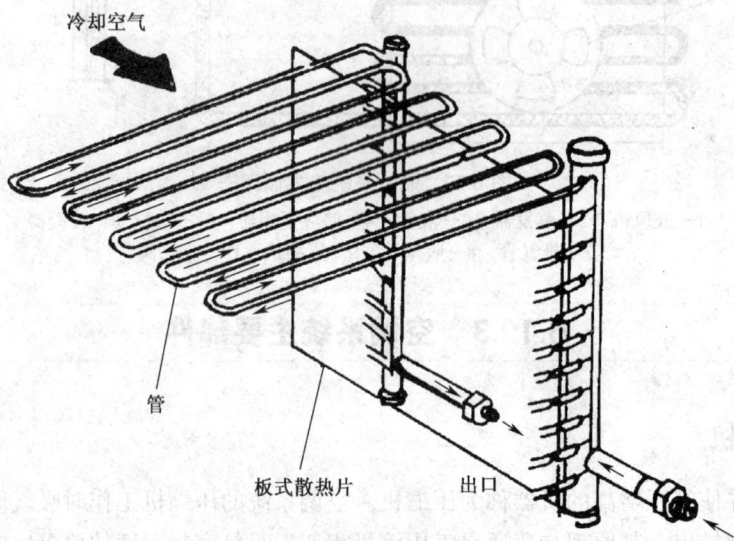

图 6.39　冷凝器结构

　　冷凝器宽大而薄，目的在于提高散热效果。冷凝器工作时，由冷却风扇形成的快速空气流，带走冷凝器管内制冷剂的热量，从而使制冷剂由气态变成液态。

3. 蒸发器

　　蒸发器也是一种换热装置，外形近似冷凝器，但比冷凝器窄、小、厚，其目的是为了在鼓风机的风力通过它时，能输送更多的冷气，结构如图 6.40 所示。蒸发器通常装在仪表板后的风箱内，依靠风机使车外空气或车内空气流经蒸发器，以便冷却。大型轿车配置 2 个蒸发器，一个装在车前部，一个装在车后部，各有膨胀装置和积累干燥器。进入蒸发器的液态制冷剂都含有少量冷冻机油。制冷剂蒸发后，留下的是一层冷冻机油，这不利于蒸发器的传热。低温会使冷冻机油粘稠，而又集中在蒸发器的中心地带。若是管翘蒸发器，这个问题就可以解决，因为制冷剂要流动，这有利于推动沉积的冷冻机油离开蒸发器。若是板翘蒸发器，就有助长冷冻机油沉积在蒸发器底部的趋势。因为该型蒸发器可以起油池和储油的作用。积油增多，然后流入积累器，因此，有些厂家已经转而生产管翘蒸发器。在蒸发器工作时，车内相对湿度降低，而空气中多余的水分会逐渐凝结成水珠，汇集在一起通过出水管道向车外排出。为了节能，使鼓风机的空气来源于车厢内已经由蒸发器冷却过的低温空气，冷却后再送入车厢，如此反复进行循环。由此可见，汽车空调不仅对车厢起降温作用，同时还能起除湿作用。

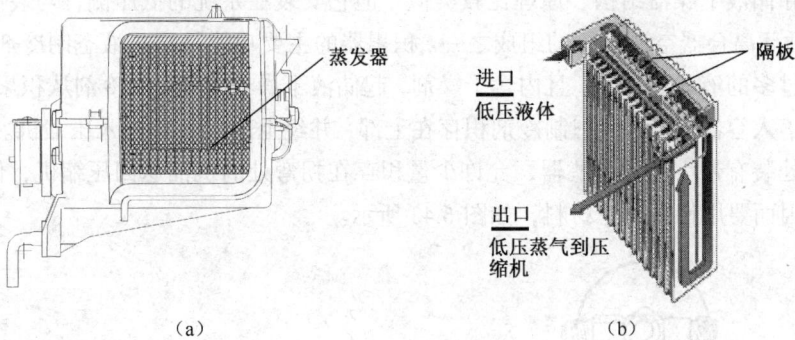

图 6.40　蒸发器结构图

4．膨胀阀

膨胀阀安装在蒸发器入口管路上，它是一种感压和感温自动阀（小型空调只起感温作用），用以调整和控制进入蒸发器的制冷剂量，如图 6.41 所示。膨胀阀按其形状可分为 F 型、H 型等；按平衡方式可分为内平衡膨胀阀、外平衡膨胀阀；按调节方式分内置调节式和外置调式。

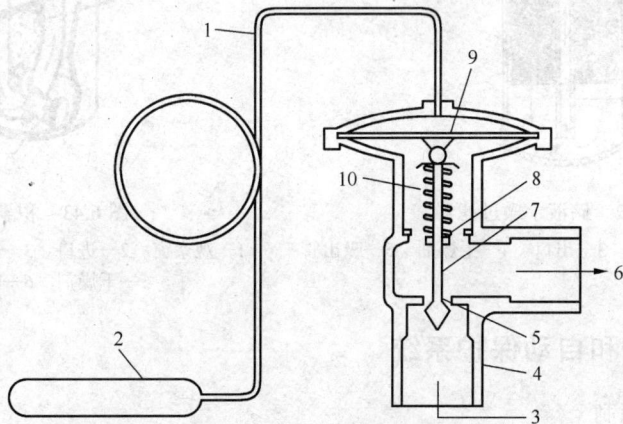

图 6.41　膨胀阀结构示意图

1—毛细管　2—感温包　3—入口　4—阀体　5—节流阀　6—出口　7—推杆　8—针阀　9—膜片　10—弹簧

5．储液干燥过滤器

储液干燥过滤器在冷凝器和膨胀阀之间，由于膨胀阀的出口处于低温，所以如果制冷剂里有水分，就会冻结而将其出口堵塞。干燥过滤器有过滤杂质、吸收水分、防止堵塞的作用。另外还可以储存由冷凝器送来的高压液体制冷剂。图 6.42 所示为储液干燥过滤器结构示意图。储液干燥器壳内装有铜丝布网制作的过滤器及干燥用的硅胶。在储液干燥过滤器壳体的顶部，还装有安全熔塞。它是将低熔点的合金灌铸在熔塞的小孔中，若由于某种原因，使得高压侧压力骤然升高，温度也随之升高，当温度上升至100℃～105℃，或者压力超过2.94MPa时，可熔塞就会融化或被冲破，及时将制冷剂喷射到大气中，防止损坏制冷装置。玻璃观察窗用于观察系统制冷剂循环流动的情况，一般观察窗出现气泡表示循环制冷剂不足；无气泡，则表示适量。

6. 积累器

积累器和储液干燥器结构、原理比较类似，但它安装在系统的低压侧，与装有膨胀管的系统配套，是循环离合器空调系统的组成之一。积累器的主要功能是防止液态制冷剂液击压缩机，也用于储存过多的液态制冷剂，且内含干燥剂，起储液干燥器作用。制冷剂从积累器上部进入，液态制冷剂落入容器底部，气态制冷剂积存在上部，并经上部出气管进入压缩机。在容器底部，出气管拐弯处装有带小孔的过滤器，允许少量积存在拐弯处的机油返回压缩机，但液体制冷剂不能通过，因而要用特殊过滤材料，如图6.43所示。

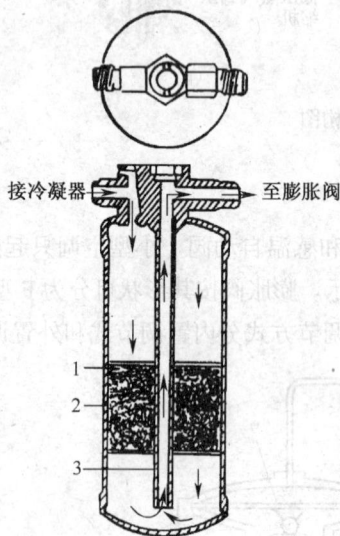

图 6.42 储液干燥过滤器
1—观察窗 2—进口 3—出口 4—干燥剂 5—吸出管

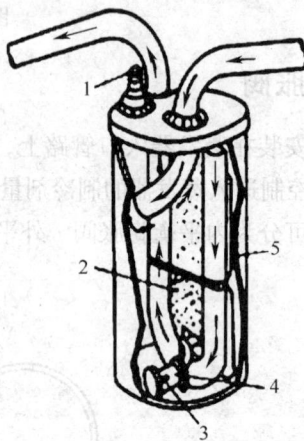

图 6.43 积累器
1—观察窗 2—进口 3—出口 4—滤网
5—干燥剂 6—吸出管

7. 自动控制和自动保护系统

（1）温度自动控制

蒸发器温度传感器在设定温度下通过切断/吸合电磁离合器来控制整个制冷系统是否工作（蒸发风机常转）。

（2）压力控制

压力控制采用三态压力开关。高压压力太高或低压压力太低时，高压压力开关或低压压力开关断开，切断电磁离合器，制冷系统停止工作。当压力恢复正常时，电磁离合器吸合，制冷系统恢复工作。空调刚开启时，冷凝器风扇处于低速挡；当冷凝器压力升高超过1.77MPa时，中压开关接通，冷凝器风扇处于高速挡，增强冷凝器换热效果。当冷凝器压力下降到低于

1.37MPa 时，中压开关断开，冷凝器风扇又处于低速挡。

6.10.4　空调系统控制系统

空调系统控制系统安装于仪表板上，空调器可以在车辆发动机运转的时候被控制。暖风机的功能直接与发动机冷却液的温度有关，在发动机增温后再使用暖风机。可以通过调整风扇速度来调整风量。

空调系统的控制面板有两种：手动空调控制面板和自动空调控制面板。

（1）手动空调控制面板

其按键工作状态列于表 6.3 中，面板结构图如图 6.44 所示。

表 6.3　　　　　　　　　　　　　按键工作状态

操　作	按键位置	工作状态	气流分配			
			吹面		吹脚	除霜
			中央	侧面		
进风模式按钮	外循环	不按按钮时为外循环（新风）状态				
	内循环	按下按钮时为内循环（车内循环风），指示灯亮				
暖气→冷气	混合风门旋钮	旋钮左旋到底为全冷风状态，旋钮右旋到底为全暖风状态，中间任意位置为冷暖混合风状态				
空调开关	A/C 开关	鼓风机开启时，按下 A/C 开关，指示灯亮，此时制冷压缩机工作，系统处于制冷状态				
后除霜开关	〔✖〕	按此键时，出风模式为后风挡玻璃除霜状态，此信号有规定时间的延时，规定时间之后自动关闭后除霜				
模式风门旋钮	吹面 🏃	风由中央、侧面出风口吹出，吹面部	★	★		
	吹面/吹脚 🏃	风由中央、侧面、底部出风口吹出，吹脚及面部	★	★	★	
	吹脚 🚶	风由底部出风口吹出，吹脚			★	
	吹脚/除霜 〰	风由底部和挡风玻璃底部出风口吹出，系统吹脚、除霜			★	★
	除霜 〰	风由风挡玻璃底部出风口吹出，系统处于除霜状态				★

（2）自动空调控制面板

电控自动空调系统 ECU 能根据各种传感器输入的信号和设定温度，通过空气混合风门改变冷热风的比例，进而控制空气的温度。当车内温度达到设定温度值时，ECU 停止驱动伺服电动机，并把此位置存入存储器；ECU 还通过配风方式风门控制气流流向；通过进气风门控制进气来自车内还是来自车外。另外，ECU 还有故障自行诊断功能。电控自动控制空调系统操纵面板其按键工作状态列于表 6.4 中，面板结构图如图 6.45 所示。

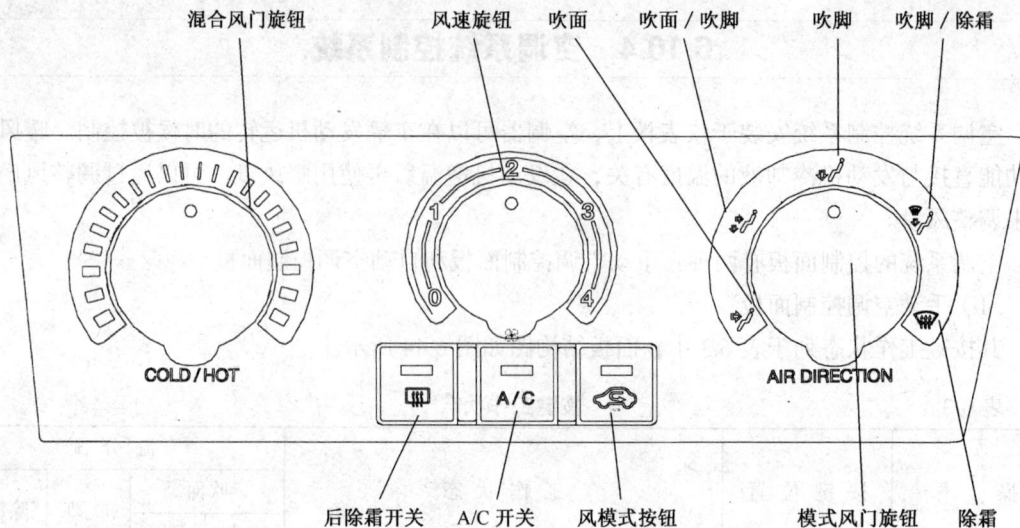

图 6.44　手动空调面板结构图

表 6.4 按键工作状态

操　　作	按 键 位 置	工 作 状 态	气 流 分 配			
			吹面		吹脚	除霜
			中央	侧面		
进风模式按钮	外循环	不按按钮时为外循环（环境新风）。按下按钮时为内循环，同时在显示屏上显示出内循环模式				
	内循环					
温度设定	红色	按此键设定温度升高，当显示屏上显示 H 时为最高				
	蓝色	按此键设定温度降低，当显示屏上显示 L 时为最低				
A/C 开关	A/C	风扇开启时，按下 A/C 开关，在显示屏上显示出 A/C 图标，此时制冷压缩机工作，系统处于制冷状态。再按一下空调制冷关闭				
后除霜开关		按此键时，显示屏显示该图标，出风模式为后风挡玻璃除霜状态，此信号有规定时间的延时，规定时间之后自动关闭后除霜				
出风模式按钮（每按一次，由上到下循环）	吹面	风由中央、侧面出风口吹出，吹面部。此时显示屏显示该图标	★	★		
	吹面/吹脚	风由中央、侧面、底部出风口吹出，吹脚及面部。此时显示屏显示该图标	★	★	★	
	吹脚	风由底部出风口吹出，吹脚。此时显示屏显示该图标			★	
	除霜	风由脚部、风挡玻璃底部出风口吹出，系统处于吹脚、除霜状态。此时鼓风机工作			★	★

续表

操 作	按键位置	工作状态	气流分配			
			吹面		吹脚	除霜
			中央	侧面		
前除霜开关	❄	按此开关，显示屏显示该图标，风由风挡玻璃底部出风口吹出，系统处于除霜状态。此时鼓风机工作				★
自动运行按钮	AUTO	按此键时，显示屏 AUTO 及风叶、风速图标亮，此时系统进入自动运行模式，系统围绕用户设定的车内温度（除了选择全冷和全热之外），对出风模式、风速、内外循环等进行智能控制				
经济运行	ECON	按此键时，显示屏 ECON 图标亮，此时系统进入经济运行模式，这时系统的出风模式、内外循环、风速的变化等将随使用者对温度的设定进行自动或手动控制				
关闭按钮	OFF	按此键时，此时控制器处于关闭状态，空调停止工作				
风速选择按钮	△ ▽ ❁	按此键时，随箭头所示方向升高或降低风速。显示屏显示相应图标				
环境温度显示开关	OUT TEMP	按此键时，显示屏 OUTSIDE 图标亮，显示环境温度，当在该显示时间段内再按下此键则停止显示环境温度				

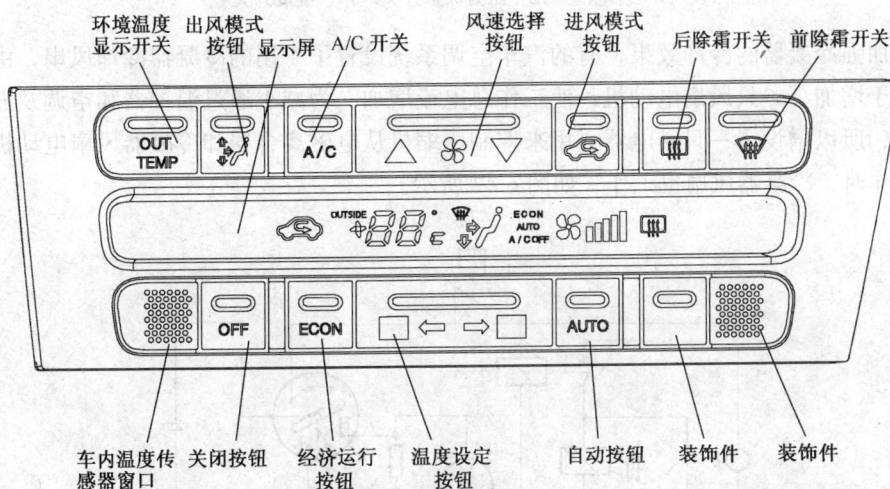

图 6.45　自动空调面板结构图

6.10.5　空调系统基本电路

汽车空调系统的基本电路一般包括电源电路、鼓风机控制电路和电磁离合器控制电路，如图 6.46 所示。其工作过程是接通空调及鼓风机开关，电流从蓄电池流经空调及鼓风机开关后分为两路，一路从上面经温控器至电磁离合器，使电磁离合器线圈通电，压缩机被发动机带动开始工作，同时与电磁离合器并联的压缩机工作指示灯也通电发亮；另一路从开关下面L，通过两个鼓风机调速电阻到鼓风电动机，这时鼓风电动机也开始运转。由于电流通过两个电阻才到达鼓风电动机，故这时电动机的转速最低。转动空调及鼓风机开关，上面电路不变，下面电路通过开关的 M 点，电流只经一个调速电阻到鼓风电动机，因此电动机转速不高。再转动开关，上面电路仍不变，下面电温控器的触点在车厢内温度高于设定温度时是闭合的。如果由于空调的工作使车厢温度低于设定温度时，温控器触点断开，电磁离合器断电，压缩机停止工作，指示灯熄灭，这时鼓风机仍在工作。空调停止工作后，车厢温度上升，当车厢温度高于设定温度时，温控器的触点又闭合，电流通过电磁离合器线圈使压缩机再工作，使车厢内温度控制在设定的温度范围内。

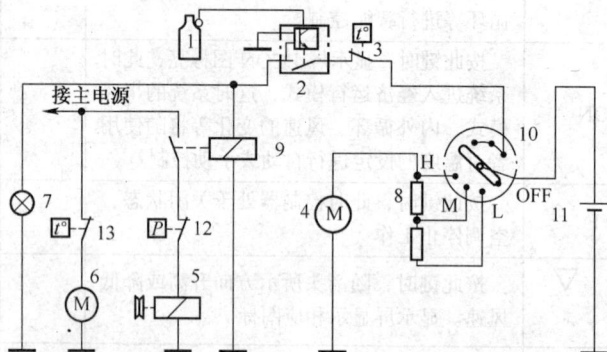

图 6.46　汽车空调系统基本电路

1—点火线圈　2—发动机转速检测电路　3—温控器　4—蒸发器风扇电动机　5—电磁离合器　6—冷凝器风扇电动机
7—空调工作指示灯　8—调速电阻　9—空调继电器　10—空调及鼓风机开关
11—蓄电池　12—压力保护开关　13—温度开关

为了加强冷凝器的冷却效果，有的汽车空调系统设置了专用的冷凝器冷却风扇，由电动机驱动，由于增加了一只风扇电动机，使工作总电流增加，为减小通过温控器和空调及鼓风机开关的电流，所以增设了一只继电器，用来控制压缩机从电磁离合器和冷凝器风扇电动机电路，压缩机工作时，冷凝器风扇也工作，如图 6.47 所示。

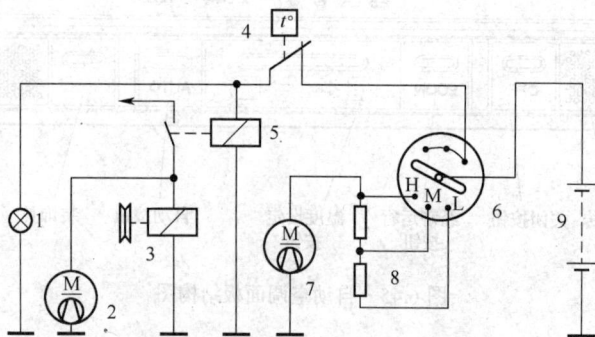

图 6.47　装有冷凝器冷却风扇电路

1—压缩机工作指示灯　2—风扇电动机　3—电磁离合器　4—温控器　5—继电器
6—空调及鼓风机开关　7—鼓风机电动机　8—鼓风机调速电阻　9—蓄电池

为了保证空调系统更好地工作，有的汽车空调系统还设置了一只发动机转速检测继电器，其工作是只有当发动机转速高于 800～900r/min 时，才能接通空调电路。在怠速和转速低于此转速时，继电器自动切断压缩机电磁离合器电路，使空调无法起动。

为了更精确地控制蒸发器出口的温度，在有些汽车的空调制冷系统中由热敏电阻和空调放大器来控制压缩机电磁离合器电路的接通与切断。具有负温度系数的热敏电阻安装在蒸发器送风出口，当送风温度升高时，热敏电阻阻值减小；反之，阻值增大。可通过热敏电阻串联形成的温度调整电阻来设置空调系统的送风温度。空调放大器是一只电子电路的开关，对温度信号（对应热敏电阻的阻值）进行处理。

空调放大器的电路如图 6.48 所示。当温度调整电阻设定后，放大器中 B 点的电位高低取决于热敏电阻的大小。当车内温度高于设定温度时，热敏电阻阻值减小，B 点电位降低，三极管 VT_3 截止，而 VT_4 导通，于是继电器 5 线圈通电，其触点闭合，接通压缩机电磁离合器电路，制冷系统工作，从而温度下降。当温度降低后，热敏电阻阻值增大。B 点电位升高，三极管 VT_3 导通，而 VT_4 截止，继电器线圈断电，触点张开，切断压缩机电磁离合器电路，制冷系统停止工作。由此循环工作，使车内温度保持在设定的范围内。调节温度调整电阻可改变 A 点电位，当温度调整电阻阻值减小时，A 点电位降低，三极管 VT_1 截止，VT_2 导通，VT_3 截止，VT_4 导通，制冷系统工作，设定温度低；反之温度调整电阻阻值增大时，设定温度高。

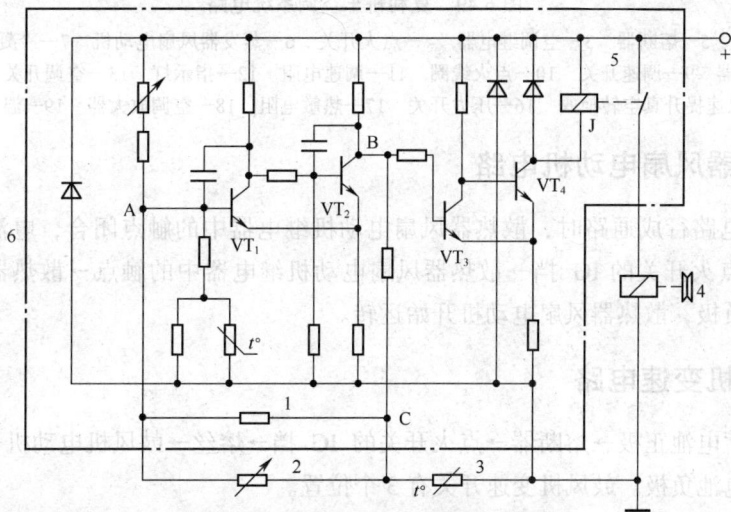

图 6.48　空调放大器的电路
1—内部电阻　2—温度调整电阻　3—热敏电阻　4—电磁离合器　5—继电器　6—放大器

6.10.6　典型手动空调电路

以夏利轿车空调系统电路为例进行分析，夏利轿车空调电路主要由蓄电池、点火开关、空调开关、电磁离合器、空调放大器、散热器风扇电动机继电器、鼓风机及其开关、压力开关、热敏电阻等组成，其控制电路如图 6.49 所示。

1.　电源控制电路

电流经过蓄电池正极→熔断器→点火开关→散热器风扇电动机继电器的控制线圈→温度开关→搭铁→蓄电池负极。其中温控开关由发动机散热器中的水温来控制。当水温在 83℃～90℃

时，温控开关断开，90℃以上时闭合，挡温控开关闭合时，该电路行成通路。

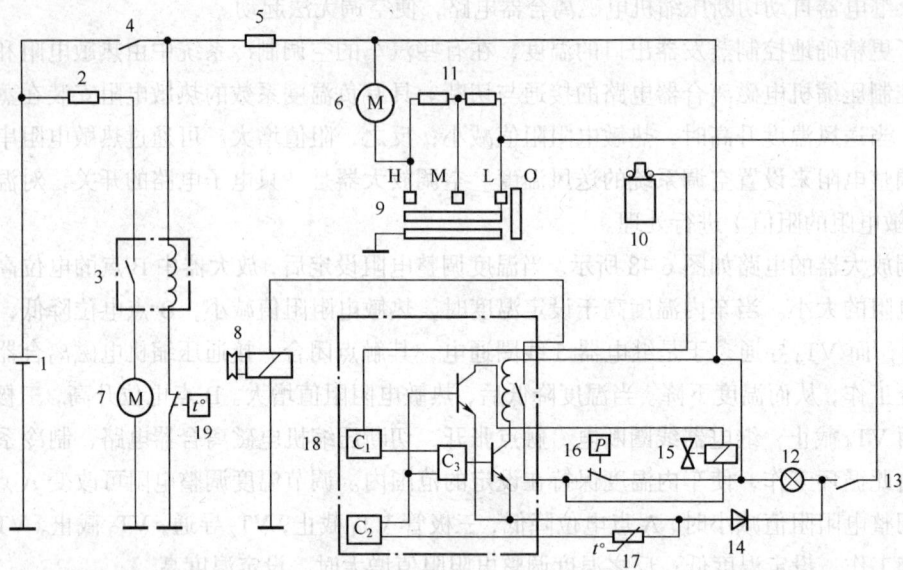

图6.49 夏利轿车空调系统电路

1—蓄电池 2、5—熔断器 3—空调继电器 4—点火开关 6—蒸发器风扇电动机 7—冷凝器风扇电动机
8—电磁离合器 9—调速开关 10—点火线圈 11—调速电阻 12—指示灯 13—空调开关 14—二极管
15—怠速提升真空转换阀 16—压力开关 17—热敏电阻 18—空调放大器 19—温度开关

2. 散热器风扇电动机电路

上述电源电路行成通路时，散热器风扇电动机继电器中的触点闭合，电流经过蓄电池正极→熔断器→点火开关的 IG 挡→散热器风扇电动机继电器中的触点→散热器风扇电动机→搭铁→蓄电池负极，散热器风扇电动机开始运转。

3. 鼓风机变速电路

电流经过蓄电池正极→熔断器→点火开关的 IG 挡→熔丝→鼓风机电动机→鼓风机变速开关→搭铁→蓄电池负极。鼓风机变速开关有 3 个位置。

① 当鼓风机变速开关放在空挡位置时，则电路不通。

② 当鼓风机变速开关放在 1 挡位置，则电流从鼓风机电动机至鼓风机变速电阻，再至鼓风机变速开关搭铁。因电流通过变速电阻的全部电阻，因此，这时鼓风机电动机以最低转速运转。

③ 当变速开关推到 2 挡时，则电流流过变换电阻的 1/2 电阻，电动机转速提高。

④ 当变速开关推到 3 挡时，电流不经过变速电阻，直接连到开关搭铁一端搭铁，这时转速最高。

夏利轿车的鼓风机在工作时，可以吹出暖风，也可以吹出冷风，也可以吹出同环境温度一样的气流，其关键在于制冷、供暖哪一部分在工作。所以在夏利轿车的空调中，鼓风机是独立工作的，但只有鼓风机工作时，空调开关才能作用。

4. 指示灯电路

电流经过蓄电池正极→熔断器→点火开关的 IG 挡→熔丝→空调指示灯→空调开关（闭合）→

鼓风机变速开关→搭铁→蓄电池负极，这时指示灯亮。

5. 空调放大器电路

电流经过蓄电池正极→熔断器→点火开关的 IG 挡→熔丝→空调放大器的控制线圈→空调放大器的三极管→二极管→空调开关→鼓风机变速开关→搭铁→蓄电池负极。因空调放大器中的控制线圈有电流流过，所以空调放大器内部继电器的触点闭合。

6. 电磁离合器电路

由于上述空调放大器内部继电器触点闭合，电流经过蓄电池正极→熔断器→点火开关的 IG 挡→熔丝→压力开关→空调放大器的触点→电磁离合器→搭铁→蓄电池负极，这时制冷压缩机运转。

7. 冷凝器风扇电路

电流经过蓄电池正极→熔断器→点火开关的 IG 挡→熔丝→空调放大器触点→冷凝器电动机继电器的控制线圈→空调开关→鼓风机变速开关→搭铁→蓄电池负极，这时冷凝器风扇电动机继电器的控制线圈通电，触点闭合。从蓄电池来的电流不经点火开关，直接通过熔断器至冷凝器风扇电动机继电器的主触点，再经冷凝器风扇电动机搭铁，冷凝器风扇也开始工作。

8. 电磁阀电路

电流经过蓄电池正极→熔断器→点火开关的 IG 挡→熔丝→压力开关→电磁阀→空调放大器的三极管→二极管→空调开关→鼓风机变速开关→搭铁→蓄电池负极。这时电磁阀通电，阀门打开，表示整个空调制冷系统正常，制冷剂可以在压缩机作用下在整个系统中循环。

夏利轿车空调控制电路中还有以下几个装置。

① 热敏电阻：一般安装在蒸发器外侧，以检测蒸发器出口温度将热敏电阻的阻值变化转化成电压的变化，将此电压加到空调放大器中，经放大、整形后控制压缩机电磁离合器工作。

② 转速检测装置：空调放大器可以根据取自发动机点火线圈的信号来检测发动机转速。当转速太低时，自动关闭压缩机电磁离合器电源，使压缩机和发动机分离，以减少汽车发动机的负荷，保证发动机不熄火。

③ 压力开关：当制动系统压力过低时，压力开关自动打开，以保证制冷系统正常工作。

6.10.7　具备新型总线技术的自动空调

以丰田新皇冠轿车上的汽车空调系统为例，介绍自动汽车空调系统电路结构及特点。该车空调系统采用最新设计、高效、紧凑的 RS（改良条状）蒸发器，SFA-Ⅱ（直吹铝制-Ⅱ）暖风机芯和 MF-Ⅳ（多流-Ⅳ）分冷凝器以减少重量；采用脉冲伺服电动机激活前空调装置里的缓冲器。另外，空调 ECU 和伺服电动机之间的控制电路安装在总线上，以减少线束的数目。采用容量可变的、6SBU16C 型压缩机以改进空调性能和节约能源。继续采用神经网络和左/右独立的温度控制系统。添加湿度传感器以消除多余的干燥效应。另外，采用新的垂直独立温度控制。这些部件的组合应用改进了车内的舒适性和燃油经济性。在前空调装置中采用超细型空气滤清器,在后空调装置中采用感光催化除臭功能(可选择)。另外,在顶置控制台上采用负离子发生器(一般国家车型的选配装置)。这些特征给驾驶室内提供新鲜的空气。自动再循环控制被新近采用为带后空调的一般国家车型的选装配置。自动再循环控制采用烟雾通风设备传感器来检测排放废气中的有害成分(比如 CO、HC 和 NO_x),通过新鲜和再循环模式的切换提高舒适性。仪表板调整 ECU 功能分为空调 ECU、车身 ECU 和仪表 ECU。

6.10.8　空调系统日常维护

日常维护的项目主要有以下几种。

1.　检查系统性能及制冷效果

首先把歧管式压力计的高、低压软管分别与系统的高、低压侧相连接。这时两个手动阀都处于关闭状态。起动汽车发动机,并使发动机转速保持在 2 000r/min 左右。按下空调开关,冷风机风量开到最高挡,待车内空气与外界空气充分对流后,关闭车窗,把空调拨杆放在制冷区。当外界环境温度为35℃左右,用干湿球温度计测得蒸发器出风口空气温度为 12℃~15℃时,则说明制冷效果正常。待空调系统稳定后,通过歧管式压力计的高、低压表检查系统内制冷剂的压力。对 R12 为制冷剂的系统,若低压表的压力值为 2.0×10^5Pa 左右,高压表的压力值为 15×10^5Pa 左右;对 R134a 为制冷剂的系统,若低压表的压力值为 2.0×10^5Pa 左右,高压表的压力值为 16×10^5Pa 左右时,则说明系统工作正常。

2.　检查压缩机及离合器

对于非独立式汽车空调系统,压缩机是靠其轴端的电磁离合器通过皮带与发动机主轴相连的。日常维护方法为:在空调系统未开启前,先检查连接皮带的张紧情况,太松,容易打滑,太紧,增加发动机负荷。可通过惰性轮来调节皮带的张紧度。空调系统开启后,注意观察压缩机的运行情况,看运行时有无剧烈振动,压缩机内部有无异常响声,皮带张紧情况,电磁离合器吸合与脱离情况等。可通过观察压缩机轴封处有无油渍,以判断是否存在制冷剂泄漏现象。

3.　检查储液干燥过滤器

一般情况下,在储液干燥过滤器上安装有视液玻璃。当系统工作时,可通过视液玻璃观察系统内制冷剂流动情况,并借助判断系统工作情况。清晰、无气泡,此时,若蒸发器进出风口温度正常,说明制冷剂充注合适,系统工作正常;若出风口温度过高,制冷效果不理想,而且停机后,仍有制冷剂在流动,说明制冷剂充注过多;若开、关空调,视液玻璃内无任何变化,同时制冷效果极差,而且压缩机进出口之间温差很小,说明制冷剂泄漏严重或已经漏光。清晰、但经常见有气泡,特别是空调系统刚起动时气泡猛增,同时感觉制冷效果较差,说明系统缺少制冷剂。若视窗内看到机油条纹,且制冷效果很差,说明系统内已基本上没有制冷剂了。要及时检漏、抽真空、补充制冷剂。当用手触摸贮液干燥器时,若进出口之间无明显温差,则属正常,若进出口之间有明显温差或在出口处结霜,则说明储液干燥器被污物严重堵塞,这时应更换储液干燥过滤器。

4.　检查冷凝器及蒸发器

有些汽车空调系统,冷凝器往往安装在汽车发动机水箱前面,或者安装在汽车的裙部。由于汽车运行条件恶劣，时间一长，冷凝器表面会被灰尘和泥浆污染，如不及时消除就会影响到冷凝器的散热效果。因此，要经常注意冷凝器的清洁问题。清洁冷凝器可以用高压水龙头冲洗，或采用软刷蘸清水刷洗。对蒸发器，有些是装在仪表板下，有些是内藏于车内，为了保证清洁也要经常加以清洗。

5. 检查风机

无论是蒸发风机还是冷凝风机，其工作情况好坏都会对系统工作性能产生较大影响。因此平时要注意检查。主要是观察冷凝风机安装电线是否牢固，叶片形状是否正常。工作时各挡速度是否正常，有无异常响动。

6. 制冷剂泄漏检查

由于汽车空调是安装在运动的汽车上，受汽车本身结构及安装空间限制，各部件之间一般采用软管连接，所以接头较多，压缩机又多为开启式，加上汽车运行条件恶劣，所以容易出现制冷剂泄漏。因此，平时要经常加以检查。检查的主要部位和方法如下：压缩机轴封处，若有油渍说明此处有泄漏；各连接管道接头处，若有油渍说明此处有泄漏。对于较易观察和容易接触的部位，可用肥皂水及卤素检漏灯进行检漏；对于不易观察和接触不到的部位可用卤素电子检漏仪进行检查。

7. 抽真空及充注制冷剂

在充注制冷剂之前必须清除制冷系统中的空气，即抽真空。若系统中有空气，会降低热交换率，使水蒸气在膨胀中凝结，腐蚀制冷系统的金属部件。

① 工具使用。真空泵的容量必须超过 18L/min（2.6Pa）；检修压力表组、高压表及低压复合表也称为歧管压力计，是汽车空调检修操作中的主要工具。在抽真空、加注制冷剂和检查制冷循环压力情况时都要使用到。其结构如图 6.50 所示，主要由高压表（计），低压表（计）、阀体、单向阀（史特拉阀）、高低压侧手动阀、连接软管等组成。

② 抽真空。分别将高压表接入储液罐的维修阀，低压表接入自蒸发器至压缩机低压管路上的维修阀，中间注入软管安装于真空泵接口，如图 6.51 所示。起动真空泵，打开歧管表高低压手动阀。系统抽真空，使低压表所示的真空度达 10^5Pa。抽真空时间为 5～10min。关闭真空泵手动阀，真空泵继续运转，打开制冷剂罐，让少量 R134a 制冷剂进入系统（压力为 0～49kPa），关闭罐阀。放置 5min，观察压力表，若指针继续上升，说明真空下降，系统有泄漏之处，应使用检漏仪进行泄漏检查，并修理堵漏。继续抽真空 20～25min，重复观察如压力指针保持不动，说明无泄漏，可进行下一步工作。关闭高、低压压力表的手动阀，停止抽真空，从真空泵的接口拆下中间注入软管，准备注入制冷剂。

③ 加注制冷剂。抽完真空后，将注入阀连接在制冷剂罐上。将高、低压压力表的中间注入软管安装在注入阀接口上，顺时针拧紧注入阀手柄，使阀上的顶针将制冷罐顶开一个小孔。逆时针旋松注入阀手柄，退出顶针，使制冷剂进入中间注入软管。如一罐用完，再用第 2、第 3罐时，仍应先关闭压力表的手动阀，重新顶开罐孔，中间注入软管在表头处拧松，以排出管内空气。拧松连接高、低压压力表中心接头的注入软管螺母，如看到白色制冷剂气体外溢，或听到嘶嘶声，说明注入软管中的空气已排出，可以拧紧该螺母。桑塔纳 2000 系列轿车制冷剂充注量为（1 150±50）g。旋开高压表侧手动阀，将制冷剂罐倒立，使制冷剂以液态注入制冷系统。

在充注时不得起动发动机和打开空调，以防制冷剂倒灌，如图 6.52 所示。旋开低压侧手动阀，使制冷剂以气态形式通过低压侧注入。此时要防止液态注入，以免造成液击现象，损坏压缩机。如制冷剂不足，则可按如图 6.53 所示关闭高压侧手动阀，开启低压侧手动阀，将制冷剂罐直立。起动发动机接合压缩机快速运转，让气态制冷剂从低压侧吸入压缩机。向系统充注规定质量的制冷剂后，停止发动机，关闭高、低压力表的两个手动阀和制冷剂罐上的注入阀，拆除低压侧维修阀软管，待高压侧压力下降后，方可从高压侧维修阀拆下高压表软管。加注情况检查图示见表 6.5。

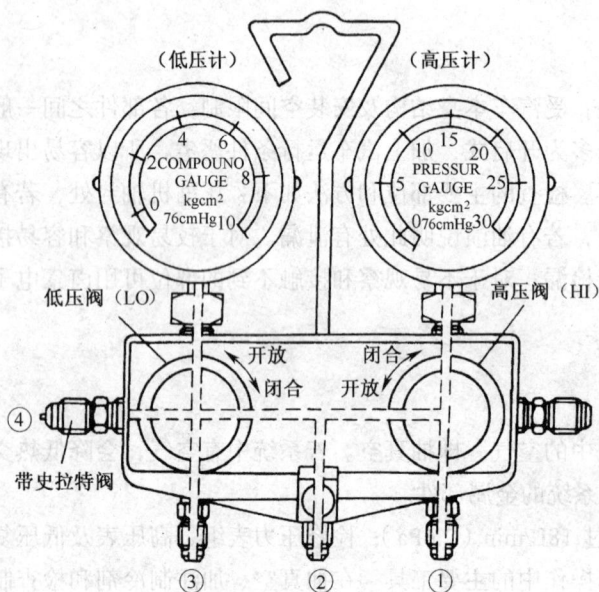

图 6.50 歧管压力计

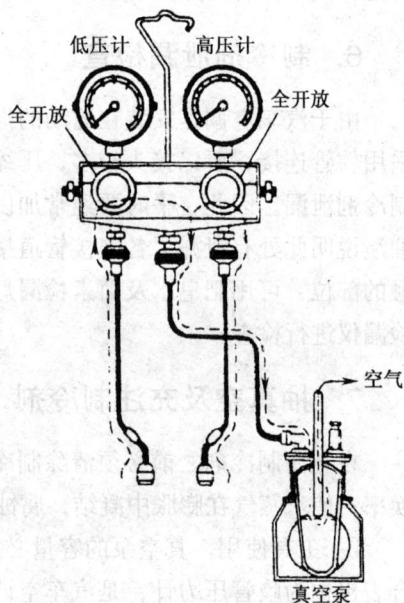

图 6.51 抽真空连接

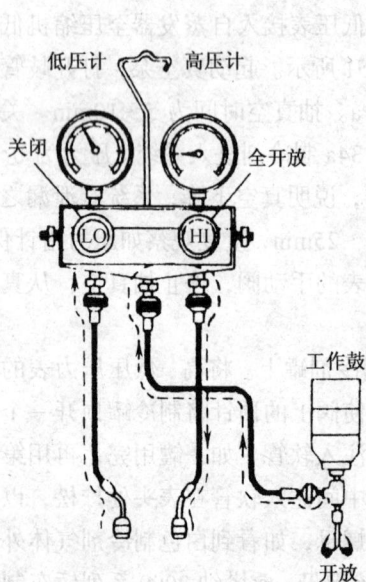

图 6.52 液态制冷剂的加注

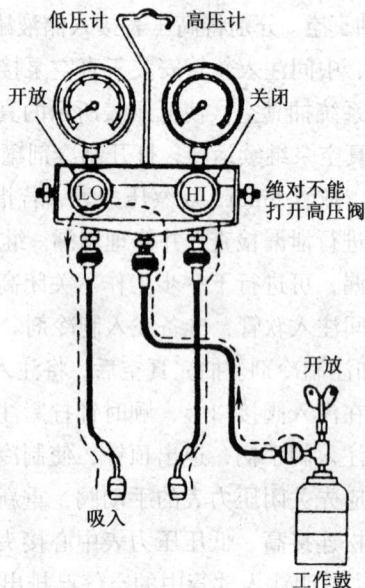

图 6.53 气态制冷剂的加注

表 6.5　　　　　　　　　　　　　加注情况图示

制冷剂充注量	通过检视窗看到的制冷剂状态（空调开后的大约一分钟内）	高压侧的压力状态（参考值）
正确充注量	○○○⇨○⇨○	SD 压缩机…< 1.2MPa（12kg/cm²G） TR 压缩机…< 2.0MPa（20kg/cm²G）
	○○○⇨○⇨◉	
过量充注	○⇨○⇨○	SD 压缩机…< 1.2MPa（12kg/cm²G） TR 压缩机…< 2.0MPa（20kg/cm²G）
少充注	○○○⇨○○○⇨○○○	SD 压缩机…< 1.2MPa（12kg/cm²G） TR 压缩机…< 2.0MPa（20kg/cm²G）
	○○○⇨◉⇨◉	SD 压缩机…< 1.2MPa（12kg/cm²G） TR 压缩机…< 2.0MPa（20kg/cm²G）

○○○	有泡沫：泡沫流的产生是因为液态制冷剂和气态制冷剂互相混合	◉	浑浊：油和制冷剂分离，制冷剂看上去有轻微乳白色
○	清澈：制冷剂完全是液态	◉	有泡沫且浑浊：气态制冷剂和油分离，产生浅乳白色的泡沫流

8. 添加冷冻机油

一般情况下，新安装好的汽车空调系统，冷冻机油都已加注好，如果运行中没有泄漏，就没有必要加冷冻机油。但是在检修时，特别是需要更换制冷系统的主要部件时，就需要向系统补充一定量的冷冻机油。补充的数量按产品说明规格的要求而定。

添加冷冻机油一般采用抽真空加注法，具体操作过程如下：先对系统抽真空。关闭高压侧手动阀。关闭辅助阀。把高压侧软管从表座卸下，并插入油杯内。打开辅助阀，油从油杯内被吸入系统。在油杯内的油即将被吸完时，立即关闭辅助阀，以免吸入空气。把高压侧软管接头拧回表座，打开高压侧手动阀，开动真空泵，先为高压侧软管抽真空，然后，再打开辅助阀，对系统抽真空，以便排除随油进入系统内的空气。

9. 定期保养内容

以轿车为例，空调定期保养内容见表 6.6。

表 6.6　　　　　　　　　　　　空调定期保养内容

保养项目		内容	保养周期				
			每日	每周	每月	每季	每年
制冷系统	制冷剂量	由视液镜处观察液体流动有无气泡	★				
	管路	软管有无裂纹、损伤				★	
		各接头处是否泄漏				★	
		各固定卡箍是否松动、损坏			★		

续表

保养项目		内　容	保养周期				
			每日	每周	每月	每季	每年
压缩机	冷冻油	更换冷冻油					★
	皮带	检查皮带涨紧程度和有无磨损			★		
	压缩机支架	检查有无螺栓松动，支架损坏			★		
冷凝器	冷凝器芯子	检查有无污物堵塞，必要时清洗	★				
	风机电动机	运转是否正常，是否有异响				★	
蒸发器	进出水管	检查卡箍是否松脱				★	
	滤气网	检查有无污物堵塞，必要时清洗				★	
	风机电动机	运转是否正常，是否有异响				★	
电器元件	控制盒	检查电器元件是否完好				★	
	接插件	检查线头及插头（座）有无松动脱落			★		
	压力开关	检查高低压压力是否正常			★		
	温度控制	检查三档开关风速是否正常			★		
	电磁离合器	检查是否正常吸合、断开		★			

注：★表示检查、调整、修理必要时更换。更换冷冻油时，按压缩机的规定更换新油。

思 考 题

1. 汽车附属电气设备主要包括哪些？它们的作用分别是什么？

2. 常用的刮水器主要由哪些部件组成？

3. 刮水器电动机的结构怎样的？

4. 风窗玻璃洗涤器包括哪些部件？

5. 汽车最常见的除霜方法有哪些？

6. 为什么柴油发动机上采用起动预热装置，常用的方法有哪些？

7. 中央门锁的作用是什么？

8. 简述电动车窗的工作过程。

9. 简述电动座椅的组成及工作原理。

10. 简述电动天窗的功用及工作原理。

11. 简述电动后视镜的工作原理。

12. 简述 GPS 及 CCS 的作用。

13. 简述汽车空调的作用、组成和分类。

14. 简述汽车空调制冷系统的工作原理。

15. 汽车空调系统日常维护项目有哪些内容？

16. 汽车空调系统如何加注制冷剂？

第7章

汽车电路分析

【学习提示】

汽车电路是将电源系、起动系、点火系、照明、信号、仪表、报警以及辅助电器等，按照它们各自的工作特性和相互的内在联系，通过开关、导线、保险装置等连接起来，构成的一个完整的供电用电系统。汽车电路图通常分为线路图、电路原理图和线束图三类。

【学习目录】

- 能够根据全车电路分解出汽车电气系统的电路
- 掌握汽车电路图的识图方法及主要的电器元件的符号
- 能够根据全车电路图分析查找汽车电气系统的故障

【考核标准】

- 能够熟练的掌握全车电气图形、符号
- 能够熟练的进行全车电路图的分析

7.1

全车线路常见器材及标识

7.1.1 汽车导线

汽车电气线路所用导线分为低压导线和高压导线 2 种。低压导线又分为普通导线、起动电缆和搭铁电缆 3 种；高压导线分为铜芯线和阻尼线 2 种。

1. 低压导线

（1）普通低压导线

普通低压导线为铜质多丝软线，根据外皮绝缘包层的材料不同，又分为 QVR 型（聚氯乙烯绝缘包层）和 QFR 型（聚氯乙烯-丁腈复合绝缘包层）两种。

① 导线的截面积。导线的截面积主要根据用电设备的工作电流进行选择，但是对功率很小的电器，仅从工作电流的大小来选择导线，其截面将太小，机械强度差，易于折断，因此汽车电气系统中所用的导线截面不得小于 $0.5mm^2$。汽车用低压导线的结构与规格见表 7.1，其允许电流值见表 7.2，汽车 12V 电气系统主要线路导线截面的推荐值见表 7.3。

表 7.1   低压导线的结构与规格

标称截面/mm²	线 芯 结 构		绝缘层标称厚度/mm	电线最大外径/mm
	根数/根	单根直径/mm		
0.5			0.6	2.2
0.6			0.6	2.3
0.8	7	0.39	0.6	2.5
1.0	7	0.43	0.6	2.6
1.5	7	0.52	0.6	2.9
2.5	19	0.41	0.8	3.8
4.0	19	0.52	0.8	4.4
6.0	19	0.64	0.9	5.2
8.0	19	0.74	0.9	5.7
10	49	0.52	1.0	6.9
16	49	0.64	1.0	8.0
25	98	0.58	1.2	10.3
35	133	0.58	1.2	11.3
50	133	0.6	1.4	13.3

表 7.2   各种低压导线标称截面积所允许电流值

导线标称截面积（A）/mm²	0.5	0.8	1.0	1.5	2.5	3.0	4.0	6.0	10	13
允许电流值（I）/A			11	14	20	22	25	35	50	60

表 7.3   12V 电气系统主要线路导线截面的推荐值

标称截面积推荐值（A）/mm²	用 途
0.5	尾灯、顶灯、指示灯、仪表灯、牌照灯、刮水器、电钟、燃油表、水温表、油压表等电路温表、油压表等电路
0.8	转向灯、制动灯、停车灯、断电器等电路
1.0	前照灯、电扬声器（3A 以下）电路
1.5	前照灯、电扬声器（3A 以上）电路
1.5～4.0	其他 5A 以上电路
4～6	柴油车电热塞电路
6～25	电源电路
16～95	起动电路

② 导线的颜色和代号。随着汽车电气设备的增多，导线数量也不断增加，为了便于维修，

低压导线常以不同的颜色加以区分。其中截面积在 4mm² 以上的采用单色，而 4mm² 以下的均采用双色。搭铁线均为黑色。

汽车用低压导线的颜色与代号见表 7.4。汽车电气系统中各系统的主色见表 7.5。汽车用低压线的颜色，必须符合国家的有关规定。单色线的颜色由表 7.4 所示的颜色组成，双色线的颜色由表 7.4 所示的两种颜色配合组成。双色线的主色所占的比例大些，辅助色所占的比例小些。辅助色条纹与主色条纹沿圆周表面的比例为 1:3～1:5。双色线的标注第一色为主色，第二色为辅助色。电线颜色的选用程序，应符合表 7.6 的规定。

表 7.4 低压导线的颜色与代号

线 色	常用缩写	中 文	线 色	常用缩写	中 文
Black	BLK/B	黑色	Light Green	LT GRN	浅绿
Blue	BLU/BL	蓝色	Orange	ORG/O	橙色
Brown	BRN/BR	棕色	Pink	PNK/P	粉红
Clear	CLR/CL	透明	Purple	PPL/PP	紫色
Dark Blue	DK BLU	深蓝	Red	RED/R	红色
Dark Green	DK GRN	深绿	Tan	TAN/T	褐色
Green	GRN/G	绿色	Violet	VIO/V	粉紫
Gray	GRY/GR	灰色	White	WHT/W	白色
Light Blue	LT BLU	浅蓝	Yellow	YEL/Y	黄色

表 7.5 汽车电气系统中各系统的主色

序 号	系 统 名 称	主 色	颜 色 代 号
1	电源系统	红	R
2	点火、起动系统	白	W
3	雾灯	蓝	BL
4	灯光、信号系统	绿	G
5	车身内部照明系统	黄	Y
6	仪表、报警系统、扬声器系统	棕	Br
7	收音机、电钟、点烟器等辅助系统	紫	V
8	各种辅助电动机及电器操纵系统	灰	Gr
9	搭铁线	黑	B

表 7.6 导线颜色的选用程序

选用程序	1	2	3	4	5	6	选用程序	1	2	3	4	5	6
导线颜色	B	BW	BY	BR			导线颜色	Y	YR	YB	YG	YB	YW
	W	WR	WB	WBL	WY	WG		Br	BrW	BrR	BrY	BrB	
	R	RW	RB	RY	RG	RBL		BL	BLW	BLR	BLY	BLB	BLO
	G	GW	GR	GY	GB	GBL		Gr	GrR	GrY	GrBL	GrB	GrB

③ 线路图中导线的表示方法。在汽车电气设备的线路图中，导线上一般都标注有符号，该

符号用来表示导线的截面积和颜色。导线的截面积标注在颜色代码前面,单位为毫米时不标注,例如,1.25R 表示导线截面积为 1.25mm² 的红色导线;1.0G/Y 表示导线截面积为 1.0mm² 的双色导线,主色为绿色,辅助色为黄色。

（2）起动电缆

起动电缆用来连接蓄电池与起动机开关的主接线柱,截面有 25mm²、35mm²、50mm²,70mm² 等多种规格,允许电流达 500～1 000A。为了保证起动机正常工作,并发出足够的功率,要求在线路上每 100A 的电流电压降不得超过 0.1～0.15V。

（3）蓄电池的搭铁电缆

它是由铜丝编织而成的扁形软铜线,国产汽车常用的搭铁线长度有 300mm、450mm、600mm 和 760mm 4 种。

2. 高压导线

高压导线用来传送高电压。由于工作电压很高（一般在 15kV 以上）,电流强度较小。因此,高压导线的绝缘包层很厚,耐压性能好,但线芯截面积很小。

国产汽车用高压导线有铜芯线和阻尼线两种,其型号和规格见表 7.7。

表 7.7　　　　　　　　　　　高压点火线的型号和规格

型　　号	名　　称	线 芯 结 构		标称外径/mm
		根数/1 根	单线直径/mm	
QGV	铜芯聚氯乙烯绝缘高压点火线			
QGXV	铜芯橡胶绝缘聚氯乙烯护套高压点火线	7	0.39	7.0 ± 0.3
QGX	铜芯橡胶绝缘氯丁橡胶护套高压点火线			
QG	全塑料高压阻尼点火线	1	2.3	

注:QG 全塑料高压阻尼点火线线芯系聚氯乙烯塑料加炭黑及其他辅料混炼塑料经注塑成型。

为了衰减火花塞产生的电磁波干扰,目前已广泛使用了高压阻尼点火线。高压阻尼点火线的制造方法和结构有多种,常用的有金属阻丝式和塑料芯导线式。

金属阻丝式又有金属阻丝线芯式和金属阻丝线绕电阻式两种。金属阻丝线芯式是由金属电阻丝疏绕在绝缘线束上,外包绝缘体制成阻尼线;金属丝线绕电阻式是由电阻丝绕在耐高温的绝缘体上制成电阻,再与不同形式的绝缘套构成。

塑料芯导线式是用塑料和橡胶制成直径为 2mm 的电阻线芯,在其外面紧紧地编织着玻璃纤维,外面再包有高压 PVC 塑料或橡胶等绝缘体,电阻值一般在 6～25kΩ/m。

这种结构形式的制造过程易于自动化,成本低且可制成高阻值线芯,美、日等国已大量生产,我国也已小批量生产。

7.1.2　汽车电气装置的图形、符号及其接线端子的标记

1. 电器装置的图形符号

图形符号是汽车电气技术领域中最基本的工程语言。因此,为了看懂汽车电路图,我们要掌握

和熟练地运用它。常用的图形符号见表7.8。图形符号分为基本符号、一般符号和明细符号3种。

表 7.8 　　　　　　　　　　　　常用图形符号

	一、常用基本符号					
序号	名 称	图 形 符 号	序号	名 称	图 形 符 号
1	直流	——	6	中性点	N
2	交流	∿	7	磁场	F
3	交直流	≋	8	搭铁	⏚
4	正极	十	9	交流发电机输出接柱	B
5	负极	—	10	磁场二极管输出端	D₊

	二、导线端子和导线连接					
11	接点	●	15	屏蔽导线	
12	端子	○	16	插头和插座	
13	导线的连接	○—○	17	接通的连接片	
14	导线的交叉连接		18	断开的连接片	

	三、触点开关					
19	常开、常闭触点		22	旋转多挡开关位置	
20	联动开关		23	钥匙开关（全部定位）	
21	按钮开关		24	多挡开关、点火、起动开关，瞬时位置为 2 能自动返回到 1（即 2 挡不能定位）	

	四、电器元件					
25	可变电阻器		32	光电二极管	
26	热敏电阻器		33	晶体管	
27	光敏电阻		34	熔断器	
28	电容器		35	易熔线	
29	半导体二极管一般符号		36	触点常开的继电器	
30	稳压二极管		37	触点常闭的继电器	

续表

序号	名　称	图形符号	序号	名　称	图形符号
31	发光二极管		38	带铁芯的电感器	

五、电气设备

39	照明灯、信号灯、仪表灯、指示灯		47	定子绕组为星形连接的交流发电机	
40	双丝灯		48	外接电压调节器与交流发电机	
41	组合灯		49	整体式交流发电机	
42	电扬声器		50	直流电动机	
43	扬声器		51	起动机（带电磁开头）	
44	闪光器		52	永磁直流电动机	
45	霍尔信号发生器		53	刮水电动机	
46	磁感应信号发生器		54	蓄电池组	

① 基本符号不能单独使用，不表示独立的电气元件，只说明电路的某些特征。如："−"表示直流，"～"表示交流，"+"表示电源的正极，"−"表示电源的负极，"N"表示中性线。

② 一般符号是用以表示一类产品和此类产品特征的一种简单符号。例如，⊗表示指示仪表的一般符号，区表示传感器的一般符号。一般符号广义上代表各类元器件，另外，也可以表示没有附加信息或功能的具体元件，如一般电阻、电容等。

③ 明细符号表示某一种具体的电器元件。它是由基本符号、一般符号、物理量符号、文字符号等组合派生出来的。例如，⊛是指示仪表的一般符号，当要表示电流、电压的种类和特点时，将"＊"处换成"A"、"V"，就成为明细符号。Ⓐ表示电流表，Ⓥ表示电压表。

另外，对标准中没有规定的符号，可以选取标准中给定的基本符号、一般符号和明细符号，按规定的组合原则进行派生，以构成完整的元件或设备的图形符号，但在图样的空白处必须加以说明。

2. 电气装置的文字符号

文字符号由电气设备、装置和元器件的种类（名称）字母代码和功能（与状态、特征）字母代码组成，用于表明电气设备、装置和元器件的名称、功能、状态和特征。此外，还可与基本图形符号和一般图形符号组合使用，以派生新的图形符号。

文字符号分为基本文字符号和辅助文字符号两大类，基本文字符号又分为单字母符号和双字母符号。

① 单字母符号是按拉丁字母将各种电气设备、装置和元器件划分为 23 大类，每大类用一个专用单字母符号表示，如"C"表示电容器类，"R"表示电阻类等。

② 双字母符号是由一个表示种类的单字母符号与另一字母组成，其组合形式应以单字母符号在前而另一字母在后的次序列出，例如，"R"表示电阻，"RP"就表示电位器，"RT"表示热敏电阻；"G"表示电源、发电机、发生器，"GB"就表示蓄电池，"GS"表示同步发电机、发生器，"GA"表示异步发电机。常用的基本文字符号见表 7.9。

表 7.9 常用基本文字符号

设备、装置元器件种类	举例	基本文字符号		设备、装置元器件种类	举例	基本文字符号	
		单字母	双字母			单字母	双字母
设备、装置元器件种类	电桥	A	AB	电阻器	电阻器、变阻器	R	
	晶体管放大器		AD		电位器		RP
	集成电路放大器		AJ		热敏电阻器		RT
	印制电路板		AP		压敏电阻器		RV
非电量到电量变换器或电量到非电量变换器	送话器、扬声器晶体换能器	B		变压器	电流互感器	T	TA
	压力变换器		BP		控制电路电源用变压器		TC
	温度变换器		BT		电力变压器		TM
电容器	电容器	C			电压互感器		TV
保护器件	过电压放电器件避雷器	F		电子管晶体管	二极管	V	VD
	熔断器		FU		晶体管		VT
	限压保护器件		FV		晶闸管		
发生器发电机电源	振荡器	G			电子管		VE
	发生器		GS	端子插头插座	连接插头和插座接线柱焊接端子板	X	
	同步发电机		GA		连接片		XB
	异步发电机				测试插孔		XJ
	蓄电池		GB		插头		XP
信号器件	声响指示	H	HA		插座		XS
	光指示器		HL		端子板		XT
	指示灯		HL		电磁铁	Y	YA
电感器电抗器	感应线圈电抗器	L					
电动机	电动机	M					
	同步电动机		MS				
	力矩电动机		MT				

③ 辅助文字符号表示电气设备、装置和元器件以及线路的功能、状态和特征。如"SYN"表示同步,"L"表示限制左或低,"RD"表示红色,"ON"表示闭合,"OFF"表示断开等。

由于目前国际上还没有汽车电气设备图形符号、文字符号的统一标准,各个汽车生产厂家对某些汽车电气系统所采用的图形符号、文字符号有所不同,与标准规定有一些差异,但图形符号基本结构的组成是相似的,只要清楚图形符号的基本结构,分析它们的区别,就能避免识读错误。

3. 仪表、开关与指示灯标志图形符号

国内汽车电气行业工程技术人员与专家教授 1990 年 9 月同时提出的仪表、开关与指示灯标志图形符号及含义见表 7.10。这些标志图形符号制作在仪表盘或仪表台的面膜上,面膜带有不同的颜色,在面膜下面设置有相应的照明灯。因此,当相应的照明灯电路接通时,面膜上的标志图形符号和颜色清晰可见。除暖风用红色、冷气和行驶灯光用蓝色之外,其余标志图形符号红色表示危险或警告、黄色表示注意、绿色表示安全。

表 7.10 仪表、开关与指示灯标志图形符号及含义

名称	符号	名称	符号	名称	符号	名称	符号
扬声器		顶灯		机油温度		后窗刮水	
电源总开关		停车灯		机油压力		后窗洗涤	
灯总开关		转向灯		安全带		后窗洗涤刮水	
远光		危险信号		点烟器		前照灯清洗器	
近光		驻车制动		门开警报		阻风门	
前照灯水平操纵		制动器故障		驾驶锁止		手油门	
远照灯		空滤器堵塞		发动机罩		百叶窗	
前雾灯		机滤器堵塞		行李箱罩		起动预热	
后雾灯		电池充电		前窗刮水		熄火	
后照灯		无铅汽油		间歇刮水		高低挡选择	
示廓灯		汽(柴)油		前窗洗涤器		下坡缓行器	
车厢灯		冷却液温度		前窗洗涤刮水器		轮间差速器	
轴间差速器		冷气		右出风口		全部出风口	

名称	符号	名称	符号	名称	符号	名称	符号
起动	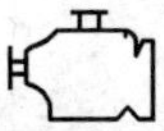	风扇		左出风口		座垫暖风	
暖风		腿部出风口		右左出风口		前后除箱	

4. 国产汽车电气设备原理图的端子代号

端子代号是指电气元件同外电路进行连接时导电元件的代号，一般用于表示接线端子、插头、插座、连接片等一类元件上的端子。了解引线端子代号对从事汽车电气设备检修具有重要的意义。当电气接线和产品的类型发生变化时，不用熟知电气的内部结构也能容易地识别产品的接线端子含义。这样，即使在没有电路图和接线图的情况下，熟练的汽车修理工也能进行大部分甚至全部线路的连接与操作。例如，起动继电器中 B 接蓄电池正极，S 接起动继电器电磁开关接线柱，SW 接点火开关等。部分端子代号及说明如下。

30 接线柱：不论汽车是否工作，都与蓄电池正极相接，是始终有电的接线柱。

31 接线柱：与蓄电池负极搭铁相连的接线柱。

31b 接线柱：可以通过一个特定开关搭铁的接线柱。

15 接线柱：在点火开关正常接通时才与蓄电池正极相通的接线柱。

56 接线柱：接前照灯变光器的接线柱。

56a 接线柱：前照灯远光灯接线柱。

56b 接线柱：前照灯近光灯接线柱。

58 接线柱：接示宽灯、仪表灯、尾灯、牌照灯、室内灯的接线柱。

49 接线柱：转向闪光器的电源输入端。

49a 接线柱：转向闪光器的闪光信号输入端。

X 接线柱：只有在汽车发动机运转时，才与电源正极相接的接线柱。

7.2 全车电路的识图

汽车电路图是用国家标准规定的线路符号，对汽车电气设备的构造、组成、工作原理、工作过程及安装要求所作的图解说明，也包括图例及简单的结构示图。电路图中表示的是不同电路相互之间的关系及彼此之间的连接，通过对电路图的识读，可以认识并确定电路图上所画电气元件的名称、型号和规格，清楚地掌握汽车电气系统的组成、相互关系、工作原理和安装位置，以便于对汽车电路进行故障诊断与维修等工作。

7.2.1 汽车电气线束的分布

汽车型号不同，其全车线束的分布形式和位置也不尽相同。下面以国内汽车保有量最大的桑塔纳 2000 系列轿车为例说明。

桑塔纳系列轿车全车线路包括以下几部分。

电源系统电路：包括蓄电池和整体式交流发电机。

起动系统电路：包括起动机、进气歧管预热系统（JV 型发电机）。

点火系统电路：JV 型发动机采用霍尔式电子点火系统，包括点火线圈、霍尔式分电器、点火控制器、火花塞、点火开关等；AJR 型发动机采用微机控制电子配电式直接点火系统，包括各种传感器、电控单元 J220、点火控制组件以及火花塞等；AFE 型发动机采用微机控制分配式点火系统，包括各种传感器、电控单元 J220、点火控制器以及火花塞等，其中曲轴位置传感器安装在原分电器位置。

仪表系统电路：包括车速里程表（桑塔纳 2000 系列轿车为电子式）、燃油表、冷却液温度表、发动机转速表（桑塔纳 2000 系列轿车为电子式）等。

照明系统电路：包括前照灯、雾灯、牌照灯、顶灯、阅读灯、仪表板照明灯、行李箱灯、门控灯、发动机舱照明灯等。

信号与报警系统电路：包括音响信号和灯光信号装置、制动信号灯、转向信号灯、倒车信号灯、各种报警指示灯等。

辅助电气系统电路：包括电动玻璃升降器、中央控制门锁、电动后视镜、风窗刮水器与清洗器、电扬声器、点烟器、收放机或音响装置以及电子时钟等。

空调系统电路：包括蒸发器温度控制器、鼓风机、电磁离合器、各种控制开关（空调开关 A/C、高压保护开关、低压保护开关等）、各种继电器（冷却风扇继电器、空调继电器）、各种控制阀等。

发动机电子控制系统电路：包括各种传感器、电控单元 J220、电动燃油泵、电磁喷油器、活性炭罐与活性炭罐电磁阀、氧传感器等。

防抱死制动系统电路：包括轮速传感器、防抱死与制动力分配电控单元 ABS/EBD、制动压力调节器等。

安全气囊系统电路：包括碰撞传感器、安全气囊电控单元、气体发生器和气囊电路保险装置等。

7.2.2　汽车线路图的表达方法

随着汽车工业的迅速发展和汽车性能的逐渐提高，汽车装备的电气设备日益增多，全车线路也日益复杂。与此相适应的汽车电路图的表达方法也在发生变革，电气线路简化、规范是当今世界各国表达汽车电路图的总要求。

目前，汽车线路图的表达方法有汽车电路图、汽车电气线路图、汽车电气线束图 3 种。

1. 汽车电路图

电路图是用图形符号按工作顺序或功能布局绘制的，详细表示汽车电路的全部组成和连接关系，不考虑实际位置的简图。

2. 汽车电气线路图

通过汽车电路图可以比较详细地了解电器元件的相互控制关系和工作原理，但它们都不能表达汽车电气设备和控制线路在汽车上的实际分布情况。为了便于汽车电气设备的安装和线路的布置，经常需要绘制线路图。

线路图是根据电气设备在汽车上的实际安装位置绘制的全车电路图或局部电路图。在线路图中电器元件与电器元件间的导线以线束的形式出现，简单明了，接近实际，对维修人员有较强的实用性。

3. 汽车电气线束图

线束图是表达汽车线束分布情况的图形。将连接各种电器设备的导线汇集在一起便组成电器线束。在汽车上，为了便于连接各种电气设备和布置导线，一般都将相关导线汇集在一起，分别形成不同的电器线束。

线束图的特点是对露在线束外面的线头与插接器详细编号，并用字母标定，配线记号的表示方法突出，便于配线，各接线端都用序号和颜色准确无误地标注出来。但线路布置图不能详细描述线束内部的导线走向。

7.2.3 全车电路图的识图

由于各国汽车电路图的绘制方法、符号标注、文字标注、技术标准的不同，各汽车生产厂家，汽车电路图的画法有很大差异，甚至同一国家不同公司汽车电路图的表示方法也存在较大的差异，这就给读图带来许多麻烦。因此，掌握汽车电路图识读的基本方法显得十分重要。

1. 认真阅读图注

认真阅读图注，了解电路图的名称、技术规范，明确图形符号的含义，建立元器件和图形符号间一一对应的关系，这样才能快速准确地识图。

2. 掌握回路的原则

在电学中，回路是一个最基本、最重要，但也是最简单的概念，任何一个完整的电路都由电源、用电设备、开关、导线等组成。一个用电器要想正常工作，总要得到电能。对于直流电路而言，电流总是要从电源的正极出发，通过导线，经熔断器、开关到达用电器，再经过导线（搭铁）回到同一电源的负极。在这一过程中，只要有一个环节出现错误，此电路就不会有效。例如，在汽车电路中，发电机和蓄电池都是电源，在寻找回路时，不能混为一谈。不能从一个电源出发，经过若干个用电设备后，回到另一个电源上。这种做法不会构成一个真正的通路，也不会产生电流。所以必须强调，回路是指从一个电源正极出发，经过用电器，回到同一个电源的负极。

3. 熟悉开关作用

开关是控制电路通断的关键，电路中主要的开关往往汇集许多导线，如点火开关、车灯总开关，读图时应注意与开关有关的 5 个问题。

① 在开关的许多接线柱中，注意哪些是接直通电源的，哪些是接用电器的，接线柱旁是否有接线符号，这些符号是否常见。

② 开关共有几个挡位；在每个挡位中，哪些接线柱通电，哪些断电。

③ 蓄电池或发电机的电流是通过什么路径到达这个开关的，中间是否经过别的开关和熔

断器，这个开关是手动的还是电控的。

④ 各个开关分别控制哪个用电器，被控用电器的作用和功能是什么。

⑤ 在被控的用电器中，哪些电器处于常通，哪些电路处于短暂接通，哪些应先接通，哪些应后接通，哪些应单独工作，哪些应同时工作，哪些电器允许同时接通。

4. 汽车电路图的一般规律

① 电源部分（发电机和蓄电池并联供电）到各用电设备的熔断器、开关的导线是电气设备的公共火线，在电路原理图中一般画在电路图的上部。

② 标准画法的电路图，开关的触点位于零位或静态，即开关处于断开状态或继电器线圈处于不通电状态，晶体管、晶闸管等具有开关特性元件的导通与截止视具体情况而定。

③ 汽车电路是单线制，各电器相互并联，继电器和开关串联在电路中。

④ 大部分用电设备都经过熔断器，受熔断器的保护。

⑤ 把整车电路按功能及工作原理划分成若干独立的电路系统，这样可解决整车电路庞大复杂，分析起来困难的问题。现在汽车整车电路一般都按各个电路系统来绘制，如电源系统、起动系统、点火系统、照明系统、信号系统等，这些单元电路都有它们自身的特点，抓住特点把各个单元电路的结构、原理理清了，理解整车电路也就容易了。

5. 识图的一般方法

（1）先看全图，把一个个单独的系统分解出来

一般来讲，各电气系统的电源和电源总开关是公共的，任何一个系统都应该是一个完整的电路，都应遵循回路原则。

（2）分析各系统的工作过程、相互间的联系

在分析某个电气系统之前，要清楚该电气系统所包含各部件的功能、作用和技术参数等。在分析过程中应特别注意开关、继电器触点的工作状态，大多数电气系统都是通过开关、继电器不同的工作状态来改变回路，实现不同功能的。

（3）通过对典型电路的分析，达到触类旁通

许多车型汽车电路原理图的很多部分都是类似或相近的，这样，通过一个具体的例子，举一反三，对照比较，触类旁通，可以掌握汽车电路的一些共同规律，再以这些共性为指导，了解其他型号汽车的电路原理，又可以发现更多的共性以及各种车型之间的差异。

汽车电气设备的通用性和专业化生产使同一国家汽车的整车电路形式大致相同，如掌握了某种车型电路的特点，就可以大致了解相应车型或合资企业的汽车电路的特点。因此，抓住几个典型电路，掌握各系统的接线特点和原则，对于了解其他车型的电路大有好处。

7.2.4 汽车电路原理图的全面分析

汽车电气线路原理图是识读汽车电气线路图、线束图以及分析汽车线路工作原理和判断故障大概部位的基础图。

电气线路分析方法是先研究各部分的线路，然后按照由部分到整体的顺序，逐次地进行研究。在研究某一部分或某一设备的线路时，应熟悉该部分的工作原理，根据它的工作性质，运

用有关的连接原则，分析和掌握它的线路。具体方法可以沿着工作电流的流动方向，由电源查向用电设备，也可以逆着工作电流方向，由用电设备查向电源。

图 7.1 所示为一种较典型的汽车电气基本线路原理图，许多汽车线路原理图都与该路图类似或大同小异。识图时，可采用对某个系统进行分析，找出其相应的元器件，并读通其电流的走向，最终使整个原理图一目了然。

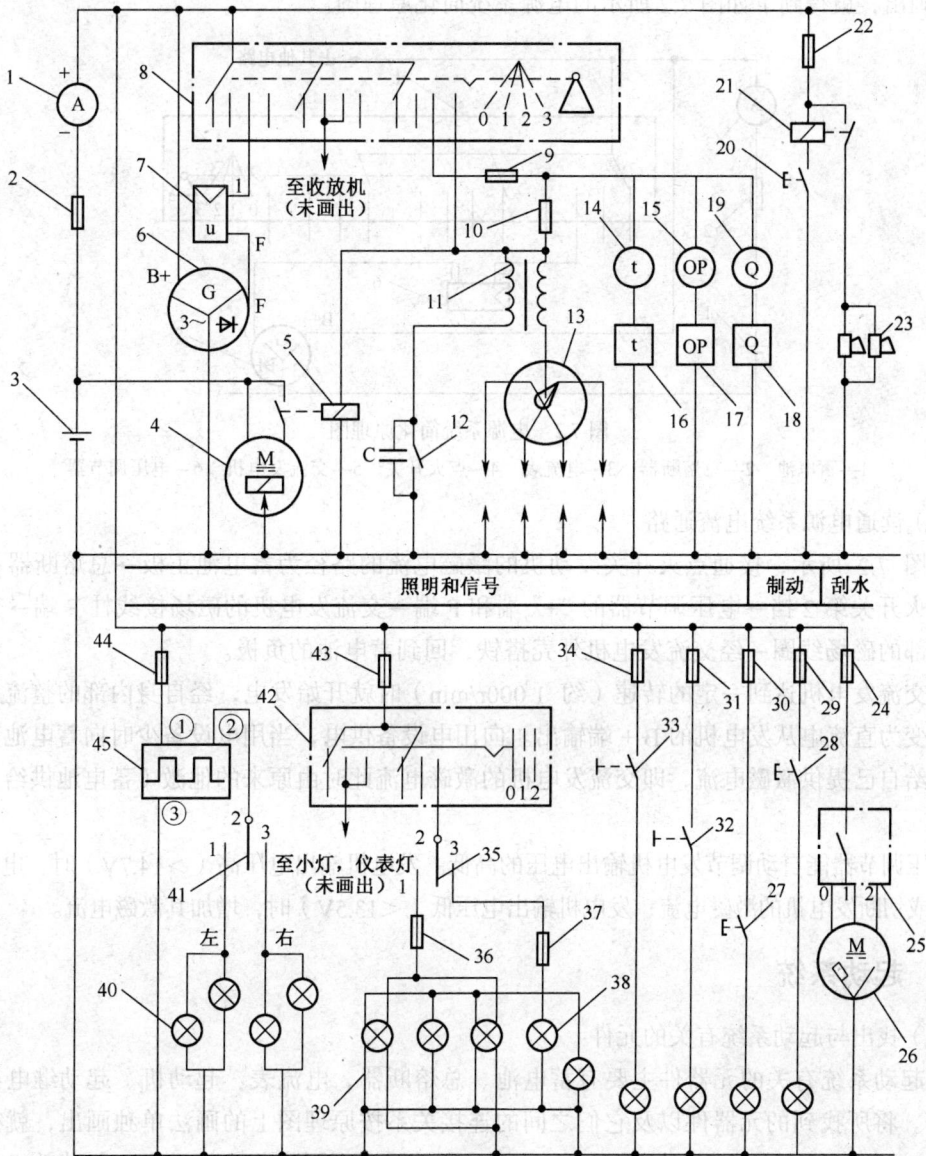

图 7.1　汽车电气设备基本线路原理图

1—电流表　2—总熔断器　3—蓄电池　4—起动机　5—起动继电器　6—交流发电机　7—电压调节器　8—点火开关
9—点火及仪表熔丝　10—附加电阻　11—点火线圈　12—断电触点　13—分电器　14—水温表　15—油压表
16—冷却液温度传感器　17—油压传感器　18—燃油传感器　19—燃油表　20—扬声器按钮　21—扬声器继电器
22—电扬声器熔丝　23—电扬声器　24—刮水器熔丝　25—刮水器开关　26—刮水器电动机　27—倒车灯开关
28—制动开关　29—制动灯熔丝　30—倒车灯熔丝　31—室内灯熔丝　32—室内灯开关　33—雾灯开关
34—雾灯熔丝　35—变光开关　36—近光灯熔丝　37—远光灯熔丝　38—远光指示灯　39—前照灯
40—转向灯　41—转向灯开关　42—灯光开关　43—前照灯熔丝　44—转向灯熔丝　45—闪光器

1．电源系统

（1）找出与电源系统有关的元件

找出与电源系统有关的元件时，应围绕交流发电机进行。与交流发电机有联系的元器件有电压调节器、点火开关、电流表、总熔断器及蓄电池。将所找到的元器件按原理图中的连接关系单独画出，就得到了如图 7.2 所示的电源系统简化原理图。

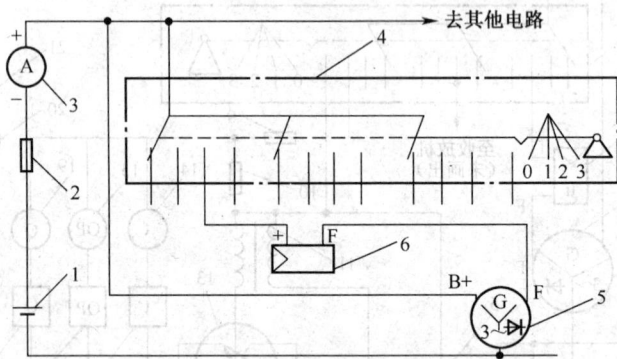

图 7.2　电源系统简化原理图

1—蓄电池　2—总熔断器　3—电流表　4—点火开关　5—交流发电机　6—电压调节器

（2）读通电源系统电流通路

如图 7.2 所示，接通点火开关发动机的激磁电流的路径为蓄电池正极→总熔断器→电流表→点火开关第 2 挡→电压调节器的"+"端和 F 端→交流发电机的磁场接线柱 F 端→交流发电机内部的磁场线圈→经交流发电机外壳搭铁，回到蓄电池的负极。

当交流发电机达到一定的转速（约 1 000r/min）时就开始发电，经自身内部的整流元件整流后，变为直流电从发电机的 B＋端输出。向用电设备供电，当用电设备少时向蓄电池充电。同时也给自己提供激磁电流，即交流发电机的激磁电流此时由原来的他激（蓄电池供给）变为自激。

电压调节器能自动调节发电机输出电压的高低。发电机输出电压高（＞14.7V）时，电压调节器减小或切断发电机的激磁电流；发电机输出电压低（＜13.5V）时，增加其激磁电流。

2．起动系统

（1）找出与起动系统有关的元件

与起动系统有关的元器件主要有蓄电池、总熔断器、电流表、起动机、起动继电器和点火开关。将所找到的元器件以及它们之间的连接关系按原理图上的画法单独画出，就得到了如图 7.3 所示的起动线路简化原理图。查找元器件时，可围绕起动机进行，与起动机有联系的就属起动系统元件。

（2）读通起动系统电源电流通路

如图 7.3 所示，当驾驶员把点火开关旋至第 3 挡位置时，接通了起动继电器磁化线圈电路。其电流路径为蓄电池正极→总熔断器→电流表→点火开关第 3 挡→起动继电器线圈→蓄电池负极。

当起动继电器线圈通电后，其常开触点闭合，接通了起动机的电磁开关线圈线路，其主触点也闭合（图中未单独画出，如图 7.4 所示的开关接触盘）。这时，起动电流从蓄电池的正极进入起动机，经其内部的线圈回到蓄电池的负极，起动机开始带动发动机的曲轴旋转。

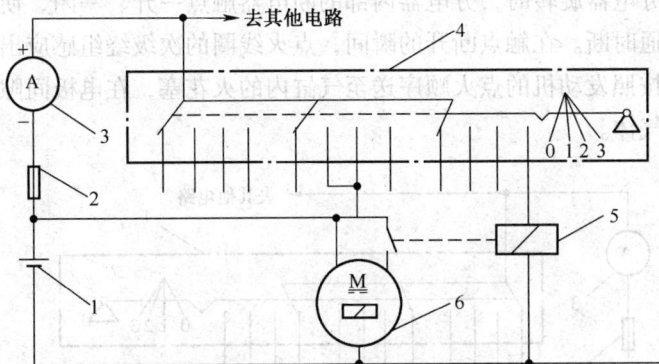

图 7.3　起动线路简化原理图

1—蓄电池　2—总熔断器　3—电流表　4—点火开关　5—起动继电器　6—起动机

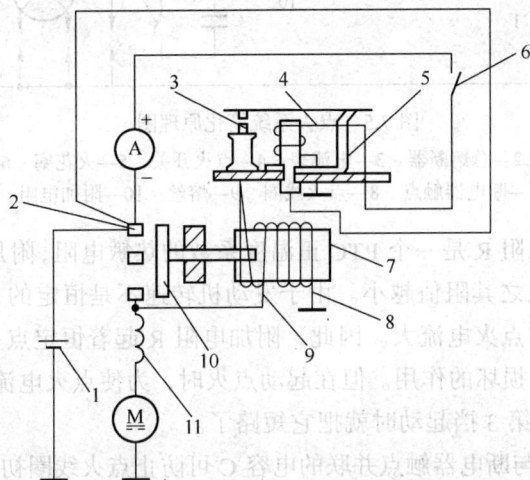

图 7.4　起动继电器及起动机示意图

1—蓄电池　2—电磁开关接线柱　3—起动继电器触点　4—起动继电器线圈　5—起动继电器　6—点火开关
7—活动铁芯　8—保持线圈　9—吸引线圈　10—电动机开关接触盘　11—起动机绕组

　　发动机被起动后，点火开关在自身回位弹簧的作用下，自动退回到第 2 挡位置，从而完成了起动任务。

3.　点火系统

　　（1）找出与点火系统有关的元件

　　可围绕点火线圈、分电器查找有关的元器件。除点火线圈、分电器（包括断电器触点）之外，与它们有联系的元器件还有火花塞、电容器、附加电阻、熔丝、点火开关、电流表、总熔断器以及蓄电池。将所找到的元器件按原理图中的连接关系单独画出，就得到了如图 7.5 所示的点火系统线路简化原理图。

　　（2）读通点火系统电源电流通路

　　如图 7.5 所示，当发动机起动后，点火开关退回到第 2 挡。这时就形成了如下的点火电流通路：蓄电池正极→总熔断器→电流表→点火开关的第 2 挡→点火熔丝→附加电阻 R→点火线圈初级绕组→断电器触点→蓄电池的负极。

当发动机带动分电器旋转时，分电器内部的断电器触点一开、一闭，使通过点火线圈初级绕组中的电流也时通时断。在触点断开的瞬间，点火线圈的次级绕组感应出上万伏的高压电。此高压电经分电器按照发动机的点火顺序送至气缸内的火花塞，在电极间隙处产生火花，点燃气缸内的可燃混合气体。

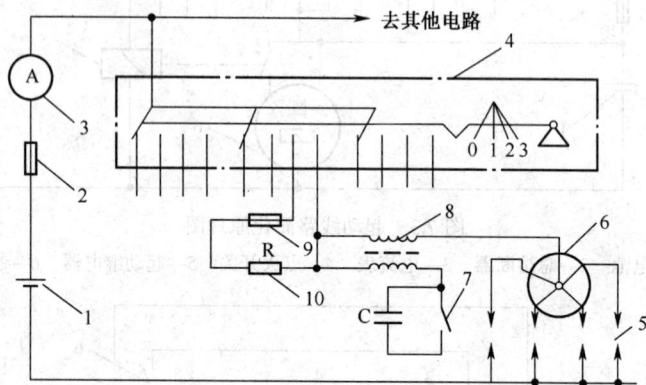

图 7.5　点火系统简化原理图

1—蓄电池　2—总熔断器　3—电流表　4—点火开关　5—火花塞　6—分电器
7—断电器触点　8—点火线圈　9—熔丝　10—附加电阻

点火线圈中的附加电阻 R 是一个 PTC 正温度系数的热敏电阻，附加电阻 R 通过的点火电流越大，其阻值越大；反之其阻值越小。由于发动机转速不是恒定的，转速高时通过的点火电流小，转速低时通过的点火电流大。因此，附加电阻 R 起着恒定点火电流、改善高速时的点火特性、防止点火线圈损坏的作用。但在起动点火时，为使点火电流足够大，应把它短路。图 7.5 所示的点火开关在第 3 挡起动时就把它短路了。

另外，图 7.5 所示的与断电器触点并联的电容 C 可防止点火线圈初级自感电动势烧蚀断电器触点，还可提高点火线圈次级绕组的电压。

4. 仪表线路

仪表线路通常是指电流表、油压表、水温表、燃油表以及发动机转速表。如图 7.6 所示，仅使用了电流表、水温表、油压表和燃油表，与这几只表有联系的元器件还有点火及仪表熔丝、点火开关、总熔丝以及蓄电池。

图 7.6 所示为仪表线路的简化原理图。该线路原理图用以指示发动机的工作状态，并与点火系统线路同步工作。

① 水温表。发动机工作时的最佳冷却液温度为 75℃～90℃，通过水温表可监控发动机工作时的热状况，使汽车具有良好的动力性与经济性。

② 油压表。发动机正常工作时的油压为 0.15～0.4MPa（1.5～4kgf/cm^2）。当油压传感器检测到机油压力低于 0.03～0.05MPa（0.3～0.5kgf/cm^2）时，这一信息就在油压表上反映出来，以告知驾驶员发动机不能继续运行。

③ 燃油表。燃油表由装在油箱中的油压传感器和仪表板上的燃油指示表两部分组成。由油压传感器检测油箱中的油量，然后通过燃油指示表指示出汽车油箱中的存油量。

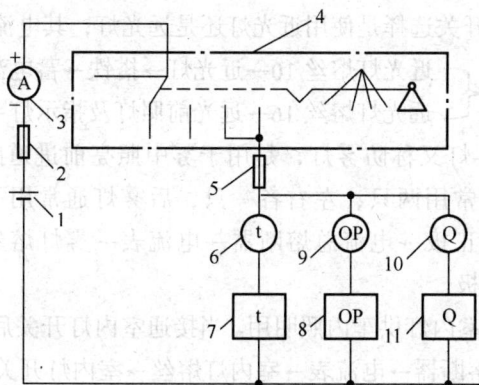

图 7.6　仪表线路简化原理图

1—蓄电池　2—总熔断器　3—电流表　4—点火开关　5—点火及仪表熔丝　6—水温表
7—冷却液温度传感器　8—油压传感器　9—油压表　10—燃油表　11—燃油传感器

5. 灯光线路

　　汽车灯系主要有转向灯、前照灯（远光和近光）、雾灯、倒车灯、室内灯及制动灯等，与它们有联系的线路简化原理图如图 7.7 所示。

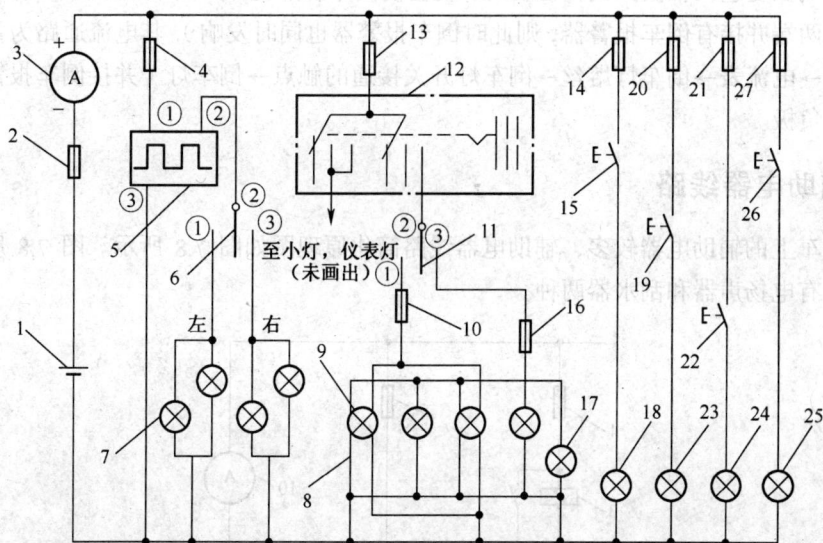

图 7.7　灯光线路简化原理图

1—蓄电池　2—总熔断器　3—电流表　4—转向灯熔丝　5—闪光器　6—转向灯开关　7—转向灯　8—前照灯
9—近光灯　10—近光灯熔丝　11—变光开关　12—灯光开关　13—前照灯熔丝　14—雾灯熔丝
15—雾灯开关　16—远光灯熔丝　17—远光灯　18—雾灯　19—室内灯开关　20—室内灯熔丝
21—倒车灯熔丝　22—倒车灯开关　23—室内灯　24—倒车灯　25—制动灯
26—制动灯开关　27—制动灯熔丝

　　① 转向灯电源电流通路。蓄电池正极→总熔断器→电流表→转向灯熔丝→闪光器的 1 脚、

2 脚→转向灯开关 { ② 接线柱→转向灯开关③ 接柱→右转向灯→搭铁→蓄电池负极；
① 接线柱→左转向灯→搭铁→蓄电池负极。

　　② 前照灯电流通路。蓄电池正极→总熔断器→电流表→前照灯熔丝→灯光开关第 2 挡→变

光开关② 接线柱，由变光开关选择是使用近光灯还是远光灯，其电流通路为

变光开关② 接线柱→ $\begin{cases} \text{近光灯熔丝 10→近光灯→搭铁→蓄电池负极} \\ \text{远光灯熔丝 16→远光前照灯及指示灯→搭铁→蓄电池负极} \end{cases}$

③ 雾灯电流通路。雾灯又称防雾灯，是用于雾中照亮前进道路的汽车灯。雾灯分为前雾灯和后雾灯，前雾灯通常用两只，左右各一只，后雾灯通常用一只。雾灯电流通路（接通雾灯开关时）为蓄电池正极→电流总熔断器→电流表→雾灯熔丝→接通的雾灯开关触点→雾灯→搭铁→蓄电池负极。

④ 室内灯电流通路。室内灯供车内照明用。当接通室内灯开关后，就形成了如下的电流通路：蓄电池正极电流→总熔断器→电流表→室内灯熔丝→室内灯开关接通的触点→室内灯→搭铁→蓄电池负极。

⑤ 制动灯电流通路。制动灯与汽车制动系统同步工作，它通常由装在制动系统管路中的制动信号开关控制。当制动灯开关接通后，制动灯点亮，其电流通路为蓄电池正极→总熔断器→电流表→制动灯熔丝→制动灯开关接通的触点→制动灯→搭铁→蓄电池负极。

⑥ 倒车灯电流通路。倒车灯的作用是在倒车时提醒车后的行人和车辆驾驶员，以保证倒车的安全性。

倒车灯一般与各种倒车报警器共同受倒车灯开关的控制。倒车灯开关通常装在变速器盖上，当变速杆把倒挡变速叉轴拨到倒挡位置时，就会使倒车灯点亮（如图 7.7 所示未画倒车报警器，如与倒车灯两端并接有倒车报警器，则此时倒车报警器也同时发响），其电流通路为蓄电池正极→总熔断器→电流表→倒车灯熔丝→倒车灯开关接通的触点→倒车灯（并接倒车报警器）→搭铁→蓄电池负极。

6. 辅助电器线路

现代汽车上的辅助电器较多，辅助电器线路简化原理图如图 7.8 所示。图 7.8 所示的辅助电气线路只有电扬声器和刮水器两种。

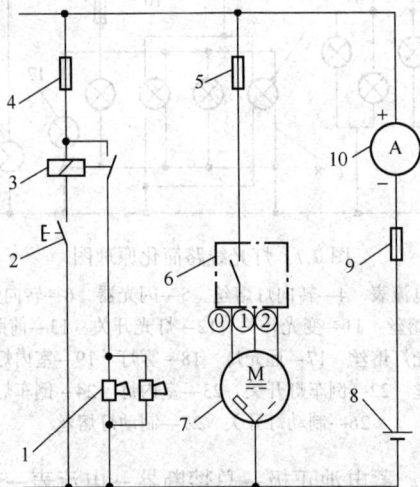

图 7.8　辅助线路简化原理图

1—电扬声器　2—扬声器按钮　3—扬声器继电器　4—电扬声器熔丝　5—刮水器熔丝　6—刮水器开关
7—刮水器电动机　8—蓄电池　9—总熔断器　10—电流表

① 电扬声器电流通路。当按下扬声器按钮时，就会使扬声器继电器线圈中有电流通过。其电流通路为蓄电池正极→总熔断器→电流表→电扬声器熔丝→扬声器继电器线圈→扬声器按钮→搭铁→蓄电池的负极。

这时继电器因有电流通过而产生电磁力，使继电器的常开触点闭合，就又形成了如下的电流通路：蓄电池正极→总熔断器→电流表→电扬声器熔丝→电扬声器→搭铁→蓄电池负极。

这一电流回路使电扬声器发声。松开扬声器按钮时，扬声器继电器线圈断电，其触点断开，扬声器电流回路断开，电扬声器发声停止。

② 刮水器电流通路：汽车前风窗玻璃上都装设了电动刮水器。它与洗涤液喷射器相结合，还可以清洁风窗玻璃。刮水器线路简化原理图如图 7.8 所示。刮水器电动机受刮水器开关的控制。刮水器开关有 3 挡，"⓪"挡为停止挡，"①"为低速挡，"②"为高速挡。刮水器电流通路为蓄电池正极→总熔断器→电流表→刮水器熔丝→刮水器开关选择低速挡或高速挡→搭铁→蓄电池负极。

7. 基本线路识图说明

以上介绍的仅是汽车最基本和必备的线路，实际的汽车线路（尤其是现代高档轿车）要比这复杂得多。在识读复杂的汽车线路原理图时，可先找出最基本的线路，剩下的线路再结合已经看懂的基本线路来逐一识别。

思 考 题

1. 全车线路通常由哪几个系统的线路组成？
2. 汽车电气线路用导线分为哪几种？低压线有哪些？高压线有哪些？
3. 汽车用导线根据哪些要求进行选择？
4. 汽车用普通导线的横截面积主要根据什么条件进行选择？汽车电系中所用导线的截面积最小不得小于多少？
5. 怎样识读汽车线路图？

参考文献

［1］边焕鹤. 汽车电器与电子设备［M］. 北京：人民交通出版社，2004.

［2］凌永成，谢在玉. 汽车电气设备［M］. 北京：北京大学出版社，2007.

［3］吴政清，吴文民. 汽车电工实用技术［M］. 北京：金盾出版社，2007.

［4］舒华，姚国平. 汽车电器设备与维修［M］. 北京：北京理工大学出版社，2009.

［5］（日）电气协会 42V 电源化调查专门委员会. 汽车电源 42V 化技术［M］. 北京：科学出版社，2008.

［6］刘皓宇，金长星. 汽车车身电气设备系统及附属电气设备［M］. 北京：高等教育出版社，2005.

［7］陈渝光. 汽车电器与电子设备［M］. 北京：机械工业出版社，1999.

［8］冀旺年. 汽车车身电气设备系统及附属电气设备［M］. 北京：电子工业出版社，2005.

［9］周建平. 汽车电气设备构造与维修［M］. 北京：人民交通出版社，2005.

［10］王遂双. 汽车电子控制系统的原理与检修（发动机部分）［M］. 北京：北京理工大学出版社，2000.

［11］张森林，王培先. 汽车电气设备与维修［M］. 北京：冶金工业出版社，2009.

［12］李春明. 汽车电气设备与维修［M］. 北京：高等教育出版社，2007.

［13］李良洪. 汽车车身电气系统［M］. 北京：北京理工大学出版社，2009.

［14］于明进，于光明. 汽车电气设备构造与维修［M］. 北京：高等教育出版社，2002.

［15］郝军. 汽车自动空调［M］. 北京：高等教育出版社，2007.

［16］曹家喆. 现代汽车检测诊断技术［M］. 北京：清华大学出版社，2003.